KB083126

**다민족
일본**

## 저자

**존 리**(John Lie)

UC버클리 사회학과 석좌교수. 한국인 부모에게서 태어나 만 2세까지 한국에 살다, 일본, 하와이, 미국 본토로 이주하면서 한국, 일본, 북미, 유럽 등의 문화와 사회에 대해 전환국가적 관점에서 심도 깊은 고찰을 해오고 있는 세계적으로 몇 안 되는 사회학 이론가이다. *Blue Dreams*(Harvard, 1995), *Han Unbound*(Stanford, 1998), *Multiethnic Japan*(Harvard, 2001), *Modern Peoplehood*(Harvard, 2004), *Zainichi*(Berkeley, 2008), *K-pop*(Berkeley, 2014) 등의 저서 외에도 수많은 논문을 집필하였다. 2018년부터 1년간 일본 게이오대학에서 안식년을 보내고 있다.

## 감수자

**오인규**(吳寅圭, Oh, In-gyu)

일본 관서외국어대학 교수. *Mafioso, Big Business, and the Financial Crisis*(Ashgate), *Japanese Management*(Prentice-Hall), *Business Ethics in East Asia*(Routledge) 등의 저서 외에도 다수의 논문을 집필하였다. *Asia Pacific Business Review*(SSCI), *Kritika Kultura*(A&HCI)의 에디터로 활동하고 있고, *Culture and Empathy*라는 새로운 저널을 2018년에 창간하였다. 2013년부터 세계한류학회를 설립하고 서양/일본 주도의 오리엔탈리즘식 한국학을 부정하고, 한국인에 의한 능동적 한류학을 새롭게 제시하고 있다. 현재 세계한류학회 회장을 역임하고 있다.

## 역자

**김혜진**(金惠珍, Kim, Hye-jin)

영한 · 한영 전문 번역가. 이화여대 영문학과를 졸업하고 동 대학원에서 미국희곡 전공으로 석사 과정을 마쳤다. 국내외 영화제 출품작 위주로 영상 번역에, 또한 다양한 분야의 출판 번역에 참여하고 있다. 옮긴 책으로는 『로마제국 쇠망사』 4 · 5(공역), 『뒤돌아보며』 등이 있다.

## 다민족 일본

**초판 인쇄** 2019년 1월 5일 **초판 발행** 2019년 1월 10일
**지은이** 존 리 **옮긴이** 김혜진 **펴낸이** 박성모 **펴낸곳** 소명출판
**출판등록** 제13-522호 **주소** 서울시 서초구 서초중앙로6길 15, 1층
**전화** 02-585-7840 **팩스** 02-585-7848 **전자우편** somyungbooks@daum.net **홈페이지** www.somyong.co.kr

**값** 18,000원
**ISBN** 979-11-5905-343-6 03330
ⓒ 소명출판, 2019

잘못된 책은 바꾸어드립니다.
이 책은 저작권법의 보호를 받는 저작물이므로 무단전재와 복제를 금하며, 이 책의 전부 또는 일부를 이용하려면 반드시 사전에 소명출판의 동의를 받아야 합니다.

Multiethnic Japan

# 다민족
# 일본

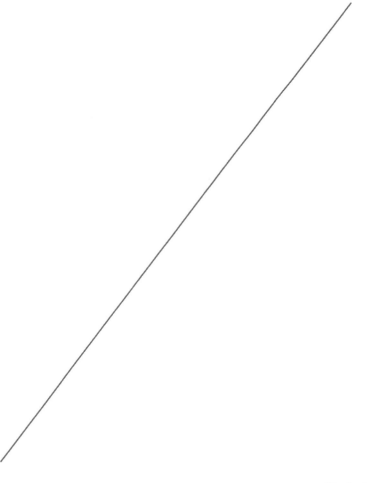

존 리 지음 | 김혜진 옮김

J HN LIE

소명출판

Multiethnic Japan by John Lie
ⓒ2001 by the President and Fellows of Harvard College
All Rights reserved.

Korean translation edition ⓒ2019 by Somyong Publishing Co.
Published by arrangement with Harvard University Press, Massachusetts, USA
Through Bestun Korea Agency, Seoul, Korea.
All rights reserved.

이 책의 한국어 판권은 베스툰 코리아 에이전시를 통하여
저작권자인 Harvard University Press와 독점 계약한 소명출판에 있습니다.
저작권법에 의해 한국 내에서 보호를 받는 저작물이므로
어떠한 형태로든 무단 전재와 무단 복제를 금합니다.

사람은 자기 과거를 재구성할 때 훨씬 일관성 있게, 잘 만들어진 계획에서 나온 결과로까지 보이게 하려고 든다. 내가 걸어온 학문의 길은 그렇지 않았다. 대학원 시절 내게 누군가 "너는 나중에 한국계 미국인과 한국을 다룬 책 두 권을 가장 먼저 쓰게 될 거야"라고 했다면, 나는 아마 배꼽을 잡고 웃었으리라. 내가 추상적 사회 이론을 담지 않은 글을 쓰다니, 그때는 생각할 수도 없는 일이었다. 『블루 드림즈*Blue Dreams*』(1995)와 『한 언바운드*Han Unbound*』(1998)를 출간하고 나서야 내가 사회학적 상상력을 다룬 작업에 나도 모르는 사이에 참여하고 있었다는 사실을 깨달았다. 나는 미국 사회학자 중에 C. 라이트 밀즈와 배링턴 무어 주니어를 가장 존경했는데, 밀즈는 개인의 전기와 역사, 사회 구조를 함께 엮으면서 이 세 가지를 고찰하는 방식으로 사회학적 상상력을 제안한 바 있다. 나는 사회 연구에서 생기는 두 가지 결함, 다시 말해 추상적이고 공허한 이론화와 아무 생각도 의미도 없는 연구 중 어디에도 빠지지 않아 운이 좋았다고 여길 따름이다. 일단 태어난 나라와 정착한 나라를 주제로 글을 쓰고 나니, 내게 큰 영향을 미친 곳을 다룬 글을 써야 할 때가 온 듯했다.

내 아버지는 1961년 군부 쿠데타가 일어났을 때 한국 경제기획원에서 일하고 있었다. 지금 돌이켜보면 야심가인 아버지가 군사 혁명에 반대했을 가능성은 크지 않아 보이지만, 한편으로 아버지가 미국에서 보낸 시간(위스콘신에서 대학원을 다닌 경험)이나 지주라는 출신 배경(따라서 군인 등 벼락출세한 평민을 무시하는 성향)을 생각하면 그랬을지도 모른다는 생각이 든다. 물론 우리가 엄청난 대가족이라 가부장제하에서 져야 할 책임을 꺼렸고, 전쟁이 또 일어날까 걱정했고, 부유한 나라에서 살고 싶어했다는(그래서 좋은 기회가 오자마자 곧바로 미국으로 터전을 옮겼다) 매우 단순한 이유가 작용했을지도 모른다. 어쨌든 아버지는 도쿄에 준외교관 자리가 나자 받아들였고, 나는 인격 형성기를 그곳에서 보냈다. 어린 시절은 대체로 즐거웠지만 딱 하나 어두운 면이 있었다. 미국계 사립 학교보다 일본 공립 학교를 택한 나는 일본인 학교 친구들에게 놀림을 당했고 가끔 맞기도 했다. 사회학 고찰에서 인종주의는 의무 교육 과정이다. 그때 나는 다른 때는 멀쩡한 내 반 친구들, 심지어 친한 친구들까지 왜 내 한국식 이름(그리고 한국인, 즉 외국인이라는 사실)을 빌미로 나를 공격하는지 잘 이해하지 못했다. 어쩌면 내가 10대 시절에 한 이런 중대한 경험과 사회학을 천직으로 삼은 사실 사이에 연결점을 찾을 수도 있겠다.

『자이니치Zainichi(재일 한국인Koreans in Japan)』(2008)에서도 자세히 설명했지만 제2차세계대전 이후 한반도에서 건너간 사람들은 수십 년간 부인당했다. 한편에서는 정부나 좋은 일자리에서 체제상으로 한국·조선인을 배제하는데, 또 한편에서는 일본이 단일 민족 국가이기 때문에 이들이 아예 존재조차 하지 않는다고 했다. 이러한 모순이 『다민족 일본*Multiethnic Japan*』을 이끈 원동력이었다. 근현대 일본에서 다민족 구성을 밝히려는 연구를 확대하면서 나는 제3장에 들어간 자료에 가장 만족했다. 도쿄에서 자란 1960년대에 나는 일본 대중문화를 상당히 많이 흡수했는데, 내가 영웅으로 여기고 사로잡혔던 사람 중 그렇게 많은 이들이 인종적 타자 또는 외국인이었다는 사실을 깨닫고 흐뭇했다. 이렇게 대중문화를 발견하면서 나는 다시 한번 추상으로 가득한 유럽식 사회 이론에 빠지지 않게 예방 주사를 맞은 셈이었다.

이 작업은 외국인이나 이주민 노동자 신분을 탐구하면서 시작했다. 어쩌면 태국어, 페르시아어 등 다른 언어를 배운다는 힘든 과제 덕택에도 '문제'는 이주 외국인이 아니라 일본 사회 자체라는 깨달음을 얻었을지 모르겠다. 내 사고가 이렇게 획기적으로 변하자, 1960년대까지는 그렇게 생각한 사람이 거의 없었는데 일본인들은 왜 일본 사회가 단일 민족 사회라고 믿게 되었는지 그 이유에 집중할 수 있었다. 제6장을 중시하는 사람은 없는 듯하지만, 나는 이 장이 사회적 범주화와 귀속 의식을 설득력 있게 설명한다고 생각한다. 당시 나는 주로 경험에 의거한 내용을 쓰면서 추상적 사회 이론에 집중하느라 실제 사회 문제를 간과했다는 오랜 죄의식을 해결할 수 있다는 데 가장 만족했다.

이 책이 일본인이 일본 사회를 생각하는 방식에 조금이라도 영향을 미쳤는지는 모르겠지만, 출간 즈음에는 단일 민족 일본이라든가 국수주의에 맹목적인 애국주의를 나타내는 표현은 이미 줄어 있었다. 사실 비판 대상인 이데올로기가 힘을 잃었기 때문에 어떤 면에서 이 책은 불필요해졌다. 이렇게 말하면 지나친 낙관론일까? 일본에서 1990년대 초반 부동산 투기 거품이 빠진 이후 20년은 불황 속 물가 상승과 장기 경제 침체가 특징인 '잃어버린' 20년이라며 한탄하는 사람들이 많았다. 그러나 나는 오히려 일본이 OECD 국가들이 시달리는 여러 문제를 풀기 위해 애썼고, 그러면서 경쟁력 있는 '정체 사회'를 만들고 유지하려 했다는 생각이 든다. 정체 사회란 지속적 경제 성장에 의존하지 않는 사회 구성체를 의미하며, 이는 전 세계에 모범이 될 수도 있다. 이 책 중에서 '다민족'을 다룬 부분은 워크숍을 진행하고 그 결과물을 「다민족 한국*Multiethnic Korea*」(2015)으로 엮어낼 수 있어 기쁘다. 일본을 연구하니 이렇게 한국은 물론 다른 사회들도 더 잘 알 수 있었다.

머리말

    나는 일본에 사는 외국인 노동자 근로·생활 환경을 설명하고자 이 프로젝트를 시작했고, 영어를 주된 언어로 하되 실력이 꽤 녹슨 한국어나 초보 수준 태국어, 타갈로그어, 페르시아어 등을 몇 마디씩 섞어가면서 재일 외국인 노동자들을 면담했다. 비록 어느 한 순간에 뚜렷한 현현을 마주한 적은 없지만, 그래도 이 프로젝트는 코페르니쿠스 혁명에 버금가는 과정을 겪었다. 내게는 외국인 노동자들이 일본까지 밟아 온 궤적을 다룬 사실적 서사가 다소 지루했는지도 모르겠다. 수집한 수많은 문서와 통계도 또 다시 질문을 부르는 답만 내놓으면서 어떤 결론도 나오지 않는 듯했다. 이때 미국에서 꽃을 피우기 시작한 백인성 연구whiteness studies가 자극이 되었다. 백인 미국인 연구건 주류 일본인 연구건, 핵심은 다수 인구 집단을 당연하게 여기지 않고 그 다수가 왜, 그리고 어떻게 역사적 성찰이나 현대의 비판을 면하는, 그러니까 철저한 탐구를 면하는 규범이 되었는가를 설명하는 데 있었다. 거기에 다양한 국적과 민족의 사회적 구성, 창안, 형성을 다루며 끝도 없이 나오는 서적들도 지적 자극이 되었다.

연구 과정이란 원래 전혀 매끄럽지 않은데, 지금 돌아보면 나는 첫 책에 나온 초창기 식견들을 더 세세하게 설명한 연구를 한 듯도 하다. 어쨌든 교과서에 요약돼 나오는 사회학 연구의 정화된 ─ 일관된 가설을 세우고, 증명된 데이터 수집 방법을 사용하고, 엄격하고 체계적으로 분석하는 ─ 그림은 다양한 프로젝트가 거치는 실제 과정을 제대로 보여주지 못한다. 내가 한 경험은 헨리 제임스Henry James 걸작 단편소설 「중년기The Middle Years」 주인공 덴콤이 표현한 견해와 더 가깝다. "우리는 결과를 모르고 일해. 할 수 있는 일을 하고, 자기가 가진 것을 쏟아내지. 우리에게는 의심이 열정이고, 열정이 과업이라네. 나머지는 예술의 광기야." 온전한 정신과 과학성만을 용납하는 청결한 견해보다는 예술의 광기가 조금 들어가야 사회학 연구도 오히려 훨씬 좋아질 터이다.

내가 사용한 방법과 자료 출처는 매우 다양하다. 우선 배경이 다양한 일본인들과 1백 건이 넘는 비구조화 면담을 오랜 시간 진행했다. 구조화 면담은 객관성과 중립성은 물론 확실성이 있다는 느낌도 줄지 모르지만, 결국에는 기계적인 답을 끌어내게 마련이다. 사실 나는 대상자들이 혼잣말이나 뒤늦게 떠오른 생각을 말할 때 오히려 다른 사람과 자신을 어떻게 생각하는지 더 잘 이해할 수 있었다. 일본인들이 꼭 정답을 내놓으려 하는 민감한 질문을 할 때는 더욱 그랬다. 나는 사회 및 교육 배경이 서로 다른 사람들을 면담하기 위해 특히 더 노력을 기울였다. 면담 대상자 대부분은 도쿄 대도시 지역에 살았지만, 나고야, 교토, 오사카, 후쿠오카 지역에서도 면담을 실시했다. 물론 도쿄가 일본을 대표하지도 않고, 도쿄 밖에서는 단일 민족 이데올로기 영향력이 훨씬 약하다. 예를 들면 오사카에는 부락민部落民과 한민족 인구가 상당히 많기 때문에 오사카 주민들에게 단일 민족 일본이라는 생각은 설득력이 훨씬 떨어진다.

나는 도쿄 대도시 지역에서 일본인과 비일본인(일본 민족이 아닌 일본인) 사이에 일어나는 일상 대화를 관찰하고 대화에 참여하는 데에도 꽤 많은 시간을 들였다. 외국인 노동자가 흔한 광경이 되면서 민족 간 접촉 사례를 관찰하기도 했지만, 또 일본인들이 상대에 보이는 즉흥 반응을 우연히 듣는 일도 많았다.

이 연구는 인종race과 종족ethnicity, 민족nation, 디아스포라, 정체성을 다룬 영국과 프랑스, 독일, 미국의 비교 연구도 폭넓게 참조했다. 예리한 이론상 식견과 여러 가지를 시사하는 실증적 결과로 가득한 다양한 연구를 읽다 보니 일본 사례를 생각할 유용한 기준점들도 생겼다.

이 책에서 가장 두드러지는 점은 부분은 정부 간행물부터 대중 및 학계 간행물까지 내가 수집한 문서 자료이다. 일본은 출판문화가 번성하고 문자 해득률이 매우 높은 사회이기 때문에 인쇄물 양 자체만도 깜짝 놀랄 수준이다. 전문가는 물론 일반인들도 소책자와 신문, 잡지, 책으로 자기 생각을 출판하는 덕택에 꼭 필요하면서도 풍부한 정보의 보고가 생겼다.

문서 자료에 기대다 보니 좋든 싫든 인용을 많이 할 수밖에 없었다. 사실 나는 저작 행위 자체에서 자연스럽게 권위가 나왔으면 좋겠다고 생각한다. 인간에게는 성가신 학문적 장치를 초월하려는, 앞선 것들을 '지양aufgehoben'하려는 열망이 있다. 게다가 나는 미학 면에서도 단순함을 선호하기 때문에 수많은 괄호를 보면 심히 괴롭다. T. S. 엘리어트는 이런 말을 한 적이 있다. "미숙한 시인은 모방하고, 성숙한 시인은 훔친다." 그러나 학자들은 슬프게도 성숙하든 미숙하든 훔칠 수가 없다. 그렇게 하면 표절이 되니 말이다. 그러니 그저 나쁜 학자는 자기가 취한 것을 훼손하지만 좋은 학자는 그것을 좀 더 좋게 변모시키기를 바랄 수밖에. 게다가 어쨌든 전거 인정은 과거에 느끼는 부담과 무언가에서 영향을 받았을지도 모른다는 불안을 완화하는 가장 좋은 길일지도 모른다.

라이트 밀스C. Wright Mills는 사회학자들에게 "역사와 개인의 일생을 이해하고 사회 안에서 그 둘 사이의 관계를 이해하라"는 잊지 못할 주장을 했다. 어쩌면 내가 이 말을 너무 글자 그대로 받아들였는지도 모르지만, 나는 한국과 한민족 디아스포라라는 배경에서 내 인생을 파악하며 지난 10여 년을 보냈다. 『Blue Dreams』[1]에서는 미국 내 한민족 디아스포라를 탐구했고, 『Han Unbound』[2]에서는 내가 태어난 한국을 분석했다. 그리고 사실은 더 빨리 나왔어야 할 이번 책으로 내 사회학적 상상력 3부작을 완결한다. 나는 인격 형성기를 도쿄에서 보냈기 때문에 1985년에 1년간 살러 도쿄에 왔을 때는 고향에 돌아온 느낌도 들었다. 사실 나는 재일 외국인들이 시민다운 존중을 요구하며 시작한 '지문날인 거부 운동' 주변부에 참여하고

서야 뒤늦게 일본 사회의 어두운 측면들을 깨달았다. 그러나 고매한 이론에 취해있다 보니 그 투쟁이 제기한 여러 문제에 결국 집중하지는 못했다. 지난 10여 년간 나는 예전의 지적 오만을 고치려 했고, 처음에는 무의식적으로 그랬을지 모르지만 어쨌든 나를 형성한 세계들을 이해하려는 노력을 시작했다. 그 뒤늦은 결과가 바로 이 책이다.

나는 주로 혼자 작업하는 습관이 있지만, 이 책을 쓸 때는 도움을 많이 받았다. 일리노이대학교(어바나 샴페인)과 게이오대학, 일본국제교류기금은 재정 및 기관 지원을 해 주었다. 와타나베 히데키는 내가 게이오대학과 연계하도록 후원했다. 에자와 아야, 후지에다 에리, 이시다 히로시, 마치무라 다카시, 마쓰구 미호, 미네시게 미유키, 미타니 히로미, 나카야마 게이코, 앤 서피어, 서 아키, 스기우라 아코, 다케노시타 히로히사, 우에무라 히데아키, 데이비드 왱크, 앨런 울프 덕택에 일본에서 생산적이면서도 즐거운 시간을 보냈다. 집필하는 동안에는 메건 그린과 에민 에이다스, 에자와 아야, 세리프 제니스, 톰 호브, 구노 미와코, 윌 르겟, 모니카 슈메이커, 샤리스 톰슨이 도와주었다.

하버드대학교 출판사 마이클 애론슨은 이번에도 친절하고 힘을 주는 편집자였다. 리처드 오뎃은 섬세하고도 꼼꼼하게 교정을 봐 주었다. 출판사 검토자 두 사람도 유용한 의견과 비평을 전해 주었다. 그리고 책을 만드는 과정을 담당한 안드레아 도지와 색인을 만든 에자와 아야에게도 고마움을 전하고 싶다.

이 책은 1998년 9월에 탈고했다. 그러한 이유로 1998년 가을 이후에 출간된 다민족 일본 관련 문헌은 여기에 포함하지 못했다. 인간이 모든 것을 알 수는 없는 법이니까 Nec scire fas est omnia.

용어에 관하여

근현대 일본이란 메이지 유신明治維新(1868) 이후 일본을 말한다. 전후戰後는 제2차 세계대전 이후 시대, 즉 1945년 제2차 세계대전 종전부터 1989년 쇼와 천황(히로히토) 사망까지를 의미한다. 면담 대상자들을 구분하기 위해서는 가명을 사용했다. 아시아계 이름은 성−이름 순서이며, 서양 언어로 주로 글을 쓰는 사람과 참고 문헌에 기록된 사람만을 예외로 두었다. 일본 이름 영어 표기는 마스다 지침을 따랐다.[3] 단, 영어권 독자들에게 익숙한 표기는 그대로 두었다(Tōkyō가 아니라 Tokyo). 달리 표시하지 않았으면 인용문 영어 번역은 모두 직접 했다.

# 차례

오, 이 오류의 바다에서 헤어날 수 있다는

희망을 아직 잃지 않은 자는 얼마나 행복할까!

알지 못하는 것은 필요하고,

알고 있는 것은 써먹을 수가 없도다.

—요한 볼프강 폰 괴테, 『파우스트』

# 서론

근현대 일본을 보는 지배적 견해가 맞는다면,『다민족 일본』이라는 이 책 제목은 반어법이거나 아주 짧은 글밖에 나오지 않을 표현이다. 통념상 일본은 단일 민족이니까. 동시대 가장 저명한 일본학자 에드윈 라이샤워Edwin O. Reichauer는 '아마도 중국 북부를 제외'하면 '오늘날 일본은 세계에서 가장 완전하게 통합되고 문화적으로 단일한 인구 집단'[4]이라고 썼다.[5] 그리고 또 "일본인의 자아상에서 인종은 매우 중요하게 생각되며, 일본인들은 혈통 '순수성'을 자랑스럽게 여긴다"라고도 했다.[6] 로저 버클리Roger Buckley는『현대 일본 Japan Today』에서 "주요 산업 사회 가운데 일본만큼 인종 단일성을 보이는 곳은 없다"라고 열변을 토한다.[7] 서양 일본학자들이 피력한 이러한 의견에 일본인 학자들도 공감한다. 저명한 역사학자 비토 마사히데尾藤正英는 "우리는 사실상 단일 민족이다'라고 했다.[8] 어느 일본 사회학자는 '일본은 어느 현대 국가보다도 인종·민족적으로 단일'하다고 주장했다.[9] 1986년, 나카소네 야스히로中曾根康弘 총리는 '일본은 한 민족, 한 국가, 한 언어'라고 주장하면서 다민족 미국과 비교해서 이 점이 훨씬 뛰어나다고 보았다.[10]

일본인 중에는 자신이 단일 민족 사회에 산다고 믿는 사람이 많고, 일본인들은 이 단일 민족 사회를 가장 뚜렷한, 게다가 긍정적인 일본의 특징으로 보기도 한다. 일본학자와 일본인은 물론이고 사실상 모두가 일본은 단일 민족 사회라는 이 가정을 믿는다. 예를 들어 일본계 미국인을 다룬 어느 연구는 일본인이 '신체·문화 차원을 통틀어 세계에서 가장 단일한 민족 중 하나'라고 한다.[11] 철학자 앨런 블룸Allan Bloom은 '일본 사회는 (…중략…) 타협할 여지가 없이 단일하다'고 주장했다.[12] 다민족성polyethnicity을 주제로 한 책에서 역사학자 윌리엄 맥닐William H. McNeill은 '어떤 문명국보다도 (…중략…)일본 열도는 역사 전반에 걸쳐 민족·문화적 단일성을 유지했다'고 썼다.[13]

그런데 일본에 일본인이 아닌 사람들이 산다는 사실을 아무도 부정하지 않는다고 하면, 일본이 단일 민족인가 다민족인가 여부도 정도와 정의에 따라 달라지는 문제이다. 사실 종족ethnicity(그와 성격이 비슷한 인종race, 민족nation, people 등도 마찬가지이다)이라는 말 자체도 의견이 분분한 단어이다. 철학자 갈리W. B. Gallie는 사회 용어 대부분은 "본질적으로 이론이 있는 개념이며(…중략…), 필연적으로 (그) 적절한 사용을 두고 끝없이 논쟁이 벌어지게 마련"이라고 했는데,[14] 그 말은 옳다. 여기서는 사회 분류와 범주화가 역사와 사회에 따라 달라진다는 사실만 강조해 두겠다. 인간 사이에 존재하는, 그 깊다고들 하는 다양한 차이들은 증오와 전쟁, 심지어 종족 학살까지 정당화하지만, 그러한 차이들 역시 특정 장소와 시간에 아무리 자연스럽고 필요해 보였어도 결국에는 덧없고 피상적이라는 사실을 부정할 수는 없다.

현대인족peoplehood, 人族 범주에는 혼란과 이견이 많지만, 인종과 종족, 민족이라는 세 용어는 널리 사용된다. 지금은 노예와 카스트제도, 그러니까 법률이나 관습으로 세대 간 사회 이동과 계급 간 결혼을 금지당하는 사람들이 빠르게 사라지는 중이다. 인종과 종족, 민족이라는 범주는 모두 친족(가족이든 혈통이든)보다는 더 크지만 인류보다는 더 작은 사회 집단 분류를 향해 조금씩 나아간다. 즉 인간을 수평으로 나누려고 한다는 말이다. 전근대 문명에서는 카스트나 신분 같은 수직·위계 범주들이 우세했지만, 그에 반해 이러한 수평 범주들은 근현대 시대에 뚜렷하게 드러난다. 물론 어느 사회 상황에서든 원형의 민족 또는 종족 감정, 다시 말해 인족 의식은 여전히 드러난다. 그렇지만 신분에서 계약으로 이행한다고 설명하든(메인Maine), 혹은 귀족제도에서 민주제도로 이행한다고 설명하든(토크빌Tocqueville), 근대성을 향한 이행은 명확한 수직 위계질서에서 멀어지는 신호탄이 되었다. 계급 계층화는 뚜렷했지만, 전근대 문명이나 제국, 국가에서 근대 민족 국가로 이행하는 과정에서 수평 범주들이 수직 범주들을 대체했다.

이 책에서는 인류의 생물학적 단일성 때문에 인종이라는 용어를 피하고자 한다.[15] 민족 혹은 종족 구분은 어쨌든 사회적으로 뚜렷한 생리적 특징을 포함할 때가 많다. 인종주의의 야만성(아프리카계 미국인을 명확한 인종으로 범주화하면서 노예제도에서 생긴 유산 등)을 강조하려고 인종과 종족을 구분하는 사람들도 있다. 나는 그러한 정치적 욕구에는 공감하지만, 거기에 과연 분석 — 궁극적으로는 정치 — 편익이 있는가 하는 점에는 회의를 느낀다. 만일 그렇다면 홀로코스트 때문에 나치 시대 독일에 살던 유대인은 하나의 인종으로 보고, 현대 미국에 사는 유대인은 종족 집단으로 보아야 한다는 말인가? 더욱 심란하게도, 인종 관련 언어는 본질상 사회 분석을 해야 할 문제에서 불가피하게 생물학이 하는 기능을 강조하고 만다.

민족 혹은 종족이라는 본질상 모호한 정의를 아예 부정할 방법은 없다. 나는 홉스봄E. J. Hobsbawm이 제시한 의견에 따라 민족 혹은 종족 집단이란 '자신들을 한 "민족" 구성원으로 보는 충분히 많은 인간 집단'[16]이라고 본다. 민족·종족 구분은 종족이나 민족의식 외에도 외부인에 의한 차별과 구별로 유지된다. 이러한 면에서 민족과 종족을 구별할 단순한 또는 일련의 기준은 사실 존재하지 않는다. 형식상으로는 한 집단에 주권 국가가 딸려 있는지 아닌지를 보면 구분이 가능하지만, 실제로는 이러한 구분조차 융합되어 있다. 1990년대 말 현재, 팔레스타인 국가가 존재하지 않아도 이 국가가 성립되기를 바라는 사람도 있는 반면, 명목이 단일 민족 이스라엘이든 범아랍주의든 그 존재를 아예 부정하는 사람도 있다.[17] 이스라엘에 사는 팔레스타인 사람들을 소수 민족 혹은 종족 집단이라고 부를지 여부는 궁극적으로 큰 의미가 없어 보인다.

현대 일본에서 주요 종족 집단으로는 아이누인과 오키나와인, 부락민, 한국·조선인, 중국인, 그리고 당연히 일본인(야마토大和 민족 또는 일본 민족 일본인이라고 하는 주류 일본인)이 있다. 일본인 대부분은 아이누인이 주류 일본인, 그러니까 야마토 민족과 뚜렷하게 다른 인종이라고 본다. 한국·북한과 중국은 고유 언어와 문화가 있는 민족국가이므로 그 특수성에 관해서는 누구도 이의를 제기하지 않는다. 그러나 오키나와인 문제는 좀 더 논쟁할 여지가 있다. 일본인 상당수는 오키나와沖繩를 일개 지역으로, 그 언어를 방언으로 보기 때문이다. 그러나 오키나와는 19세기 말까지 독립 왕국이었고, 오키나와 종족혹은 민족의식은 1990년대에도 뚜렷하게 남아 있다. 마지막으로 부락민은 논쟁 소지가 가장 많은 사례이다. 가장 단순한 표현을 사용하자면 부락민은 도쿠가와德川 막부 시대에 생긴 천민층 후손이다. 과거에는 이들이 인종상으로 구분된다고 여겨졌지만, 현대 일본인들은 대부분 이들이 신체적으로 주류 일본인과 구분되지 않는다고 본다. 일부 학자들은 이들을 별도 계급으로 표시하기도 하지만, 현대에 부락민이 세대 간 이동이나 계급 간 결혼에서 공식 장벽에 부닥치는 일은 없다. 그러나 특정 집단 구성원 귀속의식identification은 상당히 크며, 또 지금도 결혼이나 고용에서 부락민을 알아보고 차별하는 일본인은 많다. 그러므로 귀속의식과 차별은 이들을 하나의 종족 집단으로 볼 좋은 근거가 된다.

일본 정부에서 실시하는 인구 조사도, 사회과학자들이 실시하는 조사도 일본 내 종족 다양성을 인정하지 않기 때문에 비非일본 민족 일본인 인구 집단 규모는 추정할 수밖에 없다. 통계는 아무리 중립적이고 객관적으로 보여도 여러 정치·사회적 가정이 스며들어 있다. 예를 들면 일본인으로 귀화한 한국·조선인을 조사한 체계적 데이터가 없기 때문에, 재일 한국·조선인이 실제로 몇 명인지 확인할 길은 없다. 게다가 비일본 민족 일본인을 향한 차별이 끈질기게 남아 있기 때문에 문제는 더 복잡해진다. 고용과 결혼에 지장이 될까 두려워 '평범한' 일본인 행세를 하면서 종족 배경을 숨기려는 사람도 많다. 그러므로 조상이 아이누 민족인 사람도 자신이 일본 민족이라고 밝힐지도 모른다. 1990년대 초반 아이누 인구 공식 통계는 2만 5천 명이었지만, 그 수는 30만 명까지 추정하기도 하며[18] 또 그보다 높은 수치가 제시될 때도 있다. 이런 변동 폭이 미심쩍어 보인다면 아메리카 원주민 사례를 보자. 미국 인구 조사에 따르면 1930년에서 1950년 사이 아메리카 원주민은 약 35만 명이었지만, 1990년에 그 수는 190만 명에 달했다.[19] 사회학자 조운 네이젤Joane Nagel은 이러한 엄청난 증가 이유가 아메리카 원주민들의 종족 자긍심 부활에 있다고 주장한다.[20] 아이누 민족 사이에서 이와 유사한 종족 부활이 있다면 아마 인구 수치도 증가할 터이다.

1990년대에 일본에 사는 비일본 민족 일본인 추정치는 인구 1억 2천 5백만 명 중 총 4~6백만 명이며, 그 내용은 아이누인(2만 5천~30만), 부락민(2~3백만), 오키나와인(160만), 한국·조선인(70만~1백만), 중국인(20만), 혼혈 아동(1만~2만 5천), 외국인(15만~70만) 등이다.[21] 이 소수 민족 비율은 미국과 비교하면 낮지만, 1992년 영국 수치와 비교하면 무시할 수준도 아니다.[22] 그러나 나는 인구 통계 추정치보다는 다민족이 근현대 일본 역사와 사회에서 필수 구성 요소로 수행한 기능에 따라 다민족 일본이라는 주장을 펼치고자 한다.

먼저 이 책이 걸으려는 길을 간단히 설명하겠다. 우선 단일 민족 일본이라는 가정을 노출 및 물화시킨 외국인 노동자 논쟁을 다루면서 시작하고자 한다. 그리고 일본의 계급·문화·종족 동질성을 강조하는 일본인성Japaneseness 또는 일본인 정체성을 다룬 현대 담론 속에 존재하는 활발한 가정들을 밝히면서 이 문제를 좀 더 깊이 파고들겠다. 나는 이와 대조해서 근현대 일본에서 다민족성이 차지한 중심적 위치를 보여주고자 한다. 민족 정체성 의식을 규정한 전후 대중문화는 종족 이질성과 문화 혼종성을 떼어놓고는 이해할 수 없다. 사실 근현대 일본을 만든 근본 원동력들 — 국가 형성, 식민주의, 자본주의 — 도 다민족 사회로 들어왔다. 근현대 일본 역사에서 다민족성이 차지한 중심적 위치를 고려하면, 단일 민족 이데올로기가 1960년대 이후에야 우세해져 일본인성을 나타내는 술어predicate가 되었다고 해도 그리 의외는 아니다. 마지막으로는 일본인성 담론에서 개념적 기반을 분석하겠다. 이 책에서는 이렇게 근현대 일본이 다민족 사회라는 사실을 증명하고자 하면서 동시에 일본 단일 민족성을 믿는 현대 신념을 설명하기 위해서도 상당한 노력을 기울였다.

이 책은 현대 일본 사회를 다민족으로 묘사하는 시도 중 하나에 불과하다.[23] 일본에서 민족적 타자의 존재를 부정하기가 한층 어려워졌는데도 여전히 일본이 단일 민족 사회라고 주장하는 사람은 많다.

민족 차별을 바로잡으라는—민족 다양성의 존재 자체를 인정하라는—계속된 호소는 단일 민족 일본이라는 케케묵은 생각에 맞닥뜨린다. 재일 소수 민족들은 두 번 고통을 겪는다. 학교에서 가혹한 놀림을 당하고 여러 직업에서 배제를 당하지만, 정부나 대다수 일본인, 그리고 수많은 서양 일본학자와 일본인 사회과학자까지도 그 존재 자체를(외국인으로서가 아니면) 인정하지 않기 때문이다. 그러나 1990년대에는 이전까지 침묵하고 침묵당한 비일본 민족 일본인들이 목소리를 낸 덕분에 단일 민족이라는 주장이 점점 타당성을 잃고 있다. 미네르바의 부엉이가 정말 황혼녘에 날개를 편다면, 새로운 일본의 새벽은 다행스럽게도 그리 머지않았을지도 모른다.

## 제1장

# 일본의
# 두 번째 개방

—

1980년대 말 일본에서 외국인 노동자 유입은 가장 폭넓게 논의되는 사회 문제였다. 외국인 노동자 문제를 다룬 신문 머리기사나 주요 잡지 기사, TV 다큐멘터리 등이 하루라도 보이지 않는 날이 없을 정도였다. 책도 많이 나왔고 학생들은 이 주제로 열심히 논문을 썼다. 논쟁에서 사용한 용어들도 일본이 '쇄국鎖国'을 끝내고, '서양外国'에 개방해야 하는지를 토론하던 19세기 용어와 비슷했는데, 이러한 점도 이 현상이 역사상 큰 비중을 차지함을 알려준다. 이 난리 법석 때문에 경제학자 시마다 하루오島田晴雄 같은 분별 있는 사람들마저도 이렇게 말할 정도였다. "일본에는 심각한 외국인 노동자 문제가 있고 이는 국가의 미래 형성에도 크게 영향을 미칠 듯하다."[1]

그러나 외국인 노동자에게 쏟아진 조명은 빠르게 흐려졌다. 내가 일본에서 면담을 시작한 1993년에는 이 주제가 이미 한물갔다고 말해 주는 사람도 여럿 있었고, 친절하게도 이 박복한 연구자에게 다른, 좀 더 최신 연구를 하라고 제안하는 사람도 몇 있었다. 일본이 장기 불황에 빠지고 정부 당국이 감독을 강화하면서 새로운 아시아 이주 노동자들도 이제는 별로 두드러지지는 않게 되었다. 동시에 일본인들도 이들에게 익숙해졌고 대중매체 역시 더 새롭고 기삿거리가 될 만한 주제로 옮겨 갔다. 그러나 이런 시들해진 관심 때문에 오히려 꾸준한 수준을 유지하며 다소 증가세까지 보이는 재일 외국인 수를 착각하게 된다.

이 논쟁에서 당황스러운 점은 우려할 만한 확실한 원인이 없다는 데 있었다. 수는 점점 증가했지만, 1990년대 초반 일본 인구 가운데 외국인은 고작 1%를 차지했다.[2] 그것도 대부분 장기 영주자인 한국·조선인이나 중국인, 그 후손이었다. 게다가 1980년대 후반 주로 아시아 각국에서 건너온 새로운 외국인 노동자들은 일본인 대부분이 기피하는 일을 했다. 그렇다면 1980년대 후반에서 1990년대 초반까지 그렇게 열띠고 끝없는, 그야말로 피할 길 없는 외국인 노동자 문제 논쟁은 대체 왜 벌어졌을까? 더 많은 이주 노동자를 일본에 받아들이는 문제를 두고 엇갈리는 의견도 있었지만, 그보다 새로운 외국인 노동자들이 단일 민족 사회 일본이라는 팽배한 선입견을 재생산할 뿐만 아니라 거기에 도전했기 때문이다.

# 국제 노동 이주와 현대 일본

국제 노동 이주는 현대 일본에만 있는 일이 아니다. 산업화와 국제 노동 이주는 어차피 따로 놓고 볼 수 없지 않은가. 19세기 산업주의자 프리드리히 엥겔스Friedrich Engels는 "수많은 아일랜드 빈민 인구를 마음대로 쓸 예비 인력으로 두지 않았더라면, 영국 산업은 그렇게 빨리 팽창하지 못했을 것"이라고 말했다.[3] 보다 최근을 보면 전후 서유럽 경제 성장도 저임금 이주 노동력 덕택이었다.[4] 20세기 말은 금융·제조업 세계화로 국경 간 노동 흐름이 특징이 되었다.[5]

국제 노동 이주가 이렇게 큰 흐름이 된 이유는 무엇인가? 제2차 세계대전 이후, 강제 노동 이주는 사실상 사라졌다.[6] 17세기 유럽과 아메리카 대륙으로 들어온 아프리카인 이주와는 달리 20세기 말 국경 간 노동 이주는 대개 자발적이었다. 이러한 맥락에서 국제 이주를 일으키는 가장 큰 원천은 국가 간 불평등이었다. 역사학자 윌리엄 맥닐도 말했듯이, "지금도 전 세계에는 좀 더 부유하고 도시화한 인구가 비운 자리로 기꺼이 이동하려는 소작농이나 소작농 출신 인구가 수십 억 있다".[7] 예를 들면 1980년대 말 일본 1인당 국민총생산GNP은 필리핀의 30배, 방글라데시의 125배였다.[8] 방글라데시 노동자는 고향에서는 몇 달 걸려야 벌 돈을 일본에서 하루 일당으로 벌기도 한다. 어느 방글라데시 남성은 이렇게 설명했다. "이게(돈이) 얼마나 되는지 아세요? 다카에 돌아가면 나는 왕처럼 살 겁니다."

그러나 국제적 불평등은 그 자체로, 저절로 대규모 국경 간 이주를 발생시키기에는 불충분하다. 이주 노동자들은 미시경제적 동기나 거시경제적 힘을 구현하지도 예증하지도 않는다. 이들은 한 나라에서 다른 나라로 어느 정도 자의로 이주하지만, 개인 힘으로는 부족할 때가 많다. 국가 주권은 영토 감시와 엮여 있기 때문에, 국가 안보의 일부인 국경 순찰이 이주 노동자 유입을 규제한다. 노동에서 자유 시장을 막는 장벽은 매우 견고하며 개인 대부분은 이를 혼자 넘어설 능력이 없다. 게다가 각 국가는 자국 시민에게 국내 취업 기회에 접근할 특권도 주고 복지 혜택 대부분도 준다. 따라서 대규모 국제 노동 이주는 국제 노동 시장이 자유롭게 움직이는 힘으로 동시에 발생한다기보다 오히려 정부와 고용주, 이주자들이 국경 간 노동 흐름을 일으키고 유지하려는 확실한 노력을 하면서 생긴다.

국가에서 이주 제한을 완화할 때는 대개 경제 성장과 그에 따르는 노동 부족 시대에 절실한 저임금 노동력 수요가 필요 전제조건이 된다. 그 두드러진 예가 1950년대, 1960년대 급속한 경제 회복기에 접어든 서유럽이었다. 프랑스 정부는 제2차 세계대전 종전 거의 직후부터 노동 부족을 인식하고 국제 노동 이주를 적극 장려했다.[9] 1950년대 중반에는 연간 10만이 넘는 이주 노동자가 프랑스에 입국했고, 국가는 '이주 노동자를 바라는 강한 산업 수요 앞에서 통제력을 상실'했다.[10] 서독에서는 외국인 노동자 유입이 프랑스보다 늦게 시작됐다.[11] 서독 정부는 노동 부족보다는 완전 고용 상태에서 고도성장이 초래할 인플

레이션 같은 부작용을 더 걱정했기 때문이다.[12] 그러나 출발은 늦었어도 서독 이주 노동자 수는 1960년 28만 명에 달했다.[13] 전후 프랑스와 독일이 이룬 경제 성장을 온전히 설명하려면 이주 노동이 미친 영향을 반드시 고려해야 한다.[14]


## 잉여 노동에서 완전 고용 경제로

1960년대와 1970년대 일본 고도 경제성장은 서유럽과 달리 외국인 노동자에게 의존하지 않았다.[15] 전쟁 전 일본 경제도 조선인 등 이주 노동자에게 의존했고 또 경제 성장을 하는 국가 거의 전부가 이주 노동력에 의존했는데, 전후 일본은 왜 외국인 노동자를 고용하지 않았을까? 아주 간단히 말하자면 일본은 1960년대까지 잉여 노동이 존재하는 경제였기 때문이다. 제2차 세계대전 패전 후, 660만 일본인들이 머나먼 제국에서 일본 본토로 귀환했다.[16] 이러한 계속된 잉여 노동력 때문에 일본 이민청은 '포스터, 선전 영화 등 다양한 방법으로 해외 이주를 장려하고 외국에 잘 정착하게 지원하는 기술·재정 지원으로 해외 이주자들을 도울 방법을 폭넓게 (시행)'하게 되었다.[17] 1973년에 브라질 이민길에 오른 일본인들을 실은 마지막 배가 일본을 떠났다.[18]

1950년대에서 1970년대까지 일본 노동 수요 증가는 이주 노동자가 유입하면서 보다는 농촌에서 국내 이주를 하고 여성이 임금 근로

에 진입하면서 충족되었다. 전후 일본 노동 시장은 알고 보면 매우 유연했다.[19] 전후 일본은 아마도 세계 역사상 가장 빠른 농촌 이탈을 경험했을 텐데, 1960년대 말 매년 농업 인구 4백만 명이 도시 노동자로 바뀌었다.[20] 농촌 농경 사회에서 도시 산업 사회로 바뀌는 구조 변화도 있었지만, 남성 농부 대부분은 농한기에 건설·제조 부문 노동을 하기도 했다.[21] 경제학자 오카우치 가즈오大河内一男는 이러한 '계절 이주 노동出稼ぎ'(계절별로 타관 벌이를 하러 가는 이주 노동)이 중요하다고 주목하면서 일본 노동 시장에 이런 독특성이 있다고 정의했다.[22] 그런데 계절 이주 노동자들은 부락민, 오키나와인 등 소수 민족이 많았다. 1960년대 중반이 되자 인구가 감소한 농촌에서는 젊은 남자 없이 할머니おばあちゃん, 할아버지おじいちゃん, 어머니おかあちゃん만 농사를 짓는다는 '3짱 농업三ちゃん農業'이 주를 이뤘다.[23] 상당수 농촌 지역에서는 급속한 농촌 이탈과 계절 이주 노동이 전후 역사를 썼다.[24]

여성 노동력 참여도 두드러졌다. 산업화 초기부터 일본 여성들은 다양한 직업에 종사했고, 1970년대까지 노동 인구에서 여성이 차지한 비중은 유럽 각국과 비교해도 훨씬 높았다.[25] 1960년에서 1980년 사이 임금 노동에 종사하는 여성 수는 두 배 가까이 늘었다. 노동 인구에 진입하는 여성 수는 늘었지만, 상당수는 변동이 심한 저임금 노동 수요에 맞추는 시간제 근로자로 일했다.[26] 이러한 시간제 노동은 근로 시간이 아니라 없어도 그만인 저임금 노동력이라는 지위로 규정됐다.[27] 여성 근로자 중 대개 기혼에 나이도 좀 많은 시간제 근로자 비율은 1970년 9%에서 1981년 23%로 증가했다.[28] 여성은 대개 노동시장 변동에 매우 취약한 단순 제조업과 주변 부문에서 일했다.[29] 여성은 전체 노동 중 절반 이상을 담당했는데도 전체 급여 중 고작 4분의 1에서 5분의 1 정도밖에 받지 못했다.[30]

1960년대에 고도성장이 이어지면서 일본 경제는 잉여 노동에서 완전 고용 경제로 탈바꿈했다. 농촌 이주민, 계절 이주 노동자, 여성 외에도 시간제 근로 학생과 고령 근로자까지 노동 인구에 합세했지만,[31] 그래도 1970년에는 심각한 노동 부족이 닥쳤다.[32] 늘어나는 임금과 노동 수요에 대응해 1960년대 후반에는 한국 등에서 노동자를 모집하려는 시도도 있었다.[33] 그러다 1973년 석유 파동과 그에 따른 경기 침체로 노동 수요가 줄었다.[34] 그런데 1980년대에는 일본 경제 성장으로 국내 저임금 노동 원천이 또 다시 말라붙었다. 농촌 이탈은 이미 한계에 가까웠고, 계절 이주 노동자 수도 1970년쯤 이미 정점을 찍었다.[35] 1972년에서 1982년 사이에 계절 이주 노동자 수는 반 토막이 났다.[36] 1980년대까지는 시간제 여성 노동자 수도 마찬가지로 감소했다.[37]

1980년대 말 저임금 육체노동과 서비스 노동 수요는 무시하기 어려운 수준이 되었다.[38] 노동 부족은 도쿄 수도권 지역에서 뚜렷했다. 작은 제조 회사나 지역 공장은 고령 직원에게 의존하는 형국이었다. 어느 나이 지긋한 공장주는 이렇게 말했다. "젊은 애들은 이런 곳에서 일하고 싶어하지 않아요. 지금 가장 젊은 우리 직원은 40대지요." 그러니 젊은 아시아 이주 노동자들이 있으면 덥석 채어갔고, 그러다 보니 나이 많은 일본인 노동자와 젊은 외국인 노동자가 나란히 일하는 상황이 되었다. 제조 부문 소기업 업주를 대상으로 실시한 어느 조사를 보면, 압도적 다수(77%)가 외국인 고용 이유는 일본인을 고용할 수 없기 때문이라고 했다.[39]

노동 부족은 영어로는 3D<sup>difficult, dirty, dangerous</sup>라고 하는 '3K'(힘들고<sup>きつい</sup>, 더럽고<sup>きたない</sup>, 위험하다<sup>きけん</sup>) 업종에서 특히 심각했다. 낮은 임금 때문인지 낮은 위세 때문인지, 일본인 대부분은 성매매업이나 건설 노동 등 3K 업종에 따르는 조건을 참을 의사가 없었다. 내게 '땀 흘리기 싫다'고 한 일본 청년도 많다. 어마어마한 일본 성 산업을 놓고도 비슷한 이야기를 할 수 있다. 고급 바에서 일하는 호스티스나 비싼 콜걸은 지금도 일본인과 백인 여성들이 주로 하지만, 그보다 돈을 적게 주는 성매매 직업은 일본인보다 적은 돈을 받고도 기꺼이 일하는 이주자들이 채웠다.[40] 홍등가 중에는 지구촌으로 변한 곳도 많았다. 이러한 면에서 극찬을 받던 일본인 직업윤리가 무너졌다는 결론을 내리고 싶을지도 모르지만, 전후에는 거의 모든 일본인에게 노동 시장 전망이 꾸준히 개선되었다는 점도 놓치면 안 된다. 또한, 일본 고용 관계의 다른 특징들도 그렇지만[41] 일본인 직업윤리를 문화적 특징으로 보는 가정 자체도 문제가 있다.[42]

아시아 저개발국에서 일본으로 노동 흐름을 유도한 현실 조건도 많았다. 보잉 747기와 팩스 기기가 대변하는 교통·통신 발전 외에도, 외국환 보유고 향상을 위해 자국 시민에게 해외 취업을 장려하는 아시아 국가도 많았다.[43] 예를 들면 필리핀은 이주 노동을 장려하려고 해외취업국<sup>Overseas Employment Administration</sup>을 설치했다.[44] 또한 아시아에서 일본 경제 팽창은 일본이 부유하고 바람직한 나라라는 이미지를 만들었다. 필리핀 이주 노동자 레이 벤투라Rey Ventura는 다음과 같이 썼다.[45] "재패니스 드림은 없지만, 그래도 필리핀인에게 일본은 두 번째 미국이 되었다 (…중략…) 일본인들은 이제 필리핀에서 최대 투자자이고 최대 후원자이다. 일본인들은 우리나라에서 가장 부유한 관광객들이다." 또 일본문화 영향도 동남아시아 곳곳에 스며들었다.[46] 게다가 1980년대 중반에는 중동에 살던 아시아 근로자들이 중동 경기 침체로 고생하면서 새로이 일자리를 찾았다.[47] 따라서 일본은 포부가 큰 아시아 이주 노동자에게 매력적인 목적지였다.

1980년대에 일어난 초기 이주 노동력 유입은 전후 프랑스나 서독 사례처럼 뚜렷한 정부 정책이 낳은 결과가 아니라 오히려 고용주 수요와 노동자 욕구가 결합된 결과였다. 이주 노동자 대부분은 일본에서 일하면서 겪을 엄청난 법률 및 언어 장벽을 고려해 초기에는 노동 브로커 등 여러 조직망에 의존했다.[48] 노동 브로커는 노동자가 되려는 사람들을 찾고 이동 수단을 마련했다.[49] 이주 노동자들이 주로 종사하는 직업들(건설 및 성매매)은 야쿠자와 밀접한 관련이 있었기 때문에, 초기에는 야쿠자와 폭력단이 가장 중요한 노동 브로커였다.[50] 그런데 부락민과 한국·조선인 중에는 야쿠자와 폭력단 단원이 많았고,[51] 야쿠자와 폭력단은 일본 국경을 넘어 세력을 적극 확장했다.[52] 일단 일본에 들어온 외국인 노동자들이 사회관계망을 확장하면서 고국 동포들에게 취업 등 여러 정보를 전달하게 되었다. 그러면서 다양한 매체 창구와 단체는 물론 친척과 지인들까지 일본에 유입되는 이주 노동자 국경 간 이동을 뒷받침했다.

## 구조적 인력 부족과 민족 변화

일본행 외국인 이주 노동자 유입은 임금과 위세가 낮은 여러 직업에서 급격한 노동 부족이 발생한 탓에 뒤늦게 생긴 현상이다. 그 전에는 농촌 이주민, 계절 이주 노동자, 여성들이 채우던 2차 노동시장 틈새를 이제는 아시아 이주 노동자들이 채웠다. 다시 말해 노동 시장 구조 자체는 여전히 견고했고, 그저 최하층 구역을 다른 집단 사람들이 차지했을 뿐이다.

건설 산업을 보자. 전쟁 전 건설 산업은 부락민, 오키나와인, 조선인 의존도가 매우 높았다.[53] 전후 시대에도 건설업은 고용주가 부락민(상당수가 계절 이주 노동자인)이나 소위 요세바寄せ場라는 비공식 인력 시장에서 일용 노동자(노가다どかた 또는 막일꾼にんぷ)를 고용하면서 소수 민족들에게 의존했다.[54] 도쿄 산야山谷, 요코하마 고토부키쵸寿町 등 유명한 요세바들은 일본에서 빈민가나 일용 노동자 밀집 지역ドヤ街이라는 의미로 쓰이기도 하며, 중독이나 범죄, 광기 같은 흉흉한 뜻도 숨어 있다. 전후 건설업 노동 부족 사태가 생긴 기저에는 계절 이주 노동자와 일용 노동자가 차츰 감소했다는 현상이 있었다.[55] 1980년대부터 필리핀, 태국, 이란 등 외국인 노동자들이 고토부키로 몰려들었고, 이 지역은 일본 주요 소수 민족 집단이 모두 모이는 진정한

용광로였다.[56] 1990년대 초 비공식 노동시장에서는 민족 간 위계가 뚜렷했는데, 최상층에는 일본인 노동자가, 중간층에는 나이 든 한국·조선인과 부락민 노동자가, 그리고 최하층에는 새로운 이주 노동자가 존재했다.[57] '대동아 공영권'에 있던 민족 간 위계가 이렇게 재구성된 셈이다.

이러한 구조 변화는 다른 사례에서도 엿보인다. 일부 아시아 이주 노동자들은 예전에 계절 이주 노동자들이 살던 값싼 주거지에 살았다.[58] 내가 머물던 요코하마 집에서 그리 멀지 않은 곳에는 유명한 사창가가 있었는데, 그곳은 종전 직후 미국 군인을 상대로 생긴 곳이었다. 그곳 포주 한 사람은 내게 "예전에는 아가씨 중에 한국인도 있었지만 대부분은 우리 시골 언니田舎のねえちゃん들이었어. 그런데 지금은 완전히 국제연합이야. 대만이나 필리핀 아가씨도 있다니까".

## 외국인 노동자의 다양성

재일 아시아 이주 노동자들이 처한 상황은 다른 나라 이주 노동자들이 처한 상황과 그리 다르지 않았다.[59] 1980년대 말, 1990년대 초에 아시아 이주민들은 대개 일본 사회에서 가장 질 낮은 일자리에 종사했고, 그러한 일자리는 저임금과 형편없는 근무 조건, 낮은 지위, 고용 불안정, 승진 기회 부재 등이 특징이었다. 1992년 아시아 이주 노동자 중 남성은 대개 건설 현장(51%)과 공장(28%)에서 일했고, 여성은

대개 호스티스(34%), 공장노동자(17%), 매춘부(11%)로 일했다.[60] 1990
년대 초반에는 이러한 이주민들에게 크게 의존하는 일본 기업과 산
업도 많아졌다. 노동시장에 특히 여유가 없을 때는 외국인 노동자 확
보 경쟁도 꽤 심했다.[61] 비일본인 노동력을 선호한다고 대놓고 말하
는 고용주들도 있었다. 어느 작은 공장(직원 절반이 외국인인) 사장은 내
게 외국인이 일본인보다 일을 열심히 해서 선호한다고 말했다. 사실
그 공장주는 외국인을 채용할 수밖에 없었다. 도쿄의 주요 수산물 유
통 시장인 쓰키지築地 수산시장에도 외국인이 없다면 시장이 아예 돌
아가지 않는다고 말하는 도매업자들이 여럿 있었다. 도쿄 신문 배달
원 중 4분의 1도 일본인이 아니라고 한다.

　새로 나타난 이들 외국인 노동자들은 단일한 집단을 형성하지 않
았다. 이주 노동자 인구집단은 대다수 사회에서 민족 다양성이라는
특징을 보이는데, 이 특징은 일본에도 적용되었다.[62] 1990년에는 필
리핀과 한국, 태국, 중국, 파키스탄, 말레이시아, 방글라데시 노동자
수가 가장 많았지만, 1992년에는 태국, 말레이시아, 필리핀, 이란 노
동자 수가 가장 많았다. 정부가 불법 체류 외국인 노동자를 단속하자
노동 브로커와 고용주들은 일본인 행세가 가능한 한국인이나 중국
인, 그리고 물론 남미에서 돌아온 일본인들을 고용했다.[63] 1987년 재
일 브라질 교포는 2천 명을 겨우 넘는 수준이었지만, 1993년에는 15
만 명으로 급증했다.[64]

　새로운 이주 노동자들은 그 특징이 전혀 달랐다. 그리고 비자상 신
분이나 국적, 성별은 엄청난 소득 불평등을 낳는 변수였다.[65] 인쇄업

에는 방글라데시인, 요식업에는 중국인 등 특정 산업에 일부 민족 집단이 매우 많이 분포하기도 했다.[66] 같은 산업 내에도 불평등이 있었다. 예를 들면 3만 명으로 추산되는 한국인 호스티스들은 시설도 좋고 비싼 업소에서 일했지만,[67] 필리핀인 매춘부들은 그렇다고 할 수 없으며 대부분 성 산업 맨 밑바닥에서 일했다.

불법 체류 노동자들을 기다리는 운명은 최악이었다. 일본 정부가 단순 노동으로 규정하는 대다수 육체노동이나 서비스 직업에는 취업 비자를 발급하지 않았기 때문에 불법 취업하는 이주민이 많았고, 그 때문에 일본에서 가뜩이나 취약한 지위는 더 나빠졌다. 새로운 외국인 노동자들이 불법 산업(성매매 등)이나 규제가 느슨한 산업(건설 소기업 등)에 고용되다 보니, 이들에게 있는 법률상 취약점과 브로커 또는 고용주 관계에서 생긴 비공식적 의존성(부채 등)에 착취 구조가 좌우되었다.[68] 비공식 일용 노동자 시장(요세바)에서는 고용주들이 노동자 임금을 지급하지 않거나 위험한 일을 맡길 때도 있었다.[69] 외국인 노동자들은 의료 시설,[70] 복지 혜택,[71] 기타 지원제도 접근도 제한되어 있었다.

1990년대 초반 이러한 새로운 아시아 이주 노동자 — 필리핀인 무용수, 한국인 호스티스, 태국인 안마사, 이란인 전화카드 판매상, 방글라데시인 건설 노동자 — 들은 도쿄 수도권에서 쉽게 식별 가능한 특정 유형이 되어서, 인기 TV 프로그램이나 만화책에도 등장할 정도였다. 신문 머리기사와 TV 다큐멘터리 외에도 새로운 외국인 노동자들은 도쿄와 일본 열도 전역에서 찾을 수 있었고, 점차 일상의

한 부분이 되었다.

이주 노동자들이 어디서나 그렇듯 새로운 재일 외국인 노동자들도 대부분 고향으로 돌아갈 생각이었다. 그러나 1990년대 초반에는 이들이 일본에 정착하는 전조가 나타났다.[72] 민족 매체와 상점, 거주지까지 생기는 현상이 뚜렷해졌다.[73] 게다가 더 오래된 민족 공동체들, 특히 한국인과 중국인 공동체는 동포들이 있을 피난처를 제공했다.[74] 여기서도 서유럽과 북미 사례는 단기 이주자들이 거의 필연적으로 장기 정착민이 되거나 초국가 공동체를 구성함을 시사한다.[75]

## 일본 외국인 노동자 문제

이민은 부유국에서 큰 정치 논쟁을 낳았다. 1980년대 영국에서 "이민은 가장 뜨거운 논쟁거리인 공공 문제(가 되었다)".[76] 물론 영국에서만 그렇지는 않았다. 프랑스 반이민 운동을 보든, 미국 이민 논쟁을 보든, 산업국가 정치는 이민과 떼려야 뗄 수 없이 얽혀 있다. 한국이나 대만 같은 신흥 산업국들도 1990년대에는 이민 노동을 놓고 국가적 논쟁을 겪었다.[77]

각국 논쟁에는 유사점도 많지만, 또 특수성도 있다. 일본 사례에서 외국인 노동자 문제는 19세기 일본이 직면했던 문제를 되풀이할 때가 많았다. 일반적 일본 역사 기술에서 일본은 1853년 페리호 등장으로 지도자들이 '개국'과 '쇄국' 사이에서 어쩔 수 없는 선택의 기로에 놓일 때까지 외국과 접촉 없이 고립 상태를 유지했다. 그리고 20세기 후반 현재에는 일본이 이러한 근현대 일본사 전환점과 비교할 만한 중대한 문제에 직면했다고들 한다.[78]

쇄국파는 외국인 노동자들이 일본의 고유성을 해칠 것이라고 주장한다. 예를 들면 야노 도루矢野暢는 천황제와 일본 세계관이 매우 고유하며 외국인에게서 지켜야 하는 부분이라고 썼다.[79] 같은 맥락에서 니시오 간지西尾幹二는 다른 나라에서 일어난 사회 분열을 일본에서 비일본 민족 인구가 초래한다고 경고했다.[80] 이 저자가 쓴 어느 책은 '외국인 노동자가 일본을 망친다'는 부제를 달고 있다.[81] 이민자와 그 자녀들이 제 기능을 하는 학교와 여타 제도들을 위협하며, 따라서 사회 통합과 질서를 해친다는 뜻에서다. 니시오는 한마디로 "이는 꼭 경제 문제라기보다, 솔직히 말하면 '문화 방위' 문제다"[82]라고 한다.

개국파는 빈곤국 외국인 입국 허용을 지지한다. 이들이 일본에서 돈을 벌게 하여 일본이 부유국으로서 의무를 다하라는 공통된 이유에서다.[83] 오누마 야스아키大沼保昭는 이민자들을 받아들이면 일본이 국제 사회에서 더 나은 일원이 될 뿐 아니라 폐쇄성도 사라진다고 주장했다.[84] 마찬가지로 경제동우회經濟同友會 역시 "외국인과 함께 사는 일은 일본 사회의 미래에 매우 중요하다고 본다"라고 했다.[85]

요약하자면, 쇄국파는 사회 비용을 강조했지만 개국파는 인권과 일본의 국제적 책임을 강조했다. 그러나 이 논쟁은 명확한 이데올로기 분열을 따르지는 않았다. 논쟁 초기 주요 경영자 단체와 최대 노조는 대개 쇄국파를 지지했다. 물론 자본 단체든, 노동 단체든 상당한 예외도 있었지만 말이다.[86] 여러 정부 부처들도 관점이 전혀 일치하지 않았고, 개방 이민을 적극 지지하는 지방 정부도 몇몇 있었다.[87] 시간이 지나면서 아시아 이주 노동자를 향한 반응은 보다 긍정적이 되었다.[88]

여론 조사 결과도 그리 확실하지 않다. 1988년 일본 성인 1만 명을 대상으로 실시한 총리부 설문조사 결과 8%는 일본이 외국인 노동자를 받아들이면 안 된다고 했고, 26%는 일부 제한을 두어야 한다고 했으며, 35%는 개방 이민을 선호했다.[89] 1992년 이 수치는 각각 14, 57, 15%였다.[90] 1988년 12월 『마이니치신문』 설문조사 결과 외국인 노동자 유입에 45%는 '찬성', 48%는 '반대'라고 했고, 1990년 1월에는 '찬성'이 51%로 증가한 반면 '반대'가 44%로 감소했다.[91] 이민을 반대하는 주된 이유에는 범죄 우려가 있었고,[92] 개국을 찬성하는 주된 논리에는 일본인 대부분이 기피하는 일을 할 이주 노동자 수요가 있었다.[93]

외국인 노동자 문제는 개국-쇄국 논쟁에서 나오는 단순화된 용어 이상으로 다양한 논점을 만들어냈다. 어느 50대 사업가는 일본이 작은 나라라서 지나치게 많은 사람들이 일본에 살러 오기란 '물리적으로 불가능'하다고 주장했다. 또 어느 작은 식당 주인은 외국인들에게 호의를 표하면서도 이들이 일본에 얼마나 쉽게 동화할지 모르겠다

고 했다. 일본 도시는 주요 생활 철학으로 '다른 사람에게 폐가 되지 않는迷惑を掛けない' 한 개인성을 존중한다.[94] 아시아 노동자들이 남에게 폐가 되지 않는 한 환영이라고 적극 긍정한 면담 대상자도 여럿 있었다. 어느 중년 가정주부는 외국인 노동자들이 일본어를 빨리 배웠으면 좋겠다는 바람을 토로했다. 평론가 구레 도모후사呉智英는 늘 그렇듯 기이한 방식으로 외국인 근로자들이 '민주주의의 노예'가 되어야 한다고 주장했다.[95] 여기서 주목할 점은 상당수는 무관심했다는 사실이다.

학문 연구도 매우 많았다. 일본 상황을 확실히 파악하기 위해 계량 경제 모델이나 비교 사례를 적용한 사람도 있었다.[96] 이민이 일본 사회에 미칠 잠재적 파급효과와 의도치 않은 결과를 심각하게 논의하는 사람도 많았다. 현대 유럽에 존재하는 최하층 계급 형성을 미연에 방지하려는 열망 역시 꼭 인종주의를 암시하는 표현도 아니었다. 어차피 국경 통제를 완전히 폐지하라는 주장을 펼칠 사람은 거의 없을 터였다. 또 일부 외국인 노동자들이 겪은 끔찍한 노동 조건과 인권 유린을 놓고 일본 사회를 날카롭게 비난한 사람도 많았다.

1993년에는 어쩔 수 없는 일은 받아들이자는 분위기가 팽배했다. 1980년대 말 일부 학자들도 주장했듯이 이주 노동자 유입은 불가항력이었다.[97] 경제학자 구와하라 야스오桑原靖夫는 개국-쇄국 논쟁은 현실을 반영하지 않기 때문에 의미가 없다는 뜻을 비쳤다. 외국인 노동자라는 존재 자체가 쇄국 주장이 틀렸음을 보여준다면서 말이다.[98] 1990년대 초반에는 과거보다 일본에서 민족 단일성이 현저하게 줄었다고 인정하는 사람이 대부분이었다.

그런데도 언론에 나오는 주된 표현은 개국-쇄국 이진법을 따랐다. 이 논쟁이 대체 무슨 의미가 있었나? 소규모 외국인 육체·서비스 노동자가 대체 왜 그런 집중적 언론 보도를 낳았을까? 일본에 새로 들어온 외국인 노동자 수는 다른 부유한 민족국가 대부분에 들어온 수에 비하면 보잘 것 없는 수준이었다. 국제 노동 이주 유입이 뒤늦게 시작되었다는 점이나 이주 노동자 인구가 소규모라는 점에서 현대 일본은 서유럽 국가와는 매우 다르다. "1975년에는 외국인 노동자가 서유럽 전체 노동인구 중 10%를 차지하게 되었다."[99] 1970년대 독일과 프랑스 인구 중 외국인 노동자 고용 비율은 1990년대 초 일본 외국인 노동자 고용 비율의 20배에 달했다. 게다가 일본 정부나 대기업 등 보수가 좋은 엘리트 일자리는 여전히 일본 대학 졸업자에게만 열려 있고, 3K 일자리는 극심한 노동 부족을 겪었다. 신규 유입 외국인 노동자 수가 적고 경제적 경쟁이 없었다는 사실은 이 논쟁이 성질상 경제 논쟁이 아니었음을 시사한다. 새로운 이주 노동자들과 가장 직접 경쟁 관계에 있었을 일용 노동자들은 외국인에게 강한 반감을 표시하지 않았다.

게다가 1989년 개정 출입국관리법은 모든 외국인 근로자 유입을 제한하지는 않았다. 일본 정부가 발표한 1992년 출입국 관리 기본 계획에서 명시한 바와 같이, 일본에 도움이 될 숙련 노동자는 비숙련 노동자와 구분되었다. '단순 노동'이라는 용어 자체도 외국인 노동자 논쟁과 연결되는 신조어였다.[100] 출입국 관리 기본 계획을 보면

"'비숙련' 외국인 노동자 입국 허용은 단순히 일본에 노동 인구를 받아들이는 일이 아니라 고유문화와 생활 방식이 있는 인간을 받아들이는 일이며, 경제 원칙으로만 판단할 수 없는 문제를 많이 수반'한다고 주지시킨다.[101] 경제 실용주의와 문화 보수주의가 이렇게 불편하게 공존하는 점은 여러 나라 이민법과 그리 다르지 않다. 흥미롭게도 전후 일본 출입국 관리법은 원래 미국 이민법을 따라 만든 법이었다.[102]

일부 고용주는 낮은 임금으로도 기꺼이 일하려는 외국인 노동자 고용에 열성이었고, 또 여기에 강한 반발이 없었다는 점을 보며 언론은 분명 아시아 이주 노동자들에게 있다고 가정한 새로움과 상징적 의의에 주목했을 터이다. 새로운 외국인 노동자들은 존재 — 특히 언론에서 민족 다양성이라는 눈에 띄는 새로움에 주목한 점 — 자체가 단일 민족 일본이라는 사상 자체에 도전했기 때문에 국가적 토론을 불러일으켰다. 이들 노동자들은 1980년대 말에 인종화당하고 문제로 변모됐다.

# 새로운 외국인 노동자의 인종화

새로운 외국인 노동자들은 인종화racialization와 사회적 가시성 때문에 일본 사회에 잠재적이며 대체로 상징적인 위협이 된다는 수준에서 문제가 되었다. 여기서 인종화란 어느 집단이 신체·문화적 특성으로 눈에 띄게 되는 과정을 의미한다. 물론 단순한 특성 묘사는 그 묘사로 표시하려는 인구 집단을 틀리게 묘사할 때가 많다. 1980년대 중반 영국에서 이민자 3분의 2는 백인이었는데도 캐슬스와 코색은[103] "'이민자'라는 단어는 대중 표현에서 '흑인'을 의미하게 되었고 사회과학자와 정치가들도 대체로 이 용법을 채택했다"[104]라고 지적했다. 이와 비슷하게 "상당수 프랑스인에게 '이민자'는 '알제리인'을 의미하지만 사실 포르투갈인 이민자가 더 많다".[105] 프랑스 반反이민 운동은 뵈르Beurs(2세대 북아프리카인)를 표적으로 삼았는데,[106] 여기서 이민 문제란 뵈르 문제이지 이탈리아나 포르투갈 이민자 문제가 아니다.[107] 마찬가지로 일본에서는 주로 아시아 빈곤국 출신인 새로운 외국인 노동자들이 모든 외국인 노동자들을 의미하게 되었다. 새로운 아시아 이주 노동자들은 가시성도 생기고 토론도 이끌어냈지만, 전체 일본 노동 인구는 물론 전체 재일 외국인 인구 중에서도 아주 작은 부분을 차지할 뿐이었다. 1992년 재일 등록 외국인은 130만 명, 즉 전체 인구 중 1%라고 추정한다.[108] 가장 많은 국적자는 한국인 68

만 8천 명, 중국인 19만 5천 명으로 전체 등록 외국인 중 70%였고, 그 수는 전후에도 크게 변하지 않았다. 취업 비자로 입국한 외국인 8만 5천 명 역시 인구 비중은 크지 않았다. 그중 가장 큰 집단은 흥행 비자로 들어온 2만 2천 명이었다. 대개 북미와 유럽에서 투자·경영, 교수, 종교 등 전문 비자로 입국한 사람 수는 이보다도 더 적었다.

새로운 외국인 노동자 논의에서 외국인 노동자란 한국인이나 중국인도, 유럽인이나 북미인도 아닌 아시아 빈곤국 출신 육체노동자, 서비스 노동자를 지칭했고, 그중에서도 특히 단순 노동을 하는 저개발국가 출신 불법 체류자를 말했다.[109] 1992년에는 강제 추방자가 6만 8천 명, 비자 기한 초과 체류자가 30만 명에 달했다. 게다가 학생 비자로 온 사람(11만 3천명)과 연수생 비자로 온 사람(1만 9천 명)들도 불법 취업했을 가능성이 있다. 1990년 노동성은 '속임수를 쓴 불법 외국인 종업원'이 28만 명, 외국인 노동자는 총 50만 명 있다고 추산했다.[110] 가장 큰 추정치를 인정한다 해도 일본 총 인구 중 전체 외국인은 5%였다.

새로운 아시아 이주민을 다루는 일본 담론은 시간이 흐르면서 빠르게 변했다. 인종화는 정체하지 않는다. 사회과학 이론들과 마찬가지로 각종 증거가 그 공식화와 재공식화에 영향을 미친다. 1980년대까지 외국인을 지칭하는 일본어는 '외인外人'(외부인)이었고 일본인 대부분은 이 말에서 백인 미국인과 유럽인을 연상했다. 예를 들면 내가 일본인과 약속을 잡으면 상당수는 자기들과 내가 비슷하게 생겼다며 신기하게 여겼다. 내 이름(존)과 국적(미국) 때문에 다들 존 케네디나 존 리드 같은 백인 남자를 상상했던 것이다. 상대방이 계속 '외인'

즉 백인을 찾아 잡아놓은 약속이 어긋날 뻔한 적도 종종 있었다.

1980년대에 일본 대중 매체는 '재패유키산ジャパ行きさん'이라는 단어로 새로운 이주 노동자를 표현했다. 이는 19세기 말 해외로 간 일본인 매춘부들을 지칭하던 '가라유키산唐行きさん'에서 파생된 단어이다.[111] 따라서 '재패유키산'은 일본인들이 '물장사水商売'라고 하는 성매매 노동자를 의미했다.[112] 1988년까지 강제 추방을 당한 노동자 대다수(80~90%)는 호스티스나 매춘부로 물장사에 종사하던 여성들이었다. 한국과 대만으로 가는 성매매 관광이 줄어들고 일본인 성매매 종사자들이 비싸지면서 필리핀, 대만 등 외국 성매매 노동자들이 일본에 유입되었다.[113] 그러다 일본 진보주의자들이 '재패유키산'이라는 단어 사용 금지 운동을 벌이기도 하고, 또 새로운 외국인 노동자의 성 비중도 바뀌면서 1990년대 초반이 되자 이 단어 사용 빈도는 감소했다.

'재패유키산'이 여성 외국인 노동자의 성화sexualization를 의미한다면, 마지막에 많이 쓰인 '외인 노동자外人労働者'와 '외국인 노동자外国人労働者'라는 용어는 인종화 과정에 계급 정체성이 편입되었음을 의미한다. 외인이 외국인으로 변한 것은 이제 새로운 외국인 노동자들이 백인이 아니라는 뜻이기도 했지만, 또한 차별하는 언어를 고치려는 노력이기도 했다. 외인은 차별적이지만 외국인은 적절하다고 받아들여졌다. 나는 '외인'이라는 말이 일본인의 배제 성향 혹은 외국인 공포증을 표현하니 '외인 노동자'라는 용어를 쓰면 안 된다는 설교를 몇 번이나 들었다. 그러나 노동자 지칭어 — 육체 혹은 산업 노동을 암시하는 — 를 외국인 지칭어로 수식하려는 필요 자체가 이 프롤레타리아 외국인들을 주로 중산층이거나 상류층인 유럽·북미인들과 구분했다. 따라서 '외국인 노동자'는 거의 반드시 육체노동을 하는 새로운 아시아 이주 노동자를 지칭했지 유럽·북미인이나 심지어나 같은 아시아계 미국인 학자를 지칭하지 않았다. 일본인들에게 나도 외국인 노동자에 들어가야 하느냐고 물을 때마다 모두 그렇지 않다고 했고, 그것도 아주 격렬한 반응을 보일 때가 많았다. 다음 장에서 설명하겠지만, 새로운 외국인 노동자들은 인종뿐만 아니라 계급 면에서도 타자였다.

무엇보다도 새로운 외국인 노동자들은 일본 도시 생활에서 눈에 띄었다. 인종화는 사회적 분류에서 외양, 대개 신체 특징을 기본으로 강조한다. 동남아시아인들이 일본 도시인들보다 피부색이 훨씬 검기는 하지만, 이러한 신체 표지가 없어도 일본인 대부분은 이들을 쉽게 구분한다. 의복과 몸짓, 일반적 자기 표현을 보면 확실히 일본인이 아니라면서 말이다. 예를 들면 일본인이 아닌 사람들은 남을 만날 때 대개 머리 숙여 인사하지 않는다는 식이다.

1980년대 말 외국인 노동자 인구가 크게 늘었다는 대중 인식도 아시아인 인종화 때문에 생겼다. 외국인 노동자 인구가 믿을 수 없을 만큼 증가했다고 하는 이 자신만만한 글을 한 번 보자. "과거에는 몇 달에 한 번 외국인 한두 사람이나 보는 정도였다. 그러나 이제 나는 매일 외국인을 본다."[114] 이 사람이 평생 일본에 사는 한국·조선인을 수백 명 보고도 그들이 외국인임을 깨닫지 못했다고 해도 상관없

다. 재일 한국·조선인들은 일본인처럼 보이고 일본인 같은 몸짓을 하므로 단순히 외양만 보거나 심지어 사회적 상호작용을 오래 해도 이들과 일본인을 구분할 수는 없다. 마찬가지로 하타다 구니오畑田国男는 도쿄 번화가 오쿠보도리大久保通り에 있는 사람 중 3분의 2는 외국인 노동자라는 요란한 표현을 썼다.[115] 바로 그 길을 수십 년간 많은 재일 한국·조선인과 부락민 등이 걸었다는 사실은 언급하지 않고 말이다.

많은 일본인이 외국인 노동자 인구 증가를 본능적으로 이해하게 된 데는 단순히 언론 보도만이 아니라 개인 경험 — 시각 인식이라는 부정할 수 없는 현상학 — 도 한몫했고, 이는 외국인 노동자 논쟁에서 중요한 토대가 되었다. 어느 40대 여성 판매원은 이렇게 요약했다. "이제 (외국인 노동자를) 피하기란 거의 불가능하죠. 밖에 나가면 도쿄가 인종의 도가니人類の坩堝가 되어 있다니까요. 일본에 외국인 노동자 문제가 있는 건 누구나 알죠." 의심할 여지가 없어 보이더라도 경험은 사실 여러 가정에 따라 성립되며, 지금 이 사례에서는 일본이 최근 아시아 이주 노동자 유입이 있기까지는 단일 민족 국가였다는 믿음에 따라 경험이 성립되었다. 새로운 외국인 노동자가 집중 조명되면서 예전부터 존재하던 외국인 노동자나 다른 소수 민족 집단은 가려졌다.

그러나 새로운 외국인 노동자 가시성은 꽤 빠르게 희미해졌다. 도쿄 같은 분주한 세계 도시에서 사회 상호작용을 지배하는 방식은 시민의 무관심이다. 내가 공공장소에서 거듭 관찰해 보니, 아시아 노동

자들에게 흥미를 보이는 사람은 거의 찾을 수 없었다. 내 희망은 그런 흥미를 보이는 사람은 한국 아니면 대만 관광객이라는 사실을 깨닫고 거듭 산산이 부서졌다. 한 번은 필리핀 노동자와 이야기를 하다가 중년 여인 둘이 우리를 계속 빤히 쳐다본다는 사실을 깨달았다. 그런데 그들에게 말을 걸고 나서 나는 그 두 사람이 필리핀 노동자 ─ 나중에 당연한 일当たり前の事이라고 했다 ─ 가 아니라 내 유창한 영어에 관심이 있었다는 사실을 금세 깨달았다. 둘 다 취학 연령인 자기 아이들에게 내가 개인 과외를 해 줄 수 있는지 궁금했다고 한다.

▬

## 일본이 정말 쇄국을 하거나 단일 민족이던 적이 있는가?

▬

새로운 아시아 이주 노동자들은 인종화도 당했지만, 단일 민족 신념이 널리 퍼진 일본 정치체에서는 그 존재 자체가 사회 통일성과 유대라는 비전에 도전했다. 따라서 일본에서 벌어진 논쟁은 서유럽과 북미 각국에서 이민 노동력 논쟁을 지배하던 민족·문화 문제를 반영하기도 한다. 예를 들면 "1980년대 프랑스에서 이민 문제는 인구 변동이나 경제학보다는 시민권과 정체성 측면에서 정의되었다".[116] 앞서 보았듯 국가 간 노동 흐름은 대개 이민을 받는 나라에 수요가 있어서 시작되었다. 외국인 노동자들이 하는 노동과 외국인 노동자를 분리할 수는 없으므로 민족·문화 문제가 경제 문제를 대체한다.

새로운 외국인 노동자들로 생긴 문제는 중국 내 일본 고아들과 남미로 이민한 일본 교포日系人 귀환 등, 일본 민족을 포함하는 문제이기도 했다. 이런 일본계 외국인들은 동질성 있는 일본에서 생활하고 일할 수 없다고 주장한 일본인 논평가들도 있다.[117] 비슷한 맥락에서 해외 유학에서 돌아온 일본 청소년帰国子女 때문에도 심각한 논의가 있었다.[118] 이러한 국제화한 학생들이 외국문화와 교육제도에 장기간 노출되면 고국에 잘 적응하지 못하게 된다고 믿는 사람들도 있었다. 사회학자 메리 화이트Merry White는 '귀국 청소년들은 문화적 무인 지대에서 낙인찍힌 일탈자로 남아야 한다'는 의견을 내놓았다.[119] 인류학자 로저 굿맨Roger Goodman은 이들을 새로운 소수 민족 집단이라고 했다.[120] 보다 전체적으로 일본 밖 삶에 오랜 기간 노출된 일본인은 누구나 의심을 받았다. '버터 냄새난다バター臭い'는 옛 표현은 서양에 오염된 사람들을 향한 의심을 적나라하게 표현했다.

이상한 점은 새로운 외국인 노동자를 향한 대중 관심이 엄청난 일본 정치·경제 팽창기에 발생했다는 사실이다. 개국-쇄국 논쟁은 일본이 국제성을 띠어야 한다는 데 거의 모두가 동의한 그 시점에 정점에 달했다. 일본 유력 경제 일간지를 발행하는 니혼게이자이 신문사日本経済新聞社는 1980년대에 '이제 일본 전체를 세계에 개방해야 할 시점'이라고 주장했다.[121] 기업 지향 보수주의자든 자유주의 국제주의자든 일본 사회의 폐쇄성을 깨고 개방할 필요가 있다고 쓴 사람들도 있었다.[122] 1980년대 중반 어느 설문조사에 따르면 국제화를 부정적으로 생각하는 학생은 8%에 불과했다.[123] 나카소네 총리가 외치던 일본 국제화는 아마도 1980년대 중반 가장 두드러진 정치 구호였을 터이다.[124] 일본이 5세기부터도 얼마나 국제적이었는지 설명하는 책[125]부터 유럽 중심이 아닌 국제 사회 비전을 다룬 책[126]까지 이 주제를 다룬 책도 많이 나왔는데, 나는 그중 국제화에 반대한 책 제목은 하나도 본 기억이 없다. 가장 부정적인 표현이라고 해야 일본 사회는 국제화 수준이 부족하다고 개탄하는 정도였다.

여기에서 외국인 노동자 논쟁은 외국인 노동자 유입의 대척점, 즉 일본 기업이 성취한 엄청난 경제 팽창과 일본인 세계 진출이라는 지점을 피해갔다. 1970년부터 1988년까지 일본 입국 외국인 수는 3배 늘었지만, 해외로 나가는 일본 인구는 13배 늘었다.[127] 일본인 10분의 1은 해외여행을 했다고 추산한다.[128] 사업 목적으로 일본을 떠나는 일본인 수도 매년 1백만을 훌쩍 넘는다.[129] 노동자 착취에서 환경 파괴까지 일본 기업들이 다른 아시아 지역에 미친 심대한 여파도 충분히 기록되어 있다.[130] 일본인들이 외국인 노동자라는 위협을 놓고 논쟁을 벌일 때, 해외에서는 일본이 세계에 가하는 위협을 놓고 논의가 벌어진 셈이다.[131]

역사를 보면 일본인들은 더 나은 경제 기회를 찾아 다른 나라로 이주했다. 앞서 언급했지만, 일본인 브라질 이민도 1970년대까지 계속되었다.[132] 일본 민족 디아스포라는 아시아에서 아메리카 대륙을 아울렀다. 해외 거주 총 일본인 수는 1940년 140만 명을 넘었고, 50년 이후에는 160만 명을 넘었다.[133] 1990년대 초에는 미국 한 곳에 거주하는 일본 시민만 20만 명이 넘었고, 게다가 일본계 미국인도 70만 명이 넘었다.[134] 일본인 사업가, 관광객, 이민자는 도처에 있었다.[135] 그런데 일본 민족 디아스포라에서 등한시하는 측면 하나가 바로 민족 이질성이다. 특히 메이지 시대 해외로 나간 이민자 중 부락민과 오키나와인이 월등히 많았고 최근에는 재일 한국·조선인과 혼혈인 비중도 매우 높다는 측면 말이다.

국제화가 일본에서 그렇게 널리 공유하는 목표였다면(의심할 여지 없는 사회적 사실이기도 하고), 외국인 노동자를 놓고 왜 그렇게 열띤 논쟁이 벌어졌을까? 개국-쇄국 논쟁 초반에 경제학자 데즈카 가즈아키手塚和彰가 지적했듯, 일본 국제화는 불가피하게 외국인 노동자 유입을 시사했다.[136] 그리고 일본이 외국인에게 닫혀 있었고 또한 단일 민족 사회였다는 가정은 이들과 귀국한 일본인 청소년들을 문제거리로 만들었다.

사실 일본은 사상이든, 상품이든, 사람이든, 외국과 접촉을 완전히 차단한 적이 없었다. 도쿠가와 시대(1603~1867)에도 일본은 외국과 접촉을 전부 차단하지는 않았다.[137] 도쿠가와 막부가 해외 무역을 독점했지만 그러한 국가 독점도 3개 주요 섬에 들어오는 외국, 심지어 서양 사상을 막지는 않았다.[138] 도쿠가와 시대에는 아시아를 다룬 잘 다듬어진 담론이 있었고, 외국 관련 서적도 2백 권 이상 번역되었다.[139] 제4장에서도 상세히 설명하겠지만 일본은 다양한 민족 집단을 편입하여 근대 민족 국가가 되었다. 메이지 국가 형성에는 홋카이도와 오키나와 식민지화가 포함되었고, 일본 제국주의 확장으로 수많은 조선인과 중국인이 일본으로 들어왔다.

재일 조선인과 중국인 인구 집단의 기원도 단일 민족 신념을 방어할 수 없다는 사실을 보다 확실하게 보여준다. 새로운 외국인 노동자 관련 논쟁은 일본에 장기 거주한 조선인과 중국인을 도외시할 때가 많다. 일본이 제2차 세계대전 이전과 대전 중 실시한 마지막 국제화 작업 때문에 조선인·중국인 노동자들이 일본 열도로 이민했다. 일본에 이민한 조선인 수만 해도 1945년 총 230만 명에 달했다. 그러나 이 논쟁에서 식민 시대는 지워졌다. 개국-쇄국 논쟁이 누구나 일본이 외국 접촉에 닫혀 있었다고 생각하는 19세기로 향한 사실도 그리 놀랍지는 않다. 이렇게 하면서 일본이 식민주의 팽창을 감행하고 외국인 노동자를 강제 징용한 20세기는 편리하게 피한 것이다.

새로운 외국인 노동자 문제는 과거 침묵당한 일본 식민주의 유산이 단일 민족 일본이라는 사상에 도전하던 그 시점에 발생했다. 1980년대에는 억압된 식민주의 과거를 되살리려는 사회운동도 활발하게 일어났다. 1980년대 중반 등록 외국인 지문 날인指紋押捺 폐지 운동은 매우 유명한 대의명분이 되었다. 한국계 일본인들이 이끈 이 운동은 다수를 동원했을 뿐만 아니라 일본과 한국 간 주요 외교 사안이 되었다.[140] 1980년대 후반 언론에서는 역시 식민 시대 유산인 '위안부'가 대사건이 되었다. 조선 등 여러 나라 여성들이 당한 강제 성 노역을 바로잡으려는 국제적 노력은 심각한 외교 문제로 비화되었다.[141] 전후 이민은 당연히 식민주의 과거를 연상시킬 때가 많다. "과거 대영 제국에 속했던 국가 출신 이민자들을 마주하는 영국인들은 이민자들이 예전에 주로 수행하던 기능 관점에서 이민자들에게 반응할 수밖에 없다."[142] "그러므로 프랑스 이민과 이민자를 향한 현대의 반응을 설명할 때에도 민족 간 관계를 규정하고 형성할 때 식민주의 과거가 미치는 영향을 인정해야만 한다."[143]

새로운 외국인 노동자에게 쏟아진 조명은 일본 내 다양한 디아스포라 공동체를 가렸다. 일본 식민주의를 잊은 기억상실증은 과거 만행을 지우고 더 앞서 온 외국인 노동자들 때문에 생긴 문제들을 회피했다. 이렇게 1980년대 일본에서 벌어진 논쟁은 단일 민족 일본이라는 가정을 공고히 하고, 새로운 외국인 노동자를 큰 문제로 규정했다. 이 외국인 노동자들은 단일 민족 일본이라는 이데올로기를 반박하면서도 강화했다. 수많은 간행물과 TV 다큐멘터리는 다른 나라 외국인 노동자와 소수 민족 문제를 묘사하면서 일본 단일 민족성을 강조했다. 자칭 일본의 외국인 혐오증 논평가라는 어떤 이는 유럽 관련 다큐멘터리를 보면서 이렇게 말했다. "독일과 프랑스 정부가 소수 민족을 저렇게 심하게 다루다니 끔찍하군요. 적어도 일본에는 이런 문제가 없지요." 다른 나라에 존재하는 의심할 나위 없는 다민족 면모가 일본을 단일 민족으로 보이게 하고 일본의 민족 다양성을 가린 셈이다.

일본에서 국제화와 민족 이질성이라는 불가피한 변증법은 거듭 부정당했다. 일본을 국제화하려는 큰 시도들은 모두 일본이 폐쇄되어 있었다는 가정에서 출발하고, 따라서 다민족성이라는 과거와 현재 사실을 모두 무시한다. 중국인을 일본에 살게 허가할지를 두고 벌어진 1890년대 논란이든, 조선인 노동자를 일본에 들일지 다투던 1920년대 논의든, 한국 이민 노동자를 받아들이려는 1960년대 시도든, 초점이 되는 대상과 상관없이 이 모든 논란은 이미 일본 땅에 살던 외국인 존재 자체를 희미하게 했다.[144] 국제화를 주장하는 새로운 요구는 매번 내부의 외국인이라는 두려운 전망을 불러일으켰고, 이는 또 다시 다민족이었던 과거를 가리면서 일본 단일 민족성이라는 가정을 재확인하고 강화했다.

새로운 외국인 노동자 —두 번째 일본 개방 —라는 문제는 현대 일본 사회에서 단일 민족 일본이라는 강한 믿음을 꺾었다. 그러면서 이 논쟁을 지배한 용어들은 현실에 존재하는 소수 민족과 식민 시대 유산을 오히려 가리기도 했다. 과거와 현재에 일본 경제가 국경을 넘나든 다양한 현실 탓에 일본은 세계 경제대국이 되면서 동시에 국경을 폐쇄할 수는 없었다. 팽창적 정치경제 역학과 순수한 단일 민족국가 이데올로기 사이에 존재하는 모순은 외국인 노동자 논쟁에서도 적나라하게 드러났다. 다민족성이라는 현실은 단일 민족성 신념을 위협하면서도 재확인했다. 다민족성을 반박할 여지가 없어진 바로 그 시점에 사람들은 일본이 언제나, 그리고 이미 단일 민족이었다고 주장했다.

## 제2장

# 일본인성에 관한
# 현대 담론

─

1993년 어느 일요일, 나는 기차를 타고 그때 지내던 요코하마에서 반시간쯤 떨어진 이시카와역으로 향했다. 그리고 역 서쪽으로 걷다가 차이나타운에 들어가 어느 가게에서 밥을 먹었다. 지저분한 내부만큼이나 맛있는 국수 때문에도 놀라운 가게였다. 나는 중국어 간판과 중국어로 말하는 사람들 사이에서 동쪽을 향하다가 일본에서 가장 악명이 높은 '빈민굴ﾄﾔ街' 중 하나인 고토부키를 돌아다녔다. 그러면서 허름한 건물과 잠든 술주정뱅이 — 빈곤에서 빠지지 않는 광경과 악취 — 는 물론이고 타갈로그어, 태국어 등 다양한 아시아 언어로 떠들썩하게 말하는 사람들을 지나쳤다. 한국 식당을 지나칠 때는 큰 소리로 떠드는 한국어 대화뿐만 아니라 한국 음식 냄새에 완전히 휘감겼다.

그날 오후에는 도쿄에서 가장 유행에 민감한 롯폰기로 이동했다. 잘 차려입은 군중을 헤치고 지나가자니 내가 옷을 덜 갖춰 입은 기분이었다. 고토부키에서는 지나치게 차려입은 느낌이었는데 말이다. 그리고 싸구려 장신구를 파는 이스라엘인들과 전화 카드를 파는 이란인을 지나쳐 고급 프랑스 카페에 들어가서 방글라데시인 웨이터에게 내 인생에서 가장 비싼 커피를 주문했다. 일본 친구와 대화를 나누며 그날 하루를 되짚다가 나는 일본이 확실히 다민족이라는 인상을 받았다고 말했다. 그러나 이 여성은 아니라고 하면서 내가 일본을 잘못 이해했다고 우겼다. 오사카 조선인 구역인 이카이노猪飼野나[1] 규슈 지쿠호筑豊처럼[2] 일본 내에서도 눈에 띄게 다민족인 다른 지역 이야기를 해도 그 친구는 계속 받아들이지 않았다. 고토부키에서 본 외국인 노동자들 이야기를 하자 친구는 요코하마는 언제나 예외였다고 답했다. 그러면서 요코하마, 나가사키, 고베, 도쿄는 모두 항구도시이므로 전형이 아니라고 했다. 고토부키도, 롯폰기도, 이카이노도, 지쿠호도 진정한 일본은 아니라는 말이었다.

진정한 일본이란 무엇일까? 제1장에서 나는 새로운 외국인 노동자 논쟁이 단일 민족 일본이라는 널리 퍼진 가정을 노출 및 물화시켰다고 주장했다. 일본은 항상 단일 민족 사회였고 지금도 그렇다고 주장하는 일본인이 왜 그렇게 많을까? 일본을 보는 특정한 비전, 즉 '일본 인성Japaneseness' 담론을 공유하는 일본인은 많이 있다. 나는 새로운 외국인 노동자 유입에 맞서 이러한 믿음이 표출되는 담론 영역을 재구성하면서 계급과 문화, 민족을 보는 세 가지 중요 가정을 강조하고자한다. 새로운 외국인 노동자들은 관계 면에서 일본 민족과 대척점에 있다고 묘사되었다. 계급·문화·민족상 타자라는 말이다.

## 중간계층 사회 일본

현대 일본인성 담론에서 일본은 중산계급 사회로 특징지을 때가 많다. 여러 설문조사를 보면 성인 일본인 90%는 자신이 중간 계층中階層이라고 하고,[3] 이 때문에 일본이 계급 없는 사회라고 하는 사람도 많다.[4] 그밖에 대중 사회大衆社会 등 다른 묘사 역시 일본을 평등 사회로 그린다.[5] 마쓰야마 유키오松山幸雄는 일본이 '계급 없는 평등 사회'이므로 일본인이라서 행복하다고 했다.[6] 새로운 외국인 노동자는 대개 일본인보다 교육 수준도 지위도 낮다는 시선을 받는데, 평등주의 일본이라는 이러한 믿음은 이들 노동자를 향한 공통된 반응으로도 확인된다. 어느 중년 사무직 종사자는 새로운 이민 노동자 유입 때문에 일본의 '계급 없는 사회'가 망가질 것이라고 주장했다.

그러나 일본의 과거와 현재에 존재하는 불평등 실태는 보편적 중산 계급 사회라는 가정이 잘못이라고 말한다. '사농공상士農工商'(무사, 농민, 장인, 상인)이라는 말이 나타내는 도쿠가와 시대 엄격한 신분 계급 때문에 신분 이동이나 신분 간 결혼은 아예 불가능했다.[7] 메이지 유신으로 형식상 평등주의인 시민권 속성들이 도입되기는 했지만, 전쟁 전 일본은 확실히 세습 엘리트, 즉 황실 가문皇族과 귀족華族, 무사 가문士族을 부락민新平民뿐만 아니라 일반 평민平民과도 구분했다.[8] 전쟁 전 일본에는 확실한 엘리트 계급이 있었는데 그 한편에는 지위를 세습한 인간이, 또 한편에는 제국대학과 정부 관료제를 통해 만들어진 성과 기반 인간이 존재했다.[9] 이 두 세력은 사실 상호 의존했다. 무사 가문은 전체 인구 중 6%에 불과했지만, 20세기 초 제국대학 학생 중 절반 이상이 무사 가문 출신이었다.[10] 결혼과 고용에서 공식 장벽은 없어졌다 해도 비공식 제약은 여전히 굳건했다. 게다가 도시 빈곤[11]에 설상가상 농촌 빈곤[12]까지 일본 열도를 덮쳤다.

전후에 세습 엘리트 계급이 없어지면서 공식적 신분 불평등도 끝났지만, 그래도 전후 일본에는 상당한 불평등이 남아 있었다. 전후 일본 사회를 다룬 가장 유명한 책 — 나카네 치에中根千枝가 쓴 『일본 사회日本社会』 — 은 일본이 '종적 사회縱社会'이며 그 특징은 '제도 또는 제도 집단이 이루는 수직 계층화'라고 묘사했다.[13] 누군가 우스개로 지적했듯, 이 책은 등급 의식에 젖은 도쿄대학을 다룬 날카로운 민족지학일지도 모른다. 그러나 그렇더라도 신분 위계는 일본 사회 특성 중 항상 변함없는 요소이다. 어느 미국인 학자는 있는 그대로 이렇게 설명했다. "일본 세계관은 (…중략…) 본질상 계층적이다."[14]

일본문화나 의식의 구성 요소인 수직적 계층 문제 외에도 불평등 역시 현대 일본 사회에서 부정할 수 없는 현실이다. 아주 오랜 세월,

'재패니스 드림'은 곧 명문 대학 입학이었다. 도쿄대학東大과 교토대학교京都大学가 맨 꼭대기에 있는 대학 서열에 심각하게 이의를 제기하는 사람은 없다.[15] 1970년대에는 도쿄대 졸업생이 재무성 직원 중 89%, 외무성 직원 중 76%를 차지해 가장 막강한 정부 기관 두 곳을 장악했다.[16] 게다가 초·중등학교도 수준이 크게 다른데, 좋은 학교 입학은 기존 사회 지위에 달려 있다.[17] 이시다 히로시는 이러한 결론을 내린다. "직업에서 나타나는 불평등한 분포는 단순히 출신 학교 수준의 차이뿐만 아니라 (…중략…) 같은 출신 학교 안에서도 나타나는 유형 및 질적 차이와 상관이 있다."[18] 미국에서 일본은 교육 기적 이미지가 강하지만, 특히 일본 빈곤 지역 고등학교들은 극심한 결석과 폭력, 매춘, 약물 복용 등으로 골머리를 썩는다.[19]

사실 일본이 계급 계층화class-stratified 사회라고 하는 학자들도 있다.[20] 일본인 90%는 자신이 중간 계층이라고 하지만, 1982년 실시한 어느 조사를 보면 40% 가까이가 일상생활에서 재정 문제로 곤란을 겪는다苦しい고 했고, 대다수는 여가 시간이 없다고 답했다.[21] 빈곤 문제도 계속되어 1990년대 초반에는 노숙자가 10만 명에 가까웠다.[22] 의료가 됐든 문화생활이 됐든 사회 생활 여러 차원을 살펴보면 계층화 정도는 매우 심하다.[23] 직업 계층, 기업 계층도 여전히 난공불락이다.[24] 영국이나 미국과 마찬가지로 일본도 세대 간 이동intergenerational mobility에서 그리 평등주의라거나 개방되어 있지 않다.[25]

일본인 대부분은 사실 교육·직업 계층을 뼈저리게 인식한다. 그런데 계급 언어가 사용될 때면 일본인들은 신분 언어를 사용할 때와는 다르게 자신을 분류한다. 1975년 어느 조사에서 자신을 중간 계층으로 본 응답자는 90%였지만, 자신을 중간 계급으로 본 응답자는 4%에 불과했다. 71%는 자신이 노동 계급이라고 했다.[26] 공장에서 산업 노동자들은 아무렇지 않게 교육받은 경영진과 자신을 구분한다.[27] 관리자 온정주의 이데올로기는 있어도 직장 위계질서는 확실하다.[28] 일본인들에게 꼭 계급의식이 있다는 말은 아니지만, 그래도 일본이 신분 또는 계급 없는 사회라는 주장은 경계해야 한다.[29]

불평등이라는 현실이 존재하고 불평등을 의식하는데도 왜 다들 일본이 평등 사회라고 주장할까? 단순하게 말하자면 일본은 1945년 이후 상당히 평등해졌다. 전후 시대는 진보 성향 개혁이 일어나면서 시작됐다. 신분에 근거한 법률상 구분은 끝났고, 입헌 군주제는 민주주의에 자리를 내줬다. 마르크시즘이든 진보 자유주의든 전후 보편주의 이데올로기가 평등주의 기풍을 공고히 했다. 전후에 신분 질서라는 기억은 빠르게 흐려졌다. 1920년생인 소설가 야스오카 쇼타로安岡章太郎는 1980년대에 다음과 같이 썼다.[30] "신분 구분(사농공상) 사상은 기이하지만 끈질기게 우리 마음 깊은 곳에 남아 있다." 내가 1990년대 초반에 20대 몇 명에게 이 글귀를 언급하자 이 청년들은 불과 10여 년 전에도 이런 봉건주의 과거가 살아 있었다는 사실에 놀라움 — 일부는 경악 — 을 표시했다.

신분 평등 주장은 경제 불평등이 줄어들고 급속한 경제 성장이 이루어지면서 확인되었다. 대대적 토지 개혁으로 대지주들은 농촌에서 쫓겨났고, 가족 경영 기업(재벌)들이 대규모 자본가 지배를 잠식해

갔다.[31] 전후 일본 사회는 소득 면에서 훨씬 더 평등했고 1973년 석유 파동 때까지 거의 멈추지 않는 성장을 경험했다. 1950년대 구로사와 아키라黒沢明 감독 영화들이 잡아낸 빈곤과 절망이라는 이미지도 한 세대가 흐른 1980년대에는 이타미 주조伊丹十三 감독 영화들이 보여준 풍요와 장난기라는 비전으로 바뀌었다. 소위 '3C'(car, color television, cooler에어컨)라고 하던 사치품도 10년 만에 욕망에서 필수품이 되었다. 다케우치 시즈코竹内静子는 이를 두고 "과거 노동자들은 잃을 것이 없었지만, 지금은 세탁기도 TV도 있다"라고 표현한다.[32] '마이홈 주의マイ・ホーム主義'와 소비 사회는 일본 사회를 설명하는 대표 문구가 되었다.[33] 이러한 변모는 신속하고 집중적으로 일어났다. 1966년이 '개인 자동차 시대 원년マイ・カー元年'을 알렸다면,[34] 1974년 경제학자 우자와 히로후미宇沢弘文는 벌써 그 사회적 비용을 놓고 불만을 토로했다.[35]

전후 경제 성장은 '샐러리맨サラリーマン'(사무직 근로자)이라는 모습으로 새로운 중간 계층의 이상을 창조했다. 1969년, 에즈라 보겔Ezra Vogel은 10년 만에 자신이 유학하던 일본 교외 도시를 다시 찾아 이렇게 말했다.[36] "이제 (…중략…) 샐러리맨은 물론 일본 인구 대부분이 안정과 물질적 소유, 정규직을 향한 열망을 이루었다. 10년 전 샐러리맨이 보여준 전형과 비전은 본질상 이미 달성되었다." 다시 말해 전후 일본에서는 샐러리맨, 즉 중간 계층 신분이 규준이 되었다.[37] 이러한 이상은 농촌에도 스며들었다. "일부 농촌 공동체에서는 이제 농부들이 자기 수입을 조합에 넣고 '급여サラリー' 형태로 받으면서 자신들도 샐러리맨과 똑같다고 자랑스럽게 공언한다."[38] 공장 노동자들도 마찬가지로 표준 일본 국민標準的な国民이 되려고 고군분투했다.[39] 전후 노동 투쟁으로 블루칼라와 화이트칼라 노동자 사이에 있던 사회 격차는 좁아졌고,[40] 임금 격차도 신분 구분도 사라졌다. 1950년대 중반 이후에는 직업 집단을 구분하던 옷 같은 가시적 신분·계급 표지도 사라졌다.[41] 이제는 공장 노동자들도 부르주아 제복인 양복과 넥타이를 걸쳤다.

이러한 점에서 경쟁 시험제도는 견고한 세습 엘리트제도를 대신한 성과주의, 즉 샐러리맨이라는 직업을 분명히 보여주었다. 자기 의지와 성공立身出世이라는 일본식 이데올로기에는 전쟁 전 시대에서 이어지는 연속성이 있다. 당시에도 상향 이동을 하는 주된 제도상 경로는 학교였기 때문이다.[42] 누구나 객관성이 있다고 믿는 입학시험 역시 성과주의에 근거한 교육·고용제도를 나타낸다.

1990년이 되자 거품 경제로 들뜬 일본에서 주된 자아상은 풍요 사회를 드러냈다. 사회주의 등 좌파 정당 지지와 함께 계급 언어도 이미 쇠퇴한 상황이었다.[43] 사람들이 질 낮은 일자리를 기피하게 된 이유도 노동시장 조건이 아니었다. 이러한 맥락에서 일본인들이 별로 원하지 않는 일을 주로 하는 새로운 외국인 노동자들은 일본이 중간 계층, 심지어 중산 계급 사회라는 지배적 의식을 한층 발전시켰다. 그러니까 일본인들은 중산 계급이었고 외국인 노동자들은 더 낮은 계급이었다는 뜻이다.

외국인 노동자 중에는 물론 난민처럼 가난하고 절박한 상황에 처한 사람도 있었다.[44] 그러나 전기공학이나 안보법을 공부하러 온 사람도, 또 일본 회사 취업이나 일본인과 결혼을 원하는 사람도 있었다.[45] 나는 고토부키 등지에서 만난 필리핀이나 이란 사람들이 유창한 영어로 높은 교육 수준을 드러내 놀란 적이 몇 번이나 있다.[46] 1990년대에 전형적 재일 아시아 이주 노동자들을 파악해 보면 아마 그들은 전혀 빈곤하지도, 교육 수준이 낮지도 않을 터이다.[47]

그런데도 일본에서 지배적인 관점은 아시아 이주 노동자들이 교육 성취도나 계급 배경에서 꽤 다양성을 보인다는 사실을 놓친다. 방글라데시 건설 노동자가 대학 졸업자일 수도 있고, 바에서 일하는 필리핀 여종업원이 정식 간호사일 수도 있고, 또 이란 전화카드 판매상이 의사 아들일 수도 있지만 신경 쓰지 않는다. 상류 계급도 하류 계급도, 대학을 졸업한 사람도 글을 못 읽는 사람도 모두 육체노동과 허드렛일을 하는 외국인 노동자 범주에 욱여넣기 때문이다. 그러므로 (부유한) 중산 계급 일본인들은 (빈곤한) 하류 계급 노동자들과 반대이다.

신기하게도 진보 정치 성향인 사람들이 이러한 계급 대비를 가장 명확히 표현했다. 외국인 노동자 투쟁을 지지한다고 자처하는 어떤 사람은 이들이 불쌍하고 가난하기 때문에 일본에서 일을 하게 허용해야 한다고 주장했다. 일본에서 외국인 노동자에 관한 진보 성향 분석을 보면, 외국인 노동자들의 욕구와 추진력보다는 빈곤 등 구조적 요인을 강조한다.[48] 늘 흥미로운 제목만 뽑으려 드는 언론 보도 역시 주목을 끌 고통스러운 이야기만 강조했다. 새로운 외국인 노동자가 당하는 착취나 그 애환만 강조하는 데에는 당연히 문제가 있다. 사실 그들 대부분은 자의로 일본에 들어와 다 알면서도 힘든 노동 조건을 견디지 않는가.

원치 않는 동정과 속이 뻔히 보이는 우월감 때문에 일본인들이 거만하다고 분개하는 외국인 노동자도 늘어났다. 1987년 10월에 어느 방글라데시 학생이 굶어죽자 일본인 활동가들은 외국인 유학생에게 밥을 먹이자는 운동을 시작했는데, 유학생 중에는 오히려 이 운동이 불쾌하다고 생각한 사람이 많았다.[49] 외국인 노동자를 걱정하던 일본인 오카베 가즈아키岡部一明는 어느 태국 노동자가 "일본 사람들은 외국에 나가 자기 나라에서 받는 현행 임금의 열 배, 스무 배를 받을 일이 없으니 안됐다"라고 하는 바람에 놀랐다고 한다.[50] 외국인 노동자 중에는 일본에서 하층 계급 직업에 종사하지만 고향에 가면 상류나 중산 계급인 사람도 있었는데, 그러한 차이를 아는 일본인은 거의 없었다. 대학 교육을 받았기 때문에 고국에서는 상류층에 속하는 외국인 노동자도 있다는 사실을 알면 대다수 일본인은 크게 놀랐다.[51] 끈질기게 고난과 착취를 보여주는 서사로는 이러한 다채로운 외국인 노동자 실상을 파악할 수 없었다.

중산 계급 일본인과 하층 계급 외국인 노동자 간의 이러한 대조 밑에는 풍요한 일본과 빈곤한 제3세계 국가라는 널리 퍼진 믿음이 있었다. 물론 잘 사는 일본과 못 사는 제3세계라는 가정 자체를 무조건 공격할 수는 없다. 그러나 일본인이라고 다 부자는 아니듯 제3세계 사람이라고 다 가난하지는 않다. 그런데 주된 일본 관점에는 계급과 국가가 섞여 있었다. 상당수 일본인은 자국 내 불평등을 무시했고,

그러면서 다른 나라에 존재하는 불평등도 거의 인식하지 못했다. 이러한 민족주의·본질주의 틀 때문에 국가 비교를 할 때 국가 내 다양성을 무시하는 일본인이 많았다. 저명한 일본 경제학자 모토야마 요시히코本山美彦는 개발도상국 관련 조사를 시작하면서 어느 장에 '개발도상국의 절망적 빈곤'이라는 제목을 달았지만, 개발도상국 내 또는 개발도상국 간 존재하는 상당한 불평등은 아예 언급하지 않는다.[52] 제3세계는 일반 관점을 반영해 그저 '절망적으로 빈곤'할 따름이다. 제법 교육을 잘 받은 외국인 노동자도 많다. 그런데도 일본인들은 그저 일본보다 가난한 나라에서 왔고, 또 더 확실하게 풍요한 일본에서 일자리를 찾는다는 인식 때문에 가난한 제3세계 국가와 하층 계급 외국인 노동자를 새삼 동일시하게 됐다.

일본인들이 중산 계급이고 새로운 외국인 노동자들이 하층 계급이라면 상층 계급은 누구일까? 간단히 말하면 백인 외국인(외인 또는 백인)들이다. 전후 일본에서 '외인'(외부인)이란 거의 반드시 백인 북미인이나 유럽인을 지칭했다. 막상 고국에 돌아가면 그 유럽인이나 북미인은 교육 수준도 직업상 신분도 낮을지 모르지만, 어쨌든 대개 일본인보다 더 높은 계급 취급을 받았다. 우아함을 자아내는 광고에는 반드시 백인 모델을 썼다. 일본에서 상류 계급 생활을 묘사하는 전형은 스위스 성이나 영국 전원주택이었다. 따라서 자신을 차별화하려는 일본인은 다양한 유럽문화 특성을 보일 때가 많았다. 이마다 미나코今田美奈子가 하라주쿠에서 운영하는 상류층 학교는 '디안 드 프와티에의 치즈케이크, 루드비히 II세의 백조 슈크림, 카트린 드 메디시스의 사바용' 같은 전통 프랑스 요리를 가르친다.[53] 시노 린지는 프랑스 요리 전문점 세 곳을 소유하고 자기 고향 와카야마현에 루브르를 닮은 박물관을 지었다. 그리고 컨트리클럽에는 "프랑스식 가로등이 진입로에 줄지어 성처럼 생긴 클럽하우스까지 이어진다 (…중략…) 프랑스 장미 덤불 사이에서 길을 잃으면 프랑스어·일본어 안내서를 참고하면 된다".[54] 고급 요리든, 주택 설계든 서양은 곧 품격을 의미했다.[55]

유럽 애호와 서양 귀족문화 지향성을 보여주는 이러한 사례들은 유럽과 미국이 당연히 우월하다고 여기는 일본을 보여준다. 대표적으로 어느 40대 남성은 이렇게 말했다. "외국인들은 당연히 부자잖아요. 다들 대저택에 살고, 수영장에서 느긋하게 놀고, 아침에 기름지고 육즙 많은 스테이크를 먹는 것 아닙니까?" 가토 히데토시加藤秀俊는 1954년 처음 하버드대학에 방문했을 때 두툼한 스테이크와 차고 넘치는 커피에 매우 깊은 인상을 받았다고 한다.[56] 대중문화 학자 야마모토 아키라山本明는 1960년대에 미국에 처음 갔을 때 제일 먼저 '대그우드 샌드위치'를 만들어 먹었다고 한다.[57] 당시 만화 〈블론디 *Blondie*〉가 큰 인기였는데, 그 만화 속 음식 중 주인공 대그우드가 만들어낸 겹겹이 쌓은 샌드위치는 미국의 풍요라는 또렷한 이미지를 반영했다.[58]

백인 유럽인과 북미인이 상류 계급을 나타내는 전형이 된 데는 일본 상류 계급이 눈에 띄지 않았다는 이유도 있었다. 남아 있는 세습 엘리트 계급은 조용히 풍요를 누리며 살았다. 이들은 수도 적었지만,

주거 지역도 분리된 데다 특별한 학교에 다니고 정해진 상점에서 물건을 사고 전용 식당에서 밥을 먹었다.[59] 가족 대기업이 해체되고 전후 토지 개혁이 일어나면서 전쟁 전 상류 계급은 재산도 규모 자체도 작아졌다. 그리고 전후 기업 엘리트들은 급여를 받는 전문가들이었기 때문에 수입에서는 그렇지 않았지만 신분에서는 샐러리맨이었다. 성과주의 엘리트는 귀족이 아니었다.

## 문화 우월성

일본인은 중산 계급, 외국인 노동자는 노동자 혹은 하층 계급이라는 이러한 대비는 일본인들이 외국인 노동자들에 비해 문화와 문명 면에서 더 진보했다는 당연한 결론을 내포한다. 문화 우월성이라는 상부 구조가 계급 우위라는 하부 구조 위에 놓인다. 조악하게 표현하자면 일본인은 자신이 외국인 노동자보다 훨씬 세련되고 교양 있다고 생각한다.

일본인성 담론에서 신분 동질성에는 문화 근본주의가 따라온다. 일본인 대부분은 민족 국가와 민족문화가 같다고 생각하고, 일본문화가 마치 정적이고 동질성 있는 양 편안하게 이야기한다. 일본인과 비일본인을 단순 구분하는 이상으로 깊이 들어갈 때 일본인들은 종족 민족주의ethnonationalist 틀을 사용하는 경향이 있다. 일본이 단일 민족이라니 다른 나라도 그렇다고 믿는다. 필리핀 사람들이 출신 지역에 따라 집단을 형성한다거나[60] 인도네시아에 다양한 문화가 있다는 사실은[61] 대개 일본인 의식을 피해 지나간다. 사실 일본인들이 일본 사회의 가장 고유한 특성은 동질성이라고 보기 때문에, 다른 사회에도 그러한 동질성이 있다는 가정은 모순이 된다. 그러나 민족주의 사고 습관에는 전염성이 있는 모양이다. 일본은 민족 특성 연구를 매우 많이 하는 곳인데, 이러한 연구에서는 각 민족문화와 개성이 매우 뚜렷하다고 한다.

게다가 민족문화들을 동등하게 보지도 않는다. 일본에는 여러 문명 또는 문화에 순위를 매기는 사고방식이 진보를 판단하는 일방적 척도로 굳건히 자리 잡았다. 근대 일본에서 가장 뛰어난 계몽사상가였을 후쿠자와 유키치福沢諭吉는 토머스 버클Thomas Buckle과 프랑수아 기조François Guizot에게 영향을 받았고, 널리 읽힌 여러 저서를 통해 문명에 위계가 있다고 설명했다. 후쿠자와가 보는 관점에서 유럽과 미국은 문명국가文明国, 터키와 중국, 일본 등 몇몇 국가는 반쯤 개화된 문명국가半開の国, 호주와 아프리카 등은 야만국가野蛮の国였다.[62] 유구한 역사 전통, 즉 문명의 성쇠와 여러 민족에 도덕적 위계가 있다는 명제는 일본에서 지금까지도 인기 장르이며, 전후 아놀드 토인비Arnold Toynbee가 얻은 인기도 이러한 사실을 증명한다. 전후 지식인과 독자 들은 토인비가 보인 세계주의 정신에도 매력을 느꼈지만, 문화에 위계가 있다는 관점도 논리적이라고 생각했다.[63]

메이지 유신 이후에는 간혹 이의는 있어도 일본이 서양보다 한 수 아래라는 말 역시 통상 인정된 사실이었다. 서양 따라잡기는 아마도 전쟁 전 일본에서 가장 중요한 국가적 임무였을 터이다. '화혼양재和魂洋才'(일본의 혼과 서양의 기술)라는 구호도 일본 정치·군사·기업·교육 지도자들이 서양 우월성을 인정하고 서양을 따라가려고 얼마나 애썼는지를 설명하기에는 한참 모자란 표현이다. 일본에서 문화 또는 '문명'이라는 단어 자체에는 대단히 긍정적 어감이 있고 무엇보다 서양을 연상시킨다. 외무상 이노우에 가오루井上馨는 1887년 "제국을 유럽식으로 바꾸자. 국민을 유럽식 국민으로 바꾸자. 동양의 바다에 새로운 유럽식 제국을 만들자"라고 했다.[64] 학자이자 정부 관료이던 니토베 이나조新渡戸稲造는 '조상들이 조선과 중국에서 지식을 찾았듯' 동시대 일본인들도 '(조상을 따라) 서양에서 지식을 흡수해야 한다'고 주장했다.[65]

따라잡고자 하는 열망은 후진성을 인정한다. 문화 열등성은 근현대 일본 역사에서 변치 않는 주제였다.[66] 니토베가 20세기 초반에 한 말을 다시 인용하자면, "우리는 여전히 미국과 유럽에 한참 뒤져 있다. 우리 의무는 자기만족이 아니라 앞으로 한동안 우리 열등성을 의식하는 데 있다".[67] 이 감정은 20세기 말에도 되살아났다. "일본은 1975년이나 1976년까지도 '후진국'이었다. 선진국이 된 적이 없다는 점에서 매우 특수한 국가이다."[68] 일본문화를 부끄러워하고 서양문화를 칭송한 일본 지식인도 많다.[69] 세키가와 나쓰오関川夏央는 다음과 같이 썼다. "나는 현대화와 서양화를 믿는다. 말하자면 일본인이라는 사실이 꺼려진다고 할까, 조금 부끄럽다.”[70]

　문학에서도 유럽 영향이 일본 전통을 가리는 일이 많았다. 가토 슈이치加藤周一도 말했지만, “일본 문학 특징은 외국 문학 영향이 압도적이라는 데 있다”.[71] 나쓰메 소세키夏目漱石와 모리 오가이森鴎外부터 다니자키 준이치로谷崎潤一郎, 나가이 가후永井荷風, 미시마 유키오三島由起夫까지 근대 일본 문학을 이끈 모든 소설가는 서양과 깊은 관계를 맺었고, 대개 서양에서 한 경험이나 서양 문학에 반응해 글을 썼다.[72] 일본 것이 어찌나 평가절하를 당했던지 근대 일본 문학에는 일본이 빠져 있다는 말도 나왔다.[73] 근대 일본을 선도한 사상가들(니시다 기타로西田幾多郎와 와쓰지 데쓰로和辻哲郎 또는 구키 슈조九鬼周造와 미키 기요시三木清)도 니체든 키르케고르든, 베르그손이든 하이데거든 서양 고전으로 철학 경험을 처음 했다.[74] 유명 작가 아쿠타가와 류노스케芥川龍之介는 어느 서점에서 외국 책 제목들을 경건하게 훑으며 ‘인생은 보들레르 시구 한 줄만도 못하다’는 유명한 말을 했는데,[75] 이 말 또한 그러한 태도를 과장해서 표현한 데 불과하다.

　서양 문명 찬양은 ‘교양Bildung’이라는 이상의 찬미에서도 뚜렷했다.[76] 후쿠자와 유키치가 쓴 『학문을 권함學問のすすめ』[77]이 당시 22만 부, 그러니까 일본인 160명 중 한 명에게 팔리면서 그러한 풍조를 확립했다.[78] 후쿠자와 역시 1815년 스기타 겐파쿠杉田玄白가 네덜란드 학문을 찬양하며 쓴 책[79]을 읽고 또 읽었다. 스기타가 고생해서 습득한 학문을 보여준 이 연대기는 근대 일본에서 귀감이 되었다. 스기타와 후쿠자와가 잘 보여주듯, ‘교양’이란 철저하게 서양문화를 습득하고

보여주는 일이었다.[80]

　서양 학문의 위세에 이의가 전혀 없었다는 사실[81]은 근현대 일본 지식계에서 비평가와 번역가가 왜 그렇게 큰 몫을 했는지 설명해준다. 일본은 '번역가의 천국'[82] 또는 '번역문화'[83]가 있는 나라였다. 교양의 전달자, 즉 '지식인'들이 서양 문학을 번역하고 소개했다.[84] 어떤 저자는 자기 글이 어느 서양 책을 참조했다는 사실을 숨기려고 그 책을 전부 사들이기까지 했다고 한다.[85] 전쟁 전 도쿄에서 서양 도서를 수입하던 마루젠丸善은 그야말로 지식의 성지가 되었다.[86] 포부 있는 학생들은 위대한 작가 작품선은 다 읽으려고 했다. 현대 일본 어디에나 있는 문고판도 대형 출판사 이와나미쇼텐岩波書店에서 독일 레클람Reklam 출판사 간행물Universal Bibliothek(문고판)이 지향하는 이상을 받아들이면서 시작되었다. 이 출판사는 1980년대까지도 레클람 문고판 전집을 판매했다. 한편 이와나미는 진지한 지성과 명망을 의미하게 되었다. 소설가 하니야 유타카埴谷雄高는 "우리는 모두 이와나미 문고 세대다"라고 말했다.[87]

　서양 지식문화가 확실하게 우세했음은 일본인 회고록들만 보아도 알 수 있다. 야스다 다케시安田武는 독서 일기를 알렉상드르 뒤마Alexandre Dumas 소설 『몬테크리스토 백작The Count of Monte Christo』으로 시작해 에리히 마리아 레마르크Erich Maria Remarque 소설 『서부 전선 이상 없다All Quiet on the Western Front』로 끝낸다.[88] 가토 슈이치는 파스칼과 지드, 라신, 프루스트를 읽는 기쁨과 거기서 받은 영향을 강조한다.[89] 교토대 교수 아시즈 다케오芦津丈夫는 베토벤 교향곡 지휘에서 빌헬름 프루트뱅글러Wilhelm Furtwängler가 나은지 아르투로 토스카니니Arturo Toscanini가 나은지를 놓고 대학 친구들이 열띤 논쟁을 벌였다고 회상한다.[90] 전후 일본에서 가장 저명한 지식인 마루야마 마사오丸山眞男는 1954년 일기에 이렇게 기록했다. "나는 최근 프루트뱅글러가 갑작스럽게 사망한 일로 정말 큰 충격을 받았다. 프루트뱅글러가 지휘하고 베를린 필하모닉이 연주하는 베토벤 교향곡 9번을 직접 가서 듣겠다는 소망 — 이것이 내가 유럽에 가고 싶은 이유 중 90%였다 — 은 이제 영원히 이루지 못할 꿈이 되었다."[91] 마루야마는 마리아 칼라스Maria Callas에 관한 여담을 늘어놓은 뒤 일본인 중에는 프루트뱅글러 마니아가 많다고 썼다.[92] 이 발언이 정확한지 아닌지는 모르지만 서양의 유혹과 서양이 문화 중심지로 차지한 위치는 부인할 수 없다.

전후 지식계는 줄곧 유럽과 미국에서 들어온 지식을 찬양했다. 예를 들어 만화가 쓰게 요시하루つげ義春는 에드거 앨런 포Edgar Allan Poe와 표도르 도스토옙스키Fyodor Dostoevsky에게도 영향을 받았다고 한다.[93] 인기 소설가 무라카미 하루키村上春樹도 청년 시절에 『카라마조프가의 형제들The Brothers Karamazov』, 『장 크리스토프Jean Christophe』, 『전쟁과 평화War and Peace』, 『고요한 돈 강Quiet Flows the Don』을 각각 세 번씩 읽었다면서 '『죄와 벌Crime and Punishment』은 너무 짧다고 생각' 했다고 밝혔다.[94] 이런 한탄에 공감할 이는 그리 많지 않겠지만, 무라카미가 보인 열정은 일본인들이 '교양'에 느낀 욕구를 보여준다.

더 눈에 띄는 점은 서양 고전 몰입이 꼭 교육받은 엘리트의 전유물도 아니었다는 사실이다. 게일 번스틴Gail Bernstein은 에히메愛媛현 시골 마을에 사는 '점잖은 농촌 여성' 후미코가 '미국 인종 문제 관련 서적은 물론이고 루이자 메이 올컷Louisa May Alcott 소설 『작은 아씨들Little Women』이나 헤밍웨이 소설 등 놀라우리만치 많은 미국 고전을 읽은' 사실을 알고 놀랐다고 한다.[95] 에드워드 파울러Edward Fowler는 유명한 빈민가 산야에서 이렇게 말하는 어느 일용 노동자를 만났다. "미국에서 와서 일본 문학을 가르치신다고요? 나도 그 분야를 전혀 모르지는 않아요. 도널드 킨Donald Keene(미국인으로 일본문학 연구의 국제적 권위자 ─옮긴이)이라는 이름은 안다니까요."[96]

일본이 제2차 세계대전에서 패배하면서 문화 열등감은 통렬하게 깊어졌다.[97] 일본에서 '소설의 신'이라고 하는 시가 나오야志賀直哉는 1946년에 일본이 프랑스어를 국어로 삼아야 한다고 제안했다. "프랑스는 문화 선진국이며 (…중략…) 일본어와 어느 정도 공통점도 있다."[98] 이는 영어를 국어로 삼자는 더 앞선 생각을 참조한 논리였다. "전쟁 중에 나는 60여 년 전 모리 아리노리森有礼가 영어를 '국어'로 채택하려던 시도를 떠올린 적이 많다. 만일 그 주장이 실현되었다면 어떻게 되었을지 생각해 보았다. 그랬다면 일본문화는 지금보다 훨씬 진보했을 터이다. 그리고 아마 이 전쟁도 일어나지 않았을 가능성이 크다."[99] 물론 시가가 내놓은 이 제안은 무시당했지만, 일본이 문화적으로 파산했다는 믿음은 널리 공유되었다.

전쟁 전에는 학문적 시도나 문화 탐구에서 유럽, 특히 독일 영향이 만연했다.[100] 일본 고급문화에서 유럽이 행사하던 이런 지배력은 1945년 이후 미국에 고삐를 넘겼다.[101] 사회 이론에서도 전쟁 전 시대

에는 독일 사회학, 특히 마르크스와 베버 탐독을 향한 집착이 가장 두드러졌지만, 이 집착도 전후에는 탤컷 파슨스$^{Talcott\ Parsons}$와 로버트 K. 머튼$^{Robert\ K.\ Merton}$으로 방향을 틀었다.[102] 스포츠든 음악이든 문화생활 전 영역에서 미국 영향력은 점점 커졌다. 교양과 지식인이라는 이상이 쇠퇴했을 때도[103] 서양 우월성 의식은 여전했다. 현대 일본에서 영어가 행사하는 지배력을 생각해 보자. 일본인 중에는 국제성을 기른다는 말은 곧 영어를 배운다는 의미라고 생각하는 사람이 많다.[104] 악기에 일본 명칭을 사용하면 '촌스러운$^{野暮臭い}$' 취급을 받았다.[105] '멋있는$^{格好いい}$' 것은 무엇이든 영어로 쓰였다. 1990년대 인기 록 밴드는 거의 모두 영어처럼 들리는 이름인데다 표기도 다 로마자로 했고, 1992년 가장 많이 팔린 음반 50개 중 37개도 로마자로 제목을 달았다.[106]

서양의 지배력 때문에 양가감정도 생겼고 일본인성 관련 주장도 생겼다. 근대 민족주의를 가장 명확히 한 표현, 즉 1880년대 일본주의$^{日本主義}$ 역시 서양문화가 맹공격하면서 의식적으로 나온 반작용이었다.[107] 사실은 민족주의 사상 자체도 서양에서 온 이상이다. 구키 슈조나 와쓰지 데쓰로 등 일본인성을 주장한 전쟁 전 저명 이론가들은 유럽 철학에 흠뻑 빠져 있었다. 일본 본질을 찾는 탐색은 대부분 일본의 서양화에 대응한 반작용이었다. 나쓰메 소세키는 서양화와 일본의 반작용이라는 변증법을 의식하면서 근대 일본 문명에 있는 피상성을 비판했다.[108]

서양 우월성의 반대는 곧 아시아 열등성이었다. '탈아입구$^{脱亜入欧}$'

(아시아를 벗어나 서양을 지향한다)는 이러한 근대 일본의 태도를 한마디로 보여주는 구호가 되었고, 이는 이와쿠라 사절단이 서양을 방문한 19세기 중반부터 뚜렷하게 나타났다.[109] 이러한 태도가 생긴 원천은 두 가지였다. 일본은 산업화를 이룩하면서 다른 나라에서 식민 지배를 당하지 않게 되었고 스스로 식민 지배 국가가 되었다. 힘은 곧 정의, 아니, 최소한 자긍심이었다. 사회적 다원주의든 마르크스주의든 서양식 진보 사상은 훗날 이러한 믿음에 타당성을 부여했다.[110]

　제국주의 일본은 스스로 '문명화 임무mission civilisatrice'에 착수해 동아시아와 동남아시아에 천황제부터 일본어까지 모든 것을 전파했다.[111] 제2차 세계대전 이후 시가 나오야는 프랑스어를 국어로 채택하자고 했지만 현대 일본에서는 영어가 사실상 제2언어인데, 정부는 1930년대 후반부터 일본어를 국제어로 만들고자 일치단결한 노력을 기울였다.[112] 식민 지배는 일본이 미개한 식민지에 진출해야 한다는 믿음을 강조했다. 니토베 이나조는 '국제주의자에 기독교 신자, 자유주의자'[113]이지만 니토베가 20세기 초에 조선을 묘사한 글은 전혀 긍정적이지 않다. "이 민족은 생김새도 생활도 단조롭고, 세련되지 못하고 원시적이다 (…중략…) 이들은 선사시대에 속한다."[114] 일본 식민주의는 이러한 무지몽매한 땅에 진보를 전하겠다고 했다.[115] 니토베는 서양 우월성을 인정하면서 아시아 열등성을 더욱 확신했다. 역사 관련 저작들은 일본이 이룩한 진보와 중국과 조선이 빠져 있던 침체를 비교했다.[116]

　이러한 사고방식에서 일본은 아시아도 동양 국가도 아니었고, 후

쿠자와 유키치 역시 같은 주장을 펼쳤다.[117] 옷이든 음식이든 음악이든 일반적 문화 구분에서도 일본과 서양을 나누지 동양과 서양을 나누지 않았다.[118] 근대성과 서양(후진성과 동양)을 동일시한다는 말은 곧 근대 일본이 서양은 아니지만 최소한 동양도 아니라는 의미였다. 실제로 평론가 노구치 다케히코野口武彦는 일본이 적어도 1990년부터 서양에 속했다고 에둘러 말한다.[119] 우메사오 다다오梅棹忠夫는 "일본을 이해하는 한 가지 단서는 일본을 또 다른 유럽이라고 생각하는 데 있다"[120]라고 했다. 아시아 대륙은 일상에서도 일본과 구분된다. 전쟁 전 '아시아'라는 단어는 '간지'(한자)로 썼지만, 지금은 외국 이름과 단어에 사용하는 문자인 '가타카나'로 쓴다. 1980년대 중반 내가 도쿄에 머물 때는 쓰루미 요시유키鶴見良行가 쓴『아시아는 왜 가난한가? アジアはなぜ貧しいのか』[121]를 읽어 보라고 권유하는 진보 성향 친구가 많았다. 쓰루미와 진보 성향인 내 친구들에게 아시아는 일본을 포함하지 않았다. 사실 전후 일본 지식계와 정치권은 대개 아시아를 무시했다.[122] 아시아를 향한 학문적 관심은 최근에야 되살아났다.[123]

그렇지만 근대 일본역사에는 아시아 귀속의식과 여러 아시아문화를 향한 존경도 강하게 흐른다. 초기 근대 일본에는 아시아를 다룬 잘 다듬어진 담론이 있었다.[124] 더욱이 서양을 대하는 근대의 반응 전부가 일본을 아시아에서 분리하자고 주장하지도 않았다.[125] 오카쿠라 가쿠조岡倉覚三는 아시아가 '우리 영감의 진정한 원천'이라고 주장했다.[126] 같은 사상을 일본 제국주의 정당화에 사용한 이들도 있지만[127] 오카쿠라 등은 다양한 아시아 대륙문화, 특히 중국 문명과 맺은 역사적 관계나 그 문화 존경을 강조했다.

　전통 중국문화 존경은 일본 민족주의와 제국주의를 겪고도 살아
남았다.[128] 정부에서 발표한 두 성명을 보면 1879년 「교육에 관한 칙
어教育ニ関スル勅語」는 '덕을 확립하는 데는 공자가 가장 좋은 길잡이'[129]
라고 하고, 1943년 「사범교육령師範教育令」은 '고전 중국어로 학생들
은 제국과 동아시아의 사상과 문화를 공부하며 (…중략…) 그리하여
민족정신 함양에 기여할 것'[130]이라고 했다. 특히 예술 애호가 야나기
무네요시柳宗悅[131]는 높은 안목으로 조선문화를 인정하는 글을 썼
다.[132] 무엇보다 대동아 공영권이라는 이데올로기로 요약된 식민주
의는 일본을 '태평양 국가'로서 아시아의 중심에, 그리고 그에 따른
'아시아주의' 이데올로기에 자리 잡게 했다.[133] 그러므로 현대 우파
민족주의자인 와타나베 쇼이치渡部昇一는 제2차 세계대전 중 일본이
'백인 지배에서 벗어나려는 해방 전쟁'에 한몫했다고 변호하면서 일
본이 동남아 국가들을 '가르쳐야' 한다고 주장한다.[134] 다시 말해 범
아시아 감정과 일본 우월성 신념은 나란히 나올 때가 많다.

　전후 일본이 이룬 경제 기적도 일본과 가난한 아시아 국가들을 구
분했다.[135] 서양인들이 상류 계급을 대변하고 문화 우월성을 의미하
는 만큼, 아시아인들은 하층 계급을 대표하고 문화 열등성을 의미했
다. 국내 계급 관계가 국가 위계질서를 정하는 세계 체제로 옮겨 갔
고, 일본은 꼭대기에 가까웠다. 일본문화의 우월성을 긍정하려면 이
제 한 발만 더 내딛으면 되었다. 나는 여러 대학 식당에서 학생들이
방학 때 동아시아나 동남아시아 국가에 다녀왔다며 그 빈곤함에서

받은 인상을 논하는 대화를 자주 들었다. 빈곤이 안쓰럽다는 학생들도 있었지만, 끔찍한 이야기를 내놓는 학생들도 있었고 그러다 보면 결국 앞다투어 지저분한 이야기만 하다가 끝날 때도 많았다. 일본 일용 노동자도 태국 성 관광을 갈 수 있는 상황에서는[136] 어쩔 수 없이 일본이 우월하다고 믿고 싶어지는 모양이다. 아무리 그 원인이 물질적 풍요에 불과하다 해도 말이다.

그러나 대부분은 일본이 1등이라는 발언은 주저했다. 특히 지식인들은 대개 현대 일본 사회를 여전히 비판하며 보았다. 경제학자 사와다카미쓰佐和隆光는 '경제대국経済大国' 일본과 '문화소국文化小国' 일본을 대비한다.[137] 내가 면담한 사람 중 누구도 일본이 위대하다고 거들먹거리며 말하지 않았다. 그런 자랑을 하기에는 제2차 세계대전 패배가 너무 큰 파국이었고, 1990년대에도 대놓고 우월주의자인 사람은 거의 없었다. 우파 민족주의자나 보수 정치인, 그리고 아주 늙었거나 아주 젊은 사람들만이 일본인성을 놓고 근거 없는 자긍심을 표현했다. 그런데 그럴 때조차도 일본이 대단하다는 말보다는 미국이 쇠퇴한다는 말이 나왔다. 평론가 야스하라 겐安原顯은 미국을 줄곧 강하게 비판하지만, 미국을 동경하는 일본은 훨씬 더 비판한다.[138] 정치적 올바름 때문인지 아니면 그저 예의 때문인지, 일본사람들은 자국 예찬을 표현하는 일이 별로 없다. 그리고 일본인 중에는 개발도상국가들이 겪는 문제에 공감하고 편견의 위험을 잘 아는 사람도 많다. 모토야마 요시히코本山美彦[139]나 쓰루미 요시유키[140] 같은 진보 작가들이 보이는 진정성은 범세계 연대를 긍정하려는 의식적 노력이기도 하다.

일본이 우월하다는 표현은 간접적으로 나와서 민족중심주의에 극단적 우월주의이기도 한 여러 관점도 잘 가린다. 새로운 외국인 노동자를 향한 공통된 반응 중 하나는 개인위생과 관련이 있다. 중국 여행에서 막 돌아온 어느 청년은 중국 화장실이 끔찍하게 더럽다고 하면서 더러운 중국인도 많다고 단정했다. 이러한 발언은 사회 구분이 종종 직관에 따라 표현됨을 보여준다. 조지 오웰George Orwell도 『위건 부두로 가는 길The Road to Wigan Pier』에서 이렇게 표현했다.[141]

여기서 서양 계급 구분의 진짜 비밀을, 어째서 부르주아로 자란 유럽인은 아무리 자칭 공산주의자라도 노동자를 자기와 동등한 사람으로 생각하려면 애를 써야만 하는지 그 진짜 이유를 알게 된다. 이는 요즘 사람들은 말하기 꺼리지만 내 어린 시절에는 꽤 널리 퍼졌던 끔찍한 네 단어로 요약 가능하다. 바로 '하층 계급이 풍기는 냄새' 말이다.

많은 일본 도시인에게 새로운 외국인 노동자들은 냄새나고 더러워 보였다. 자신이 진보파라고 믿고 외국인 노동자를 위해 일하던 어떤 남자는 이 노동자들이 객관적 이유에서 냄새를 풍긴다고 했다. 일본인들처럼 매일 목욕을 할 돈이 없어서라고 말이다. 이러한 측면에서 서양 관광객 중 일본 화장실 상태가 좋지 않다고 불평하는 사람이 많다는 점도 한 번 보자. 어느 미국인 여성 학자는 구취를 풍기고 마른버짐투성이인 샐러리맨들 사이에 끼어 통근 열차를 타면 얼마나 혐오감이 드는지 지겹도록 내게 이야기했다.

비슷한 맥락에서 옷 입는 방식으로도 일본인과 이주 노동자를 구분한다. 일본인들은 백인 서양인들이 말쑥하거나 '멋있다格好いい'고 생각하는데, 이는 신체조건(키가 크다는 등)이나 외양(옷을 잘 입었다는 등) 때문이었다. 반면 이주 노동자들은 키도 작고 옷도 남루하게 입는다고들 한다. 어느 젊은 사무직 여성은 백인들은 옷 입는 '센스가 있는センスがある' 데 이란이나 필리핀 사람들은 '촌스럽다ださい'고 했다. 그러더니 흉측한 콧수염이며 물 빠진 청바지 등 이란, 필리핀 남자들에게 있는 단점을 계속 늘어놓았다.

일본인들에게 매주 이란인 모임에 왜 반대하는지, 적어도 왜 저항감이 드는지 물어보면 일본인은 집단으로 모이는 사람들을 좋아하지 않는다는 답이 가장 흔했다. 어느 청년은 이렇게 열변을 토했다. "왜 그렇게 동물들처럼 무리를 짓는지 모르겠어요. 왜 그냥 개인으로 행동하지 못하죠?" 대학생 연배인 한 젊은 여성도 "이란 사람들은 개미 집단처럼 떼를 지어 모여요群う"라고 말했다. 또 이란 혁명에서 받은 이미지에 겁을 먹는 사람들도 있어서, 이란인들이 집단행동을 할지도 모른다고 두려워하기도 한다. 몇몇 일본 사회학자들이 실시한 미발표 조사에서는 일본인들이 이란인들을 낮게 보는 주된 이유가 무리를 지어 모이는 이러한 이란인 성향이라고도 했다. 근본적으로 대조되는 부분은 개인주의 성향인 일본인과 집단 지향성인 이란인이다. 그런데 여기서 역설은 미국 등 다른 나라에는 일본인이 단체 여행 등 집단으로만 움직인다는 전형이 있다는 점이다.[142] 인류학자

나카네 치에[143]도 일본인을 구분하는 특징은 단체 행동 성향이라고 강조했다.[144]

언론인 혼다 가쓰이치本田勝一는 일본 사회가 '올챙이 사회'라고 비판했다.[145] "일본인 행동 원칙은 마치 올챙이의 원칙 같다. 일본인 행동은 이론이나 논리, 윤리를 기반으로 삼지도, 거기에서 배우지도 않는다. 쉽게 말하면 일본인은 주위를 둘러보고 다른 사람들이 하는 대로 행동한다."

그밖에도 문화 우월성을 잘못 말하는 표현은 더 있는데, 주로 여성들이 말하는 젠더 관계gender relations에서 나온다. 어느 사무직 여성은 분명히 이란인 이야기를 하면서도 계속 아랍인이라는 말을 썼다. 그러면서 아랍인들은 여성을 억압하는 문화가 있다고 주장했다. 이 여성은 최근 본 TV 다큐멘터리를 근거로 아랍 여성들이 밖에서는 베일을 쓰고 남편들에게 복종해야 한다고 몸서리를 쳤다. 반면 일본 여성은 자유롭고 독립적이며 원하면 언제든 짧은 치마를 입고 밤에도 아무 때나 밖에 나갈 수 있다고 했다. 그런데 적어도 선진 산업 사회와 비교하면 일본 여성은 남녀 간 임금 불평등 등 대다수 척도에서 뒤떨어진 상황이니 참으로 아이러니다.[146] 1970년대에 조이스 레브라Joyce Lebra가 밝힌 견해는 1990년대 말 일본을 찾은 서양인들 사이에서도 여전했다. "기혼이든 독신이든 일본 여성 대다수는 '현모양처'라는 전통적 정의에 집착한다. 이 전통 이상에 진지하게 이의가 제기된 적은 없다."[147] 게다가 미국 페미니스트들은 일본 여성들이 순종적이고 옷도 남성 취향에 맞춰 입는다고 지적했다. 그런데 내가 면담한 이 여성은 자기가 아랍 사회를 보는 그대로 서양 페미니스트들이 일본을 볼 수도 있다고는 상상도 하지 못했다.

문화 간 비교는 대개 문화 위계에서 젠더 관계를 척도로 사용한다. 문화 비교는 사실 줄곧 정신없이 돌고 돌았다. 미국인들이 가부장적 일본인들을 비웃었듯 일본인들은 가부장적 이란인들을 비난했다. 그런데 파리와 LA, 도쿄를 오갔다던 어느 이란 남성은 내게 미국 여성들이 지옥 같은 상황에 있다고 했다. 왜 이란 여성보다 미국 여성이 처한 상황이 더 나쁘냐고 물었더니 이 남성은 미국에는 여성을 상대로 한 폭력이 만연했다고 답했다. "우리는 여자들을 잘 돌보거든요." 이 사람은 젊은 일본 여성들이 섹스에 굶주려 있다고도 했는데, 이러한 견해에 공감하는 젊은 일본 남성들도 있다. 어느 일본인 주식 중개인은 "외국인과 다니는 여자들은 미군 점령기에 있던 '팡팡パンパン'(매춘부) 같아요"라고 했다.

여성의 진보를 비교할 때는 다양한 접근법이 사용 가능하다 보니 선택한 척도에 따라 한 집단이 다른 집단보다 우월하다고 주장하기가 쉽다. 이와오 스미코岩男寿美子는 "일본 여성이 미국이나 유럽 여성보다 '뒤져 있다'는 말이 자주 들리는데, 이 말에 의문을 품어야 한다 (…중략…) 일본 여성은 수용 가능하고 유효한 상호의존성에 기반해서 평등을 이룩했다"[148]라고 했는데 이 말에 동의할 일본인도 많을 터이다. 다른 집단이 같은 기준을 공유하지 않을 수도 있지만 그 또한 그저 일본의 우월성, 즉 올바른 판단을 내리는 능력을 보여주는 또 다른 지표라고 볼 뿐이다.

그러므로 문화 표현과 관행에는 일본인 자긍심을 드러내는 간접 표현들이 존재한다. 이는 일본 경제력과 그 결과에 밀접하게 엮여 있다. 노골적 우월주의 표현도 간혹 있지만, 그보다는 대개 문화 자신감이 간접적으로 무의식중에 표현되는 방식들이 더 중요하다. 전쟁전 유산을 지나치게 강조해서도 안 된다. 구세대 일본인들은 서양에는 열등감을, 아시아에는 우월감을 느끼지만, 이러한 복합적 감정이 여러 세대를 관통하지는 않는다. 문화 우월성도 그 근거가 표현 방식만큼이나 다양하다. 물론 어떤 방식이든 새로운 외국인 노동자보다 일본인이 우월하다고 단언하지만 말이다.

## 단일 민족성

일본 사회를 표현하는 기본 원칙은 단일 민족성ethnic homogeneity이다. 1980년대 말 벌어진 외국인 노동자 논쟁에서는 새로운 외국인 노동자들이 일본 열도를 침략할 때까지는 일본이 오염되지 않은 상태였다고 가정한다. 일본의 단일 민족 신념에 이의를 제기하기 위해 합심해서 노력하는 학자와 활동가들도 있지만, 그래도 일본인들은 꿋꿋하게 자신이 단일 민족 사회에 산다고 믿는다.

일본이 언어(부록 참조), 음식, 대중문화, 민족 등 어느 면에서나 단일하다는 지배적 가정에서 핵심은 계급 없는 사회와 문화 근본주의 신념이다. 국가와 민족, 종족(계급과 문화는 물론)을 동일시한다는 말은 곧 일본이 뚜렷하게 동질성 있는 국가라는 의미다. 지리와 역사도 일본이 단일하다는 강력한 근거가 됐다. 도쿠가와 시대 쇄국 정책은 일본 열도의 '자연적' 고립을 강조했다. 사토 세자부로佐藤誠三郎는 이러한 사회 통념을 두고 "일본은 줄곧 인종·문화상으로 매우 단일했다 (…중략…) 2세기 이상 평화가 지속된 도쿠가와 시대 전반에 걸쳐 일본 사회는 대단히 통합되고 동질성이 있었다"[149]라고 표현했다.

이러한 관점에서 근현대 일본을 논한다는 말은 곧 온갖 동질성 사이에서 항상 생략되는 점들을 인식한다는 뜻이다. 일본 역사와 지리, 문화에 있는 불변성은 바로 이러한 동질성이 어떠한 종족·민족적 본질이라는 의미이다.

내가 일본인들에게 기존 소수 민족 관련 질문을 하자 내포 상태이던 이러한 가정은 명시적 견해가 되었다. 우선 당황한 표정을 지은 사람이 많았다. 민족 다양성 증거를 마주하면 대부분은 그 증거를 무시하거나 부정했다. 이 장을 시작할 때 짧게 언급한 내 친구처럼, 사람들은 다들 일본이 늘 단일 민족 사회였으며 지금도 그렇다는 확신을 주장하고 또 주장했다.

단일 민족성이라는 명시적 가정과 다민족성이라는 암묵적 인식 사이에는 질긴 틈이 있었다. 모순되게도 단일 민족이 규준이라고 우기면서 이런저런 예외가 존재한다고 인정하는 사람도 많았다. 어느 50대 은행원은 아이누인과 부락민, 재일 한국·조선인에 관한 대화를 나와 30분이나 하더니 "그래도 일본은 단일 민족 사회죠"라고 말했다. 게다가 일본 민족이 여러 종족 출신이라는 사실을 알고, 또 일본 혈통이 말하자면 혼혈이라는 사실을 쉽게 인정한 사람도 많았다. 1천 년 전 '도래인渡来人'(한반도에서 건너온 이주자들)을 아는 사람도 많았다. 게다가 홋카이도나 오키나와 같은 변방 출신들은 아이누인과 오키나와인이 별개 집단이라는 사실도 잘 알았고, 오사카 출신들은 재일 한국·조선인과 부락민을 더 크게 의식했다.

그러나 도쿄 도심 지역 사람 대부분은 민족 다양성을 막연히 의식할 뿐이었다. 기존 일본 소수 민족을 가장 흔하게 인정한 사례는 아이누 민족 인식이었다. 어떻게 다른지 세부 설명은 모호했지만, 아이누 민족이 다른 '평범한普通' 일본인과 좀 다르다고 느끼는 사람은 많았다. 어느 중년 남성은 "그 사람들은 일본인이지만 사실은 일본인이 아니죠"라고 했다. 아이누에 관한 반응은 털이 많다는 외면적 발언에서 그 '미개한' 문화를 언급하는 노골적 인종차별 발언까지 다양했다. 일본 정부는 계속해서 아이누를 토착 민족으로 인정하기를 거부했기 때문에, 그 반향으로 일반 대중 사이에는 보편적 무지와 막연한 편견이 남았다.[150] 흥미롭게도 일본에 아이누가 몇 명이나 있느냐는 질문을 했을 때 1천이 넘는 수를 내놓은 사람은 없었다. 서론에서 언급했다시피 그 추정치는 사실 30만 명까지도 나오는데 말이다. 이렇게 낮은 수치는 아이누가 사실상 사라지고 정복당한 민족이라는 통념을 뚜렷하게 보여준다.

반면 오키나와인은 주류 일본 민족과 문화에 훨씬 가깝고 실제로 그 일부로 취급 받는다. 오키나와를 도쿠가와 막부 시대 봉건 영토로 그린 최근 TV 드라마를 언급한 사람도 다수 있었다. 이러한 관점에서 오키나와는 지역 정체성을 얻는다. 자칭 '세계인地球人'이자 '평범한 샐러리맨'이라는 어떤 이는 오키나와인이 '진짜 일본인'이라면서도 오키나와인들이 다르게 생각해도 상관없다고 서둘러 덧붙였다. 반면 이들을 소수 민족 집단으로 보는 사람들도 있었는데, 그중에는 독립을 지지하는 오키나와 청년도 있었고 학교에서 오키나와 역사를 배운 일본인 청년도 있었다. 중학교를 오키나와에서 나왔다는 어느 남성은 오키나와인이 일본 본토 사람보다 열등하다고 생각했다. 오키나와인 후손이면서 브라질 시민인 여성 역시 오키나와인에게 민족 특수성이 있다고 주장했다. 이 여성은 브라질에서 다른 일본계 브라질 시민들에게 당한 차별 경험에서 이러한 주장을 하게 되었는데, 그러면서도 그 사람들은 자신을 오키나와인이 아니라 '일본계日系人'(일본인 후손인 외국인)로서 차별했다는 말도 덧붙였다.[151] 사무직 근로자인 어느 젊은 여성은 오키나와에 휴가를 갔다가 오키나와 말을 알아듣지 못해 깜짝 놀랐다면서 그 전에는 오키나와 사람들이 일본인이라고 생각했지만 이제는 진지하게 의구심이 든다고 했다. 어느 40대 공무원은 한국·조선인이 오히려 오키나와인들보다 훨씬 일본인 같을지도 모른다고 하면서도 계속 이것이 매우 민감한 문제라고 했다.

거의 모두가 부락민을 민족 집단으로 분류하기는 주저했다. 도쿄 도심 지역에서 부락민 교육同和教育은 드물다. 이들을 민족 집단이라고 한 사람은 하나도 없고, 청년층은 부락민을 향한 편견을 아예 모르기도 했다. 부락민도 민족 집단으로 보아야 한다는 내 주장에 대부분은 강하게 반대했다. 어느 30대 남성은 "네?"라고 내뱉더니 한동안 침묵을 지켰다. 그러다 마침내 민족이 아니라 계급 언어를 사용해야 한다고 완곡하게 말했다. 어느 40대 가정주부는 내게 "사람들을 그런 식으로 분류하다니 말도 안 돼요"라고 했다. 부락민은 봉건 과거에서 남은 흔적이고 따라서 다른 일본인과 똑같이 보아야 한다는 말이었다. 부락민 신분이 현대에는 아무 의미도 없는 역사적 유물이라고 생각하는 사람은 많다. 차이를 인정한다 해도, 일본에서는 민족이 인종화되었기 때문에 민족 신분이 부정 당한다. 부락민은 고용과 결혼에서 차별을 당하지만 다른 일본인과 같은 종족·민족 혈통에 속하기 때문에 소수 민족 취급은 받지 않는다.

부락민 정체성은 '소수 민족'(일본에서는 영어 발음대로 "마이노리티"라고 쓴다)이나 차별받는 사람으로 분류할 때 훨씬 뚜렷해진다. 부락민과 장애인을 일본 소수 민족 집단으로 분류한 사람들도 여럿 있었다. 시간제 공장 노동자인 40대 여성은 인종 차별이 부락민 차별과 마찬가지라고 주장했다. 일본 진보 세력들은 모든 사람들을 '억압' 또는 '차별'받는 범주에 뭉뚱그려 넣으려는 성향이 있다. 편견과 차별을 다룬 '백과사전'에는 한국·조선인과 아이누인, 부락민, 오키나와인 항목도 있지만 여성과 노인, 소수 종교집단, 교육 수준이 낮은 사람들, 장애인, (원자폭탄) 피폭자, 공해 피해자 같은 항목도 있다.[152] 보다 최근에 등장한 차별 항목에는 부락민과 종교적 소수집단, 여성, 왕따

피해 학생 등이 있다.[153]

일본인들은 대부분 재일 한국·조선인과 중국인 존재는 알고 있다. 그러나 그 지식은 매우 얕고 엉성하다. 사람들에게 유명 운동선수와 연예인 중 상당수가 공식적으로는 일본 이름을 쓰지만 실은 한민족이라고 말하면 거의 경악에 가까운 놀람을 표현하는 데서도 그러한 사실은 알 수 있다. 특히 젊은 일본인 세대는 한민족은 원래 일본인이라고 주장한다. 어느 대형 출판사 직원은 한국·조선인은 일본인 가운데 섞여 살지만 아이누인은 따로 산다고 했다. 그러므로 한국·조선인은 일본인이지만 아이누인은 일본인이 아니라는 말이다. 그런데 여기서 눈에 띄는 점은 한민족 혼종 정체성hybrid identity을 용납하는 사람은 거의 없다는 사실이다. 거의 모두가 사람은 일본인 아니면 한국·조선인이어야 한다고 주장했다.

일본에 다양한 비非일본 민족이 산다는 사실을 상당수 일본인들이 인식하지만 그렇다고 일본 단일 민족성이라는 가정에 이의를 제기하지는 않는다. 표준화 전략은 일본인과 외국인이라는 뚜렷한 이진 법적 범주를 주장해서, 누구나 이 민족이든지 저 민족이 되어야 한다. 일본인들은 일상 접촉에서 내가 일본 국적이 아니라고 밝히면 충격을 받거나 심지어 화를 내기도 한다. 내 머리를 잘라주던 여성은 마치 일본인을 만날 때마다 내가 시민 자격을 밝힐 의무라도 있다는 듯 "왜 말 안 했어요?"라고 했다.

일본이 단일 민족 국가라는 믿음이 팽배하다 보니 새로운 외국인 노동자는 잠재적 이질성을 표현한다. 단일 민족 일본이라는 오염되

지 않은 단순성과 대비되어 이들은 사실상 일본 밖 세계에 있는 이질적 복잡성을 대변하는 셈이다. 일본 민족 정체성에 있는 안정성에는 불확실한 변화라는 잠재성이 맞서 있다. 작은 점포를 소유한 50대 남성은 이주 노동자들이 '도통 정체를 알 수가 없어山のものか海のものか分からない' 걱정이라고 했다. 이 남성은 어떤 변화든 변화란 평화와 안정이 존재하는 자기 세계를 뒤흔든다는 본디 보수적인 관점을 표명한 셈이다.

사실 동질성과 안정성, 이 두 가지 사고는 이어져 있다. 1970년대 즈음에는 고도 경제 성장과 평등주의 정신이 이미 대다수 일본인에게 상당한 만족감을 주었다. 이러한 배경에서 원칙 있는 이데올로기 관점보다는 그저 일상의 안정성을 유지하려는 목적으로 보수파인 자유민주당을 지지한 사람이 많았다.[154] 1980년대 자유민주당 포스터는 '안심, 안전, 안정'을 외쳤다.[155] 동질성이 일본 사회에서 유일한 특징은 아니라도 주요 특징 중 하나라는 믿음이 있는 상황에서, 동질성은 거의 모든 측면에서 소중히 여기고 지켜야 할 대상이 되었다.

물론 일본의 동질성을 바꾸고자 하는 사람들도 있었다. 어느 대학생은 일본이 지루하다고 생각해서 개방에 찬성한다고 했다. 또 이 학생의 친구는 일본이 나라를 보다 국제적으로, 그리하여 보다 재미있게 만들려면 외국인들을 더 받아들여야 한다고 했다. 1980년대 후반 언론인 야네야마 타로屋根山太郎는 일본 단일 민족성이 '국제화 세계에서 (일본의) 가장 큰 약점'이라고 했다.[156] 어쨌든 가장 눈에 띄는 점은 이러한 견해들이 모두 일본을 단일 민족으로 가정했다는 사실이다.

앞서 강조했다시피 새로운 외국인 노동자를 다룬 명시적 논의는 거의 항상 일본 단일 민족성이라는 가정을 전면에 내세웠다. 어느 일본 작가는 한동안 해외를 여행하고 돌아와서 일본에 태어난 데 감사하며 "이렇게 종족이나 인종 문제로 흔들리지 않는 나라를 찾기란 매우 드물다"[157]라고 썼다. 외국인 노동자 논쟁에 있던 긴급성은 어느 정도 일본에 민족 문제 — 사실 소수 민족 — 가 없다는 인식에서 나오기도 했다.

## 일본인성 담론

일본인성 담론은 일본을 단일 민족으로 표현한다. 심각한 불평등과 문화 격차, 민족 다양성이 없다 보니 일본을 바라보는 이 관점에는 대다수 선진 산업국을 특징짓는 계급·문화·민족 격차가 빠져 있다. 게다가 새로운 외국인 노동자들이 원래 살던, 가난하고 하층계급이며 문명화가 덜 된 사회들과는 달리 일본은 부유하고 중산 계급이며 문화 선진 사회이다. 그리고 낮은 계급과 문화 지위 때문에 일본 정치체에 궁극적으로 해로운, 오염된 외부인들이 순수한 일본을 잠식한다는 이미지로 이 대조는 더욱 극명해진다.

에밀 뒤르켐Émile Durkheim이 구분한 기계적 연대mechanical solidarity와 유

기적 연대organic solidarity를 생각해 보자.[158] 뒤르켐은 산업화 이전 사회에서 연대(기계적 연대)는 개인 간 상동 관계, 즉 유사성에 기반을 둔다고 주장했다. 반면 보다 복잡한 사회에서 연대(유기적 연대)는 상호의존성에 기반을 둔다. 말할 필요도 없이 현대 일본 사회는 소득 불평등과 젠더 격차, 지역 간 불균형, 뚜렷한 생활양식과 인생 목표 차이는 물론이고 역할 분화role differentiation도 극심한 복잡한 사회이다. 그런데도 일본인성 담론에서는 1억 2천 5백만 일본 시민을 하나의 본질화된 그릇으로 만들고, 여기에 주된 정체성이 일본인이며 상동 관계인 개인들을 담는다. 국가라는 도가니가 일본인성이라는 영속하는 형태를 만들 거푸집을 제공한다. 계급과 민족, 종족을 하나로 보면서 일본은 기계적 연대 사회임이 드러났다. 이 담론은 차이와 불일치의 연대기인 과거는 물론이고 가장 중요한 사회 구분도 지워 버린다. 일본인성 담론은 일본인과 비일본인 사이에 명확한 경계가 존재한다고 설명하면서 내부자와 외부자를 대치시킨다.

일본인성 담론은 이렇게 민족과 종족을 국가와 동일시하면서 과거를 무시할 뿐만 아니라 계급과 여타 구분도 없앤다. 이 담론은 일본인을 외국인 노동자와 대척점에 있는 집단으로 놓고 일본을 단일 민족 사회로 볼 강력한 근거를 제시한다. 민족 다양성이라는 경험적 현실을 거부하려는 연역·독단적 가정이다. 유럽인들과 북미인들은 일본인이 따라잡고 싶은 우월한 문화인이 되었고, 반면 한국·조선인들과 중국인들은 여느 재일 소수 민족이나 마찬가지로 억압 받고 보편적 일본문화에 동화하든지 일본 땅에서 외국인으로 근근이 살아갔다. 다민족성이라는 망령은 단일 민족성이라는 가정을 끊임없이 괴롭히면서도 강화한다. 그러므로 이 장을 시작할 때 언급한 내 친구도 단일 민족 사회 일본이라는 지배적 비전에 수도 없이 예외가 있다고 인정하면서도 끝내 일본 단일 민족성을 주장할 수 있었다.

이상하게도 외국인 노동자는 물론 진보 평론가들까지 일본인성 담론에서 표현하는 이 특정한 일본 사회 비전을 공유한다. 일본 단일 민족성이라는 가정은 반대 담론을 내놓고 일본 사회 내 외국인 혐오 요소를 비판하려는 사람들에게도 영향을 미친다. 진보주의자들은 외국인 노동자를 보다 인간적으로 대우하라며 정부가 자행하는 억압적 관행을 비판하지만, 내포한 가정이나 하는 말은 사실 반대 세력과 똑같을 때가 많다. 이들 역시 새로운 외국인 노동자들이 썩 탐탁지 않은 문화 관행과 신념을 품고 단일 민족 국가에 들어오는 가난한 사람들이라고 본다. 일본을 부유국가, 문화 선진국, 단일 민족 국가라고 보는 이러한 비전을 공유하는 외국인 노동자도 많다. 대우를 잘 받든 못 받든 이들이 생각하는 일본의 이미지는 일본인들이 직접 발전시킨 이미지를 그대로 반영한다. 아무리 잘 모르는 상태에서 생긴 이미지라고 해도 말이다. 물론 이 노동자들도 진보주의 일본인과 마찬가지로 꽤나 부정적 판단을 내릴 수는 있다. 나는 일본 사회를 두고 외국인 혐오증이나 인종주의, 섬나라 근성 등 강한 말로 비판하는 사람도 여러 번 보았다. 그런데도 일본인성 담론 안에 자리 잡고 있는 저 영역은 모두가 공유하는 영역이다.

그렇다면 일본인들은 차이를 어떻게 논할까? 캐런 위건$^{Kären Wigen}$

은 메이지 정부가 지역 차이를 포용했으며 "메이지 시대 일본에서는 지리가 허용 가능한 차이의 언어로 떠올랐다"[159]라고 주장했다. 지금도 서로 다르고 다양한 방언 등 지역 차이들이 대인 관계와 문화 규준에 남아 있다.[160] 지방이나 현縣 간 차이를 장황하게 논하는 일본인도 많다. 현별 특성縣民性을 다룬 책들도 있다.[161] 도쿄에서 자라고 유럽 정치를 전공한 어느 일본인 학자는 로마에 있을 때보다 오사카에 있을 때 더 외국인 같은 느낌이 든다고 했다. 언론인 레슬리 다우너 Lesley Downer가 도호쿠東北 지방에 가겠다고 하자, 일본인 상사는 "가지 마 (…중략…) 다들 촌놈들이야. 당신은 사투리도 이해하지 못할 테고"라고 했다.[162] 이 외에도 무작위가 틀림없는 일본인 구분 방법들도 있다. 혈액형은 일본인 유형 구분법으로 경이로울 만큼 인기가 높은데, 이 또한 그 한 예이다. 그러나 이러한 내적 이질성 표현들도 일본에 근본적 동질성이 있다는 믿음에 뿌리부터 이의를 제기하지는 않는다.

그렇다고 일본인들이 새로운 외국인 노동자만 놓고 자기와 타자를 보는 견해를 표현했다는 말은 아니다. 애초에 일본인성을 다룬 현대 담론도 새로운 외국인 노동자 관련 논쟁에서 자연 발생하지는 않았다. 이 현대 담론은 일본 민족을 타민족과 대비해 본질적 요소를 파악하는 매우 확고한 일본인성 담론 ― 일본인론, 즉 일본 민족 및 문화 이론 ― 을 따른다. 한민족을 다룬 방대한 일본 저작을 한 번 보자. 식민 시대에 쏟아져 나온 장서 외에도 전후 일본 사회에는 사소한 차이들을 놓고 자아도취를 키우는 책과 기사가 넘쳐 났다. 어느 책에서는 일본인들은 얌전하지만 한국인들은 공격적이며, 일본인들은 역사에 무관심하지만 한국인들은 역사에 집착한다고 한다.[163] 또 다른 책에서 저자는 한국인들은 단결시키기 쉽고 평등주의에 민중 중심(상향식 역사)이지만, 일본인들은 단결시키기 어렵고 위계적이며 지도자 지향성이 있다(하향식 역사)고 자신 있게 구분한다.[164] 한국 사람들은 쉽게 대립하고 위계적이며 일본 사람들은 합의를 잘하고 평등주의라는 전형도 있다는 사실에는 조금도 신경 쓰지 않는다.

데이비드 굿맨David Goodman과 미야자와 마사노리宮沢正典에 따르면 "일본인들은 작은 도서관을 만들 정도로 유대인 관련 글을 많이 내놓았다".[165] 사실 일본인들은 수많은 작은 도서관을 만들어냈다. 실질적 명제는 서로 다를지라도 다양한 차이를 강조하는 유사한 담론 양식들이 존재한다. 어마어마한 일반화에서 생기는 경험적 결함들 너머에는 세계를 분류하고 이해하는 특정 방식이 존재하는데, 이는 제6장에서 상세히 설명하고자 한다. 그 전에 우선 다음 두 장에서는 근현대 일본을 구성하는 다민족성이라는 특성을 다루겠다.

## 제3장

# 대중
# 다민족성

―

나카가미 겐지中上健次는 마지막으로 휘갈기듯 미완성 소설 『이족異族』을 썼다.[1] 작가의 문체를 잘 보여주는 이 소설에는 심하게 곁가지를 치는 장황한 산문 가운데 서정시 같은 아름다움이 보이는 순간들이 나온다. 나카가미는 윌리엄 포크너William Faulkner를 존경하고 따르려 했지만,[2] 실제로는 맥스웰 퍼킨스Maxwell Perkins 같은 편집자를 얻지 못한 토머스 울프Thomas Wolfe에 가까웠다. 그런데 내가 『이족』에서 흥미롭게 생각하는 점은 다음多音을 내는 다언어 서사가 아니라 주인공들이 드러내는 민족 이질성이다.

소설에는 우파 청년 다쓰야와 재일 한국인 2세 시무, 아이누인 우타리 등 주요 주인공 세 명이 나오는데, 이들은 모두 푸른 모반이 있고 가라테에 관심이 있다. 이들은 현대 일본 안에 있는 이질적 세계들 — 우파 민족주의자, 폭주족, 조숙한 10대 소녀 등 — 도 만나지만, 또한 같은 푸른 모반이 있으면서 다양한 민족 출신인 개인들도 만난다. 아시아 전역 출신으로 민족 배경이 각기 다른 사람들이 성性과 폭력 같은 문화 보편성cultural universals을 경험한다. 아시아는 다양한 천민이 존재한다는 점에서도 유사하다.[3] 이 소설 중심 가닥 중 하나로 전쟁 전 일본 제국을 만주에 되살리려는 우파 거물 마키노하라 이야기가 있는데, 마키노하라는 사실 중국인 후손임이 드러난다. 그러니까 『이족』에서 우리는 정말 다양하고 광범위한 다민족 일본을 만나는 셈이다.

나카가미가 쓴 로지 — 나카가미식 요크나파토파 카운티Yoknapataw-pa County(윌리엄 포크너 소설에서 주요 무대가 되는 가상의 공간) — 3부작[4]은 성과 폭력, 가문 간 사랑 등 보편 주제도 보여주지만 와카야마현 기슈紀州 구마노熊野에 있는 부락민 마을의 특수한 민족지학도 상세히 보여주는데, 이곳은 1946년에 작가가 부락민으로 태어난 곳이기도 하다. 나카가미 3부작은 막일꾼土方과 일용 노동자人夫, 그 가족을 중심으로 로지에서 일어나는 복잡한 인간관계를 포착하고 일본을 보는 낭만적 시각이나 도쿄의 화려함, 교토의 고요함과는 전혀 다른 세계를 세밀하게 묘사한다.

부락민 후손이나 일본 민족이 아닌 일본인을 등장시킨 저명 작가는 나카가미만이 아니다.[5] 시마자키 도손島崎藤村은 1906년에 근대 일본 소설 걸작이자 일본식 자연주의 문학을 대표하는 『파계破戒』[6]를 발

표했고, 근대 일본 작가를 대표하는 나쓰메 소세키는 이 소설을 가리켜 메이지 시대에 나온 하나뿐인 진정한 소설이라고 했다.[7] 시마자키가 표현한 자연주의는 나카가미에게, 특히 로지 3부작에 문학적 조상이 되었다. 이러한 연속성은 문학 장르뿐만이 아니라 주제에도 존재한다. 『파계』는 인기 교사 세가와 우시마쓰가 사실은 부락민 출신임을 고백하는 힘겨운 궤적을 따라간다. 소설은 주인공이 텍사스에 있는 일본계 미국인 마을日本村로 떠나면서 끝난다. 노마 히로시野間宏 대하소설 『청년의 환青年の環』에도 부락민 주인공들이 나오며, 무엇보다 부락민 차별을 주요 관심사로 다룬다.[8] 다케다 다이준武田泰淳 소설 『숲과 호수의 축제森と湖のまつり』는 아이누 출신 학자와 아이누 활동가, 화가인 일본 여성 간에 생기는 복잡한 관계를 묘사한다.[9] 이 소설은 홋카이도 땅을 배경으로 아이누 민족 생존과 일본 식민주의라는 문제를 제기한다. 이러한 소설들은 다니자키 준이치로나 미시마 유키오 작품만큼 서양에 잘 알려지지는 않았지만 그래도 일본 근대 문학사에서 대단히 중요하다. 사실 근대 일본 문학은 일본 제국주의를 떼어놓고 생각할 수 없다. 식민주의에서 생긴 관계들로 인해 피식민지와 일본 본토에서 이루어진 민족 간 만남을 다룬 글도 많이 나왔다.[10]

물론 소설이 현실을 있는 그대로만 반영하지는 않는다. 사회 상황이 꼭 문학 속 세계를 결정하지는 않지만, 상상력에 기반을 둔 작품들은 그래도 그 작품들이 생긴 사회 상황을 어느 정도 알려준다. 그리고 근대 일본 문학이 재현하는 수많은 민족적 타자들은 근대 일본사에 존재하던 민족 이질성을 나타낸다.

# 고도성장 시대의 대중문화

내가 올림픽 경기장에서 그리 멀지 않은 도쿄 모처에서 자라던 1960년대에는 아이라면 누구나 '거인과 다이호大鵬, 달걀말이'를 좋아한다는 말이 있었다.[11] 거인은 일본 시리즈 9연패를 달성한 프로야구 구단 요미우리 자이언츠를 가리키는 별명이었다. 다이호는 프로 스모에서 최고 지위인 요코즈나橫綱에 오른 선수였는데 당대, 아마도 20세기 최고 선수로 널리 인정받았다.[12] 달걀말이는 달걀과 설탕, 간장을 섞어 팬에 구운 음식이다. 모든 아이 — 모든 남자 아이일까? — 들이 원하는 이 세 가지는 이 시대에 사실상 모든 가정에 보급된 TV가 전파해 놓은 국가 대중문화를 단적으로 보여주었다. '거인과 다이호, 달걀말이'는 1960년대 일본인성을 나타내는 아주 강력한 상징이었던 탓에 1980년대에는 무조건 놀림감이 될 정도였다.[13] 그런데 이 셋은 아주 철저하게 다민족이고 다문화이기도 했다. 1960년대는 단일 민족 국가문화 분위기였지만, 실제로는 민족 타자들이 누구나 국가 대표라고 생각하는 활동을 하는 인물인 동시에 그 활동을 형성한 외인성外因性 세력일 때가 많았다. 1960년대에 일본인이 된다는 말뜻에서 다민족성은 주변이 아니라 제법 중심부로 떠올랐다.

왜 1960년대인가? 왜 대중문화인가? 일본이 단일 민족이라고 주장할 수 있다면 사실 가장 가능성이 높은 시대는 1960년대인데 말이다.

1960년대는 제2차 세계대전으로 인한 대대적 파괴가 대중의 기억에서 빠르게 사라지고 1964년 도쿄 올림픽으로 일본 경제 회복이 상징적 정점을 찍은 고도성장 시대高度成長期였다.[14] 다음 장에서 상세히 설명하겠지만 제2차 세계대전 이전에도 일본에는 일본 민족이 아닌 사람들이 많았다. 그리고 제1장에서 보았듯 1980년대 후반에는 아시아 이주 노동자 유입이 단일 민족 일본이라는 사상에 도전했다. 이 두 시대는 논쟁할 여지없는 다민족 시대이지만, 그 중간 시기에 일본은 상대적으로 단일 민족으로 보였다.

물론 시대 구분은 편의 문제이며 이 장에서 말하는 1960년대란 사실 확장된 1960년대 — 쇼와 30년대와 40년대(1955~1974) — 를, 즉 전후 고조기를 의미한다. 일본과 일본인성을 나타내는 현대적 의미는 이 20년간 형성되었다. 1960년대에 들어오자 농촌·도시 격차 및 지역 간 다양성을 대체하는 국가문화 및 동질성을 논할 수 있게 되었다.[15] 1955년에는 고용 인구 중 41%가 1차 산업 부문에 종사했지만 1975년에 이 수치는 14%로 떨어졌다.[16] 농민은 소수가 되었고, 도시 노동자가 확실한 다수가 되었다. 1950년대 후반부터는 TV와 만화(책) — 상당수 일본인이 대중문화를 규정하는 특징이라고 보는 — 도 흔해졌다.[17] 모두가 같은 잡지를 읽고 같은 TV 프로그램을 보는 듯했다.[18] 그러나 대중문화가 이렇게 전국에서 같은 것을 읽고, 노래하고, 본다는 의미이던 때는 이미 1980년대에 지났다.[19]

여기서 대중문화란 확산되고 공유되는 활동과 만들어진 결과물을 지칭한다.[20] 전후 시대, 특히 1960년대에 일본 대중문화는 그야말로 국가적이었다. 국가문화는 매튜 아놀드Matthew Arnold가 '세계가 생각하고 말한 가운데 최고의 것'[21]이라고 정의한 고급문화high culture와 동일시될 때가 많다. 아놀드가 말한 의미로 일본문화라고 하면 가부키와 다도가 생각나지만, 이 두 가지 활동에 실제로 참여하는 일본인은 극소수이다. 만일 레이먼드 윌리엄스Raymond Williams가 말한 대로 '문화란 새롭고 파괴적인 세력에 맞서 문화를 방어하려는 옛 유한계급이 만들어낸 산물'[22]이라고 하면, 대다수 국민이 참여하는 대중문화는 바로 그 '새롭고 파괴적인 세력'일 터이다.[23]

대중문화는 다양한 근현대 정체성이 형성되는 매우 중요한 영역이다. 수많은 전근대 사회에서는 연대 의례로 공통된 정체성이 생겨 다른 집단들과 구별되는 한 집단을 정의했다. 20세기 후반에 연대와 정체성을 나타내는 의례는 실제 의식과 축제 같은 유형 영역이 아니라 미디어가 지배하는 커뮤니케이션과 문화 같은 무형 영역에서 일어난다. 신문과 잡지, 대중가요와 게임, 영화와 TV가 전국에 보급되면서 지리상 멀리 떨어진 인구집단들을 이어준다.[24] 빅터 터너Victor Turner는 "의례야말로 (…중략…) 의무를 주기적으로 바람직한 일로 바꿔 놓는 기제이다"[25]라고 했다. 대중문화의 의례들 — 예를 들면 TV 앞에 앉아 있는 행위 — 은 욕망이 우선이라고 상정하지만 사실 안타까울 만큼 의무에 가깝다. 대중문화라는 냉혹한 강제는 여가와 쾌락이라는 이름으로 거의 피할 수 없는 지경이 된다.

물론 지역이나 종교 때문이든 성별이나 세대 때문이든 대중문화 경험은 구별된다. 한 개인도 시간이 흐르면서 변할 수 있고, 또 양가감정을 드러내기도 한다. 문화는 갈라놓는다. 사람들을 결속시키지만 또 구분 짓는다. 잘 알려진 하위문화들도 있는데 실제로는 지나치게 잘 알려져서 하위문화라고 부르기보다 오히려 문화 복수성을 강조하는 편이 더 정확할지도 모른다.[26] 사실 활동하는 문화 중심부에는 취향과 신분의 역동적 계층화를 보여주는 구별과 차별이 있다.[27]

그러나 이러한 사실들도 개별 사건과 경험이 민족 정체성에서 매우 중요한 부분을 차지함을 부정하지는 않는다. 대중문화는 문화 시민권과 대중 국적을 매우 심오하게 정의한다. 불균질한 미국에조차 국가적 상상력을 붙잡는 노래나 프로그램이 있다. 사람은 1년 정도 고국을 떠나 있으면 어느 정도는 유배자가 된다. 편재성과 순간성이 역설적으로 혼합되면 외부인들이 민족 정체성을 표시하고 만드는 요소를 따라잡기는 더욱 어려워진다. 그러므로 거기에 있어야만 한다. 간단한 사고 실험을 해 보자. 미국에서 나고 자란 사람이 현대 미국 대중문화에 익숙하지 않다고, 말하자면 마이클 조던이나 마이클 잭슨, 〈심슨 가족The Simpsons〉이나 〈사인펠드Seinfeld〉를 모른다고 상상해 보자. 어느 정도나 같이 시간을 보내면 그 사람이 같은 세상 사람이 아니라는 생각이 들까? 역으로 순간성 표지標識들이 완전히 변한다면 이 책도 구태의연해 보일 터이다. 엘비스 프레슬리는 여전히 살아 있지만, 그를 제외한 모든 대중문화 인물이나 활동은 실제로도 상징으로도 죽을 운명이다. 그러니 문학적 불멸을 갈망하는 진지한 작가들이 고전 문헌, 매튜 아놀드 식 문헌을 참조할 때가 많다고 해서 그리 놀랄 일은 아니다.

특정 공간과 시간에 몰입해서 생기는 대중문화 해득력popular cultural literacy은 감정과 민족 정체성의 현대 구조에서 매우 중요한 구성 요소이다.[28] 역사에서는 한순간일지 모르지만, 그 고유성과 순간성 때문에 대중문화 해득력에 의미가 채워진다. 실제로 내가 일본 사람들에게 무엇이 어떤 사람을 일본인으로 만드는지를 물으면 대중문화 요소와 관련된 답이 나올 때가 많았다. 어느 중년 가정주부는 이렇게 말했다. "먹는 것과 보는 TV 프로그램을 보면 일본인을 (일본인이 아닌 사람과) 구분할 수 있어요." 초밥과 회를 좋아하는 취향이 주요 일본 인성 요소라고 주장하는 일본인들도 있었다. 또 초밥이 미국인들에게도 매우 인기 있다는 사실을 알고 초밥 대신 낫토라고 답하는 사람들도 있었다. 낫토를 싫어하는 일본인도 많다는 사실은 무시하고 말이다. 20대 직장 여성 하나는 내가 만화에서 TV 드라마로 제작된 〈도쿄 러브 스토리東京ラブストーリー〉[29] 이야기를 꺼내자 나에게 명예 일본인이라고 했다. 많은 일본인에게 일본의 혼 또는 일본인성 논의란 곧 대중문화 요소를 강조한다는 의미이다. 예를 들어 영국인에게 피시 앤드 칩스가 민족 정체성을 나타내듯, '애플파이처럼 미국적American as apple pie'이라는 미국식 표현도 음식으로 민족 정체성을 나타내는 한 방식에 불과하다. 마찬가지로 댈러스 카우보이스나 맨체스터 유나이티드 등도 국가 대중문화, 그러므로 민족 정체성에서 아주 전형적인 요소이다.

그러나 국가 대중문화는 민족주의일 때가 별로 없다. 대중문화는 독일 낭만주의자들이 믿은 것처럼 민족 정신을 표현하지 않는다. 라디오와 영화, TV 덕택에 대중문화가 만든 결과물이 멀리 확산될 수 있게 된 그때, 국가 밖에서 오는 영향력들도 강해졌다. 다시 말해 미디어는 전국적 확산도 가능하게 했지만 동시에 국제적 메시지도 들여왔다. 1960년대 일본 대중음악사를 쓰면서 비틀즈를 언급하지 않는다면 방향을 잘못 잡는 셈이다.[30] 이 시기 이후로 미디어 세계화는 명확한 국경선을 무너뜨렸다. 만화에서 음악까지 일본 대중문화가 동남아시아 등지에 널리 퍼졌다.[31] 그러나 1960년대 일본에서는 대중문화의 기본 경계가 여전히 일본 국내 기준이었고, 여기서는 명확하게 일본적인 요소들에 초점을 맞추고자 한다.

## 스포츠

스포츠는 문화·역사 전반에서 의심할 여지없이 보편이며, 대중문화에서 현대 스포츠는 중심에 있었다.[32] 스포츠는 또한 개인 귀속의식, 성별 차이, 사회적 구분을 나타내는 강력한 표지이다. 스쿼시나 라크로스를 선호하는 취향은 예를 들면 볼링이나 빙고를 좋아하는 취향과 대비되어 특정한 교육·계급상 궤적을 표시한다. 게다가 어느 나라에서든 어떤 스포츠 충성도를 보면 성별이나 지리에 따른 차이가 상당하다. 또 순수하게 한 나라에만 있는 스포츠는 극소수이지만, 그래도 어떤 나라를 상징하게 된 특정 스포츠들이 존재한다.

1960년대 일본에서 가장 인기를 끈 스포츠 세 종목, 즉 야구와 프로레슬링, 스모를 살펴보자. 물론 여자아이들은 도쿄 올림픽에서 여성 선수들이 좋은 성적을 거둔 데 영향을 받아 배구를 더 좋아했다. 또 귀족 취향을 암시하는 테니스에 열광하거나 평민 취향을 나타내는 권투를 열렬히 추종하는 일본인들도 있었다. 그래도 다음에 살펴볼 세 가지 스포츠는 1960년대 일본에서 어마어마한 인기를 끈 종목들이다.

## 야구

1960년대에는 도쿄 중심부에도 공터가 잔뜩 있었다. 그런 작은 공간에서 학교 친구들과 나는 방과 후 모여 야구를 했다. 집안 형편이 달라 친구들 모두가 글러브를 갖고 있지는 않았지만, 그래도 종종 수비 팀이 장비를 갖출 만큼은 있었다. 우리는 모두 '거인'으로 더 잘 알려진 요미우리 자이언츠 스타들을 숭배했다. 또 좋아하는 만화도 「거인의 별巨人の星」[33]이었는데, 이 만화는 자이언츠에서 주전 투수가 되려는 호시 휴마의 고군분투기를 그렸다. 내가 면담한 어느 중년 출판사 직원은 호시가 보여준 몸부림이 부락민 해방을 말하는 우화라고 생각했다. 나는 어릴 때 이 만화가 마음을 사로잡는 영웅주의 이야기라고 생각했다.[34] 특히 이 만화는 도쿄 올림픽 우승을 거머쥔 배

구팀이 체현한 '근성根性'이 무엇인지 잘 보여주었다.[35]

동생과 나는 당시 「거인의 별」이 연재되던 주간 『소년 매거진少年マガジン』 최신호를 사러 부지런히 서점으로 뛰어갔다. 그리고 이 만화가 TV 애니메이션으로 방영되는 토요일 오후에는 다른 일은 다 손에서 놓았다. 가족이 미국 이민을 갈 때도 나는 이 만화를 읽거나 시청하지 못하는 점이 가장 아쉬웠다. 그렇다고 나만 별나게 열광했다는 말은 아니다. 『소년 매거진』은 1960년대에 매주 150만부씩 팔렸고, 〈거인의 별〉 애니메이션도 TV 소유 가구 시청률 30%를 기록했다. 어느 설문조사에서 청소년 60%는 가장 좋아하는 만화로 「거인의 별」을 꼽았다.[36] 내가 겨우 결말을 읽게 된 1980년대 중반에 「거인의 별」은 이미 향수와 조롱을 모두 불러일으키는 대상이 되어 있었다.[37]

20세기를 통틀어서는 아니라도[38] 1960년대에 일본 야구는 분명 가장 인기 있는 스포츠였다.[39] 물론 야구는 기원이 미국이고, "미국의 마음과 정신을 알고 싶은 사람이면 야구를 배워야 한다".[40] 야구는 "국가적 취미이자 청춘의 이상적 흔적이고, 미국적 특성을 보여주는 거울이자 영웅 제조기이며 영원한 집단 행사이다".[41] 이와 유사하게 수많은 팬과 평론가도 일본 야구ベースボール 또는 野球에 국가적 특성이 있다고 언급했다.[42] 사실 일본 야구를 다루는 서양 작가들은 어쩔 수 없이 '무사도武士道'와 유교, '선禪'을 언급하며 일본 야구에 있는 일본 인성을 묘사하게 된다. 문화 응용과 변형이란 그 자체가 보편적이다. 야구든 배드민턴이든 겉보기에 단일한 경기도 하는 방식은 하나 이상이다.

그런데 이러한 견해들이 상투어를 넘어서는 일은 드물다. 로버트 와이팅Robert Whiting은 "야구가 일본 집단의식을 사로잡은 이유는 이 운동이 국가 특성에 잘 맞기 때문이다"[43]라고 썼다. 이와 같은 일반화는 아무리 분별 있어 보여도 각 명제를 하나씩 떼어놓고 철저히 파고들면 무너져 내린다. 예를 들어 와이팅은 "(일본인 선수가) 앞으로도 미국 팀에서 뛸 가능성은 거의 없다. 자기 팀을 떠나 미국에 가서 선수 생활을 한다면 국가를 향한 불충 행위로 취급될 것"이라고 예견했다.[44] 그러나 일본 팬들은 1990년대 중반 미국 메이저리그로 간 유명 투수 노모 히데오野茂英雄나 이라부 히데키伊良部秀輝를 칭송했지 경멸하지는 않았다.

1960년대 거인은 대개 일본 국가대표 팀 취급을 받았다. 어느 팬은 로버트 와이팅에게 "난 일본인이잖아요! 그러니까 자이언츠를 좋아하죠"[45]라고 했다. 그러나 댈러스 카우보이가 미국 국가대표 미식축구 팀이라는 주장에 반대하는 사람이라면 바로 이해하겠지만, 거인이 아무리 큰 인기를 얻었어도 폄하하는 사람 또한 많았다. 도쿄 기반 언론이 보이는 도쿄 중심 근시안은 야구에서도 서로 차별화되는 다양한 일본인 취향을 무시한다.

그러나 거인에 민족주의 요소가 있다는 사실에는 반론할 여지가 없다. 이 국가적 상징에는 민족주의 성향이 있었다. '거인'(자이언츠)이라는 명칭은 전시 군국주의에서 나온 산물로, 팀 이름을 전시에 거인군巨人軍으로 바꿨던 것이다. 거인 구단 소유주는 요미우리 신문사 사장 쇼리키 마쓰타로正力松太郎 가문이었는데, 쇼리키는 1930년대와

1940년대 친나치 군국주의 성향으로 악명 높은 A급 전범이었다.[46] 또한 거인을 일본 시리즈 9연패로 이끈 가와카미 데쓰하루川上哲治 감독은 1960년에 구단을 맡으면서 "혈통도 마음도 순수한 일본인 팀을 만들겠다"[47]라고 선언했다. 거인 1루수로 화려하게 활약하던 시절에 '타격의 신打撃の神様'이라는 별명을 얻은 가와카미는 '관리 야구管理野球'를 감독 철학으로 삼았다. 자이언츠는 당연히 정부 관료와 기업 임원 사이에서도 매우 인기를 끌었다.

　가와카미에게 민족주의 욕구는 있었지만, 단일 민족 팀을 구축하겠다는 목표는 실현하지 못했다. 자이언츠 내에서 이론 없는 거인은 오 사다하루王貞治, 왕정치로, 그는 현역 시절 홈런 868개를 기록하고 1973년과 1974년 연속 타격 3관왕에 올랐다.[48] 그리고 이 뛰어난 업적을 기려 최초로 정부에서 최고 상国民栄誉賞을 수상한 선수가 되었다.[49] 이름에서 알 수 있듯 오 사다하루는 대만계 일본인 2세이다. 물론 그를 명예 일본인으로 여기는 사람도 많았다. 거인이 "외국 선수 하나 없이 일본 시리즈를 9연패 했다"라고 자랑한 어느 팬은 "오 사다하루는 마음이 일본 사람이다. 일본에서 나고 자랐고 학교도 여기서 다녔다. 어머니도 아내도 일본 사람이다. 생김새도 일본 사람 같고 일본 사람처럼 말한다. 그는 진짜 일본인이다"[50]라고 했다. 그러나 오 사다하루는 대만 시민권 때문에 고등학교 시절 국민체육 대회国体(우리나라의 전국체전과 같은 대회—옮긴이)에서 뛰지 못했고, 그러한 거부로 큰 충격을 받았다. "**일본인인 나**에게 어떻게 이런 일이 일어났을까! 아버지가 중국계이고 물론 내가 아버지 아들이지만, 그래도 나는 일본인으로 자랐고 동네 친구들이나 학교 친구들에게 일본인 대우를 받았다. '다르다'는 생각은 한 번도 한 적이 없다. 그 전까지는 내가 '다르다'고 느낀 적이 없었다."[51]

1960년대와 1970년대에 일본인이 아닌 거인 선수는 오 사다하루만이 아니었다. 가와카미가 품었던 민족주의 포부는 이겨야 한다는 생각에 날아갔다. 오 사다하루가 '일본 역사상 최고의 투수'[52]라고 생각한 가네다 마사이치金田正一는 한국계였다. 또 다른 주전 투수 니우라 히사오新浦壽夫도 한국계였다. 니우라 역시 국적 때문에 1968년 국민체육대회에 참가하지 못했지만, 그래도 거인에는 입단할 수 있었다.[53] 1970년대에는 일본 프로 야구 사상 최고 타자인 하리모토 이사오張本勳(장훈)가 거인에 합류했다. 그런데 자이언츠의 한국계 일본인 스타 세 사람이 보인 민족 감정에는 닮은 데가 전혀 없었다. 하리모토는 민족 자긍심이 대단해서 한국 프로 야구를 창립하는 데에도 기여했다.[54] 그러나 니우라는 훗날 한국 프로 야구에서 투수로 활약했으면서도 가장 한국적 음식인 김치도 먹지 않는다고 했다.[55]

가와카미가 민족 순수성을 선언하기 전에도 거인에는 일본인 아닌 스타들이 많았다. 홋카이도 출신으로 러시아 시민은 아니지만 러시아 혈통인 빅토르 스타루힌Victor Starffin은 1936년에서 1955년까지 300승 이상을 거두었다.[56] 하와이 출신 일본계 미국인 월리 요나미네 Wally Yonamine(요나미네 가나메与那嶺要)는 타자로 성공했다. 요나미네와 평생 숙적이던 가와카미는 팀을 맡은 뒤 그를 쫓아냈다.[57] 그런데 요나미네도 일본 야구에서 뛴 첫 일본계 미국인은 아니었다.[58] 거인 외에도 많은 유명 야구 선수들이 — 미국 등지에서 온 외국인을 제외하고 — 단일 민족 일본이라는 외양을 부정했다. 예를 들어 기누가사 사치오衣笠祥雄는 루 게릭Lou Gehrig이 세운 연속 경기 출장 세계 기록을 갈아치운 선수인데(기누가사가 세운 기록은 칼 립켄Cal Ripken이 경신했다), 아버지는 아프리카계 미국 군인이었다.[59] 1997년 대대적인 축하를 받으며 뉴욕 양키스에 입단한 이라부 히데키도 마찬가지였다.

## 프로 레슬링

오 사다하루가 어린 시절 영웅으로 여긴 사람은 리키도잔力道山(역도산)인데,[60] 리키도잔을 '전후 최고의 영웅'[61]으로 보는 사람들도 있었다. 스모 선수로 출발한 리키도잔은 일본 프로 레슬링을 이끈 개척자였다. 미국이 안긴 실질적·상징적 상처로 쓰라려 하는 일본인이 아직 많던 종전 직후, 리키도잔은 링 안에서 이 상처를 보상하는 의례를 거행했다. 온갖 비열한 방법으로 싸우는 거구의 백인(대다수 일본 시청자 눈에는 미국인) 레슬링 선수에 맞선 리키도잔은 마땅히 느껴야 할 분노를 더 이상 억누르지 못할 수준까지 차곡차곡 쌓다가 가라테 춉(당수치기)으로 불운한 적수를 확실하고 가차 없이 물리쳤다. 국가 자존심과 남성성을 강력하게 보여주면서 상처 입은 일본인 자존심을 회복시키는 모습이었다.[62] 리키도잔은 1963년 39세로 사망할 때까지 국민 영웅이었고, 걸출한 인물로 한 세대 일본 남성들에게 긴 그림자를 남겼다. 고나카 요타로<sup>小中陽太郎</sup>는 리키도잔이 '일본 정신<sup>神性</sup>의 반영'이라고 했고,[63] 그 이름은 찬양 받았고 프로 레슬링은 1960년대 내내 매우 인기가 높았다.

일본의 남성성과 국가 자존심을 상징한 리키도잔은 일제강점기 조선에서 조선인 부모 아래 태어났다. 스모 선수로도 성공했지만 가장 큰 성공을 거둔 1950년에 그만두었다. 본인은 금전적 이유라고 했지만 사실 스모계를 떠나기로 한 결정에는 조선인 차별('요코즈나' 승급을 막는)도 한몫했을지 모른다.[64] 리키도잔은 일본계 미국인 레슬링 선수 해롤드 사카타<sup>Harold Sakata</sup>, 일명 도시 도고<sup>トシ東郷</sup>와 우연히 만나 프로 레슬링에 전망이 있다는 말을 듣고는 1952년에 하와이로 향했다. 그리고 '일본식' 당수치기를 연마하면서 미국에서 레슬링 선수가 되었다.[65]

일본에 돌아온 리키도잔은 1953년 프로 레슬링을 개척했다. 그리고 TV 성장세에 편승했고, 한편으로는 TV가 인기를 끄는 데도 기여했다.[66] 리키도잔은 유도왕 기무라 마사히코<sup>木村政彦</sup>와 팀을 이루어 샤프 브라더스<sup>Sharp Brothers</sup>를 무찔렀는데, 그 유명한 방송 덕택에 전국에 프로 레슬링 열풍이 불었다. 예를 들어 1957년에는 도쿄 신바시역 외부에 설치한 TV 1대에 관람객 2만 명이 경기를 보러 몰렸다. 또 TV 소유 가구 87%가 시청한 경기도 있었다.[67] 흥미롭게도 레슬링 TV 중계에 가장 크게 기여한 사람은 아마 거인 소유주 쇼리키 마쓰타로일 것이다.[68] 리키도잔이 고다마 요시오<sup>児玉誉士夫</sup> 같은 극우파 인물들이나 야쿠자와 맺은 관계는 한국인과 우익 일본인 민족주의자 사이에

존재한 위태로운 동맹을 보여주는 좋은 예이다.[69]

일본 민족주의 영웅이던 리키도잔은 한국계 혈통을 숨겼다. 하리 모토 이사오가 찾아갔을 때 리키도잔이 한국 민요를 틀었는데, 하리 모토가 음악 소리를 키우자 리키도잔은 이웃들이 들을까봐 성을 냈다고 한다. 하리모토가 한민족임을 공개하라고 하자 리키도잔은 이렇게 말했다. "(조선인이라고) 밝힐 수 없어. 난 사람들이 내가 일본인이라고 믿어서 영웅이 됐다고. 내가 조선인인 걸 알면 (…중략…) 내 인기도 끝이야."[70] 이 대화를 나눈 때는 리키도잔이 일본에서 '천황 다음으로 가장 유명한 사람'이라는 말을 듣던 1960년대였다.[71]


스모


야구와 프로 레슬링은 인기를 끌었지만 두 종목 모두 기원은 일본이 아님을 부정할 사람은 별로 없다. 그러나 스모는 일본 전통 운동을 대표했다. 다카미야마高見山라는 이름으로 더 유명한 하와이 태생 제시 쿠하울루아Jesse Kuhaulua는 "스모는 일본과 일본을 창조한 신들만큼 오래되었다. 스모는 1,500년 이상 어떤 형태로든 일본 생활의 기본 구조에서 중요한 몫을 했다 (…중략…) 스모는 늘 일본 정신을 나타내는 핵심 표현으로 이어졌다".[72] 내 친구 중에는 전통과 신토神道 종교 상징들로 뒤덮인 스모를 봉건시대 유물로 취급하는 아이들이 많았다. 심판들이 입는 고풍스러운 의상이나 고대의 소리 같은 구호

들, 선수 이름에 쓰는 어려운 한자, 기득권 TV 방송국 NHK가 하는 고루한 방송, 그리고 아무리 봐도 과체중인 선수들은 이 종목이 '꼴사나운かっこ悪い' 스포츠의 전형이라는 인상을 주었다. 스모는 확실히 이데올로기나 조직 면에서 전통에 매여 있으며[73] 메이지 시대 후반부터 국가 대표 경기国技로 취급받았다.[74]

1980년대에 하와이 태생인 고니시키小錦가 요코즈나 지위에 오르자 열띤 논쟁이 벌어졌다.[75] 국수주의자들과 전통주의자들은 가장 일본다운 이 운동 경기에 외국인 요코즈나가 생길지도 모른다는 가능성에 반대했다. 1993년에는 같은 하와이 출신 아케보노曙도 요코즈나가 되었다. 그런데 사실은 1961년에도 비일본인, 적어도 '순수' 일본인이 아닌 선수가 사상 최연소 요코즈나 자리에 올라 1960년대를 통틀어 중요 인사로 남은 적이 있다. 바로 '거인과 다이호, 달걀말이'에서 나온 다이호大鵬 이야기다.

다이호는 경이로운 인물이었다. 45경기 연승을 기록한 적도 있고, 또 그 어렵다는 그랜드 슬램도 2회나 달성했다.[76] 스모 그랜드 슬램이란 그 해 열리는 6개 스모 대회에서 모두 우승한다는 뜻이다. 그러나 다이호는 '순혈 일본인'이 아니었다. 아버지가 볼셰비키 혁명을 피해 고국을 떠난 러시아인이었기 때문이다.[77] 사실 전후 시대 인기 선수 중에는 한국계 리키도잔이나 하와이 태생 다카미야마처럼 일본 민족이 아닌 사람들이 더 있었다. 다카미야마를 가르친 스승은 '이보다 더 (⋯중략⋯) 일본인다운 사람은 없다'고 생각했지만 말이다.[78] 아케보노 역시 이런 소리를 자주 듣는다.[79] 하와이 태생으로

1999년 요코즈나가 된 무사시마루武蔵丸가 메이지 시대 영웅 사이고 다카모리西郷高守를 닮았다고 하는 사람도 있었다.[80] 어쨌거나 요코즈나에 오른 스모 선수 중 최소 두 사람 — 다마노시마玉乃島와 미에노우미三重ノ海 — 은 일본 민족이 아니었다.[81]

스모는 국가 종교인 신토와 천황제에 밀접한 연관성이 있었지만 사실 일부 열렬한 지지자들이 믿듯 그렇게 순수한 국가 경기는 아니다. 원래 기원이 몽고인 스모는 18세기 중반에 현대 일본식 스모 형태를 갖췄고, 오키나와나 한국에 있는 비슷한 경기들과도 상당히 유사하다.[82] 스모는 일본이 전유한 운동도 아니고, 또 순수 민족주의에서 전승된 전통도 아니다.

일본 민족이 아닌 유명 선수들은 권투[83]에서 골프[84]까지 다른 전후 일본 스포츠 종목에도 있었다. 겉보기에 매우 일본적인 가라테가 서양에서 널리 인기를 얻는 데 한몫한 사람도 한국계 일본인 오야마 마스타쓰大山倍達(최배달)였다.[85] 1990년대 초반에 전국적 인기를 끈 프로 축구에도 한국계 일본인 스타는 물론이고 일본인이 아닌 선수들이 아주 많다.[86]

# 다양한 연예 분야

일본이 풍요로워졌음은 1950년대 후반부터 감지할 수 있었다. 기본 욕구를 충족하려던 고군분투에서 벗어난 사람들은 여가에서 위안을 얻으려 했다.[87] 청교도들은 어디서나 여가 추구 행동을 매도하지만, 프리드리히 실러Friedrich Schiller가 한 주장도 새겨들어야 한다. "왜 그것을 '단순한' 놀이라고 하는가? 인간성의 모든 조건을 살펴보면 인간을 완전하게 만드는 조건은 바로 유희, 오로지 유희뿐인데 말이다."[88] 유희는 완전하게 실현된 인간성에는 필수 조건일 뿐만 아니라 문화 정체성을 나타내는 근본 표지이기도 하다.[89] 전후 일본 대중은 영화와 TV에 집착했고 사람들은 게임을 하며 여가를 보냈다. 유행이 도시 생활을 얼마나 휩쓸었던지,[90] 사회학자 미타 무네스케見田宗介는 유행이라는 존재 자체가 본질상 일본적인 무언가를 표현한다고 보았다.[91] 사실 사람들은 꽤나 같은 노래를 듣고, 같은 잡지와 책을 읽고, 같은 게임을 했다.

## 대중음악 – 엔카演歌

종전 직후에는 클래식부터 재즈와 블루스까지 온갖 서양 음악이

흘렀다. 1960년대에는 비틀즈와 에디트 피아프, 마리아 칼라스를 따르는 충직한 추종자들이 있었다. 그러나 중년 샐러리맨과 가정주부들이 특히 좋아한 음악은 '엔카'였다. 일본 '솔 음악'인 엔카는 눈물과 이별, 사랑과 충성을 노래했다.[92] 엔카가 일본 음악이라고 여기는 일본인이 많지만, 사실 그 기원은 국경을 초월할 뿐만 아니라 대표 가수들도 한국계 일본인들이었다.

1960년대에는 미야코 하루미都はるみ가 대표 엔카 가수로 떠올랐다. 미야코는 1964년, 오 사다하루가 55홈런을 기록하고 도쿄 올림픽이 열린 그 해에 데뷔했고 바로 다음 해에 매년 섣달그믐날 열리는 〈홍백가합전紅白歌合戦〉에 참가한 최연소 여성 가수가 되었다.[93] 〈눈물의 연락선淚の連絡船〉과 〈북쪽 여인숙에서北の宿から〉 같은 노래들은 연달아 1백만 장 이상 팔렸고, 노래방 인기곡 목록에 들어갔다. 언제나 전통 기모노 복장인 미야코는 현대 일본에서도 가장 인기 있는 엔카 가수이다. 그런데 그가 교토에서 보낸 가난한 어린 시절이라든가 어머니의 헌신 등 인생사는 잘 알려져 있지만[94] 혈통은 그렇지 않다. 미야코는 아버지가 한국인이었다.

미야코는 미소라 히바리美空ひばり에게 영감을 얻었다고 한다.[95] 미소라와 미야코 두 사람을 전후 대표 가수로 보는 사람들도 있다.[96] 평론가 모리 아키히데森彰英는 미소라 히바리가 부른 〈애수 부두哀愁波止場〉로 엔카가 1960년대에 인기 정점에 올라섰다고 주장한다.[97] 비웃는 지식인도 있었지만, 찬사를 보내는 지식인도 있었다. 언론인 혼다 야스하루本田靖春에게[98] 미소라라는 가수는 곧 전후 시대였다.[99] 미소라의 장례식을 설명할 때 쓰인 언어도 '대개 황실 장례식에 사용하는, 그보다 5달 전 사망한 히로히토 장례식에 사용된 언어'였다.[100] 10대 때부터 노래는 물론이고 연기도 뛰어나게 잘한 미소라는 전후 대중 문화에서 모든 '아이돌アイドル'의 원형이 되었다.[101] 미소라가 '"진정으로" 일본적인 것'[102]의 화신이라는 말도 과장은 아닐 터이다. 하지만 가수이자 배우이던 남편 고바야시 아키라小林旭와 마찬가지로 미소라 역시 한국계였다.[103]

전후 일본 대중음악에는 일본 민족이 아닌 일본인, 특히 한국계 일본인 가수들이 많았다. 아마 미야코와 미소라가 가장 유명하겠지만, 10대 아이돌 중에도 한국계가 많았다. 그중 한 사람은 '(한국계 일본인이) 없으면 섣달그믐날 〈홍백가합전〉도 열리지 못한다'고 호언장담했다.[104] 그러나 이 책에서는 일본 대중음악 인명사전이 아니라 엔카 자체를 논하고자 한다. 대표 국민 음악이라는 그 위상 때문이다.

엔카는 일본인 사이에서도 호불호가 매우 강하게 갈린다. 이 음악은 고전음악을 지향하는 고급 또는 고상한 취향과 반대로 대중 취향을 나타낸다. 다시 말해 엔카는 고상함과 현대와 서양과는 반대로 대중성과 전통과 토착성을 보여주는 본보기이다. 이 음악은 나이 차이도 나타낸다. 청년층에서는 테크노나 힙합, 헤비메탈이 인기를 끌지만 엔카는 나이 많은 세대에 더 매력이 있다. 게다가 음악학자 고이즈미 후미오小泉文夫가 지적하듯 엔카는 '일본어의 기본 리듬을 보존'[105]한다. 이러한 논리에서 음악 구조와 가사 모두 일본인의 영혼에 말을 건다. 그러나 엔카는 기원이나 발전 측면에서 순수한 일본 것이 아니다. 1970년대 중반부터 엔카가 한국에서 왔다는 추측이 난무했는데, 한국 가수 이성애나 조용필이 성공을 거두면서 이런 추측을 부채질했다.[106] 얄궂게도 한국에서는 엔카 형식 음악을 왜색이 있다고 본다. 1985년『한국일보』는 가장 영향력 있는 100인에 가수 이미자를 넣었지만, 정부는 일본 영향을 받았다며 이미자 노래 여러 곡을 금지시켰다.[107]

어느 나라가 기원인가 하는 논쟁은 고려할 가치가 없다. 엔카는 국가를 초월한 다양한 영향력 안에서 형성되었고, 일본과 한국 음악은 물론이고 서양 음악에서도 영향을 받았다. 엔카 음악 구조와 가사는 전통 일본식으로 보일지 몰라도 엔카가 음악 장르로 발전하는 단계에서는 서양 영향이 매우 컸다.[108] 엔카는 영향을 받기도 하고 또 차이도 두면서 19세기 후반 일본에 들어온 다양한 서양 음악, 특히 합창 음악을 흡수했다.[109] 엔카가 인기를 얻는 데 가장 큰 몫을 한 작곡가들 — 고가 마사오古賀正夫와 미야기 미치오宮城道雄 — 은 일제강점기 조선에서 유년기를 보냈다. 이들은 조선 민요는 물론 가야금 같은 악기와 다듬잇돌 같은 소리에서도 영향을 받았다고 한다.[110] 그러나 고가가 작곡한 음악은 공통적 일본 감수성을 표현한다고 보는 사람이 많다.[111]

엔카를 제외하면 일본인 음악 취향은 절충하며 국경을 초월한다.[112] 그래도 근현대 일본, 특히 음악 교육에서는 유럽 음악이 우세했다.[113] 일본에서 가장 인기 있는 노래는 아마도 스코틀랜드 민요 〈올드 랭 사인Auld Lang Syne〉을 번안한 〈반딧불이의 빛蛍の光〉일 텐데,

이 노래는 연말 〈홍백가합전〉이나 무엇이든 끝을 내는 행사에서 불린다.[114] 아마 국가인 〈기미가요君が代〉보다도 이 노래 가사를 아는 일본인이 더 많으리라. 그런데 〈기미가요〉 작곡가는 19세기 독일인 프란츠 에케르트Franz Eckert였다.[115] 보다 폭넓게는 일본 전통음악에 티베트나 윈난雲南등 다양한 음악 전통들이 영향을 끼쳤다.[116] 음악에서 국가적 순수성은 찾을 수 없다. 소리는 국경을 무시한다.


## TV

1945년 이후 10여 년을 특징짓는 오락으로는 영화, 특히 할리우드 영화만한 활동도 없었다.[117] 그러나 1960년대에 가장 인기 있는 여가 활동은 TV 시청이 되었다.[118] 1960년대에 TV가 어디에나 있었다는 사실이 놀라운 이유는 TV 방송이 1953년에야 시작되었기 때문이다.[119] 소수 방송사들이 전파를 점령했기 때문에, TV 시청은 온국민이 하는 활동과도 같았다.[120] TV는 전국 수많은 거실에서 한가운데 자리를 차지했을 뿐만 아니라 집 안팎에서도 대화를 지배했다.[121] 영화와 TV가 서양에서 생겼다는 말은 뻔한 소리이다. 가장 인기 있는 일본 TV 장르들 — 드라마, 버라이어티, 스포츠 — 은 미국을 모방하기도 했다.[122] 그러나 1960년대 일본에서 TV는 중심 문화제도로 떠올랐고, 다른 무엇과 견주어도 일본적이었다.[123]

대중음악 분야처럼 유명 남녀 배우 중에도 일본 민족이 아닌 사람이 많았다. 마쓰자카 게이코松坂慶子는 매력 넘치는 여배우였다. 마쓰자카의 어머니는 자기 딸이 잉그리드 버그만처럼 되기를 바라며[124] 작곡가 고가 마사오에게 음악 수업을 받게 하는 등 다양한 공부를 시켰다.[125] 조금은 예상하겠지만 마쓰자카도 한국계이다. 1990년대 초반 남자 대학생들을 대상으로 가장 결혼하고 싶은 여성을 조사하면 배우 야스다 나루미安田成美가 꼽힐 때가 많았다. 내가 야스다가 한국계 일본인이라고 했더니 어느 남학생은 내 말을 믿지 않고 분개했다. 그러나 사실을 확인하더니 이 학생은 사회학 대학원에 진학해서 일본 내 민족 관계를 연구하겠다고 다짐했다. 그러나 여기서는 일본 민족이 아닌 영화·TV 배우 목록을 길게 나열하기보다는 1960년대 대중문화의 한 측면을 잘 보여주는 TV 시리즈 이야기에 집중하고자 한다.

1990년대까지도 재방송한 〈울트라맨ウルトラマン〉은 〈파워레인저 パーワレンジャー〉 같은 영웅물을 이끈 선두주자였다. 〈울트라맨〉 초대 감독 쓰부라야 에이지円谷英二는 〈고질라ゴジラ〉로 세계에서도 유명하다. 〈울트라Qウルトラ Q〉는 1965년 시청률 30%를 기록했고, 1967년 첫 방송을 시작한 〈울트라맨〉은 전체 TV 소유 가구 중 40% 이상이 시청했다.[126] 그 후 나온 〈울트라7ウルトラ セブン〉이나 〈돌아온 울트라맨帰ってきたウルトラマン〉도 여러 세대에 걸쳐 아이들을 사로잡았다. 나는 이 시리즈를 그리 좋아하지 않았지만, 그래도 내 악몽에 나와 겁을 주던 이 시리즈 괴수들은 지금도 생생히 기억난다. 노벨 문학상 수상자 오에 겐자부로大江健三郎는 〈울트라맨〉을 통렬히 비난하며 아이들에게

끼칠 영향을 우려했다.[127] 울트라맨 인형은 1990년대까지도 백화점 장난감 코너를 휩쓸었다. 일본문화 연구학에서는 물리학부터 문화 유의성valence까지 울트라맨 시리즈에 관한 거의 모든 측면을 다뤘다. 울트라맨은 그 인기와 영향력에서 한 세대를 정의했다.

경험 없는 시청자가 〈울트라맨〉 한 편을 보면 대개 어린애처럼 단순한 줄거리가 보인다. 다른 은하계에서 온 우주인 울트라맨과 그 동료들이 인류를 구원하려고 괴수들과 싸운다는 이야기 말이다. 그러나 이러한 표면상 해석 밑에도 수많은 해석이 있으니, 그중 하나가 바로 다민족 일본 이야기이다. 제1대 울트라맨 시리즈를 기획하고 주요 각본가로 활동한 긴조 데쓰오金城哲夫는 오키나와 출신 일본인으로 도쿄에서 고등학교와 대학교를 다녔고, '오키나와와 일본을 잇는 가교가 되겠다'는 목표를 세웠다.[128] 긴조는 괴수 이름을 오키나와어로 지었을 뿐만 아니라 〈울트라맨〉을 오키나와 미군 점령 우화로 쓰기도 했다.[129] 또 〈울트라 7〉에서는 '논마르트의 사자ノンマルトの使者' 편으로 일본과 인류, 오키나와인과 괴수를 동일시하는 단순한 등식을 거부한다. 여기서 묘사하는 논마르트는 지구 원주민으로 '화성인이 아니다non-Martian('마르스는 전쟁의 신이기도 하다)라는 의미인데, 이들은 먼 과거에 현재 지구 주민인 인류에게 패배해 해저로 숨어들었다. 이 화는 오키나와 역사와 일본 식민주의를 치환한 이야기로도 읽을 수 있다.[130]

긴조는 1972년 오키나와 일본 반환에 앞서 1969년에 오키나와로 가서 연극계와 TV에서 활동했다.[131] 자기 혈통은 자랑스러워했지만 일단 오키나와에 간 뒤에는 어려움을 많이 겪었다. 오키나와어를 완벽하게 하지 못했기 때문에 다른 오키나와인들은 긴조가 충분히 반일反日이 아니라고 생각했다.[132] 술을 많이 마시게 된 긴조는 1976년 37세에 사고로 죽었다.[133] 오키나와에서 긴조가 〈울트라맨〉 기획자라는 사실을 아는 사람은 거의 없었다.[134]

그러나 긴조가 죽었다고 해서 이야기가 끝나지는 않는다. 울트라맨 주요 각본가 중에는 역시 오키나와 출신인 우에하라 쇼조上原正三도 있었고, 다른 작가들도 긴조가 원래 제기한 문제를 계속 파고들었다. 〈돌아온 울트라맨〉(1971) 중 한 화에서는 가네야마金山라는 우주인 노인이 가와사키에서 이웃들에게 살해당한다. 가네야마는 성이 김씨인 한국계 일본인들이 흔히 쓰는 일본식 이름이고, 가와사키는 한국·조선인과 오키나와인 등 여러 소수 민족 집단이 많이 사는 것으로 유명한 도시이다. 가네야마가 죽자 괴수 무루치가 도시를 초토화한다. 그러나 울트라맨은 가와사키 시민들을 도와주지 않는다. 어떤 남자가 "제발 저 괴수 좀 무찔러 줘요!"라고 부탁하자, 울트라맨은 이렇게 생각한다. "이기적이네. 당신들이 괴수를 불러들였잖아. 마치 가네야마의 분노가 (괴수에게) 씐 것 같은데."[135] 이 프로그램에서 울트라맨 역은 '혼혈ハフ' 배우인 단 지로団時朗가 연기했다.[136] 1993년 이치카와 신이치市川森一는 긴조의 생애와 〈울트라맨〉을 토대로 〈내가 사랑한 울트라 7私が愛したウルトラセブン〉이라는 TV 드라마를 썼는데, 그중 "논마르트의 사자"가 어떻게 시작되었는지를 되짚는 장면이 있다. 여기서 긴조는 울트라 7과 미국 제7함대, 울트라 7이 돕는

경찰과 일본 자위대, 그리고 괴수와 오키나와인을 동일시하는 등식이 존재한다는 사실을 깨닫고 일본의 오키나와 식민지 병합을 비판하기 위해 논마르트 편을 집필하고 일본을 떠난다.[137]


## 대중문학과 연극


1930년대에 Q. D. 리비스는 영국을 속물처럼 묘사하면서 "이제 소설 읽기는 약물 중독 같다"[138]라고 했는데, 이 말은 전후 일본에도 쉽게 적용된다. 가장 많이 읽히는 책이 만화와 포르노물이라고는 해도 활발한 독서문화가 존재했다.

문학에서는 다문화 일본이라는 명백한 사실이 보이는데, 다치하라 마사아키立原正秋는 매우 흥미로운 사례이다. 다치하라는 아쿠타가와상芥川賞 후보에 두 번 올랐고, 나오키상直木賞을 수상하기는 했지만 자신은 진지한 소설가라며 한때 이 상을 거부한 적도 있었다.[139] 일본에서 '순문학'과 '대중문학'은 이 양대 주요 문학상이라는 형태로 제도화되어 있다. 아쿠타가와상은 진지한 문학, 나오키상은 가벼운 문학에 주는 상이라는 뜻이다. 가장 일본적 작가로 꼽히는 다치하라가 한국계임은 사후에 밝혀졌다. 그러나 전기 작가는 "원래 일본인 10명 중 8, 9명은 한국계 혈통이기 때문에, 다치하라가 일본인으로 살았다 해도 그리 부자연스럽지는 않다"라며 이 소설가의 일본인성을 분명히 했다.[140]

그런 사람은 다치하라만이 아니다. 앞서 보았듯 소설 영역에서 일본 다민족성은 반박 불가능하다. 오키나와 출신 오시로 다쓰히로大城立裕는 미군 병사가 일본 여성을 강간한 사건을 『칵테일 파티カクテル・パーティー』로 조명해 1967년 아쿠타가와상을 수상했다. 저명하고 뛰어난 한국계 일본인 작가도 아주 많으며, 이들만으로도 대단히 중요한 문학이 형성되었다.[141] 일본 민족이 아닌 작가들이 1960년대에 이룬 업적은 1980년대와 1990년대에 이룬 업적과 비교하면 미미한 정도다. 최근에는 한국계 일본인 작가 두 명 — 이양지李良枝와 유미리柳美里 — 이 아쿠타가와상을 받았다. 나오키상 수상자 이주인 시즈카伊集院静[142] 역시 한국계이다. 마지막으로 연극계에서도 특히 한국계 일본인들이 활발히 활동했다. 1970년대 일본을 휩쓴 극작가는 쓰카 고헤이つかこうへい일 텐데,[143] 쓰카는 자기 혈통 이야기를 글로 썼다.[144]

만화

현대 만화에는 민화 전통부터 미국 만화 등 외국 영향까지 서로 전혀 다른 뿌리들이 있다.[145] 가장 가까운 전조는 아마 그림 연극紙芝居이었을 것이다.[146] 그림 연극으로 아이들을 즐겁게 하던 사람 중에는 부락민이 많았다.[147] 어느 조사에는 1990년대 초반 고등학생들이 가장 관심 있는 대상이 만화라는 결과도 있다.[148] 1960년대에도 나와 내 친구들에게 만화는 단순한 오락거리가 아니라 생활 방식이었다. 「거인

의 별」 같은 '열혈 스포츠 만화ㅈポ根'는 인생철학을 주입했다.[149] 어떤
남성은 열혈 스포츠 만화를 읽고 '원하는 것은 무엇이든 할 수 있다
는 사실을 깨달았다'고 한다.[150]

1960년대 후반에 만화는 그야말로 패권을 장악한 인쇄 장르가 되었
다.[151] 1960년대와 1970년대 만화에서 진보 성향은 부정할 수 없다. 열
혈 추종자를 거느린 만화가 쓰게 요시하루는 전후 민주주의 이데올로
기를 보여주는 대표 사례라고들 했다.[152] 1960년대 후반에는 '손에는
『아사히 저널』(진보 주간지), 마음속에는 『소년 매거진』手にはジャーナル, 心
はマガジン'이라는 표현이 흔했다.[153] 『소년 매거진』은 「거인의 별」이 연
재된 주간지이다. 급진주의 학생들도 시위를 마치고 집으로 돌아가면
시라토 산페이白土三平 만화 『닌자 무예장忍者武芸帳』[154]을 읽었다는 말도
많이 들렸다. 소설가 미시마 유키오가 1970년에 썼듯이 "전학련(전국
진보 학생 단체) 소속 청년들이 시라토 산페이 만화劇画에서 혁명 운동을
발전시켰다는 말은 이미 신화가 되었다".[155] 미시마는 시라토가 그리
는 서사가 싫다고 말했지만, 생각이 다른 지식인도 많았다. 나는 마르
크스주의 역사가들이 모인 작은 회의에서 어느 유명 학자가 열을 다해
시라토 작품을 언급하기에 재미있다고 생각했는데, 더욱 놀랍게도 참
석자들이 다들 안다는 미소를 짓고 있었다. 시라토가 1960년대 세대
에 끼친 영향은 매우 깊었다. "짓밟힌 사람들의 삶에 관해 알게 됐다",
"역사 유물론을 배웠다", "혁명을 배웠다" 같은 평가가 매우 대표적이
다.[156] 어느 40대 야간 경비원은 나에게 『가무이전カムイ伝』[157]을 읽으면
부락민에 관해 알아야 할 것은 다 알게 된다고 했는데, 이 작품에서 작

가는 근대 초기 일본에 있던 신분과 계급 변증법을 묘사한다. '가무이'
는 아이누 말로 신을 뜻하고, 『가무이전』은 원래 아이누 민족의 투쟁
을 그리려는 의도였다고 한다.[158] 이렇게 만화는 다민족성이라는 주제
와 떼려야 뗄 수 없는 관계이다.

만화의 매력 중 하나는 모두의 취향에 맞는 무언가가 있을 뿐만 아니
라 전후 일본 사회에서 가장 해방감을 주는 표현 수단이었다는 점이다.
1990년대 초반 4세에서 12세 사이 아동 3분의 2는 매주 TV 만화 〈짱구
는 못 말려クレヨンしんちゃん〉를 시청했는데,[159] 이 만화에는 어른 사회에
존재하는 가식과 완곡한 표현들을 부숴버리는 남자아이가 나온다. 일
본식으로 표현하자면 표면建て前(가식)이 아니라 본심本音(진심)을 말하
는 꼬마다. 또 1990년대 초반에 『오만주의 선언ゴーマニズム宣言』이라는
만화책도 인기를 끌었는데, 저자 고바야시 요시노리小林よしのり는 이 책
에서 사회 통념을 꿰뚫어 주목을 끈다. 저자는 개탄스러운 부락민 차별
을 묘사하며 비판한다.[160] 그러나 우익 민족주의자인 고바야시는[161] 일
본 남성의 우월성도 주장하고, 또 스모에서 외국인들을 배제하라고 촉
구하기도 한다.[162] 일부 만화는 인종주의 묘사라는 비난을 받기도 했는
데,[163] 이는 만화가 일본 소수 민족의 삶을 노골적으로 그리는 극소수
인기 장르에 속했기 때문이기도 하다.[164] 1990년대 초에 큰 인기를 끈
만화 『마스터 키튼MASTERキートン』에서 주인공 다이치 히라가 키튼, 즉
'마스터 키튼'은 고고학자이자 탐정 — 인디아나 존스와 콜롬보의 중
간 — 이고, 일본인 아버지와 영국인 어머니에게 태어난 혼혈이다. 이
만화 중 한 화는 네오 나치가 등장하는 극악한 내용을 다루면서 인종주

의와 외국인 혐오증에 반대하는 메시지를 전달한다.[165]


## 게임


일본인들이 여가 시간에 실제로 하는 일을 살펴보면 TV를 제외한 모든 여가 활동 중 파친코가 가장 많은 시간을 차지할 터이다. 1994년 파친코업계 총 수입은 30조 엔이 넘었는데, 이는 곧 일본인 1인당 25만 엔을 썼다는 뜻이다.[166] 일본 파친코 업소 수는 1만 8천 개로 서점 수보다 많다.[167] 1980년대 중반에는 일본인 약 270만 명이 파친코에 심하게 빠졌고 3천만 명은 파친코를 상당히 자주 한다는 추산도 있었다.[168]

파친코 업소에 가면 대개 자욱한 담배 연기 아래 사람이 빽빽하게 들어차 있을 뿐만 아니라, 달그락거리는 금속 파친코 볼 소리, 점원들이 손님들에게 외치는 인사말, 군가와 엔카가 쾅쾅 울리는 스피커 소리로 귀가 멍멍해질 만큼 시끄럽다. 이 분위기는 말하자면 매우 일본적이다. '파친코는 전후 일본에서 가장 대표적 여가 활동'[169] 또는 '전후 일본에서 발전한 가장 위대한 놀이遊び'[170]이다. '파친코는 일본에서 고안한 게임 기계'[171]이므로 그 일본인성을 부정하는 사람은 거의 없고 전후 대중문화를 본격적으로 다룬 연구라면 파친코를 무시하지 못한다.[172]

그러나 파친코는 일본 사회의 다민족 면모를 드러내기도 한다. 이

게임은 미국식 핀볼을 변형해 1920년대와 1930년대에 아이들에게 인기를 끌게 되었다. 간토関東에서는 '가찬코', 간사이関西에서는 '파치 파치'로 알려진 파친코는 1945년 이후 성인용 게임이 되었다.[173] 이 업계는 한국·조선인들이 주도했다. 종전 직후 조선인들은 일용 노동자로 취업하거나 고물 재활용, 야키니쿠(구운 고기) 식당 아니면 파친코 가게로 자영업을 할 수밖에 없었다. 대중문화학자 가토 히데토시加藤英俊는 대중문화에는 공감하지만 파친코 산업 장려는 불안하다면서, 그 이유가 '이 새로운 사업은 대개 중국인과 조선인 소유'이기 때문이라고 했다.[174] 1990년대에는 파친코 업소 소유주 60~70%가 한국·조선인이라는 추산도 있었다.[175] 그중 가장 성공한 체인점 소유주는 1세대 한국계 일본인인 한창우韓昌祐이다. 명문 호세이대학교法政大学를 졸업하고 마르크스와 엥겔스를 탐독하던 한창우는 마땅한 취직자리를 찾지 못했고 결국 파친코 사업에 평생을 바쳤다.[176]

1960년대 전후 일본 연예·예술 분야에는 어디를 보든 민족 다양성과 문화 혼종성이 있다. 가장 일본다운 예술 형태로 보이는 가부키歌舞伎에서조차 최소한 근대 유명 배우 한 명, 그러니까 15대 이치마루 하자에몬市村羽左衛門은 프랑스인 아버지에게 태어났다.[177] 가부키가 도쿠가와 시대 천민들이 많이 종사하던 장르이다 보니 다민족성이 있어도 그리 놀랍지는 않다.[178] 사실 가부키는 '가와타かわた', 즉 전근대 부락민 문화에 기원이 있다.[179] 실제로 도시 여흥은 대개 부락민 문화와 직업 영역에 속했다.[180] 비일본 민족 금기시가 약해지면서 일본 대중문화에서 확고한 다민족성을 가늠하는 일도 가능해졌다. 기타노 다케시北野武는 1980년대 이후 일본에서 가장 저명한 연예인 중 하나일 텐데, 일본에서는 '비트Beat 다케시'로 더 유명하고 해외에서는 〈소나티네ソナチネ〉 등을 감독한 영화감독으로 더 유명하다.[181] 그런데 기타노도 사실 한국 혈통이 섞여 있다.[182] 전후 일본 연예·오락사는 일본 민족이 아닌 일본인을 빼놓고는 쓸 수 없다.

# 음식

"인간은 먹는 음식대로 된다." 루드비히 포이에르바하Ludwig Feuerbach가 남긴 이 잊지 못할 명언은 인간 삶에서 음식이 차지하는 중심성을 직관적으로 포착한다. 그러나 음식과 요리법은 문화 보편성을 넘어 사회적 차이를 보여주는 생생하고 노골적인 표지이다.[183] 한 집단에는 맛없고 역겨운 음식도 다른 집단에는 바람직하고 맛있는 음식일 수 있다. 미각이 오감 중 아마 가장 보수적 감각이라는 사실도 음식이 문화 표지로서 하는 기능을 강조할 따름이다.[184] 공통된 국가 비하 욕설들 —'개구리Froggy'(프랑스인 비하 표현-옮긴이) 또는 '양배추Kraut'(독일인 비하 표현-옮긴이) — 은 국가를 구분하는 작업에서 음식이 얼마나 중요한지 시사한다.

물론 일본 음식과 일본인성을 연결시키는 일본인도 많다. 이러한 관점에서는 문화 본질을 위장胃腸으로 이해한다. 인기 엔카 가수 야시로 아키八代亜紀는 한국계 일본인이지만 '엔카란 무엇인가?'라는 질문에 이렇게 답했다. "낫토와 미역, 달걀말이, 그리고 미소된장국을 곁들인 아침식사죠. 그러니까 일본인이면 누구나 좋아하는 음식 말이에요."[185] 외국을 여행하면 갑자기 미소된장국이 먹고 싶다는 일본인들도 있는데, 이는 음식이 고향을 나타내는 강력한 표지임을 나타낸다. 만화『맛의 달인美味しんぼ』도 음식과 문화 사이에 존재하는 끊을 수 없는 연결성을 기록하는데, 그중 어느 그리스 여가수가 공연이 불가능할 정도로 심한 향수병에 걸린 이야기가 나온다. 주인공은 문어와 올리브 오일을 찾아 이 가수에게 먹이고, 이 '솔 푸드'로 만족한 가수는 멋진 공연을 한다.[186] 그런데 문어와 올리브 오일 냄새가 지독하다고 생각한 일본인 주인공은 마지막 장면에서 '우리 솔 푸드'는 미소된장국이라고 한다.[187]

일본 국민 요리라는 사고는 사실 서양 음식 확산에 따른 반동으로 생겼고, 여기에서 현재처럼 일식和食과 양식洋食을 나누는 구분이 생겼다.[188] 물론 현대 일본 요리에 먼 과거에서 찾을 수 있는 요소들이 있기도 하고,[189] 도쿠가와 시대 도회지에서 먹던 음식은 지금 봐도 알아볼 수 있기도 하다.[190] 일본인이 일본 음식을 먹는다는 사실은 자명해 보이지만, 그러한 가정은 일본문화와 역사에 통일성과 연속성이 있다고 가정한다. 사실 메이지 정부가 중앙집권화를 추진하기 전 일본인 음식 소비는 지역과 신분 집단에 따라 달랐다.[191] 회나 에도식 초밥(현대 일본인들이 초밥이라고 하는)은 해안지역 이외에서는 희귀했다.[192] 무사들이 먹던 음식은 농민들이 먹던 음식과 매우 달랐다.[193] 현대 일본 요리는 다양한 외국 영향이 섞인 문화적 혼종이다.[194]


## 쌀


쌀은 일본인성을 나타내는 강력한 상징이다. 민속학자 야나기타 구니오柳田国男는 쌀 재배를 명확한 일본문화의 기본이라고 보며[195] 쌀과 천황제를 연결하는 학자들도 많다.[196] 내가 다닌 초등학교 운동장은 다 포장되어 있었는데, 한 구석에만 콘크리트로 테를 두른 작은 논이 있었다. 일본과 쌀이 어찌나 강하게 연결되었는지 일본식 서양 요리에 '라이스'가 흔한데도 서양 사람들은 쌀을 먹지 않는다고 잘못 생각하는 일본 사람들도 있었다. 일본인 대부분은 다른 아시아인들도 쌀을 먹는다는 사실을 알지만 그래도 일본쌀은 다르다고 주장할 때가 많다. 쌀이 다른 나라, 아마도 한반도에서 유래했다는 명백한 사실은 무시당한다.[197]

메이지 유신 전 홋카이도나 오키나와에서는 쌀 재배가 그리 중요하지 않았다.[198] 사실 일본에서 쌀은 19세기 이후에야 주식이 되었다.[199] 중세 혼슈本州 지방 소작농들은 주로 수수와 야초를 먹었다.[200] 광범위한 토란 재배는 쓰보이 히로후미坪井啓文가 '아즈마あづま'라고 이름 붙인 뚜렷한 문화가 존재했다는 사실을 시사한다.[201] 어쨌든 오

늘날 존재하는 원형 일본쌀은 과거 일본 열도 사람들 대부분이 먹던 쌀과는 확연히 다르다.[202]

## 카레라이스 등 국민 음식

음식 역사학자인 모리에다 다카시森枝森枝卓土는 카레라이스(커리 라이스)와 라면(인스턴트 라멘)이 일본의 2대 '국민 음식国民食'[203]이라고 했다.[204] 카레라이스는 일본인들이 가장 좋아하는 음식으로 꼽힐 때가 많다.[205] 라멘은 내 추측으로는 일본에서 가장 많이 소비되는 음식이다. 이타미 주조 감독 영화 〈민들레タンポポ〉는 일본이 라면에 얼마나 열광하는지 그 단면을 보여준다. 두 요리 모두 1960년대 인스턴트식품 붐이 일어나면서 인기를 얻었고, 기원도 일본이 아니다.[206] 라면은 원래 '시나 소바'(중국 면)로 소개되었다.[207] 카레라이스는 매우 흥미로운 사례다.

'카레'는 현대 일본 어디에나 있다. 카레가 들어간 제품은 아주 다양하다. 싸구려 작은 식당부터 고급 '정통' 인도 식당까지 수많은 식당에서 카레가 나온다. 가장 보편적인 이 일본 음식은 1910년대부터 인기를 얻었다.[208] 카레는 1880년대에 영국에서 가루 형태로 들어왔는데, 그렇기 때문에 인도(아시아) 음식이 아니라 서양 음식으로 소개되었다.[209] 어느 카레에나 들어가는 세 가지 채소, 즉 감자와 양파, 당근은 서양에서 수입되어 메이지 유신 이후 일본에서 매우 흔해졌다.[210] 일본 최고 인기 브랜드인 '하우스 버몬트 카레'는 미국 버몬트주와 버몬트주가 건강·장수로 얻은 명성을 생각나게 한다. 1970년대에 이 브랜드 광고에 주로 출연한 사람은 한국계 일본인 가수 사이조 히데키西城秀樹였다.[211]

메이지 유신 이후 수입되어 일본인 입맛을 사로잡은 음식은 카레라이스만이 아니다. 1990년대 초반에 일본 아이들과 이야기를 해 보면, 으레 더 최근에 들어온 햄버거와 피자, 스파게티를 가장 좋아하는 음식으로 꼽았다. 1960년대 대답에는 고로케(크로켓), 오믈렛, 돈가스(포크커틀릿)도 있었는데, 이 음식들은 모두 프랑스식을 20세기 초반에 일본식으로 변형한 요리였다.[212] 1970년대에는 30세 미만 여성이 가장 좋아하는 음식은 샐러드, 30세 미만 남성이 가장 좋아하는 음식은 야키니쿠(구운 고기)가 되었다.[213] 김치 등 한국 음식이 있다 보니 야키니쿠를 한국 요리로 분류하는 일본인들이 많다. 그런데 야키니쿠는 한국식 고기 요리인 불고기, 갈비와 비슷하기는 하지만 사실 큰 차이가 있다. 기원을 따지면 '야키니쿠焼き肉'는 종전 직후 조선인들이 암시장에서 팔던 내장구이, '호루몬야키ホルモン焼き'(간사이 지방 방언으로 호루몬은 버리는 물건이라는 뜻이다)에서 나왔으니 놀랄 일도 아니다.[214] 호루몬야키는 처음에는 오사카 지역 한국·조선인에게, 그러다가 전국 가난한 노동자들에게 인기를 끌었다. 1990년대 초에는 야키니쿠 가게 중 70~80%는 한국계 일본인 소유라는 말도 있었다.[215] 이런 뜻에서 한국 음식을 생산하는 어느 한국계 일본인은 이렇게 말했다. "이제 머지않아 우리(한국인)가 위胃로 일본인들을 정복할 것이다."

## 푸딩 등 1960년대 아이들이 좋아하던 음식

다시 '거인과 다이호, 달걀말이', 그중 달걀말이 이야기로 돌아가 보자. 달걀말이는 서양 오믈렛이 전신前身인데, 오믈렛은 메이지 시대 초기부터 일본에 있었다.[216] 어릴 때 나는 이 삼총사 중 세 번째가 놀라웠다. 거인과 다이호는 당연히 인기 있어 보였지만 달걀말이라니? 친구들과 나는 카레라이스나 스파게티, 초밥 같은 다른 음식들을 좋아했다. 내가 제일 좋아하는 음식은 그라탱(실제로는 마카로니와 치즈)이었다. 초등학교에서 우리는 급식으로 빵 두 쪽과 우유, 수프를 먹었다. 미국 식량 원조, 특히 밀 원조와 균형 잡힌 영양 공급 풍조때문에 학교 급식에서 주식으로 빵과 우유가 확산되었다.[217] 사실 메이지 시대까지 일본인 대부분에게는 우유 자체가 낯설었다.[218] 어쨌든 학교 급식은 몇 세대에 걸쳐 전후 일본 아동에게 공통분모가 되었고 아이들 입맛 형성에 큰 영향을 미쳤다.

그런데 진짜 인기 식품을 말하자면 사실 사탕과 과자를 빼놓을 수 없다. 단 것이 주는 기쁨을 포기할 수 있는 아이가 과연 있을까? 1960년대 아이들이 좋아하던 식품은 사실상 하나 같이 일본산이 아니었다. 내 친구들과 나는 푸딩과 카스텔라, 코카콜라와 칼피스(발효 우유를 섞은 음료), 껌과 초콜릿을 게걸스레 먹어치웠다. 칼피스와 카스텔라는 확실히 1960년대를 휩쓸었다.[219]

1960년대 어린이 기호 식품이 일본산이 아니라는 사실은 아무리 열렬한 민족주의자라도 인정할 터이다. 푸딩은 1963년 처음 판매됐다.[220] 카스텔라는 역사가 더 깊어서, 1900년부터 거대 식품 기업인 분메이도文明堂가 제조, 판매했다.[221] '분메이文明'는 메이지 시대 서양을 암시하는 표현이었고, 상자에 그려진 그림이 시사하듯 카스텔라는 원래 포르투갈 카스텔라를 원형으로 삼았다. 코카콜라는 미군 점령기에 인기를 얻었다. 미군이 가장 좋아하던 음료인 코카콜라는 암시장에서 널리 퍼졌다. 코카콜라가 무제한 수입되기 시작한 때는 1961년이었고, 이 음료는 곧 일본에서 표준 음식이 되었다.[222] 그런데 일본에서는 칼피스 역사가 더 길다. 미국식 요거트와 몽고식 발효음료를 섞은 칼피스는 1919년에 처음 나왔다.[223] 코카콜라처럼 껌도 미군 점령기에 군인들이 아이들에게 공짜로 나누어 주면서 인기를 얻었다. 초콜릿은 1874년에 처음 들어왔지만[224] 1945년 이후에야 대량 소비품이 되었다.

현대 일본에서 껌과 초콜릿, 각종 사탕류를 찾으면 롯데라는 이름을 마주치게 된다. 롯데는 1960년대부터 껌 시장의 약70%를 점유했다.[225] 괴테 소설 『젊은 베르터의 슬픔Die Leiden des jungen Werthers』 여주인공에서 이름을 따서, 한국계 일본인 기업가 신격호辛格浩가 창립하고 경영한 회사다. 신격호는 처음에는 한국계임을 숨기고 신문과 우유 배달로 일을 시작했다.[226] 탁월하고 꾸준한 광고가 특징인 롯데는 전후 일본에서 거대 껌 회사로 부상했다.[227]

내가 면담을 진행한 장소는 대부분 카페나 술집이었다. 커피와 케이크 아니면 맥주와 '시샤모'(작은 물고기를 뜻하는 아이누 말이다)를 놓고 대화를 나누다 보면 일본인에게 있는 다민족·다문화 차원이 훨씬

생생하게 다가왔다. 카페나 술집은 과시적 소비 현장이고[228] 1960년 대에는 이미 번화가<sup>盛り場</sup>, 그러니까 쇼핑·유흥 지역을 지배하게 되었다.[229]

현대 일본 요리는 완전히 혼종이다. 가장 전통적이라는 일본 요리와 재료도 열도 밖에서 왔다. 가장 일본다운 일본 청주나 초밥은 기원이 한국이다.[230] 요리법도 외국 전통에서 왔지만 일본인이 소비하는 다양한 재료와 식품도 기원을 따지자면 토착이 아니다. 차와 두부는 한반도와 중국에서 건너왔다.[231] 현대 일본인들은 육식을 하지만, 사실 부락민이 아닌 일본인들이 고기를 다시 먹기 시작한 데에는 서양 영향이 컸다.[232]

각종 식품도 말 그대로 원산지가 일본이 아니다. 1970년대부터도 일본식품 소비 중 60%는 수입품이었다.[233] 쌀조차도 1945년 전에는 식민지 생산 의존도가 심했다.[234] 두부와 미소 된장―정통 일본 요리에서 핵심인 두 품목―은 대두로 만드는데, 20세기 초반 대두는 대개 만주에서 재배했지만[235] 1990년대에 일본인들이 주로 쓰는 대두는 북미산이었다. 그런데 이렇게 소비품 대부분이 일본 열도 밖에서 들어오는데도 외국 재배 식품을 의심하는 일본인들이 많다[236]는 사실은 참으로 역설이다. 일본인 입맛은 온 세계에 영향을 미치기도 한다. 실제로 새우 수요 때문에 동남아시아 등지에서는 경제와 생태학이 완전히 변하기도 했다.[237]

마지막으로 예전이나 지금이나 민족 구분은 민족 이질성과 연장선상에 있다. 아이누 민족은 완전히 익힌 음식을 강조하면서 일본 민족이나 길랴크족(니브흐족), 그 외 다른 민족과 자신들을 구분한다.[238] 부락민은 에조치나 류큐 사람들과 마찬가지로 육식성 요리를 했기에 주류 일본 민족과 차이가 있었다. 한반도와 중국 출신 사람들도 뚜렷한 요리 전통이 있다. 다민족 일본은 음식도 다양하다.

## 혼종성과 이질성

국경을 넘어오는 영향을 아예 받지 않는 국가문화란 없다. 순수성이 아니라 혼종성이 표준이다. 아무리 민족주의로 문화 단일성과 내생적 발전을 강조해도, 어떠한 현대문화든 결국에는 그 이질적·외생적 영향을 드러내고 만다. 영국이든 일본이든(문자 그대로도 비유로도 섬나라 근성이 유명한 두 문화) 이들 국가에서 순수성과 단일성이란 기껏해야 소망을 투사할 뿐이다.

우선 영국을 보자. 라스타파리아니즘Rastafarianism과 레게는 일반 영국문화 이해와 전혀 상관 없을 듯하지만, 사실 현대 영국에서 이 두 가지가 차지하는 위치와 인기를 부정할 사람은 별로 없으리라. 그리고 진짜 학자라면 현대 영국을 대표하는 두 소설가가 가즈오 이시구로Kazuo Ishiguro와 살만 루시디Salman Rushdie라는 사실을 부정할 사람도 별로 없다. 태초부터 존재한 국민 음식 같은 피시 앤드 칩스도 역사

가 있고, 그 역사는 다민족 영국에서 영향을 받았다. 피시 앤드 칩스
는 "단순한 국가 연대는 물론 민족 다양성도 표현했다. 런던에서 생
선을 튀기던 초기 이스트엔드 유대인 요소부터 20세기 전환기 무역,
특히 스코틀랜드와 아일랜드가 강하게 받은 이탈리아 영향, 그리고
제2차 세계대전 이후 수십 년간 점차 커진 중국과 그리스 키프로스
영향까지 말이다".[239] 그러나 전통과 유기적 공동체를 귀하게 여기는
민족주의 담론에서 다민족 영국이라는 현실은 부정된다. 폴 길로이
Paul Gilroy는 "영국 민족주의 언어는 (…중략…) 제국의 위대함이라는
기억으로 얼룩져 있다 (…중략…) 이렇게 명백히 고유한 관습과 관
행도 순수하고 단일한 민족성의 표현들로 이해한다".[240]

　영국과 영국문화라는 개념은 당연히 근대에 생긴 현상이다.[241] 그
런데 단일하고 유기적인 국가라는 비전은 현대 영국 사회에 존재하
는 이질성은 물론 그 과거를 구성하던 혼종화 과정까지 지워 없앤다.
역사가 콘래드 러셀Conrad Russell에 따르면 "영국사 수업에서 영국 역
사라는 개념을 빈말로 추어주기 시작한 때는 1968년부터 1979년 사
이였다".[242] 그때까지는 잉글랜드와 브리튼을 대개 하나로 보았다.[243]
근현대 영국을 구성하는 요소이면서도 이렇게 지워진 집단들은 역
사책과 현대 논쟁에서 여전히 인정을 갈망한다.

# 민족 은폐의 정치학

1960년대 대중문화에서 일본 민족이 아닌 일본인이 눈에 보이지 않은 이유 중 하나는 차별이라는 바꿀 수 없는 현실이다. 단일 민족 이데올로기는 대중문화 다민족성을 뒤덮어버렸다. 그런데 인종 차별은 스포츠와 연예 분야에서 소수 민족 비중이 과도하게 높아지는 원인도 되었다. 1960년대에 재일 한국·조선인 부모 사이에는 "남자아이면 야구선수, 여자아이면 가수로 키운다"라는 말이 흔하게 돌았다. 재일 한국·조선인은 아프리카계 미국인들이 하는 기능 — 스포츠 스타와 가수 — 을 하는 반면, 재미 한민족은 모범적 소수 민족이라는 찬사를 듣는다.[244] 민족 과잉대표overrepresentation와 민족 불가시성invisibility이라는 역설이 일본에만 존재하지는 않는다. 20세기 후반 유대인이 미국 다민족 구성이나 문화에 미친 영향력을 부정할 사람은 별로 없겠지만, 유대계 미국인들은 얼마 전까지만 해도 평범한 백인 미국인으로 행세하려고 했다. 앵글로 동화Anglo-conformity 압력 때문에 베티 조운 퍼스크Betty Joan Perske와 사밀 다이앤 프리센Samille Diane Friesen은 로렌 바콜Lauren Bacall과 다이앤 캐넌Dyan Cannon으로 개명하고, 버나드 슈워츠Bernard Schwartz와 이서 대니얼로비치Issur Danielovitch는 토니 커티스Tony Curtis와 커크 더글러스Kirk Douglas로 개명해야 했다.[245] "여기서 '소위 **미국**이라고 하는 것의 정수'라는 (…중략…) 미국 영화산업은 도저히 미국의 정수로는 보이지 않는 동유럽 유대인 몇 명이 세워 30년도 넘게 운영했다는 점이 아이러니다."[246]

이러한 면에서 레즈비언, 게이 등 미국 성 소수자 집단들을 살펴보자. 동성애 혐오가 아주 널리 퍼진 곳에서 동성애 성향인 사람들은 성적 취향을 숨길 때가 많다. 이러한 은폐는 비밀을 감춘 저장소가 되고, 한숨 돌리는 동시에 발뺌하는 영역이다.[247] 동성애 혐오가 극심한 문화 배경에서 아웃팅outing이 직업상 죽음을 의미하듯 한국·조선인 혈통 같은 민족 신분을 밝히면 일본에서 인기를 잃을 위험이 있었다. 예를 들어 여배우 마쓰자카 게이코도 한국계 논란에 시달렸다.[248] 1970년대에는 한국계 일본인 가수들이 혈통을 밝히면 경력이 끝장난다는 의미였다.[249] 유명인이든 비유명인이든 수많은 사람들이 그랬듯 리키도잔도 출신 민족을 숨기려고 했다.

차별은 사람들을 벽장에 가둬둔다고 해서 사라지지 않는다. 사실 행세passing 행위는 차별을 강화할 수도 있다. 그러나 아웃팅은 도덕상 복잡한 행동이다. 마쓰자카의 아버지도 조선인이라는 사실을 동료 광부들이 알면 집단 폭행을 당할 위험이 있었다고 한다.[250] 현대 일본에서는 누가 됐든 집단 폭행을 당할 일은 없어 보이지만, 그래도 일본 민족이 아닌 일본인 중에는 출신 민족이 알려지면 인기와 친구, 연인, 직장 등을 잃을지도 모른다고 두려워하는 사람들이 많다. 그러므로 이 책에서도 리키도잔이나 미소라 히바리처럼 고인이 된 인물들을 제외하고는 일본 민족이 아니라고 스스로 밝히지 않은 사람들은 의식적으로 제외했다.

그렇다면 어느 정도는 단일 민족 이데올로기 탓에 다민족 일본을 가리키는 사실들이 지금도 가려졌다고 할 수 있다. 출판사가 잘 되는 일본에서는 그야말로 온갖 주제를 다룬 책이 나오지만, 예를 들어 파친코 역사를 본격적으로 다룬 책은 전혀 없다. 재일 한국·조선인인 파친코 업주들은 민족 차별 때문이든 일본 세무당국 때문이든 영업에 해를 입을까 봐 연구자들을 경계한다.[251] 나 역시 부락민 관련 글은 거의 쓰지 않았는데, 최근까지도 정체성을 밝히기를 꺼리는 사람이 많았기 때문이다.

나는 도쿄에서 보낸 어린 시절을 돌아볼 때 '거인과 다이호, 달걀말이'만 떠올리지는 않는다. 반 친구들은 한국식 이름을 이유로 방과 후에 나를 때렸다. 학교가 끝나고 늘 하던 야구 시합에서 배제당한 나는 시부야역 근처 상점가까지 걷곤 했다. 가장 많이 서성이던 곳이 세이부西武였는데, 이곳은 지금도 유명 백화점이다. 그때 나는 세이부(그리고 모기업인 세종Saison 그룹) 소유주가 한국계라고는 짐작도 하지 못했다.[252] 스타 개인이나 요리를 보든, 게임이나 장르를 보든 우리는 결국 전후 일본 대중문화에서 민족 이질성과 문화 혼종성을 마주하게 된다. 이러한 다민족 일본이라는 현실을 받아들이고 단일 민족 일본이라는 가정을 폐기해야 한다.

## 제4장

# 근현대 일본,
# 다민족 일본

—

현대 일본인성 담론은 일본이 과거에도 지금도 단일 민족 국가라고 가정한다. 따라서 민족주의 역사기술은 특히 도쿠가와 정부 아래긴 쇄국 기간을 거친 뒤에 생겨난 순수 일본 민족 혈통을 묘사한다. 앞 장에서는 전후 일본 대중문화에서 다민족성이 주요 특징이라고설명했는데, 이번 장에서는 지평을 넓혀 근현대 일본 역사라는 영역을 아우르고자 한다. 근현대 일본사는 겉보기에 단일한 빛 같아도 사실 다양한 민족 접촉과 경쟁, 구성이 있는 스펙트럼을 굴절하며 보여준다. 사실 근현대 일본사의 인력引力들—국가 형성, 식민지 확장, 자본주의 산업화—은 민족 이질성을 불러일으켰다. 근현대 일본을논한다는 말은 곧 다민족 일본을 논한다는 말이다.

# 다민족성의 형성

　민족국가는 왜 다민족이 되는가? 여기에는 세 가지 주요 기제, 즉 국가 형성, 식민지화, 그리고 이주가 있다.

　우선 근대 민족국가는 한 우세한 집단과 민족국가를 동일시하면서 나머지 집단 모두를 민족 타자로 바꿔놓는다. 근대 국가들은 대부분 기원이 신분 기반 사회이기 때문에, 유대인 같은 종교 소수집단이나 집시 같은 이주 집단, 천민 같은 직업 집단 등 지위가 낮은 집단들이 민족 집단이 된다. 이러한 사례에서는 일반 사회가 가하는 차별과 더불어 같은 혈통과 같은 문화라는 주장이 사회적 구분social differentiation을 유지한다.

　둘째, 민족국가는 인접한 혹은 먼 영토를 식민화할 때 대개 그 땅에 사는 사람들도 흡수한다. 실지失地 회복인 사례를 제외하고는 영토 확장이 일어나면 서로 다른 민족인 사람들이 흡수된다. 다시 말해 정치 팽창은 민족 이질성을 낳는다. 물론 통합이 성공하면 차이에 관한 기억과 구분하는 표지는 없어질지도 모르지만, 그 과정은 대개 몇 세대에 걸쳐 일어난다. 역으로 통합 성공을 암시하는 지역 정체성이 부활하면서 민족 부흥ethnic renewal과 닮은 모습을 보이기도 한다.

　다민족성으로 가는 세 번째 경로는 사람들이 무역상이나 학생, 선교사, 노동자로 다른 민족국가에 진입하면서 생긴다. 체류자들은 원래 머물려던 의도가 없던 새로운 땅에 주거지를 마련하면서 이주자가 되고 따라서 소수 민족 집단이 된다. 적어도 19세기와 20세기에 이주는 민족 구분을 일으키는 가장 흔한 경로였다. 일반적으로 민족국가는 힘과 번영을 얻으면 얻을수록 한층 다민족이 되게 마련이다. 강한 국가는 영토를 확장하기도 하지만, 번영하는 경제나 문화 때문에 외부인들을 불러들이기도 한다. 세계사에서 유명한 문명들은 모두 상당한 민족 혼합을 보인다. 고대 아테네든 로마 제국이든 19세기 파리든 20세기 뉴욕이든 주요 거대 도시에는 모두 이질성이 있다.

그렇다면 근현대 일본이 다민족이라는 사실도 그리 의외는 아닐 터이다. 근현대 일본은 차츰 강하고 부유한 민족국가가 되면서 앞서 간략하게 설명한 세 경로를 모두 거쳐 다민족이 되었다. 근대 국가 형성 과정에서는 부락민이라는 큰 집단이 소수 민족 집단이 되었다. 근대 일본은 영토를 확장하면서 대만과 조선 등 여러 아시아 태평양 지역은 물론 홋카이도와 오키나와까지 통합했다. 마지막으로 특히 자본주의 산업화는 식민지 민족들이 일본 열도로 이주하도록 자극했다. 근현대 일본에서 국가 형성, 식민주의, 자본주의 산업화라는 인력들은 민족 이질성을 낳았다. 근현대 일본사는 곧 다민족 구성의 역사이기도 하다.

# 천민에서 부락민으로

　일본에서는 부락민 기원을 놓고 대단한 논쟁이 생겼다. 이들이 한 민족 출신이라는 주장 때문에 인종 특수성이 있다고 믿는 사람도 있고,[1] 또 아주 오래 전부터 더러운 민족 혈통穢多(쇠백정)이라고 주장하는 사람도 있다.[2] 이시오 요시히사石尾芳久는 천민 기원에 정치성이 있음을 시사하면서[3] 근대 초기 천민들이 반란 소작농이었음은 물론 기독교 등 종교상 이교도였다고 지적한다.[4] 나는 복잡한 부락민 계보를 분류하기보다는 개별 민족 정체성으로서 부락민의 근대성을 강조하고자 한다. 훗날 부락민이 될 사람들은 메이지 유신 전에는 수많은 신분 범주(가죽, 시체를 다루는 사람들부터 나병환자와 장애인에서 노숙자, 빈민까지)에 들어갔고, 지역도 상당히 다양해서 단일한 집단으로 일반화할 수 없다.[5] 이제 와서 뒤를 돌아보며 여러 사회 하층민으로 이루어진 이 다양한 범주가 실은 하나였다고 합쳐서는 안 된다.[6] 이들이 도쿠가와 시대부터 주로 농민百姓과 구분되는 고유한 정체성으로 통합되기 시작했다고 해도 말이다.[7] 어쨌든 메이지 시대 이전 혈통을 확정하기는 어렵고,[8] 부락민 정체성의 근대성에 집중하는 편이 훨씬 이해에 도움이 된다.

　현대 일본인 대부분은 민족과 인종을 동일시하기 때문에 부락민을 민족 집단이라고 부르면 많은 논란이 따른다. 부락민과 일본인은 같은 인종에 속한다 — 표현형 구분을 할 뚜렷한 근거가 없다 — 고 들 하므로, 이 둘은 서로 다른 민족 집단으로 취급하지 않는다. 부락 민은 계속해서 차별을 받고 빈곤한데도 부락민을 포함한 일본인 대 부분은 이들에게 일본인성이 있다고 주장한다.[9] 그러나 차별뿐 아니 라 같은 혈통과 같은 문화가 한 민족 집단을 특징짓는다고 할 때, 부 락민은 아이누인이나 오키나와인과 마찬가지로 민족성을 띤다. 부 락민 자체 국가는 없었지만 그 점은 아이누인도, 인도 천민도, 유럽 집시도 마찬가지였다. 도쿠가와 막부 몰락 후 새로 들어선 메이지 정 부는 엄청난 도전에 직면했다. 우선 안에서는 번藩들이 자치 세력이 되겠다며 위협을 가했다. 1868~1869년 보신전쟁戊辰戦争부터 1877 년 사쓰마薩摩 반란까지 각종 무장 저항이 중앙 지배와 맞섰다. 게다 가 농민 반란과 민중 권리 운동도 국가 정통성에 도전했다.[10] 또 밖에 서는 유럽 강국들이 일본 자치권에 큰 위협을 가했다. 이에 메이지 정부는 중앙 지배를 통합하고 산업·군사 대국이 되겠다는 대응을 했고, 이 뜻을 부국강병富国強兵이라는 구호에 담았다. 메이지 정부는 신분제도를 철폐하고 지역과 신분 차이로 갈라져 있던 번민들과 농 민들을 충성스러운 국민으로 만들고자 했다.

1871년 신분해방령은 천민을 형식상 새로운 자유 평민新平民으로 바꿔놓았다.[11] 도쿠가와 시대에 직업 간 이동과 신분 간 결혼을 제한 하던 엄격한 신분 구분 대신, 메이지 정부는 직업 간 이동과 거주 자 유, 평민도 성씨를 붙일 권리 등 형식상 평등주의 시민권에 있는 여 러 특징을 보장했다. 해방령은 전통 평민에게 있던 권리를 이 신평민도 똑같이 누리도록 보장했다.

이렇게 폐쇄적 사회 계급 — 직업 간 이동이나 족외혼을 관습 혹은 법률로 제한한다는 의미 — 이 민족으로 변화했다. 그러나 신평민을 향한 사회적 차별과 문화적 낙인은 사라지지 않았다. 가족관계제도 (호적)에서 평민과 신평민을 구분했다는 사실 자체로 문서상 단순한 차별화 근거가 생겼다. 게다가 특수한 마을特殊部落에 살던 신평민들 은 주류 일본인과는 다른 종족 취급을 받았다. 1871년 해방령 이후에 는 반反부락민 폭동도 여러 번 일어났다.[12] 농민들이 부락민들에게 의식적으로 신분을 자각시키려 하면서 양쪽 모두 정체성이 강화되 었다. 20세기 초 '항간의 속설'에 따르면 부락민은 "갈비뼈 하나가 없 고, 몸에 개 뼈가 하나 있으며, 성기가 일그러져 있고, 배설 기관에 결 함이 있고, 달빛 아래 걸으면 머리 그림자를 드리우지 않으며, 짐승 이기 때문에 맨발로 걸어도 발에 먼지가 달라붙지 않는다".[13]

메이지 정부는 법적 차별 근거도 파기했지만 동시에 부락민 조상 들이 생계를 유지하던 직업 독점 등 여러 보호 조치까지 없앴다. 따라 서 부락민들은 주된 생계원을 잃고 얼마 안 되는 땅을 갈거나, 신발이 나 성냥 제조 등 저임금 수공업에 종사하거나,[14] 2차 노동시장, 특히 건설과 광산 부문에서 노동해야 했다.[15] 그리고 메이지 정부는 학교 나 교통, 통신을 부락민 마을까지 확대할 때는 더디게 굴었다. 쉽게 말하면 근대 일본 사회에서 가장 나쁜 직업과 주거가 부락민 몫이었 다. 법률상 차별을 경제적 경쟁과 계급 재생산이 대체한 셈이다.

1890년대에는 사회 개혁주의가 들끓어 올라 부락민 해방 운동에 기여했다. 교육을 받고 운동에 참여하기 시작한 젊은 부락민들도 있었다. 수평사全国水平社는 부락민 차별 철폐에 전념한 단체로, 1922년 결성해 1928년에는 회원 5만 3천명을 확보했다. 전시에 탄압을 받았어도 수평사는 최대 좌파 성향 단체로 남았고, 1940년에는 회원이 4만 명에 달했다.[16] 주요 활동은 차별을 규탄하는 투쟁糾弾闘争이었다.[17] 1945년 전후에는 좌파 및 공산주의 지지자들이 이 조직을 휩쓸었다.[18]

일본 정부는 탄압과 통합 정책을 함께 펼쳤다. 정부는 진보 사회사상과 대중 봉기 ─ 1918년 쌀 소동으로 상징되는 ─ 를 우려해 부락민에게 복지 정책, 소위 '융화'(동화와 조화) 정책을 썼다.[19] 최초 국가 지원은 1920년에 다양한 부락민 마을 개선 사업 형태로 일어났다.[20] 부락민 대부분에게는 빈곤과 지리적 분리, 사회적 낙인이라는 특징이 있었다. 1930년대 부락민 가구는 국가 평균 소득 대비 절반 정도밖에 벌지 못했고, 일본 민족과 비교하면 임금도 더 낮고 생활환경도 형편없었다.[21]

수평사와 융화 정책은 부락민 정체성을 통합했다. 한편으로는 수평사가 부락민 자격이 있는 부락민을 조직해 부락민 정체성을 굳혔고 또 한편으로는 국가가 특히 융화 정책을 통해 부락민을 별개 집단으로 취급했다. 전후 일본 사회에서 부락민은 여전히 뚜렷한 틈새를 차지했다. 이제는 부락이 아니라 동화지구同和地区라는 이름으로 불렸지만, 전후 부락민 마을 중에는 사회적으로 분리되어 사회 기반 시설도 낙후된 곳이 많았다.[22] 부락민 지역은 여전히 빈곤이 뚜렷했고, 부락민 자체도 교육 성취도가 낮고 복지 의존도가 높다는 특징이 있었다.[23] 미국 남부 흑인들과 비슷하게 농촌 일용 노동자인 부락민들도 분리되고 열악한 식당·위생 시설을 따로 썼다.[24]

법률상 평등에도 불구하고 부락민들은 여전히 좋은 기업 일자리에서는 배제당했고 주류 일본인들과도 결혼하지 못했다. 대기업 중에는 부락민 후손들을 가려내 채용을 막으려고 명부록地名総監을 쓰는 곳이 많았다.[25] 이러한 배척 원인을 일본 관료나 경영자들에게 있는 집단주의 또는 '우물 안 개구리 근성村意識'에서 찾는 사람도 있지만, 그보다는 부락민이라고 하면 공산주의와 정치적 행동주의를 연상하기 때문인지도 모른다.[26]

주거와 경제 분리 외에도 부락민문화는 주류 인구집단에서 당한 차별을 암시하면서 또 차별을 고취하는 뚜렷한 특징을 보였다. 1960년대 초 부락민 식습관에서는 많은 일본인들이 질색하는 육식 — 내장 섭취 — 전통을 보였고, 부락민 복장에는 독특한 신발이 포함되어 있었다.[27] 1960년대에 존 코넬John Cornell이 면담한 일본인들은 부락민들이 '말을 함부로 하고, 인간관계에서 거칠거나 야만적이고, 잘 폭발하고, 싸움을 잘하고, 모욕에 매우 민감하며, 타고난 장사꾼이고, 어떤 공동체보다 단결을 잘한다'[28]고 했다.[29] 타자성을 말하는 고전적 언어로 하면 부락민은 '심하게 평판이 나쁘고, 이해하기 어렵고, 도통 모를'[30] 존재다. 일본인들은 부락민을 왜 차별하느냐는 질문에 가장 흔하게 부락민 단체 행동이라는 이유를 내놓는다.[31] 중앙정부도 지방정부도 부락민이 처한 상황을 대개 부정하거나 무시했고, 일본인 대부분은 부락민이 겪는 고난에 무심했다.[32]

20세기 초반에는 정치·경제 요인들이 부락민 정체성 구체화로 이어졌다면, 20세기 후반에는 같은 원인들이 그 정체성을 일부 해체하는 결과를 낳았다. 1946년에는 수평사와 보다 온건한 융화 정책 지지자들이 통합해 조직을 만들었고, 이 조직은 1955년에 부락해방동맹部落解放同盟으로 이름을 알렸다.[33] 1965년 내각 동화 정책은 부락민 운동에 대응하며 부락민 차별이 계속된다는 사실을 지적하기도 했다.[34] 그 결과 1969년부터 일본 정부는 부락민 주택과 마을을 개선하는 특별 조치를 시행했고,[35] 1969년부터 1981년까지 60억 엔 이상을 지출했다.[36] 그러나 상당수 부락민을 주류 노동시장에 통합한 근본 동인은 1960년대 고도 경제 성장과 노동시장 경색이었다. 이는 아서 루이스W. Arthur Lewis가 제시한 일반화, '가장 효과적 차별 철폐 기제는 빠른 경제 성장'[37]이라는 일반화를 분명하게 보여준다.

그러나 지난 10여 년간 부락민이 처한 상황은 평등주의 이상에 도달하기에는 부족하다. 상당수 부락민 생활에서 복지 의존도와 차별은 여전하다. 그래도 교육 성취도와 고용 기회에서는 상당한 개선이 있었다.[38] 특히 부락해방동맹 등 여러 행동 단체들은 다양한 국제 인권 사업과 긴밀하게 협력했다.[39] 그런데 지금도 부락해방동맹이 벌이는 가장 주요한 활동은 부락민을 모욕하는 작가와 출판사, 정치인들을 향한 항의와 규탄이다. 그렇게 하면서 부락해방동맹은 정치 전략에서 단일 민족 이데올로기를 부정하지 않으며, 따라서 민족 구분을 대하며 침묵과 불가시성을 유지한다.

# 영토 확장

도쿠가와 통치권은 혼슈本州, 시코쿠四国, 규슈九州까지 확장되었다. 매번 달라지던 홋카이도 영유권 주장에는 기껏해야 남단 정도만 달려 있었다. 류큐琉球는 조공국이었어도 독립 왕국이었다. 다음 장에서 설명하겠지만 3개 주요 섬에서도 지역 구분과 엄격한 신분 질서 때문에 민족 정체성은 널리 확산되지 못했다. 근대 국가 형성으로 일본에 대중 민족 정체성은 생겼지만, 근대 국가 형성은 민족 이질성도 낳았다. 국경 규정은 국경 확장과 나란히 진행되었다.[40] 메이지 정부는 1873년에 홋카이도를 시작으로 1879년 류큐, 1895년 대만, 1910년 조선을 합병했고 꽤 넓은 아시아와 서태평양 지역을 점령했다. 그 와중에 대만, 조선 등 아시아인은 물론이고 아이누인과 오키나와인들도 일본 정치체에 흡수되었다. 일본 제국 번영은 다민족 일본 성장과 같이 시작되었다.

## 아이누 모시리에서 홋카이도까지

아이누 사람들(아이누 말로 '아이누'는 인간이라는 뜻)은 기록된 역사가 시작한 이래로 혼슈 북부, 홋카이도, 사할린, 쿠릴 열도에 거주했다.

지리적 분산과 문화적 다양성을 고려하면 아이누 민족성은 15세기로 와야 설득력 있게 논할 수 있다. 북미 대륙 이누이트와 마찬가지로 아이누 민족에게는 아무런 보편적 문화 단일성 의식도 없었기 때문이다. 외부인들은 아이누인 사이에서 가족 유사성을 감지하지만, 그렇다고 해도, 이들 스스로 느끼는 상당한 차이 의식을 부정하지는 못한다. 지금도 아이누 민족 중에는 홋카이도에 거주하는 우일타와 길랴크(니브흐) 등 규모는 매우 작지만 뚜렷하게 다른 집단들이 존재한다. 15세기에 아이누 민족은 주로 수렵, 어업, 채집을 하며 살았고, 동쪽으로는 알류샨 열도인에서 서쪽으로는 러시아인과 중국인, 그리고 남쪽으로는 샤모(아이누 민족은 와진和人, 즉 일본 민족을 이렇게 불렀다) 등 다른 민족과 널리 무역을 했다.[41] 아이누 민족은 세련된 물질문화와 유카르(서사시) 등 주목할 만한 문학을 발전시켰다.[42]

'아이누 모시리'(아이누 말로 인간의 땅이라는 뜻)는 도쿠가와 시대에 에조토蝦夷島 또는 에조치蝦夷地라고 불렸다.[43] 15세기 이전, 당시 혼슈 북부와 홋카이도를 아우르던 에조치는 정치 자치권이 있는 지역으로 존재했다.[44] 이러한 샤모와 아이누 민족 구분도, 도쿠가와 영토와 에조치 경계 구분도 제대로 설명되어 있지는 않다.[45] 15세기 중반부터 마쓰마에번松前藩이 이 지역 무역항과 통상 항로를 통제하려 했고, 그 결과 1457년 고샤마인 봉기コシャマインの戦い부터 1550년 평화조약 체결 때까지 계속해서 소규모 충돌이 생겼다.[46]

이 갈등은 민족 갈등이라기보다는 마쓰마에번과 에조치가 맞붙은 정치 갈등이었다.[47] 그러나 마쓰마에번 영역이 점차 잠식해 오면서

민족 구분이 생겼다.[48] 아이누 민족은 간간이 저항했고(마지막 무장 봉기는 1789년에 일어났다) 홋카이도 지배는 유지했지만,[49] 샤모 민족은 무역항을 점령하고 군사적 우위를 이어갔다. 1669~1672년 샤쿠샤인 전쟁シャクシャインの戦い으로 마쓰마에는 홋카이도 남단 영토와 수익성 좋은 아이누 무역 독점권을 확보했다.[50] 그러나 아이누 민족은 19세기 초반까지도 혼슈 북부에 살았다.[51] 아이누 무역 독점권을 확보하려는 목적도 있어서 마쓰마에번은 두 민족 간 엄격한 구분을 유지하려 했다. 아이누 민족에게는 일본어 사용이나 일본 의상 착용을 금지했다.[52]

아이누 민족과 토지 착취는 19세기에 더욱 심해졌고, 아이누 경제는 마쓰마에번에 의존하게 되었다.[53] 담배와 알코올 의존도가 높아진 아이누 사람이 많았고, 특히 어장 고용이 증가하면서 아이누 민족은 저임금 노동자로 흡수됐다.[54] 샤모 민족은 아이누 민족을 강제 노역에 활용하기도 했다.[55] 흥미롭게도 도쿠가와 시대 지식인들은 부락민 조상들을 이용해 에조치 식민화 사업을 설명했다.[56] 1807년, 막부(도쿠가와 정부)는 러시아 침략을 우려하고 수익성 있는 아이누 무역을 지켜야 한다며 홋카이도 지배권을 주장했다.[57] 1821년에 마쓰마에번이 지배권을 되찾기는 했지만, 1854년 하코다테函館가 조약항이 되면서 막부는 에조치를 다시 직할에 넣었다.[58] 다양한 일본 영향력이 에조치 곳곳을 뚫고 들어갔다.[59]

메이지 정부는 1869년 에조치를 홋카이도로 개명하고 1873년 이 땅이 제국 영토라고 선언했다.[60] 에조치는 19세기 중반까지 도쿠가와와 일본에는 외국 영토異域였다가[61] 그 뒤 메이지 일본에 흡수되었다. 에조치 점령 결정에서 가장 전면에 나온 이유는 러시아가 일으키는 국가 안보 우려였다.[62] 지금의 일본 영토 중 20% 이상을 전유한 메이지 정부는 어떠한 조직적 저항도 받지 않았다. 땅 대부분은 스스로 개척자로 탈바꿈한 사무라이 출신들에게 돌아갔다.[63] 1873년 홋카이도에 일본인은 16만 8천 명에 불과했지만 1897년에는 그 수가 78만 6천 명으로 늘어났다.[64] 사무라이 출신이 아닌 일본인들도 홋카이도 천연 자원을 남용해 1880년대에는 사슴과 연어가 고갈될 지경이었다.[65] 삼림 파괴도 빠르게 일어났다.[66] 무엇보다 샤모 민족 이주에 따른 전염병 확산으로 아이누 인구가 감소했다.[67]

메이지 정부는 공격적 정책을 추진해 스스로 '토착 원주민土人'이라고 생각하는 아이누 민족을 일본 정치체로 흡수했다. 국가는 일부 아이누 민족을 강제 재배치하여 농민으로 만들기도 했다.[68] 아이누 문화의 모든 측면은 아예 금지당하거나 조롱거리가 되었다.[69] 아이누 민족은 강제로 일본 이름을 사용해야 했고[70] 국가 기록(호적)에 올라야 했다.[71] 가야노 시게루萱野茂는 어느 정부 관리가 아무 생각 없이 아이누 민족에게 성씨를 붙이던 상황을 다음과 같이 묘사한다.[72] "그렇군, 그러니까 이 마을 이름이 피라우투르(현 비라토리平取)란 말이지. 그러면 여기 있는 아이누 사람들 성씨는 히라무라平村(피라 마을이라는 뜻)로 하지. 다음은 니푸타니(현 니부타니二風谷)이니 그곳 주민 성씨는 니타니二谷로 하자고." 국가는 이렇게 동화 정책을 펼쳐 아이누 민족을 일본인, 그러니까 개화한 민족으로 탈바꿈시키려 했다.[73]

1899년 홋카이도 향토민 보호법北海道鄉土人保護法은 아이누 민족 관련 메이지 정부 정책에 정점을 찍었다.[74] '향토민' — 이전에 살던 원주민 — 이라는 호칭은 아이누 민족에게 후진성이 있다고 전제하는 일본인 사고를 단적으로 보여준다. 이 법안은 아이누 민족을 보호한다고 주장하면서 아이누 생활방식을 완전히 바꾸어놓고 사실상 파괴하려고 했다.[75] 이 법에서 중요한 기둥 두 가지는 아이누 민족을 농민으로 만들고 일본인으로 동화시키는 데 있었다. 따라서 아이누 민족은 어업도, 벌목도, 모국어 사용도 금지당했다. 어장 고용이 끝나면서 아이누 노동자들은 해방되었지만 동시에 주요 생계수단도 없어졌다. 전통 생활 방식을 금지당하자 아이누 민족은 농민이나 일용노동자가 되었다.[76] 20세기에 접어들 무렵 아이누 민족을 주류 일본 문화로 끌어들이는 강제 통합은 최고조에 달했다. 1877년부터 메이지 정부는 아이누 아동 대상 특수학교를 만들었다.[77] 그러나 아이누 아이들이 누리는 교육 기회는 샤모 아이들이 누리는 교육 기회보다 훨씬 뒤처졌다.[78] 1930년대에는 동화가 한층 심해져 특수학교 폐지에 이르렀다.[79]

홋카이도는 이렇게 일본판 미국 서부가 되었고, 홋카이도 대학교 총장이던 클라크W. S. Clark가 한 훈화, "소년이여, 야망을 가져라"는 이런 사실을 가장 확실하게 보여준다.[80] 북부 국경은 일본이 19세기 말 아시아 식민화를 시작할 때까지 일본 팽창주의 행동력이 집중된 곳이었다. 여기에는 미국 서부 정복과 매우 큰 유사성이 있다. 토착 경제와 문화, 민족은 파괴당했다. 원주민들은 질병과 착취하는 개척자들 때문에 고통을 받고 나중에는 좁은 땅덩이에 갇혔으며, 역사 기록은 승자들이 쓰게 되었다. 역사가 다나카 오사무田中修가 한 말처럼[81] 홋카이도 근현대 일본사는 개척사이며,[82] 원주민들을 지워버리고 인구를 징발했다. 홋카이도에 정착하거나 여행을 다녀온 일본인들은 그저 알코올 중독 등 여러 사회악에 빠진 '게으른 토착민', 패배한 민족만 볼 뿐이었다.[83]

일본 동화 과정은 역설적으로 홋카이도 민족 다양성에 한몫했다. 극심한 광산 개발은 생태 파괴에도 영향을 미쳤을 뿐만 아니라[84] 죄수 노동자[85]와 조선인 활용으로 이어졌다. 1944년에는 60% 넘는 홋카이도 광부가 조선인이었고,[86] 그 결과 조선인 남성들과 아이누 여성들이 결혼하게 되었다.[87]

아이누 민족 학대와 착취 이야기는 19세기 말 아이누 주권이 말살된 뒤에도 끝나지 않는다. 제2차 세계대전 종전 후 대규모 토지 개혁법이 제정되면서 일본 농민들에게 속아 땅을 잃은 아이누 민족이 많았다.[88] 또 아이누 민족은 대개 가난하고 교육 성취도도 낮았다. 어느 연구에서는 아이누 민족 61%는 복지 혜택을 받고, 고등학교 졸업 비율도 8%에 불과하다고 했다.[89] 아이누 사람들은 심한 차별 대상이 되기도 했다. 예를 들어 일본어로 '아이누다アイヌだ'라는 말을 '아! 이누(개) 다犬だ'라고 써서 아이누 민족을 조롱했다.[90] 아이누 사람들은 연어잡이를 하면 일본법을 어긴 죄로 체포된다. 어느 일본 검사와 죄를 저지른 아이누 사람이 나눈 다음 대화를 보면 상반되는 주장 두 가지를 알 수 있다. "일본법이 마음에 들지 않으면 중국이나 소련으

로 가지 그래요?" "무슨 소립니까? 여기는 우리 아이누 땅이라고요. 당신들이나 떠나지 그러시오?"[91]

아이누 역사와 문화는 공적으로 무시당하면서 주류 일본 관점에서 사라졌다. 일본 정부는 1950년에 아이누를 독자 문화로 인정했지만, 1953년부터 1987년까지는 그러지 않았다.[92] 언론인 혼다 가쓰이치는 1960년대 초반에는 아이누라는 말을 입에 올리는 일 자체가 금기였다고 회상한다.[93] 현대 일본에서 아이누 민족은 주로 홋카이도 관광 홍보 포스터에 등장한다. 일본인 관광객들은 아이누 마을을 찾아가면 아이누 민족이 흰 쌀밥을 먹는다며 놀라고 냉장고와 TV가 있다며 실망한다.[94] 일본 고등학교 역사 교과서 10종 이상을 조사해 보니 단 1종에만 아이누에 관한 언급이 있었다.[95] 교과서 대부분에는 1912년 최초로 남극에 간 일본인이 나오지만, 그와 동행한 두 아이누인은 전혀 언급되지 않았다.[96] 나와 대화한 일본인은 대부분 아이누가 거의 멸종했다고 취급했다. 아이누 인구를 어림잡아보라고 했더니 1천 명 이상이라고 말하는 사람은 하나도 없었다. 그러니 이들이 '사라지는 민족'이라는 말을 들을 때가 많다한들 그리 놀랄 일은 아니다.[97]

아이누 민족을 연구하는 일본 학자들도 이들을 죽어가는 민족으로 취급하며 대중의 편견을 강화했고, 대개 그 인종 분류에만 관심을 쏟았다.[98] 1970년대에 신야 교新谷行가 한 비판은 현재에도 적용된다. "나는 소위 '아이누 학자'라는 사람들이야말로 아이누 민족을 멸망시키려는 야마토(일본) 민족 최후의 앞잡이였다고 생각한다."[99] 전후

에 아이누 협회アイヌ協会는 대체로 수동적이었고 일본 동화 정책에 순응했다. 아이누라는 단어 자체에 붙은 경멸적 의미도 어느 정도 원인으로 작용해서 이 단체는 1961년 우타리 협회ウタリ協会(우타리는 아이누 말로 동지를 뜻한다)로 개명했다.[100] 아이누 자긍심과 행동주의가 부활한 시기는 1960년대 말이다. 학생운동이나 부락민 운동, 그리고 전 세계 토착 민족들이 벌인 투쟁 등 외부 사건에서 자극 받은 일부 아이누인들이 정치·문화 활동에 참여하기 시작했다.[101]

홋카이도 우타리 협회北海道ウタリ協会는 1990년대 초반 회원 수가 1만 6천 명에 달했다고 주장했는데, 1980년대 중반 아이누 민족 수는 2만 4천 명으로 추산되었다.[102] 아이누 자긍심을 점차 재주장한 덕에 자신이 아이누임을 밝히는 사람도 많아졌다. 따라서 우에무라 히데아키上村英明는 아이누 혈통 인구가 실제로는 2만 4천 명의 10배 이상일 수도 있다고[103] 추산한다.[104] 게다가 아이누 언어와 문화, 영토를 되찾으려는 일치단결한 작업도 있었다. 1889년 홋카이도 향토민 보호법을 철회하라는 사업[105]은 1997년에 성공을 거뒀다.

아이누 민족 정체성이 일으킨 반란은 역사적 불의와 기억상실을 향한 분노를 표출한다.[106] 저명한 아이누 조각가이자 사전 편찬자, 정치인인 가야노 시게루는 회고록에서 이렇게 썼다. "우리는 '이전 원주민'이 아니다. 우리는 홋카이도에, '인간을 위한 평화로운 땅'을 뜻하는 아이누 모시리라는 국가 영토에 살던 민족이었다. '일본 국가'에 속하던 '일본 민족'이 우리 국가 영토를 침략했다. 아이누 모시리는 의심할 여지없이 아이누 민족 고유 영토이다."[107] 한편, 홋카이도 통치권을 확보한 일본 정부는 북방 영토, 즉 토착 인구집단에 속한 섬 소유권을 주장하는 작업에 착수했다.[108]

## 류큐琉球에서 오키나와沖繩로

아이누는 별개 민족 집단으로 여기는 일본인이 대부분이지만, 오키나와인은 본질적으로 일본 민족이라고 보는 일본인이 많다. 일본인들은 아이누 민족 외양이 뚜렷하게 다르다고 생각하기 때문에, 민족 특수성도 쉽게 받아들인다. 안톤 체호프도 말했지만, "턱수염을 기른 아이누 사람들은 러시아 소작농과 많이 닮았다".[109] 전통 복장과 화장을 한 아이누인이라면 어느 일본 마을에 있든 눈에 띌 터이다. 그런데 전통 복장을 한 오키나와인도 실은 마찬가지다.[110] 그런데도 오키나와인과 일본인 사이에 민족 단일성이 있다고 주장하는 일본인이 많다. 이 견해를 정당화할 근거가 물론 있기는 하다. 예를 들면 류큐어는 일본 방언이라고 보면서도 아이누어는 의심할 여지없이 독자 언어라고 보는 언어학자도 많다.[111] 그러다 보니 명확한 차이도 단순한 지역 차이로 간주한다.

그러나 오키나와 문화 특수성 ─ 아열대 기후와 독립 왕국이자 실질적 미국 식민지이던 역사, 특이한 예술과 관습 등 ─ 을 이유로 오히려 주류 일본문화 안에 그 자리를 조화시키려는 일본인과 오키나와인이 많다. 남방 섬南島 이데올로기에서는 오키나와인과 일본인 사이에 단일 민족성이 있다고 주장한다日琉同祖論.[112] 중국까지 자기 혈통을 찾아올라간 오키나와 민속학자 이하 후유伊波普猷마저[113] 일본인과 오키나와인은 기원이 같다고 믿었다.[114] 민속학자 야나기타 구니오가 오키나와를 일본문화, 특히 쌀문화의 기원으로 본 사실은 유명하다.[115] 비슷한 맥락에서 오카모토 다로岡本太郎는[116] 일본인들에게 정통 일본문화의 보고인 오키나와로 돌아가라고 촉구했다.[117] 이러한 시도를 보면 일본 단일 민족성과 단일문화주의라는 이데올로기에서 오키나와가 차지한 모호한 위치를 알 수 있다. 그런데 이 두 가지는 오키나와와 일본을 연결하고 또 둘 사이에 있는 지리·문화·역사적 거리를 없애지는 않더라도 최소화하려는 욕구로 묶여 있다.[118]

그러나 류큐가 19세기 메이지 정부에 합병 당할 때까지는 독립 왕국이었다는 점이 중요하다. 19세기에 아이누와 오키나와가 식민지가 되면서 이 두 민족이 일본 내 민족 집단이 되었다는 말이다. 일본이 근대 초기 류큐국에 미친 영향을 무시해서도 안 되지만, 류큐국과 그 민족이 걸어온 뚜렷한 궤적을 무시하고 일본사에 통합시켜도 잘못이다.[119] 도쿠가와 정부는 조선과 마찬가지로[120] 류큐 역시 외국異國이라고 보았다.[121] 1990년대 오키나와에서도 본토에 비하면 오키나와가 일본에 속한다고 보는 시각은 그리 뚜렷하지 않다.

류큐 역시 원래 길다란 열도였고, 지리 분포 때문에 군도 사이에서도 상당한 언어 분화와 문화 차이가 유지됐다.[122] 동시에 신화에서든 음악에서든 류큐문화는 동남아시아 및 서태평양문화권과 큰 유사성을 보인다.[123] 류큐가 일본 영향권에 통합되었듯 이리오모테지마西表

島 같은 인접 섬들도 시간이 지나면서 류큐문화 영향권에 통합되었다.[124] 14세기부터 16세기까지 류큐는 동아시아와 동남아시아를 아우르는 활발한 해상무역 교점이었다.[125]

류큐는 1429년에 비록 명나라 조공국이기는 했지만 통일 독립 왕국이 되었다.[126] 쇼신왕尚眞王의 긴 치세(1477~1526) 아래 류큐 열도는 새로운 종교로 중앙집권화했다. 류큐 왕국 언어와 문화에서는 중국과 일본 영향이 모두 보였다. 가장 중요한 류큐 문학의 성과로 12세기부터 17세기까지 나온 류큐 서사시를 22권에 집대성한『오모로사우시おもろさうし』도 이 시기에 시작해 1531년에서 1623년 사이에 책으로 나왔다.[127]

도쿠가와 정부는 류큐를 외국으로 보았지만 양국 간 문화·정치 접촉은 상당했다. 사쓰마번薩摩藩은 1609년 류큐 왕국을 침략했고,[128] 그 결과 아마미奄美 군도가 사쓰마 지배를 받게 됐다. 류큐 왕국은 청나라와 도쿠가와 군주 양쪽에 조공 관계를 유지하는 속국이 되었는데,[129] 그래도 중국에는 일본과 조공 관계라는 사실을 숨겼다.[130] 명나라나 청나라나 중국화 정책을 펼치지는 않았기 때문에 류큐 섬에는 일본 영향이 점점 거세어졌다.[131]

오키나와는 19세기 후반 일본에 흡수되었다. 류큐 왕국 통합 결정은 일본 제국으로 가는 첫 걸음이었다.[132] 처음에 일본은 1871년 류큐 왕국 국민 여럿이 대만에서 살해당한 포모사 사건(대만 사건)을 통치 구실로 댔다. 또 청나라와 분쟁이 심각해지면서 류큐 왕국 소유권을 두고 경쟁이 벌어졌다.[133] 1872년에서 1879년 사이 일본이 류큐 왕국을 침략·정복하자 류큐 섬들은 1879년 일본에 속하는 지방이 되었다(류큐 처분琉球処分).[134] 주요 국제 분쟁으로 번질 위험도 있었지만, 당시 중국은 일본 행동에 항의할 처지가 아니었고 서양 강대국들은 별 관심을 보이지 않았다. 류큐 왕국은 이렇게 무능력과 무관심 때문에 일본 수중에 떨어졌다.[135]

오키나와 점령은 광범위한 미크로네시아南洋 지배를 향해 일본이 내딛은 첫 발걸음이기도 했다. 1878년 일본은 무인도인 오가사와라小笠原, 즉 보닌Bonin 제도를 점령했다. 영국과 일본 포경선들이 19세기에 이 섬들을 사용하기는 했지만, 일본 인근에 있는 이 작은 제도 지배에 관심을 보인 서양 강대국은 없었다.[136] 1880년대에 시작된 '남진南進' 주장은 1920년대에 현실이 되었다.[137] 제1차 세계대전 여파로 일본은 스페인이나 독일 치하에 있던 남양 군도에서 압도적 강국이 되었다. 예를 들어 마리아나 제도 로타Rota에는 1935년 원주민 8백 명에 일본인 5천 명이 있었다.[138] 1935년 남양 군도로 이주한 일본인 수는 5만 명에 달했는데 그중 상당수는 사실 오키나와인이었다.[139] 이에 따라 여러 섬에 민족 이질성이 생겼다. 작은 사례 하나를 보자면, 팔라우에서 최초로 미국 박사 학위를 딴 사람은 부모 모두가 반半일본인이다.[140] 그러나 이 열대 태평양 섬에 와서 일본 영향을 발견하고 깜짝 놀란 관광객들을 제외하면 일본인들은 이러한 남양 군도 역사에 무지하다.[141]

메이지 정부는 류큐 왕족과 귀족에게서 일방적으로 주권을 빼앗았다.[142] 19세기 말 아이누 민족은 정치 조직화가 되어 있지 않아 집단 항거를 하지 못했지만, 왕국이던 류큐는 저항했다. 청나라와 동맹을 맺으려던 지도자들도 있었고,[143] 또 일본이 내린 명령을 거부한 사람들도 있었다.[144] 메이지 정부는 군대를 보내고[145] 중앙에서 지방 지도부를 임명했다.[146] 기존 엘리트 계급과 농민은 조직적 저항을 했지만 내부 분열과 일본의 막강한 힘 때문에 실패했다.[147] 그러나 지역 항거가 매우 심해서 19세기 후반 오키나와에는 양대 권력이 존재하게 됐다.[148]

메이지 정부는 오키나와를 일본 정치·경제에 통합하려고 했다. 그리하여 오키나와에서 토지 조사를 실시하고 상업적 농업을 장려했다.[149] 20세기 초반에 오키나와는 전형적인 식민지 경제가 되었다. 가장 개발된 부문은 설탕[150]과 석탄[151]이었고, 전체 가구 중 4분의 3 가까이는 농업에 종사했다.[152] 게다가 오키나와는 당시 일본에서 가장 빈곤한 지역이면서도 가장 무거운 세금을 부담했다.[153] 대다수 식민지 경제와 마찬가지로 오키나와도 늘 가난했다. 섬에서 경제 기회가 제한되자 많은 오키나와 청년은 일본 본토나 대만을 포함한 남양 군도에서 성공을 노렸다. 1905년부터, 특히 1920년대 공황 이후에는 외국으로 이주하거나 혼슈, 그 중에서도 간사이 지방으로 계절 이주 노동出稼ぎ을 가는 오키나와 사람이 많았다.[154] 1940년대가 되자 오키나와 인구 6분의 1, 즉 7만 5천 명이 해외로 이주하고 5만 명은 계절 이주 노동자가 되었다.[155] 1941년 와카야마현에서는 직물 노동자 중 약 40%가 오키나와인이었다.[156] 1980년대와 1990년대 아시아 이주 노동자들과 마찬가지로 오키나와인들은 일본에서 2차 노동시장을

차지했고, 이들을 향한 편견도 상당했다. 얄궂게도 오키나와에서는 저임금 탄광 노동 수요 때문에 후젠성福建省과 조선, 대만 이주 노동자들이 증가했다.[157] 예를 들어 이시가키지마石垣島에는 아직도 대만인 인구가 꽤 많다. 홋카이도처럼 근대 오키나와도 상당한 민족 이질성을 경험했다.

오키나와를 일본에 통합하려는 시도도 있었지만, 오키나와인들이 아직도 '야마톤추やまとうんちゅう'라고 부르는 야마토 민족, 그러니까 본토 일본인들은 오키나와인들을 심하게 차별했다. 조지 커George Kerr는 20세기 초반을 이렇게 평했다. "일본 정부는 오키나와인이 스스로 일본 신민이라고 믿게 하려는 활동은 많이 했지만, 오키나와인을 '외집단', 그러니까 2급인 소수 집단이나 시골 사촌 정도로 보는 보편적 일본인 의식을 극복하려는 시도는 거의 없었다."[158] 예를 들어 1903년에 오사카에서 열린 한 인류학 전시는 아이누인과 조선인, 대만인, 오키나와인을 같이 놓았다.[159] 오키나와인들은 대놓고 토착 원주민土人 취급을 받았다.[160]

민족 차별은 오키나와인 정체성과 일본인 정체성 양쪽을 다 굳건히 했다. 노동시장과 언어 구분이 가장 큰 두 요인이었다. 특히 오키나와 계절 이주 노동자들 상당수는 일용 노동자로 노동시장에서 확실한 틈새를 차지했고, 대도시에서도 오키나와 마을村에 거주할 때가 많았다.[161] 고용주들은 오키나와 사람들이 게으르고 믿을 수 없다고 생각했고, 이로써 부지런하고 믿을만한 일본인과 대조되는 저임금을 정당화했다.[162] 오키나와인이 받는 차별적 임금은 일본인 노동자 정체성과 오키나와 노동자 정체성을 모두 보여주었다. 앞서 언급했듯 오키나와어를 일본 방언으로 보는 언어학자들도 있지만 그래도 언어학상 차이는 오키나와인들을 향한 편견의 주요 원인이자 차별 근거가 되었다.[163]

이윽고 일본은 오키나와에서 문화 통합 정책을 시작했다. 학교는 표준 일본어를 가르쳤고 전통 의상은 입지 못하게 했으며 류큐 국민임을 상징하던 긴 머리는 자르라는 명령이 떨어졌고 반드시 호적 제도에 들어가 성씨를 가져야 했다.[164] 일본화大和化 과정은 1930년대 후반 이후 강화되었다.[165] 오키나와 근현대사에서는 일본 사회로 편입하려는 통합 시도와 오키나와문화를 구분하려는 반대 시도가 뚜렷하게 나타났다.[166]

제2차 세계대전 중 오키나와는 일본에서 유일한 무장 전투 지대가 되었다. 일본 군대는 오키나와인들을 신뢰할 수 없다고 보면서 이들이 전쟁 정신도 부족하고, 일본어도 못하고, 황제에게 충성도 바치지 않는다고 생각했다.[167] 특히 미국에서 돌아온 이주자들은 심한 의심을 받았다.[168] 그러니 일본군을 점령군으로 본 오키나와인이 많다는 사실도 놀랍지는 않다.[169] 일본 군대는 미군의 일본 본토 침공이 예상되자 일부러 오키나와를 최후 방어선으로 썼다.[170] 오키나와 전투로 오키나와 인구 4분의 1이 사망했다.[171] 이 상흔은 지금까지도 오키나와와 일본 간 차이를 강력하게 상기시키는 사건으로 남아 있다.

일본 패전 이후 오키나와는 미국이 통치하는 류큐 열도가 되었다. 미국은 오키나와인을 소수 민족 집단으로 보았다.[172] 오키나와는 전략적 중요성 때문에 미군 전초기지가 되었고 베트남 전쟁에서도 중요한 기능을 했다.[173] 이 과정에서 오키나와 자체가 대단히 군사화되었다. 1954년에는 전체 토지 12%, 또는 경작지 20%가 미군 소유였다.[174] 오키나와는 전체 일본 토지 중 6%밖에 차지하지 않지만 1980년대 미군기지 75%가 오키나와에 있었다.[175]

경제 역시 미군이 지배하게 되었다. 1953년 정점을 찍은 미국 원조는 오키나와 정부 예산 30%를 차지했고, 1960년대에도 거의 줄곧 그 비중은 9~15%를 오갔다.[176] 점령 기간 내내 군사 수입이 다른 모든 수입을 제쳤다.[177] 흥미롭게도 이러한 미국 주도 경제는 일본 경제 회복에 도움이 되었다. 1950년대까지도 일본의 대對오키나와 무역 흑자는 전체 일본 외환보유고 중 30% 가까이 차지했다.[178]

미군 점령은 엄청난 민족적 결과로 이어졌다. 미군 병사들과 오키나와 여성들이 결혼하기 시작했기 때문이다. 1980년대에는 대개 '하프half'(절반은 일본인, 절반은 미국인 혈통이라는 뜻)라고 하는 혼혈 아동 수가 약 4천 명이 되었다.[179] 그중 상당수는 국적이 없었고[180] 어머니가 매춘부인 아이들도 있어 낙인이 찍히기도 했다.[181]

미군 점령으로 상당한 반미 정서도 생겼는데,[182] 이는 친일 정서에 한몫하기도 했다. 처음에는 미군기지 토지 전용에서 자극을 받아 시작된[183] 지역 저항이 베트남 전쟁은 물론 미군 병사 행동 맹비난으로 이어졌다.[184] 일본에 충성을 바쳐 미국 지배를 빨리 끝내려고 하는 활동가도 많았다.[185] 부수적으로 일본의 오키나와 식민지화나 중국과 맺었던 역사적 유대를 부정하는 현상도 흔해졌다.[186] 이와 같이 오키나와 활동가 사이에서는 독립보다 일본 '회귀'가 구호로 자리 잡았다. 1972년, 오키나와는 다시 일본 영토가 되었다.[187] 1970년 닉슨 선언Nixon Doctrine으로 아시아 미군 규모는 축소되기 시작했다.[188] 오키나와의 군사적 중요성이 줄어들고 일본 동맹의 중요성이 커지자 미국은 오키나와 일본 반환을 결정했다. 일본에서 영토 회복, 그러니까 오키나와와 북부 영토 반환 주장은 이미 강렬한 상징적 문제였다.[189] 어쨌든 오키나와인들은 제 운명을 두고 미국과 일본이 벌인 협상에서 어떠한 의견도 내지 못했다.[190]

오키나와인들은 점차 오키나와 자치권과 차이를 주장하게 되었다. 1970년대까지 일본을 대하는 오키나와 정서에서는 동화와 당연한 열등감이 팽배했다.[191] 동시에 오키나와를 잠시 찾는 방문객조차 이곳에서 일어나는 사회적 상호작용에는 도쿄와 뚜렷하게 다른 특질이 있음을 알아차렸다.[192] 1990년대에는 이중적 의식도 뚜렷했다.[193] 오키나와 지사를 세 번 연임한 니시메 준지西銘順治는 "오키나와 사람들은 미국인들을 대할 때는 자기가 일본인이라고 주장하지만 일본 사회에서는 다른 민족이라고 느낀다"라고 말했다.[194] 분명 '우치난추うちなんちゅう'(오키나와인들이 스스로를 지칭하는 말)와 '야마톤추'는 지금도 뚜렷한 구분 범주이다.[195] 실제로 문화 독립과 정치 독립까지 요구하는 목소리가 점점 거세어지는 중이다. 오키나와문화가 일본과 다르다 — 오키네시아 사상 등 — 고 주장하며[196] 지배적 일본문화가 '세뇌'를 한다고 비판하는 오키나와인들도 있다.[197] 혹자는 정치 독립을 주장하기도 한다.[198] 고자コザ시 시장을 역임한 오야마 초조大

山朝常는 오키나와의 '일본 노예화'를 비난하며 이렇게 말한다.[199] "이제 우리 오키나와인들은 일본과 결별하고 남방의 다른 여러 섬들, 그리고 아시아 사람들과 손을 잡아야 합니다."[200] 나아가 오야마는 아이누를 형제로 본다. "야마토 민족에게 독립을 빼앗기고 차별받았다는 점에서도 오키나와와 아이누에는 깊은 공통점이 있습니다."[201]

## 식민주의와 자본주의, 이주

옛 일본 세계관은 중화사상이었지만 메이지 시대 지도자들은 서양 제국주의 강대국을 따라했다. 홋카이도와 오키나와 영유권을 주장하고 흡수한 뒤에도 일본은 확장주의 행보를 이어갔고 이는 반세기 뒤 처참한 패전으로 막을 내렸다. 그러나 세 차례 전쟁—중일전쟁, 러일전쟁, 제1차 세계대전—에서 거둔 승리로 일본은 대만과 조선, 사할린, 남양 군도를 아우르는 대제국과 만주 실질 통치권을 확보했다. 식민지 인구는 일본 인구에 맞먹었고, 식민지 면적은 오늘날 일본 면적보다 4배나 컸다.[202]

일본 제국 형성에는 내부 갈등과 우발성이라는 특징이 있었다.[203] 기본 계획이 없었는데도 대동아 공영권大東亜共栄圏이라는 기본 이데올로기가 등장했다. 이는 아시아 각국이 단결하고 서양 식민주의 지배에서 해방된다는 약속이었다. 이 새로운 지역 질서에서 일본은 큰 형이고, 오래 된 식민지 주민들 — 조선인과 대만인 — 은 동생이고, 나머지 아시아 국민은 모두 막내였다.[204] 많은 식민지 국민은 이 이데올로기에 저항했지만, 그래도 이 사상은 일본 자아 인식에 심대한 영향을 미쳤다.

여느 제국이나 마찬가지로 일본 제국도 다민족이었다. 정복과 끝없이 저임금 노동력을 찾는 자본주의 산업화로 여러 민족이 대규모 이동을 하게 되었고, 홋카이도와 오키나와 사례에서 이미 보았듯 사실상 전 지역이 한층 다민족이 되었다. 제국 확장에 따라 식민지 민족들이 일본 열도로 유입되었다. 일본 제국 확장은 자본주의 산업화와 함께 일본 본토 인구집단마저도 변모시켰다.


## 일본 내 대만 및 만주국, 중국 소수 민족 집단


일본은 에조치를 식민지로 삼고 곧이어 1874년 포모사 원정에 나섰다. 이는 류큐 영유권 주장으로 이어졌고 또한 일본이 중국을 습격하는 시발점이었다.

대만은 중일전쟁 이후 일본 식민지가 되었다. 이 전쟁은 조선을 사이에 둔 중일 경쟁에서 시작되었는데, 가장 직접적 원인은 1894년 일본의 갑오농민전쟁 개입이었다.[205] 대만 정복은 긴 과정이었다.[206] 최초 점령은 1년도 안 돼 끝났지만, 그래도 대만 중국인 1만 7천 명이 사망했다.[207] 그 뒤 1915년까지 게릴라 전쟁이 맹렬하게 벌어져 최소 1만 2천 명이 목숨을 잃었다.[208] 중앙 산간 지역에 주로 살던 다양한 대만 소수 민족들을 진정시키는 데는 20년이 걸렸다.[209] 원주민(일본인들이 야만인蛮人이라 부르던)들은 1930년에 마지막으로 대규모 봉기인 우서사건霧社事件을 일으켰다.[210] 화합이 이루어졌다는 주장이 널리 퍼졌지만, 반일정서는 일본 점령 기간에도 그 이후에도 대만에서 매우 강력한 기저로 남았다.[211]

일본은 대만을 전형적 식민지 경제로 탈바꿈시켰다. 쌀 재배와 설탕 생산이 양대 주요 산업이 되었다.[212] 식민 세력은 토지를 강탈했고, 화전 농업이나 수렵을 하던 원주민들을 강제 재배치하여 쌀 재배자로 만들었다.[213] 야나이하라 다다오矢内原忠雄는 1929년 출간한 유명한 연구에서 식민지 대만을 아일랜드와 비교하면서 계급 구분과 민족주의 감정이 커졌다고 강조했다.[214] 일본이 팽창한 다른 지역들과 마찬가지로 대만도 다민족이 되었다. 1936년까지 일본인 28만 명이 식민지에서 기회를 찾아 대만으로 이주했고,[215] 2차 대전 종전 때까지는 오키나와인 약 3만 명도 대만으로 이주했다고 추산된다.[216]

만주는 러일전쟁 후 일본이 중국에서 팽창하면서 그 일환으로 일본 영향권 안에 들어왔다. 1931년 만주사변 다음 해에 일본은 괴뢰국인 만주국을 세웠고 영화 〈마지막 황제The Last Emperor〉로 유명한 푸이Pu Yi를 명목상 황제로 세웠다.[217] 이에 다른 일본 식민지에서와 마찬가지로 일본 식민주의에 대항한 항거는 물론이고 일본화 작업도 일어났다.[218]

일본 지도자들은 만주국을 민족의 용광로로 그렸다. 오족협화五族協和(5개 민족이 협동한다는 뜻) 사상은 한족과 만주족, 몽고인, 일본인, 조선인이 만주에서 조화롭게 함께 산다는 대가족 이미지를 투영했다.[219] 3천만 명으로 추산되는 중국인이 가장 큰 집단이었지만 조선인 80만 명도 만주로 흘러 들어왔는데, 대개는 일본 식민 정책으로 살던 곳에서 밀려났기 때문이었다.[220]

만주국은 땅에 굶주린 일본 농민에게 가장 중요한 국경이었다. 농민들은 일본 농촌 이탈로 홋카이도는 물론 미 대륙까지 이주했다. 1932년부터 일본 정부는 자국민 식민지 이주, 특히 만주와 조선 이주를 장려했다(滿-朝移民集中論).[221] 동북아시아로 떠나는 국가 지원 이주는 1936년 이후 심화되었다.[222] 1945년에 만주국에는 23만 명 가까운 일본 이민자가 있었다.[223] 다민족 인구와 마주한 일본 이민자들은 일본인 정체성을 한층 굳혔다.[224] 이들은 식민지 정착민으로 기능했지만[225] 일본 송환 전에 3분의 1 정도가 죽었다는 이유로 일본에서는 비극적 희생자 취급을 받는다.[226]

대만과 만주국, 그 외 아시아 국가 식민화로 해당 지역 민족들이 일본 열도로 유입되었다. 말할 필요도 없이 중국 이민자들은 다양한 언어·사회 집단을 구성했다. 벌써 1875년에도 2천 5백 명이나 되는 중국 본토인들이 일본에 노동자나 무역상으로 들어왔다.[227] 주로 관둥, 푸젠 등지 출신이던 중국인들은 대부분 나가사키와 고베, 요코하마 같은 주요 항구도시에 살았다.

대만과 만주 등 중화문화권에서 온 이민자 수는 한반도에서 건너온 이민자 수와는 경쟁이 되지 않았다. 주된 이유는 1899년 메이지 정부가 일본 내 중국인 노동자 수를 제한하라는 명령을 내렸기 때문이다. 해당 명령은 일본인 노동자 보호를 가장 큰 이유로 들면서 대만인과 만주인, 중국인 유입을 축소했다.[228] 그러나 1940년대 초 전시 노동 부족으로 중국인과 대만인 각각 4만 명 정도가 일본으로 이주하게 되었다.[229] 1940년대 초 일본에는 대만과 중국, 만주국에서 온 유학생이 7천 명, 노동자가 대략 15만 명 있었다.[230] 1945년 이후 중국인 대다수는 일본을 떠났고, 1949년에는 약 3만 명 정도만 남았다고 추산된다.[231]

1990년대 재일 중국인 인구는 7만 명으로 매우 적게 추산하지만, 이 수치에는 일본 시민 귀화자와 그 후손이 포함되지 않는다. 게다가 1980년대부터 중국 본토인 유입이 상당히 많았는데[232] 이는 대만과 중국은 물론 일본에 있는 중국인·대만인 관계망에 의존한 현상이었다.[233] 이들 대다수는 주로 고베와 요코하마 차이나타운과 대도시, 특히 도쿄에 거주한다. 부정적 전형이 널리 퍼져 있지만 그와는 반대로 이 이민자들은 교육이나 직업 성취도, 출신 지역에서 상당한 다양성을 보여준다.[234]

## 조선

조선왕조 후기 조선은 청나라 시대 중국이나 도쿠가와 시대 일본과 똑같은 문제를 겪었다. 농민 봉기와 서양의 위협 말이다. 개혁 시도가 실패하면서 조선은 제국주의 열강의 식민지가 될 운명에 처했다. 일본은 중일전쟁과 러일 전쟁에서 승리하면서 조선에서 패권적 위치를 확보했다. 일본은 1905년 조선을 보호국으로 삼고 5년 뒤에 완전히 합병했다. 35년에 걸친 일본의 조선 통치는 이렇게 시작되었다.[235]

일본이 제국을 향해 걸은 길은 필연이 아니었을지 몰라도, 산업·군사 강국이 되려는 노력에는 식민지 팽창을 포함하여 서양을 모방하는 작업이 뒤따랐다. 서양 제국주의와 국가 안보 우려는 얄궂게도 공격적 '정한론征韓論'을 부채질했다.[236] 게다가 일부 정치·기업 지도자들은 대륙 무역과 천연 자원, 나중에는 농경지를 조달하는 수단으로 조선에서 경제 기회를 찾았다.[237]

초기 일본 통치는 군사 지배에 의존했고 조선을 전형적 식민지 경제로 바꾸려 했으며 쌀 재배를 장려했다.[238] 그러나 시간이 지나면서 일본은 산업화를 장려했고 조선을 중국 팽창 기지로 썼다. 그러나 일본 식민지 가운데 가장 발전하고 국가 통합도 잘 된 상태였던 조선은 저항했다. 합병 전에도 의병은 일본이 조선에 진입한 데 반발했다.[239] 1919년 3·1운동 — 어느 정도는 재일 조선 유학생들이 고취하고 주도한[240] — 으로 절정에 달한 초기 독립 정신은 권위주의의 한계를 드러냈고, 문화 통치文化政治 시기가 도래했다. 그러나 대규모 경찰력과

병력은 일본 동화 정책을 분명히 보여주었다.[241]

1920년대부터 일본이 펼친 주요 전략은 조선인 동화였다. 조선인은 사실상 수십 년 전 아이누인과 오키나와인이 마주했던 그 길에 놓였다. 개척자들이 홋카이도에서 한 일을 동양척식주식회사는 좀 더조직된 방법으로 이뤄냈다. 아이누인과 오키나와인에게 표준 일본어를 강요했듯이 조선어 사용도 금지했다. 교육에서도 일본 제국주의 세계관을 주입하려 했다. 일본이 펼친 조선 정책은 크게는 조선문화를 말살하고 조선인을 '황제의 신민'으로 만드는 일皇民化이었다.

특히 1930년대 중반 이후에 일본은 완전 일본화 정책을 시작했다. 1938년에 조선 교과과정은 일본 교과과정과 동일해졌고, 1940년에 조선인들은 강제로 일본 이름을 써야 했다.[242] 시간이 지나면서 일본 지도자들은 일본과 조선의 조화內鮮融和와 통일內鮮一体을 주장했다.[243] 동화 정책은 일본인과 조선인이 같은 혈통이라는 주장內鮮同祖論에서 사상적 정점에 도달했다.[244] 조선인을 경멸하는 일본인도 많았지만 조선인은 '천황의 적자天皇の赤子'라고 선전되고 황국 신민 취급을 받았다.[245]

식민 지배로 조선에는 일본 정착민도 들어왔다. 1880년 조선에 사는 일본인은 1천 명 미만이었지만 일본인 인구는 급속하게 증가해서 1900년에는 17만 2천 명, 1920년에는 34만 8천 명이 되었다.[246] 만주 일본 정착민들과 마찬가지로 이들 대부분도 변경 지역에서 온 가난한 농부들이었다.[247]

이보다 심한 인구 이동은 다른 방향으로 일어났다. 일본 내 끊임없는 저임금 노동 수요에 부응하기도 했지만, 더 나은 기회를 찾아 빈곤한 농촌 지역을 떠난 많은 조선인들이 일본 탄광과 공장에 취업했다. 대부분 조선 남부 농민이나 노동자 출신이었다.[248] 1922년 입국제한 폐지 이후로 일본 본토에서 조선인 수는 빠르게 증가했다.[249] 1925년에서 1939년까지는 조선 노동력 유입을 제한했는데도 그 수가 5배로 늘어났다.[250] 예를 들어 1940년대 초반 홋카이도 광부 중 60%, 오사카 전체 노동자 중 10%는 조선인이었다.[251]

조선문화를 얕잡아본 태도가 조선 식민지화 구실이었다면 실제 식민지화는 그러한 태도를 더 확고히 했다. 전쟁 전 일본인 대부분은 조선인을 열등한 인종으로 보았다. 20세기 초 조선 여행을 다룬 일본 기록을 보면 "후진성과 빈곤, 더러움과 함께 오는 나태함이 조선인 생활에서 가장 두드러진 특징이다"[252]라고 되어 있다. 조선인 일본사에서 최악의 순간은 1923년 간토 대지진 이후에 벌어졌다. 이때 조선인이 우물에 독을 넣는다는 소문이 돌면서 집단 학살이 일어났고 조선인은 물론 오키나와인과 중국인 수천 명이 죽었다.[253]

1930년대에 일본이 전쟁 작업을 강화하면서 정부는 조선 노동자를 모집했고 강제 징용도 생겼다.[254] 1939년에서 1945년 사이에 조선인 81~94만 명이 징발당해 일본 열도 내 광산·건설·기타 육체노동에 종사하게 됐고,[255] 일본 남성들이 점차 전선으로 파병되자 조선인들은 곧 이러한 분야 대부분을 차지했다.[256] 한반도 안에서도 조선인 약 320만 명이 사는 곳을 옮겼다.[257] 이러한 측면에서 저 악명 높은 '위안부' 즉 '정신대'도 처음에는 일본 병사에게 성 노예를 제공하려는 목적이 아니라 탄약, 직물 등 공장에서 일할 조선 여성 노동자를 강제 동원하려는 목적으로 생긴 조직이었다.[258] 1944년에는 일본 내 조선인 인구가 240만 명으로 최고치에 달했다. 박경식朴慶植은 그중 100~150만 명이 강제 징용되었다고 추산한다.[259]

조선인 이주 노동자들은 주로 가난한 농부들이어서 대개 문맹이고 도시에서 일할 준비가 제대로 되어 있지 않았다. 일본어도 못하고 숙련 기술도 없는 이들은 대부분 힘든 육체노동을 했고[260] 부락민, 오키나와인과 함께 도시 노동시장에서 가장 밑바닥을 채웠다. 빈곤과 차별 때문에 조선인들은 가난한 민족 마을에 모여 살게 되었는데,[261] 이러한 마을들은 부락민 마을이나 오키나와 마을과 가까이 있을 때가 많았다.[262]

조선 이주 노동자들은 수동적 희생자는 아니었다. 이들은 노동 조건 개선을 위한 집단행동에 참여했고 때로는 일본인 노동자들과 연대하기도 했다.[263] 게다가 제법 규모가 있는 일부는 일본에서 독립 운동이나 공산주의 선동에 관여하기도 했는데,[264] 이런 이유 때문에 조선인 이주자들은 엄중한 감시 대상이 되는 일이 많았다.[265] 재일 조선인들은 '매우 강경하고 감정적이며 단결하는 집단'이었다.[266]

이렇게 전후 일본 사회에 조선인 소수 민족 집단이 생긴 가장 직접적 원인은 전쟁 전 일본 노동 수요였다. 재일 조선인 3분의 2는 1945년 이후 조선으로 돌아갔지만 조선 내 국내 정치와 정치 혼란, 그리고 전후 일본에서 어떻게든 살아보겠다고 결심한 재일 조선인들 때문에 송환 작업은 암초에 걸렸다.[267] 전쟁 직후 몇 년간은 부락민과 마찬가

지로 암시장에서 생존하고 돈을 벌어보려는 조선인도 많았다.[268]
1946년 발발한 반反조선인 집단 히스테리에는 조선인 암거래상이 저
질렀던 범죄에 관한 인식도 일조했다.[269] 무엇보다 처참한 한국전쟁
과 급속히 발전하는 일본 경제 때문에 일단 일본에 미래를 걸어보겠
다는 생각을 품은 조선인이 많았다. 1960년대에도 일본 고도성장과
대비되게 남북한 양국은 줄곧 가난했고, 따라서 한국어를 제대로 배
우지 못하고 자란 2세대가 일본에 정착할 시간도 충분해졌다.

한일 국교정상화 협정이 체결된 1965년까지 재일 조선인 지위는
모호했고 끝없이 공격도 받았다. 식민 통치하에서 조선인은 일본 국
민 대우를 받았지만 제2차 세계대전 이후에는 시민권을 박탈당했
다.[270] 1950년 국적법은 일본 시민권에서 부계 혈통주의가 근간이라
고 선포했고, 1952년 법은 외국인 정부 등록과 감시를 선포했다.[271]
1965년 국교정상화 협정이 체결된 시점에는 재일 한민족 대부분에
게 대한민국 시민권이 부여되었다.[272]

일본 정부나 주요 한민족 단체들이나 재일 한민족을 외국인 또는
체류자로 보았다. 전후 일본 정부는 전쟁 전 정부와 달리 일본인과 조
선인을 구분하는 데 열심이었다. 일본 정부는 끊임없이 한민족 교육
에 개입하고 한민족 단체를 탄압하려 했다.[273] 재일 한민족은 스스로
한국·조선인 귀속의식을 품고 일본 거주는 일시적이라고 생각했다.
이러한 체류자 신분과 남북한 양국을 향한 엇갈린 충성 — 북한 계열
인 총련(조총련)과 남한 계열인 민단이 대표하는[274] — 도 남북한계 일
본인 귀속의식을 가로막았다. 재일 한민족 대부분은 남한 출신이었

는데도 사상에서는 북한 귀속의식이 있는 사람이 많았다. 부락민처럼 이들도 좌파 성향이었고 공산당은 물론 노조에도 참여했다.[275]

전후 재일 한민족은 온갖 차별을 다 겪었다. 외국인 신분 때문에 정부나 기업 일자리는 얻을 자격이 안 되는 사람이 많았다. 사실 대다수는 영세 제조업이나 고물 재활용, 식당, 파친코 업소 같은 분야에서 자영업을 하거나 건설, 청소 등 2차 혹은 비공식 부문 일자리를 얻을 수밖에 없었다.[276] 식민지 유산은 물론 빈곤한 상황 때문에 큰 편견을 품고 재일 한민족을 바라보는 일본인도 많았다. 1950년대에 실시한 여러 조사를 보면 일본에서 가장 싫어하는 민족 집단 중에는 늘 조선인이 들어간다.[277] 따라서 리처드 미첼Richard Mitchell도 1960년대 중반에 실시한 연구에서 비관적 결론을 내놓는다. "일본인이 예전부터 조선인을 싫어하던 감정은 여전히 강력하게 남아 있고, 실제로 더 커졌을지도 모른다."[278]

그러나 1974년 히타치 고용 차별 소송부터 1980년대 외국인 등록법 개정 노력(지문날인 거부 운동)까지 재일 한민족이 벌인 여러 법적・정치적 투쟁도 있어 뚜렷한 개선 징후가 드러난다. 재일 한민족 또는 한국・조선계 일본인이 1세대에서 2・3세대로 바뀐 세대 변화 역시 민족 인정과 포섭의 정치에서 기저가 되었다. 1970년대 중반이 되자 재일 한국・조선인 중 4분의 3은 일본 태생에 일본에서 교육을 받았고,[279] 1985년에 기혼 재일 한국・조선인 중 70%는 일본인과 결혼했다고 추산된다.[280] 명망 있는 직업에서도 재일 한민족 이름이 등장한다. 예를 하나 들자면 소위 일본의 빌 게이츠Bill Gates라는 인물은 재일 한국인 손 마사요시孫正義이다.


## 식민주의와 이주가 낳은 몇 가지 민족적 결과


일본 영토 정복과 그에 따른 국경 간 민족 이동 때문에 정복지는 물론 일본 열도에도 민족 이질성이 생겼다. 일본 민족이 아닌 일본인들은 2차·비공식 노동시장을 차지하고 분리된 구역에서 살았고, 이로 인해 민족 귀속의식과 구분이 더욱 뚜렷해졌다. 일본인 임금·노동자는 열등한 비非일본인 임금·노동자와 상관관계를 갖고 정의되었다. 일본인 종족·인종 정체성도 식민 지배를 당한 타자들과 만나면서 명확해졌다. 식민지 확장은 일본인 민족 정체성도 고취했지만 한편으로는 반反식민주의, 민족주의 운동으로 표현되는 지역 정체성도 만들었다.

동시에 일본 식민주의는 식민지 인구집단을 대하는 일본인의 우월감을 만들어내지는 않았어도 강화는 했다. 후쿠자와 유키치가 각국을 문명국가와 반半문명국가, 야만국가 등 세 종류로 구분했듯 일본 식민 세계관은 일본 민족이 조선인이나 중국인보다 위에 있고, 또 조선인과 일본인은 남아시아나 태평양 열도 사람들보다 우월하다고 보았다. 다시 말해 종족·인종 위계는 식민지 위계와 아주 닮았다.[281]

조선과 중국 식민지 백성들이 비교적 특권 있는 지위에 있다고 해도 이들을 향한 인종주의 감정 표현을 막지는 못했다. 일본이 일본

안팎에서 중국을 만난 경험은 일본 민족 정체성은 물론이고 일본인들이 식민지 중국인들에게 느끼는 우월감까지 키웠다. 반反중국인 감정은 일본 인종주의에서 흔한 주제였다. 1870년대에는 반중국인 담론도 일본인 사이에 상당히 발전되었고[282] 중일전쟁 기간에 확대되었다. '엽전ちゃんころ'이라는 비하 표현으로 묘사하던 중국인은 대개 더럽고, 게으르고, 가난하다는 생각이 있었다. 조선인은 일본 정부가 보기에 위험한 계급이었고, 부락민 및 사회주의자와 함께 범주화될 때가 많았다.[283] 제2차 세계대전 패전 경험에서 최악은 미국에 졌다는 사실보다 식민지 조선인들과 중국인들에게 모욕을 받은 일이라고 회상하는 일본인들도 있다.[284] 확실히 일본이 거둔 군사적 승리와 그에 따른 식민화 과정은 인종주의 감정을 키웠다.[285] 특히 조선인은 식민지 백성 가운데 가장 수도 많고 눈에도 띄었으므로 가혹한 인종 차별 대상이 될 때가 많았다.[286] 그렇다고 해서 조선인이 아이누인이나 오키나와인, 부락민이나 대만인보다 못한 취급을 받았다는 말은 아니다.

이번 장에서는 다민족 일본 형성 과정을 추적했다. 도쿠가와 시대 신분제도 폐지로 명확한 소수 민족 집단이 생겼고, 천민이던 사람들이 부락민이 되었다. 메이지 정부가 에조치와 류큐 왕국을 합병하자 아이누인들과 오키나와인들은 소수 민족 집단이 되었다. 일본이 아시아 정벌에 나서면서 대만인, 조선인 등 식민지 민족들이 유입되었고 그중 일부는 전후에도 일본에 남아 정착했다. 근대 일본의 형성은 동시에 다민족 일본의 성립이기도 하다.

일본이 식민 제국을 잃고 식민지 국민 상당수가 송환되면서 1945년 이후 일본 열도에서는 민족 이질성이 줄어들었다. 제1장에서도 다루었지만, 1980년대 말에 새로운 외국인 노동자들이 큰 존재감을 보일 때까지는 일본이 단일 민족이라는 인식이 팽배했다. 그러나 앞장에서 보았듯 전후 일본이 단일 민족이었다고 보면 큰 잘못이다. 이 말이 옳다면 문제는 일본이 과거 또는 현재 다민족인가가 아니라, 오히려 어째서 일본이 과거에도 지금도 단일 민족이라고 믿어야 하는가이다.

# 일본 민족 정체성과
# 단일 민족
# 이데올로기의 계보

프랑스를 한 번 떠올려 보자. 삼색기와 공화국의 이상, 그리고 프랑스어를 생각하면 단일한 국가 상징과 이상과 언어가 있는, 오래 된 통일 국가를 떠올리게 된다. 역사가 크레인 브린튼Crane Brinton은 이 '영원한 프랑스la France éternelle'라는 이미지를 다음과 같이 표현한다. "프랑스는 (…중략…) 거의 완벽한 민족국가이고 문화와 관습에서 거의 통일되어 있다."[1] 그런데 더글러스 존슨Douglas Johnson이 묘사한 다음 내용을 보자.[2]

공식 수치에 따르면 1863년에도 프랑스 인구 4분의 1 가량은 프랑스어를 전혀 하지 못했고, 이 추산조차 지나치게 높다고 볼 이유는 많다.

프랑스어 이외의 언어들과 여러 지방 사투리, 방언 등은 20세기까지 끈질기게 살아남았다. 인구 상당수에게 프랑스 민족 소속감이 없었음을 시사하는 증거도 매우 많다. 이들은 1789년이나 1870년이 갖는 의의 등 프랑스 역사에서 핵심인 사실들도 전혀 몰랐으며, 또 삼색기가 날리지 않는 코뮌도 매우 많았다.

19세기 후반 프랑스 국가 통합은 대중 학교 교육이나 보편적 남성 군 복무, 전국 교통·통신망 등 국가 기반시설 확장 및 그에 따른 사람·상품·문화의 전국 순환에서 생긴 결과였다. 유진 웨버Eugen Weber는 "먼저 국가적 순환이 있어야만 민족 통일도 가능하다"라고 강조했다.[3] 그러나 프랑스 여러 지역에서는 줄곧 민족 정체성보다 지역 정체성이 우선이었다.[4]

19세기 프랑스에서 국가 통합이 뒤늦게, 여러모로 불완전하게 일어났음을 고려하면 브르타뉴 출신인 에르네스트 르낭Ernest Renan이 1882년 유명한 강의에서 내놓은 아주 모호한 민족 개념화도 말이 되는 듯하다. "인간은 인종이나 언어, 종교나 강물이 흐르는 길, 산맥이 향하는 방향에 매인 노예가 아니다. 정신이 건강하고 마음이 따뜻한 대다수 인간 집합체는 우리가 소위 민족이라고 하는 그러한 도덕적 양심을 만들어낸다."[5] 르낭이 보는 관점에서는 공유하는 지리 또는 생물학적 특성이나 언어, 문화가 아니라 공유하는 기억과 이상 — 정신과 상상력의 영역 — 이 사람들을 한 민족으로 모은다. 간단히 말해 민족이란 정치·역사 구성체이다.

민족주의는 현재뿐만 아니라 과거까지 만드는 강력한 프리즘을 제공한다. 민족주의 역사 기술에서는 막연한 과거부터 현재로 이어지는 영웅적이고 단일한 민족 계보를 묘사한다. 널리 인정되는 민족사는 목적론에 입각한다. 현재로 이어진 승리한 진보가 다시 과거에 투영된다는 말이다. 그러나 혈통을 말하는 서사는 순수하지 않다. 현대에 제기되는 질문을 쫓고 현재에 존재하는 범주들을 활용하지만 신뢰할 만한 문서 자료는 부족하다 보니, 상상에 근거한 추측이 난무한다. 구전·비산업화 사회에서 혈통을 믿어 부족 통일성을 뚜렷하게 보인 신화역사나 이러한 신화역사들이나 조금도 다르지 않다. 현재의 민족국가가 과거에 투영되면서 프로방스어나 사투리 같은 언어 차이나 프랑스 브르타뉴나 스페인 바스크 같은 지역 차이 등 수많은 차이들을 지워버린다. 사실 민족주의 기술은 존재하지도 않던 깨끗하고 순수한 과거를 희망사항으로 재구성하면서 다민족이고 다문화인 현재를 통탄할 때가 많다.

앞서 두 장에서는 근현대 일본의 다문화 구성을 탐색했다. 이번 장에서는 일본 민족 정체성과 단일 민족 이데올로기가 어디서 시작되었는지를 추적하고자 한다. 도쿠가와 시대에도 원형적 민족 담론이 존재하기는 했지만, 지역 차이와 신분 질서 때문에 대중 민족 정체성은 잘 발달하지 못했다. 그런데 앞 장에서 보았듯 일본 민족 정체성이 일반 대중 가운데 자리 잡을 무렵에는 이미 일본에 타민족과 외국인 인구가 존재했다. 근현대 일본은 (단일 민족) 민족주의가 아니라 (다민족) 제국주의라는 특성으로 기술된다. 근현대 일본 형성 이전의 일본 민족 정체성도, 근현대 일본도 민족 다양성 없이는 논할 수 없다. 일본 단일 민족성은 전후 수십 년 동안에 팽배한 믿음이다.

## 국가 통합과 민족 정체성

현대 일본인성 담론에 따르면 일본은 '하나의 국가, 하나의 민족'이라는 조건을 이미 달성했다. 이러한 주장 역시 민족주의의 한 종種이다. 특히 후발 개발도상국 민족주의 가운데는 정치 실체가 하나의 민족, 인종 집단 또는 사람들과 동일하다는 핵심 사상이 있다.[6] 어네스트 겔너Ernest Gellner는 "민족주의란 정치 정당성을 다루는 이론으로 이에 따르면 민족 경계가 정치 경계와 달라서는 안 되며, (…중략…) 민족 경계가 (…중략…) 권력자들과 나머지 민중을 분리해서는 안 된다"라고 했다.[7] 민족주의자들은 국가가 민족, 특히 지배계급뿐만 아니라 민중과 일치하는 상태를 이상으로 여긴다. 이러한 의미에서 민족주의 — 그리고 민족 국가라는 그 이상 — 는 근대 사상이다.[8] 민족주의 이데올로기와 정체성은 근대 민족국가에서 매우 강력한 영향력이 되었다. 국가는 외세에 맞서 국경을 보호해야 했을 뿐 아니라 내부를 달래고 대중에게 적법성도 인정받아야 했다. 근대 민족국가가 직면한 이러한 두 가지 도전에서 민족주의는 사회 유대감을 고취하며 따라서 민족 발전에 기여할 때가 많다.

제국에서든 도시국가에서든 하나의 민족과 전근대 국가가 일 대 일로 일치한 사례는 거의 없다. 전근대 국가들은 광활한 영토에 단일한 정체성을 주입할 사회기반 역량이 부족했다. 앞서 본 프랑스 사례가 시사하듯 대중 민족 정체성이 생기려면 학교 교육과 교통, 통신 등 전국 체제가 도래할 때까지 기다려야 했다. 전근대 시대에도 외국인 혐오 감정은 흔했을지 모르지만 '하나의 민족, 하나의 국가'라는 이데올로기는 존재하지 않았다. 많은 전근대 사회에서는 신분이 사회 조직을 이끄는 원칙이었다. 이러한 사회에서 노예나 하층 계급, 농민은 지도자와 뚜렷하게 다른 취급을 받았다. 말 그대로 다른 인종이었다. 수직적 신분 질서라는 현실 때문에 형식상 평등주의에 통합하는 정치 실체는 생기지 못했다.

근대 국가와 민족주의가 시민들 간에 어느 정도 평등이 존재한다고 주장하다 보니, 신분 질서는 더 이상 근본적 구분이 되지 못했다. 예전에는 귀족과 농민이 다른 인종이었을지 모르지만, 이제는 둘 다 새로운 민족 실체를 구성하는 주요 부분이었다. 민족성은 근대 국가 형성과 그 통합 정체성 주장을 배경으로 삼은 뒤에야 뚜렷한 범주로 부상했다. 민족 편입에 저항했기 때문인지 혹은 이주 때문인지, 새로운 국경선이 그어지고 국경 양편에서 민족 범주들도 확실해졌다. 민족주의도 민족 정체성도 독립되지는 않아서, 둘 다 상호 공통으로 구성되고 형성되었다.

나는 민족주의와 민족성에 근대성이 있다고 주장하지만, 그렇다고 해서 오래된 종족·인종 정체성을 부정한다거나 원형 민족 또는 인종 정체성이 전근대에 존재했음을 부정한다는 뜻은 아니다. 그러나 어떤 마을 사람들이 자기가 프랑스인이나 일본인이라고 생각하게 되기까지는 역사상 두 사건이 필요했다. 바로 국가 통합 전개와 수직적 신분 기반 위계질서의 쇠퇴 말이다. 이 두 가지가 일어난 뒤에야 근대적 의미에서 프랑스인이다 또는 일본인이다 하는 이야기가 가능하다.

## 전근대 일본의 분열

일본 민족 정체성은 언제 생겨났는가? 제국주의 역사기술皇国史観은 민족과 인종, 국가, 황실 가문을 동일시하며 660년 진무神武 황제 즉위 이래 이 질문에 강력한 답을 제시하는데, 그 영향은 아직까지도, 진보 사학자들에게까지도 미친다.[9] 일본 문부과학성은 이에나가 사부로家永三郎가 쓴 역사 교과서가 전쟁 전 군국주의를 부정적으로 묘사했다며 승인하지 않았지만, 이에나가도 1권짜리 문화사에서 '통일된 전통'을 그린다. "일본 국체国体는 (…중략…) 야요이 시대(기원전 300년~기원후 300년)부터 그 특징을 그대로 유지했다."[10] 일본의 기원을 찾는 이 탐색은 아마 현대 일본 민족과 일정한 가족 유사성을 찾는 데 초점을 맞추었을 터이다.

그러나 현대 도시 일본인들은 3세기 조상들보다 오히려 프랑스나 미국에 사는 도시인과 공통점이 더 많다. 어느 일본인 학자는 나를 찾아 미국 중서부에 왔다가 문신을 한 사람들과 맨발로 돌아다니는 한 동료를 보고 깜짝 놀랐다. 사방에서 미국인성을 발견한 그 학자는 어느 파티에서 '일본인들은 채소를 생으로 먹지 않는다'고 단언했다. 그러나 어느 3세기 중국 서적, 그러니까 원형 일본 민족을 다룬 현존하는 가장 이른 기록을 보면 일본인들은 몸에 문신을 새기고 맨발로 걸었으며 생채소를 먹었다.[11] 또 오늘날 일본 열도에 사는 사람들의 조상은 모두 이웃 대륙에서 왔다.[12] 현대 홋카이도와 오키나와까지 일본에 포함하면 그 혼합 비율은 훨씬 이질적이 된다.[13] 현대 한민족이나 중국인, 만주인, 몽골인, 그밖에도 일본 역사 초기에 온 민족 등 일본 열도 내 이민족 유입을 보면 단일한 일본 민족의 순수한 후손이라는 주장은 터무니없어진다. 현존하는 가장 오래 된 일본 문서 『고사기古事記』와 『일본서기日本書紀』는 혼슈와 규슈에 수많은 국가 또는 민족 — 에미시, 에조, 에비스, 구마소, 하야토 등 — 이 존재했다고 증언한다.

일본이라는 말(오늘날 '니혼日本'이라고 읽는 한자 두 자)이 가장 먼저 언급된 때는 율령律令이 등장한 7세기이다.[14] 따라서 최초로 일본 민족 국가가 등장한 7세기를 일본의 시초로 보는 학자도 많다.[15] 그러나 이는 지리상 기나이畿內 지방에 한정되어 있었고 이때는 현대 간토関東나 도호쿠東北 지방 사람들을 외국인으로 보았다.[16] 게다가 그 초기 역사 — 철 생산과 새로운 농기구, 새로운 정치·종교 사상 전파 — 는 한반도에서 온 이민자渡来人를 빼고는 논할 수 없다.[17] 특히 사와다 요타로沢田洋太郎는 일본 황실이 한반도에서 건너왔다고 주장했다.[18]

먼 과거에서 원형 일본 민족 정체성이 발현된 사례를 찾을 수는 있다. 7세기 국가를 지배하던 엘리트 계급도 아시아 대륙에 있는 국가들과 자신들이 다르다는 사실은 확실히 의식했다. 무로마치室町 시대 일본처럼[19] 헤이안平安이나 가마쿠라鎌倉 시대 귀족문화도 원형 일본국의 단면을 보여준다.[20] 민족주의 역사 기술은 일본이 연속성 있게 서서히 성장했다고 서술하고자 했고, 따라서 그 전문가들은 죠몬繩文 시대 토기나 율령 국가, 헤이안 시대 문헌, 중세 교토 사람들 속에서 이러한 서사 요소를 찾아낸다. 그러나 원형 일본국 요소를 인식하기란 오로지 지금 뒤돌아보기 때문에 가능할 뿐이며, 그렇게 함으로써 불연속성과 차이를 무시하고 그 시대 이해를 체계적으로 왜곡한다. 과거가 현재로 이어졌다는 진부한 말은 그 둘 사이에 존재하는 엄청난 간극을 흐리게 한다.

이러한 면에서 15세기 일본 열도 분열 상황을 살펴보자. 전쟁 중이던 영주大名, 다이묘들이 '국가'라는 명칭을 사용하기는 했지만, 이는 지방 번藩을 지칭하는 말이었다.[21] 또 앞 장에서 말했듯 에조치(혼슈 북부와 홋카이도)와 류큐 왕국은 중앙 지배를 받지 않았다. 도호쿠 지방 호족 안도安東 가문은 '히노모토日の本'라는 이름으로 정치 독립성을 주장했고 중국에 사신까지 파견했다.[22] 중국해 지역은 동아시아와 동남아시아 전역에서 온 무역상을 한데 모으는 자치 지역으로 기능했다.[23] 이곳 사람들은 두드러진 언어와 복장이 특징이었고(와진和人 또는 와코倭寇), 무로마치 정부(막부)나 조선왕조 양쪽에 자치권을 주장했다.[24] 게다가 혼슈 지방에서조차 문화 통합은 완전하지 못했다. 역사가 아미노 요시히코網野善彦는 혼슈 동부와 서부 간 분리가 매우 심각해서 완전히 다른 두 문화가 생길 정도였다고 한다.[25]

게다가 신분 구분도 사회 연대를 심각하게 저해했다. 농민 간에도 수많은 하위 구분이 있었다.[26] 신분은 인종화되었고 물리적 표현도 생겼다.[27] 옷맵시나 색을 보면 신분은 쉽게 구분이 되었다. 농민은 노란 색을 입었지만 나병 환자는 감색柿色을 입어야 했다.[28] 머리 모양과 두건은 아주 중요한 표지여서, 잘 때도 두건烏帽子, 에보시을 쓰고 잤다. 또한 당사자 동의 없이 머리를 자르는 행위는 중죄였다.[29] 이러한 표지에 피부색 차이로 서로 다른 신분 집단을 나타내는 시각 표현이 덧입혀졌다. 귀족의 흰 피부는 거지들의 거무튀튀한 몸과 뚜렷하게 대비되었다.[30] 부락민 조상으로 여겨지는 사람들 중 일부는 말 그대로 '인간이 아닌 사람非人, 히닌'들이었다.[31] 인간으로 여겨지지도 않는데 어떻게 일본인 취급을 받겠는가?

이러한 영토 분열과 지역 구분, 문화 분단, 신분 질서를 고려하면 도쿠가와 시대 이전에는 대중 민족 정체성이 널리 확산되지 않았다고 결론지어도 무방할 터이다.


도쿠가와 시대 일본(1603~1868)


도쿠가와 정부 통치 시기에는 국내 평화, 지방 엘리트 계급의 전국 확대, 지역 간 무역 확산, 도시 문화 번성, 외국과 접촉 제한 등이 국가 통합에 한몫했다.[32] 현대 일본인들은 도쿠가와 시대 도회인들, 적어도 역사 소설과 TV 프로그램에 나오는 그 모습과 자신을 동일시하는 경향이 있다. 도쿠가와 막부는 어느 정도 국가와 민족을 일치시키려는 노력을 기울였다.[33] 도쿠가와 시대에는 원형 민족주의 사상도 발전했다.[34] 특히 국학(또는 토착주의) 저자들은 일본인 본질을 탐색하고 반反외국인 정서를 표현했다.[35] 예를 들어 모토오리 노리나가本居宣長는 일본인 우월 사상을 드러냈다.[36] 또 미토학水戸学 연구자들은 국체 사상을 제안했고,[37] 이는 전쟁 전 국수주의자들에게 사상적 영감을 주었다.[38] 마리우스 잰슨Marius Jansen이 주장하듯이 "일본인들은 도쿠가와 시대에 처음으로 스스로 국가적 실체임을 인식하게 되었다".[39] 그러나 도쿠가와 시대 민족주의 이데올로기는 범위가 매우 제한되어 있었다. 도쿠가와 막부는 민족주의 사상에 기대지 않았다.[40] 게다가 도쿠가와 정부는 대중 의식을 관통하려는 본격적 노력도 기울이지 않았고, 그럴 능력도 없었다. 대중 교육제도나 대중 언론이 없다 보니 농민들, 그러니까 인구 대다수는 자기 마을이나 번을 넘어서는 귀속의식을 보이지 않았다. 국가 언어 통일도 완벽과는 거리가 멀었다(부록 참조). 지역 차이도 여전해서, 예를 들어 번 간 결혼은 매우 드물었다.[41] 그러다 보니 에도江戸 여행자들은 당연히 사도佐渡나 쓰가루津軽 사람들과 관습이 '외국 것' 같다고 생각했다.[42] 문자 해득이 가능한 엘리트 계급을 제외하면 더 큰 일본국이라는 실체 의식, 그러니까 국가 의식은 없었다.[43]

인족人族, peoplehood에게는 국가보다 번이 더 특권 있는 단위였다. 분할 정복이라는 도쿠가와 정책도 번 정체성을 강조했다.[44] 민족주의가 존재했다 해도 대개 번 민족주의였다. 19세기 말 내각 총리대신 이토 히로부미伊藤博文가 말했듯 "봉건 시대 애국심은 대개 번에 한정되어 있었다".[45] 19세기 중반까지도 개혁 사상을 품은 무사 대부분은 국가 의식보다 번 의식이 있었다. 사쓰마薩摩와 조슈長州 출신 젊은 무사들은 대대적 정치 개혁을 부르짖으면서도 아주 강력한 번 의식을 유지했다.[46] "도쿠가와 말기 (반反막부) 무사는 사쓰마 출신 에쿠보大久保 가문 아니면 조슈 출신 기도木戸 가문이었다. 번에서 자유로운 무사를 찾는다면 (…중략…) 사카모토 료마坂本龍馬 등 몇몇이 전부다. 사카모토 료마조차도 몇 번이나 번에서 탈출하고, 망명하고, 박해를 받은 뒤에야 통일 일본이라는 이미지를 겨우 잡기 시작했지만 그 뒤에 곧 죽었다."[47]

마지막으로 엄격한 신분 구분 때문에 통일 정체성이 발전하기는 어려웠다. 도쿠가와 사회는 신분 기반인데다 신분 간 불평등도 상당했다.[48] 오규 소라이荻生徂徠가 18세기 초반에 쓴 『정담政談』[49]도 지배 집단이 하층 계급에게 느끼는 극단적 혐오를 표현한 한 사례일 뿐이다. 신분 질서를 지탱한 합리화 자체가 서로 다른 인간 범주를 구분하는 깊은 간극이 됐다. 무사 지배를 구성한 근간은 농민 등 사회 하류 계층과 무사들을 차별화하는 명예와 세습이었다. 신분 기반 사회에도 원형 민족주의 감정이나 외국인 혐오 표현이 없지는 않지만, 귀족이든 무사든 지배 집단은 배타적 신분 질서를 굳게 믿었다.[50] 국학 사상가들은 널리 퍼진 중화중심 세계관에 도전했을지는 몰라도 통일된 정치 정체성을 지지하지는 않았다.

일본인 정체성이 전근대 시대에 꽃을 피웠다는 말은 매우 미심쩍은 역사적 발언이다. 설문조사를 한다고 가정한다면 이 주장은 사실상 8세기나 18세기 일본 주민들에게도 일본인 귀속의식이 있었다고 상정하기 때문이다. 메이지 유신 전에는 지역과 신분에 근거한 정체성이 무엇보다 중요했다. 겔너가 말한 민족주의 정의로 되돌아가자면 전근대 일본에서 권력자들은 다른 사회 구성원들과 분리되어 있었다. 만일 도쿠가와 시대에 일본 민족주의가 확산되었다면 메이지 시대 일반 국민에게 민족주의를 주입하는 일이 지도자들에게 왜 그렇게 시급했겠는가.[51] 페리호 선원들을 맞이한 무사들은 적대감을 보였지만 농민과 마을 사람들은 대개 호의를 표했다는 사실도 상징적이다.[52] 19세기 말에는 무사와 부농 들이 민족주의 근간을 형성했지만,[53] 일본 민족주의와 민족 정체성은 메이지 유신까지 여전히 초기 단계였다.


근대 국가 형성


메이지 정부는 지방 자치 단체들을 중앙 지배 아래에 두고 민족 정체성을 선전했다. 국가는 신분 구분을 폐지하고 지역과 신분 차이로 갈라진 각 마을 사람들과 농민들을 충직한 국민으로 변모시키려 했다. 근대 일본 국가는 대중 교육을 발전시키고 전국 통신·교통망을 개선하여 국가 통합에 크게 박차를 가했다. 즉 국가가 일본에 살던 사람들을 일본 국민으로 바꿔 놓았다는 말이다. 서양과 두루 만나고 여러 번 전쟁을 겪은 경험도 국가 의식을 고쳐시켰다. 그러나 일본 민족 정체성 형성은 일본 제국 형성과 같은 시기에 일어나서, 일본 민족 정체성이 단일 민족성을 암시하지는 않았다.

메이지 정부는 국가 통합을 시도하면서 상당한 장애물에 부닥쳤다. 교육받은 엘리트 계급에서도 번 정체성은 여전히 강력했고, 인구 대다수는 더 큰 국가 정치체에 관해 조금도 알지 못했다. 후쿠자와 유키치는 "일본에 정부는 있지만 국가는 없다"[54]라는 인상 깊은 말을 남겼다. 후쿠자와는 일본인들이 공통된 유대가 없는 개인들이라고 했다. "일본에 사는 수백, 수천만 명이 수많은 상자 안에 갇혀 있다."[55] 그러므로 당면과제는 '나라의 자유와 독립'[56]을 위해 기꺼이 목숨을 바칠 일본 국민을 만들어내는 일이었다. 메이지 일본이 처한 상황은 국가 통일 이후 이탈리아가 처한 상황과 비슷했다. 마시모 다 젤리오Massimo d'Azeglio는 이탈리아 통일 후 "우리가 이탈리아를 만들었으니, 이제는 이탈리아인을 만들어야 한다"라고 말했다.[57] 국민이라는 말은 후쿠자와가 대중화했고,[58] 민족주의 자체는 서양에서 수입한 사상이다.[59] 메이지 국가는 민족주의 형성에서 토착 담론보다는 서양 개념에 더 의존했다.[60]

서양이 메이지 지도자들에게 위협이었다면, 메이지 국가 또한 대다수 서민에게는 '낯선' 위협이었다. 다나카 쇼조田中正造나[61] 미나카타 구마구스南方熊楠가 벌인 정치 운동[62]이 대표하는 대중 저항은 메이지 정부의 중앙화 추진력에 도전했다. 농민들은 정부 관료들을 '외부인'이자 '이방인'으로 보았고, 이들이 흡혈귀라는 소문도 빠르게 퍼졌다.[63] 이러한 관점에서 메이지 체제는 홋카이도와 오키나와는 물론 일본 열도 상당 부분도 식민화한 셈이다.

아마도 여기서 명백한 타자들과 한 일련의 접촉이 민족 정체성 형성을 이끈 가장 직접적 원동력이었으리라. '존왕양이'尊王攘夷(왕을 높이고 오랑캐를 배척한다) 구호 아래 막부 실각을 노린 시도는 메이지 유신에서 두 가지 움직임, 즉 정권 교체와 국가 보호에 영향을 미쳤다. 메이지 유신이 무엇이었든, 외세 위협에 맞서 민족주의 충동이 등장하기 시작한 사실은 무시할 수 없다.[64] 18세기 말 러시아 침략부터 페리호 입항까지 서양이 가한 여러 위협은 일본 민족과 민족주의 이상을 다룬 다양한 담론을 양산했다.[65] 앞서 모토오리 노리나가도 일본이라는 사상을 장황하게 논했을지 모르지만, 일본과 일본에 사는 사람을 확실하게 동일시하기 시작한 사람들은 1830년생 요시다 쇼인吉田松蔭 같은 19세기 사상가들이었다.[66] 전설적 역사가 도쿠토미 소호德富蘇峰도 1894년에 펴낸 요시다 전기에서 밝혔지만, "국민이라는 사상은 상대적이다. 그 사상은 외국과 접촉을 하고서야 처음으로 발전했다".[67]

새로운 것, 즉 근대 서양이 주는 충격에는 낯선 민족과 상품, 사상과 접촉이 따라왔고, 이는 일본인 간 차이를 대체하는 일본인 정체성 의식을 고조시켰다. 일본에 사는 사람들이 일본에서든 해외에서든 서양인을 만나면서 외국과 외국 민족을 보던 추상적 의식은 국가 간 차이를 보는 구체적 인식이 되었다. 지역 정체성(조슈 혹은 사쓰마 출신)

은 이제 세계 정체성(일본인 혹은 서양인)에 비하면 그리 중요하지 않게 되었다. 견학 목적(사절단)이든 유학 목적(유학생)이든 19세기 중반에 서양에 다녀온 여행자들은 이러한 새로운 민족 정체성을 택하고 번 의식을 떨쳐버렸다.[68]

메이지 정부는 교육·문화 통합도 장려했다.[69] 호적제도는 모든 시민을 파악하려는(잠재적으로 통제하려는) 목적이었다.[70] 국가는 지방 종교와 그 관행을 탄압하면서 종교와 닮은 새로운 민족 정체성을 주 입하려 했다.[71] 그리고 국가 언어国語와 중앙에서 통제하는 학교제도 를 도입했다. 프러시아 등 여타 교육제도에서 영향을 받은 이노우에 고와시井上毅 같은 메이지 지도자들은 학교 교육으로 애국심을 주입 하려 했고 「교육에 관한 칙어」는 이러한 점을 뚜렷하게 드러냈다.[72] 민족주의 사회화를 수행한 또 다른 주된 힘은 군대였다. 보편적 남성 징병으로 일본 전역에서 사람들을 모아 규율과 민족 정체성이라는 도가니에 담았다.[73]

메이지 국가 형성과 군사 팽창은 천황 사상天皇制을 고취했다. 메이 지 정부는 국학과 서양 사상에 있는 요소들을 섞어 가족국가家族国家 를 내세웠고,[74] 국가적 통일성 근간을 가족家과 지역 공동체村에 두었 다.[75] 민족국가는 유기적 실체로 그려졌고, 국체(국가 체제 혹은 본질) 사 상은 이를 압축해서 보여준다.[76] 충성심과 애국심은 가장 큰 정치 덕 목이 되었다.[77]

이렇게 근대 국가 발전은 민족 정체성 확산과 동시에 일어났다. 1880년대가 되자 도시 지식인 사이에는 민족의식이 뚜렷했다. 일본주의日本主義가 그 좋은 예인데, 이 의식은 1889년 「헌법」과 1890년 「교육에 관한 칙어」로 성문화되었다.[78] 그 뒤 여러 큰 전쟁 — 중일전쟁, 러일전쟁, 제1·2차 세계대전 — 이 벌어지면서 외국인 혐오·인종주의 수사법과 맹목적 애국주의가 강해졌다.[79] 앞 장에서도 언급했다시피 부락민과 오키나와인, 조선인이 도시 2차 노동시장에 유입하면서 20세기 초에는 일본인과 비일본인 정체성 간 구분이 더 뚜렷해졌다. 1920년대에 대중 민족주의는 확실하게 도시 지역을 뚫고 들어갔다.[80] 이러한 점에서 다이쇼大正 민주주의는 도시 기반 민족의식과 연관된 현상이었다.[81]

그런데 꽤 많은 진전이 있었음에도 1945년 국가 통합과 민족 정체성은 제한적이었다. 당시 일본인 대다수는 시골 마을에 사는 농민이었다.[82] 농촌·도시 격차와 지역 차이도 여전히 강했다.[83] 이러한 맥락에서 농촌에 사는 농민들은 여전히 일본인이라기보다는 농민이었고, 제국 확장이나 전쟁에는 미적지근한 지지를 보낼 뿐이었다.[84] 교육받은 도시인들조차 천황제나 국체 신념보다는 가족과 친구에게 바치는 충성심이 더 강했다.[85] 천황 이데올로기와 국수주의도 일본인 의식에 각인되어 있지 않았는데,[86] 사실 황제 본인도 신토 종교보다 생물학에 더 관심이 있었으니 그리 놀랄 일도 아니다.[87]

무엇보다 민족 정체성이 널리 확산되던 바로 그때 제국주의 영향이 미쳤는데, 제국주의는 일본이라는 민족국가의 다민족 비전을 투영했다. 20세기 초 일본 민족 정체성에서 지배 개념은 다민족이었지 단일 민족이 아니었다.

## 민족주의와 제국주의

단일 민족 일본이라는 믿음은 일본인 부친을 둔 자녀 위주로 시민권을 주겠다는 1899년 국적법이나 가족국가 사상에서 찾을 수 있다.[88] 20세기 초 일본 정치체는 파시스트나 국수주의로 묘사할 때가 많다.[89] 1930년대부터 시작된 대규모 징용과 1940년대 나온 국수주의 담론은 천황 가족과 국가 본질国体을 미화했다.[90] 극단적으로는 부처와 예수를 포함한 가치 있는 모든 것이 일본에서 나왔다는 주장도 있었다.[91]

그러나 전쟁 전 일본에서 '하나의 국가, 하나의 민족'이라는 이데올로기는 그리 우세하지 않았다. 이유는 단순했다. 일본이 제국이었기 때문이다. 제국이란 어쨌거나 단일 민족이 아니다. 대만과 조선을 식민지로 삼으면서 일본 종족·민족 우월주의는 고취되었을지 몰라도, 제국은 단순히 적나라한 힘 이상으로 식민지 지배를 정당화해야 했다. 따라서 1896년 대만 합병부터 1945년까지 일본 제국에는 일본에 다민족 기원과 구성이 존재한다고 주장하려는 기본 욕구가 있었다. 제국주의 다민족 이데올로기가 반대 의견을 다 억누르지는 않았지만, 조선 합병 시점에는 이노우에 데쓰지로井上哲次郎 같은 저명 단일 민족관 주창자들마저도 생각을 바꿨다.[92] 제국은 일본인들(국민)을 동원했지만, 목표는 조선인과 대만인까지 핵심 구성원으로 포함하는 대동아 공영권이었다.[93] 러일전쟁 이후 일본은 태평양 국가가 되었고, 제국주의 다민족성이 단일 민족주의를 대체했다.[94] 심지어

제5장_ 일본 민족 정체성과 단일 민족 이데올로기의 계보

러일전쟁에서 일본이 거둔 승리도 일본 민족 혼종성에서 생긴 유익한 결과라고 주장하는 저자들도 있었다.[95] 일본 제국은 아이누인부터 대만인까지 '불완전한 일본인'을 동화하려던 용광로였다.[96] 동화정책과 우월성 신념은 양립 가능했다.

이제 조선이 일본 제국의 상상 속에서 차지한 위치를 생각해 보자. 전쟁 전 식민지 이데올로기는 조선인과 일본인이 같은 뿌리에서 나왔다고 주장했다日鮮同祖論. 일본이 조선을 합병한 사건은 일종의 '복원' 또는 '자연스러운' 과정이라는 말이었다.[97] 교육 관료였던 시오바라 도키사부로鹽原時三郎는 1930년대에 "요점은 조선인鮮人 일본화이다(…중략…) 한마디로 조선인은 중국화한 일본인이므로 그 중국화를 벗겨내면 원래 모습인 일본인으로 만들 수 있다"[98]라고 했다. 일본 식민 지배 시대에 대만인은 물론 조선인은 모두 일본 백성帝国臣民이었고 법률상 평등도 보장받았다.[99] 조선인들은 '천황의 적자' 또는 '황국 신민'이었다.[100] 이들을 지칭하는 명칭도 조선인보다는 '반도인半島の人'이었다. 식민지라는 단어는 조선을 언급할 때 전혀 나오지 않았다. 내지內地와 외지外地를 구분하기는 했어도 양쪽 다 일본을 구성하는 필수불가결한 일부였다.[101]

조선인 민족주의자들은 일본인 행동에 분개했고 일본인 대부분은 조선인을 열등하다고 보았지만, 일본 식민 통치는 조선인과 일본인 결혼을 장려하는 등 조선과 일본 간 동질성을 조성하려 했다.[102] 조선 교육을 다룬 1911년 정부 문서를 보면 '충성스러운 국민 양성'을 사명으로 본다.[103] 1938년 동일 교과 과정 도입과 1940년 일본 이름 사용 강제(창씨개명)도 철저한 일본화 작업에서는 매우 중요한 부분이었다.[104] 민족주의 이데올로기에서 가족국가를 주창했다면 조선인들은 일본인의 형제자매였다.[105] 식민지 출생 서열을 나타낸 어느 표현에서는 오키나와인이 첫째, 대만인이 둘째, 조선인이 셋째라고 했다.[106]

다민족 세계관 지배는 전쟁 전 글에서도 엿보인다. 일본 민족의 혼종 혈통도 당연하게 여겨졌다. 1910년대와 1920년대에는 일본인 기원이 유대인과 그리스인, 히타이트인이라는 추측도 난무했다.[107] 니토베 이나조는 1912년에 "우리 혈통을 추적하면 할수록 우리 민족을 씨줄과 날줄로 엮는 실마리들은 더욱 얼기설기 얽힌다"[108]라고 썼다. 일본인은 '혈통이 매우 다양한 인종'이라는 말이었다.[109] 마찬가지로 마쓰바라 히로시松原広志도 일본인은 혼혈 인종이라고 평했다.[110] 당연히 민족과 종족 이론들은 물론이고 일본인성 담론들도 상반하는 형태로 존재했다.[111] 그래도 20세기 초에는 일본 민족에게 종족·인종 이질성이 있다는 생각이 널리 수용되었다. 예를 들어 1918년 쓰인 어느 글은 일본이 다민족이라고 지적했다. "국민 대다수는 야마토 민족이다 (…중략…) 거기에 조선인과 (…중략…) 중국인도 있다. 그리고 홋카이도 아이누인과 가라후토樺太(사할린-옮긴이) 아이누인, 기타 토착민도 있다."[112] 마찬가지로 1942년 문부성 출간 책자에 따르면 "일본 민족은 단일하게 구성되지 않았다".[113]

이러한 일본 제국의 다민족 현실은 일본 민족주의 사고에 존재하는 혼란스러운 측면들을 어느 정도 해명해준다. 대개 국수주의자에 파시스트라는 말까지 듣는[114] 기타 잇키北一輝도 조선인은 혼혈 혈통인 일본인에 '가장 가까운 민족'이라고 했다.[115] 기타가 에스페란토어를 옹호한 일도 식민 보편주의 관점에서 보면 말이 된다.[116] 다민족이상은 만주에서 가장 이상적으로 표현되었다. 정치적으로 올바른 만주국 이데올로기는 다민족 조화民族協和였다.[117] 이는 일탈로 보기보다는 전쟁 전 일본의 지배적 사고방식에 있는 논리적 상관물로 보아야 한다.

전쟁 전 일본에서는 유럽식 인종주의·단일 민족 담론을 찾아볼 수 있다. 독일 철학은 피와 영토라는 이데올로기를 도입했지만[118] 종족·인종 차이에 관한 일본 담론은 피와 인종, 단일 민족성에 있는 의의를 나치 이데올로기 같은 방식으로 강조한 적이 없다.[119] 전통적으로 혈연을 그리 대단치 않게 생각하던 문화에서 이는 그리 놀라운 일이 아니다.[120] 모리 오가이森鴎外가 쓴 고전 소설 『시부에 추사이渋江抽斎』는 전근대 가족 공동체 성격을 묘사하는데, 이는 단순히 혈연관계에만 기반을 두지 않는다.[121] 일본은 가족국가일지 몰라도 조선인 등 다른 민족이 합류해도 상관없었다. 국가 본질 담론이 곧 단일 민족성 이야기는 아니었다. 도사카 준戸坂潤이 전쟁 전 일본 이데올로기를 비판한 데서 드러나듯, 일본 정신은 '사심 없는 사랑'이나 '화합' 같은 추상적 상투어를 재현한다.[122] 전쟁 전 일본 민족주의를 단일 민족 이데올로기로 취급하기보다는 오히려 그 다민족 특성을 강조해야 한다. 그렇다고 내가 근대 일본에 민족주의나 우월주의, 외국인 혐오증, 인종주의까지 만연했음을 부정한다는 말은 아니다. 모든 식민 세력과 마찬가지로 자신들이 당연히 식민지 사람들보다 우월하다고 믿는 일본인은 많았다. 내 주장은 그저 20세기 전반을 휩쓴 종족·민족 세계관은 일본인 단일성을 주장하지 않았고, 오히려 일본의 다민족 구성을 당연히 여겼다는 말이다. 그리고 앞 장에서 설명했듯이 그러한 주장은 할 만한 것이다.

## 단일 민족 이데올로기의 기원

일본 민족 정체성 확산은 다민족 일본 형성과 같은 시기에 일어났다. 일본이 제국이었을 때 지배 이데올로기는 다민족이었지 단일 민족이 아니었다. 그렇다면 단일 민족 일본이라는 사상은 언제, 왜 생겨났을까?

제국이 몰락하자 일본 내 민족 다양성은 크게 축소됐다. 문화는 물론 사회기반 측면에서도 꽤 통합되었던 나라에서 제국이 갑작스럽게 완전히 사라지고 식민지 국민은 일본을 빠르게 떠나는 상황이 벌어졌다. 단일 민족 이데올로기가 부상하고 지배하게 된 기저에는 이러한 기본 사회 배경이 깔려 있었다. 그렇다고 이 배경만으로 충분하지는 않다. 일본 열도에는 여전히 아이누인과 부락민, 오키나와인은 물론이고 조선인과 중국인 등 예전 제국 백성들이 남아 있었다. 나는 일본인성 담론이 1960년대 후반에 일본인 정체성 문제에 강력하게 대응하면서 생겼다고 생각한다. 이 새로운 단일 민족 이데올로기는 번영에서 태어난 새로운 민족주의와 잘 공명했다.

## 1955년 체제 혹은 현대 일본의 부상

1955년 체제란 전후 일본 정치 체제를 지칭한다. 1955년에 보수 정당들이 연합해 자유민주당을 만들어 1993년까지 줄곧 일본을 지배했다.[123] 이 체제는 정치와 경제는 물론 사회 전반에서도 드러난다. 1950년대 중반에 접어들자 종전 직후 끊임없던 변화도 끝났고 전후 일본 사회는 각종 제도를 공고히 했다. 대다수가 일본인성의 특징이라고 파악하는 요소들은 대개 종전 직후 10여 년간 생겼다.[124]

물론 전쟁 전후 사이에도 연속성은 있지만, 근본적 단절을 부정한다면 바보스러운 짓이다. 무엇보다 일본 제국을 지배하던 제도들은 사라지거나 알아보기 어려울 정도로 바뀌었다. 다른 선진 산업국과 마찬가지로 입헌군주제는 견고한 민주주의가 되었다.[125] 1945년 이후 국수주의 지배도 무너졌다.[126] 일왕은 이제 신성한 군주가 아니라 국가를 나타내는 인간적 상징이었다. 천황제를 신봉하는 몇몇 광신도들이 부활했다고 전후 천황제가 철저한 세속화를 거쳤다는 사실을 놓쳐서는 안 된다.[127] 완전한 평화주의 국가가 군국주의 국가를 계승했다. 전쟁 전 경제를 지배한 대지주와 대규모 자본가들은 사실상 사라졌다.[128] 농경 사회는 반론할 여지도 없는 도시 사회로 바뀌었다.[129] 나이와 성별, 신분에 기반을 둔 계급 사회는 평등주의 사회 상호작용에 자리를 내줬다. 실제로 평등주의는 전후 일본을 지배하는 가치가 되었다.[130] 사람들은 자유연애를 주장했고 매일 속옷을 갈아입기 시작했으며, 1960년대 초반에는 끊임없이 TV를 보았다.[131] 역사가 이로카와 다이키치色川大吉는 '1960년대 황금기'는 이전 대중문화 몇 세기와 단절되는 시기라고 주장하기도 했다.[132]

제2차 세계대전 종전 후 10여 년간 일어난 기본 사회 변화는 대중국민성nationhood의 조건을 형성했다. 민족의식을 가장 저해하던 두 요소, 즉 지역 다양성과 신분질서는 상당 부분 사라졌다. 특정 지역보다는 일본 민족 소속 의식이 가장 중요해졌다. 전후에는 신분질서와 소득 불평등도 많이 사라졌다.[133] 전쟁 말기 총력전 때문에 벌어진 전시 동원도 평등주의 정신에 일조했다.[134] 1960년대에 일본은 문화까지 통합된 국가가 되었다. 문화 단일성 주장은 보통 일본인에게도 타당해졌다.

전후 완전한 변모는 연대를 유발하던 전통적 근원도 해체했다. 농가와 마을 공동체는 수에서도 상징성에서도 빠르게 축소됐다.[135] 전쟁 전에는 가족家과 공동체村를 당연히 견고하다고 생각했다. 이들은 사회화에서 근본 동인이었고 일본인 대다수가 살던 세계를 유지했다.[136] 가족국가 이데올로기는 충성심과 효라는 이상을 고취했고, 가족은 도덕성과 사회의 근간 대접을 받았다.[137] 그러나 전후 개혁으로 부계 가족은 토대가 무너졌다.[138] 핵가족이라는 서양 이상과 '마이홈주의'가 전후 규준이 되었고,[139] 여기에 저출산(1950년 3.7%에서 1970년

2.1%로 감소)이라는 특징도 생겼다.[140] 평균 가구원수는 1955년 4.9명이었지만 1970년에는 3.6명으로 줄었다.[141] 생활 중심은 여전히 집이었지만, 가정생활이란 복잡한 현대 환경 속 한 가지 요소에 불과했다. 일례로 1950년까지도 일본인 95%는 가정 출산으로 태어났지만 1960년에는 그 수치가 50%로, 1980년에는 0.5%로 줄었다.[142]

이러한 '근대화 쓰나미'가 시간(전통)과 장소(고향 또는 조상들이 살던 마을)에 있던 안정성을 분해하고 말았다.[143] 빠른 이탈로 농촌 사회 연대는 무너졌다.[144] 화합과 협동, 사회 통제가 두드러지던 마을 연대 역시 약해졌고,[145] 그 때문에 1930년대 일본을 특징짓던 '조건 없는 유대감'은 산산이 부서졌다.[146] 1950년대 후반에 고향을 노래하는 곡들이 널리 인기를 끌었다는 사실도 이러한 전국적 이탈을 알리는 조짐이었다.[147] 이에 대응하여 고향 만들기古里作り가 대중 운동이 되었다.[148] 제니퍼 로버트슨Jennifer Robertson이 대도시 도쿄 인근 고다이라小平 시에서 수행한 연구는 이러한 실상을 잘 보여준다.[149] 1985년에 고다이라 주민 중 자신이 '전입자'가 아닌 '토박이'라고 본 사람은 불과 1%였다.[150] 이렇게 뿌리를 잃고 떠난 도시인들 때문에 전국에서 향수鄕愁 욕구가 생겼고, 그중에는 잃어버린 지역 공동체를 향한 향수에 크게 의존하는 국내 관광산업도 있었다.[151] 고향을 그리워하는 향수는 전후 일본에 만연한 주제였다.[152]

전후에 전통 가족과 공동체가 약해졌다면, 이들을 둘러싼 영적 외피도 마찬가지였다. 종교는 주변적 사회현상이 되었다. 메이지 정부는 '근대 일본 종교사는 종교 탄압의 역사'[153]라고 할 만큼 지역 종교

제도 및 관행을 탄압하려 했다. 국가 신토는 천황을 신격화하고 애국적 군국주의를 고취했지만[154] 1960년대에는 거의 완벽하게 잊힌 지경이었다.[155] 조지프 기타가와Joseph Kitagawa는 "전후 일본에서 기본 문제는 일본인의 뿌리 없음이다 (…중략…) 전후 일본에서 비극은 사람들이 근간이 되는 이 종교적 방향성을 잃었다는 데 있다"[156]라고 말했다. 나는 이것이 '비극'은커녕 '문제'인지도 모르겠지만, 현대 일본에 인지할 만한 국가 종교가 아예 없다는 사실만은 확실하다. 전후 일본에는 종교 다양성과 아노미라는 특징이 있다.[157] 벌써 1950년대부터 조사 대상 일본인 중 불과 3분의 1만 종교가 있다고 답했고,[158] 일본은 세계에서 신앙 인구가 가장 적은 나라가 되었다.[159] 야마오리 데쓰오山折哲雄는 일본에 가장 널리 퍼진 신앙은 '막연한 무신교漠然たる無神教'[160]라고 했다.[161]

가족과 공동체, 국수주의를 대신해 대중 언론이 사회화와 연대의 주요 기반이 되었다. 민속학자 미야모토 쓰네이치宮本常一가 전쟁 전 쓰시마津島에 갔을 때는[162] 라디오가 있는 집이 하나도 없었다고 한다. 그런데 내가 1980년대에 쓰시마에 갔을 때는 TV가 없는 집도 거의 없었다. 가토 슈이치는 이렇게 말했다. "그리 오래지 않은 과거에는 라디오도, TV도, 영화관도 없었다. 베스트셀러나 판매부수가 많은 잡지도 없었다. 그저 (…중략…) 인구 0.2% 미만이 읽는 신문밖에 없었다. 대중 언론은 오늘날 일본에서 그야말로 극적인 혁신이다."[163] 80%가 넘는 일본 가구가 라디오를 소유하게 된 시기가 1950년대 후반이다. TV 소유가 80%를 넘은 시기는 1960년대 중반이었다.[164] 이 시기에 일본문화는 이미 과거보다 훨씬 단일해졌다. 그런데 제3장에서도 주장했지만 얄궂게도 일본 국민 대중문화는 철저하게 다민족이었다.


## 일본인성의 무효성

일단 대중 민족 정체성이 성립되자 역설적으로 무엇이 일본인성을 만드는가 하는 질문에는 확실한 답이 없어졌다. 1945년 파국을 낳은 패전과 뒤이어 어지러운 격변을 겪자 전쟁 전 이상들은 완전히 무너졌다.[165] 평론가 가토 슈이치도 말했지만, "오늘날 일본 어디에서도 도조東條 정권이 만든 것들은 찾을 수 없다. 일본 군국주의자들은 무덤과 폐허만을 만들었다. 이탈리아에서도, 심지어 독일에서도 그렇지는 않았다".[166]

보다 크게는 전후 일본인들은 전쟁 전을 잊었거나 잊으려 노력했다. 그러나 얼마 안 된 과거와 거리를 두지 못한 사람들도 있었다. 마루야마 마사오는 종전 직후 지식인들을 '회한 공동체悔恨共同体'라고 불렀다.[167] 어느 회한에 찬 전범은 이렇게 표현했다. "다시 태어난다면 나는 일본인으로 태어나고 싶지 않다 (…중략…) 차라리 조개가 되고 싶다".[168]

일본이 개인 및 집단 죄의식 회피 같은 쾌씸한 동기들에서 전쟁 범죄를 부정하기는 하지만, 전쟁 전 일본의 모든 측면은 사실상 정통성을 잃었다.[169] 천황은 원래 일본인들에게 군주이자 가장이자 신이었지만,[170] 전후 일본인 대부분에게는 더 이상 제일 심오한 이상이나 문화 고유성을 대변하는 존재가 아니었다. 국가 종교인 신토는 종교 절충주의에 자리를 내줬고, 「교육에 관한 칙어」는 민주주의 신념으로 대체되었으며, 전쟁 전 제국주의 역사와 지리는 전후 진보주의 역사와 지리로 탈바꿈했다. 일부 학자들은 전후 일본에서 천황제와 국체 이데올로기가 계속 의미를 유지했다고 주장하지만, 전쟁 전 이상과 사상을 다 잊은 기억상실증은 주목해야 한다. 예를 들어 현대 일본인은 국체国体라고 하면 대부분 전쟁 전 민족주의 사상이 아니라 국민체육대회를 떠올렸다.[171]

전후 일본은 6년에 걸친 미국 점령기는 물론 미국식 생활을 무분별하게 모방하는 현상도 겪었다.[172] 물질문화든 사회 가치든 미국이 종전 직후 일본을 수십 년간 주도해서[173] 미국화Americanization는 불가피해 보일 정도였다.[174] 버나드 루도프스키Bernard Rudofsky는 1960년대에 "요즘 미국화를 연구하려는 사람이라면 일본으로 가야 한다"[175]라고 말했다. 구메 마사오久米正雄는 1950년에 심지어 일본이 미국에 속해야 한다고 했다.[176] 1950년대 초반 6학년 학생들에게 어느 나라 사람으로 태어나고 싶은지 묻자 53%는 미국인, 22%는 스위스인이라고 했고, 불과 16%만이 일본인이라고 답했다.[177] 1960년대 초반에 전국 조사를 실시했을 때 일본인들이 가장 존경하는 인물은 에이브러햄 링컨이었다. 히로히토(쇼와 천황)는 플로렌스 나이팅게일 다음으로 퀴리 부인과 공동 14위였다.[178]

전후 재건과 물질적 진보라는 시급한 과업을 달성하자[179] 성찰하는 일본인들은 또 다시 일본인 정체성을 깊이 생각하기 시작했다. 1960년대 고도 경제 성장이 1964년 도쿄 올림픽으로 상징적 정점을 찍으면서 일본인 정체성 문제는 한층 시급해졌다.[180] 호기심 많은 외국인들도 끊임없이 일본인이 된다는 의미가 무엇이냐고 질문을 던졌다.[181] 앞서 말했듯이 1950년대 지배 담론은 일본의 옛사상을 부정하거나 무효화했으며, 대신 군국주의와 국수주의라는 대재앙을 낳고 보편적(서양) 이상의 성취를 가로막은 단점들을 강조했다.[182] 따라서 1960년대에 나온 답 대부분은 모호하고 진부했다. 1962년 출간된 어느 인기 서적은 전집全集과 선물은 일본인 지혜를 보여주는 대표 사례라고 했다.[183] 그런데 사실 전집은 독일에서 수입한 것이고 선물은 당연히 문화 보편성이다. 1960년대 초반 가장 일관된 답은 아마도 일본을 절충주의에 혼합주의문화라고, 즉 다양한 영향력과 힘의 융합이라고 묘사했을 터이다. 마루야마 마사오는 일본식 사고에는 서양 기독교나 중국 유교 같은 본질도 축도 없다고 에둘러 말했다.[184] 비슷한 맥락에서 가토 슈이치는 일본문화가 혼종(잡종문화)이라고 묘사했다.[185]

그러나 1960년대 일본인 대부분은 일본인 정체성 문제에 이렇다 할 답이 없었다.[186] 에즈라 보겔에 따르면 1960년대 초반 전형적 중산층 교외 거주자는 "무엇이 명확하게 일본적인지 정확한 정의를 내리지 못했고 따라서 갑작스러운 서양문화의 대량 공세에 준비가 제대로 되어 있지 않았다".[187] 1965년에 정치학자 이시다 다케시石田雄는 대학생들에게 '일본이란 무엇인가?'라는 질문을 던졌는데, 이때 가장 많이 나온 답 중에는 '어쩌다 내가 태어난 나라' 아니면 애매하게도 '아마 없어지지는 않을 것'이라는 답도 있었다.[188] '일본'이라는 단어에서 어떤 말이 연상되는지 묻는 질문에도 역시 답은 모호해서, '일본 열도'나 '아무것도 없다' 아니면 '내가 어릴 때 놀던 산' 등이 나왔다.[189] 전쟁 전 지배적 세계관을 상실하고 급속한 미국화를 경험한 일본인 대부분은 일본인성의 구성 요소가 대체 무엇인지 혼란스러워했다. 1960년 어느 설문조사에 따르면 일본인들이 가장 지키고 싶은 것은 '평화'였다.[190] 그러나 이러한 새로운 평화주의라는 이상이나 '어릴 때 내가 놀던 산'에 품는 특별한 애착, 또는 미국화한 물질문화는 일본인성의 성격과 의미를 보여주는 좋은 후보는 되지 못했다.


## 새로운 민족주의와 단일 민족 이데올로기


제2장에서 다룬 현대 일본인성 담론이 생기면서 1960년대 후반 일본인 정체성과 고유성을 말하는 유용한 서사가 나왔다. 이 서사에서는 일본에 단일성이라는 특징이 있다고 묘사하며, 그 단일성은 역사(도쿠가와 정부 쇄국 정책)와 지리(일본은 섬나라島国)에서 생겼다고 한다.

이 서사는 1968년 메이지 유신 1백 주년에 처음으로 명확하게 표현되었다. 1968년에 소설가 이시하라 신타로石原慎太郎는 "일본 같은 나라는 없다. 국민은 사실상 단일 민족이고, 다른 어느 나라와도 다르게 동일한 언어를 사용하며 고유한 문화가 있다"[191]라고 했다. 같은 해 미시마 유키오는 좀 더 예리하게 '문화 방위'를 다룬 유명 수필을 발표했다. "일본은 단일 민족 · 단일 언어라는 점에서 세계에서 매우 드문 국가이다."[192] 그리고 나아가 일본에는 '문화 연속성'과 '민족과 국가'의 동일성이 있다고 역설했지만, 사실 미시마의 근본 의도는 천황만이 일본을 정의하는 '본질적 가치wert an sich' 혹은 '문화 개념'으로 기능할 수 있다고 강조하는 데 있었다.[193] 현명하게도 미시마는 단일 민족성이 전후 현상이라는 사실을 인식했다.[194]

후대에 나온 표현들은 대개 천황을 제외하면서 차별화되는 일본 인성 술어로 단일 민족성을 강조했다. 예를 들어 이시다 다케시는 "모든 사람들이 같은 머리 색, 같은 눈동자 색이며 같은 언어를 말하고 같은 방식으로 산다는 데서 일본이 정의된다"[195]라고 했다. 일단 단일 민족 일본 사상이 일본인성을 나타내는 본질적 특성으로 떠오르자 이에 이의를 제기하는 사람은 거의 없었고, 알 만한 이들조차 이 사상을 재생산했다.[196] 이러한 면에서 '일본인론'이라고 하는 일본 인성 담론은 오사카 엑스포가 열린 1970년부터 오랫동안 유행했다.[197] 1970년대 초에 기무라 도키오木村時夫가 내놓은 연구는 두 가지 일본 특징을 강조하는 원형이다.[198] 그 두 가지란 첫째, 일본은 섬나라島国이며 둘째, 일본은 '세계에서도 매우 드문 단일 민족 국가'라는 특징이었다. '인종 단일성'과 '섬나라', '같은 언어'는 일본인성을 말하는 여러 표현 중에서도 가장 뻔한 말이 되었다.[199] 서양 작가들도 이런 뻔한 표현이 일본 사회를 나타내는 본질적 특성이라는 말을 확

신에 차서 충실하게 재활용하고 알렸다.[200]

　이제껏 거듭 강조했지만 일본인성 담론에서 가장 중요한 각 명제, 특히 단일 민족성 사상은 오해할 소지가 있거나 잘못되었다. 일본 단일성을 설명할 때 가장 흔한 말은 일본이 도쿠가와 시대에 3세기 가까이 쇄국을 경험했다는 표현이다. 그러므로 일본은 배타성과 지역주의가 있다는 말이다. "이러한 인종 통일성과 역사상·지리상 고립이 결합되어 강력한 민족 정체성 의식을 부채질했다."[201] 그러나 '쇄국'은 국가가 무역과 대외관계를 독점했다는 뜻이지 외국 영향력에서 사회가 완전히 고립되었다는 뜻은 아니다. 모든 동아시아 국가에는 무역을 국가가 독점한다는 특징이 있었고, 도쿠가와 정부는 다른 군주국들과 폭넓게 접촉했다.[202] 도쿠가와 시대 지식인들은 일본 열도 너머 세계에 관해 해박한 지식이 있었고, 중국, 나중에는 서양 지식을 부지런히 얻으려 했다. 쇄국이라는 사상 자체는 메이지 유신 이후 전근대 시대를 계몽과 문명의 근대 시대와 구분하고자 널리 보급된 사상이다.[203] 게다가 바다에 둘러싸이다 보니 오히려 문화 간 접촉도 활발해졌다. 바위투성이인 일본 땅에서는 육상 운송보다 수상 운송이 훨씬 유용했다.[204] 그런데 일본은 유일한 섬나라 민족국가가 아니다. 그리고 유일한 단일 언어 사회도 아니다(부록 참조). 단일 민족 논지는 부정확할 뿐만 아니라, 일본인 중에도 다른 민족국가들을 단일 민족으로 보는 사람이 많으므로 고유성을 나타내는 근거도 되지 못한다.

　그렇다면 왜 일본인성 담론, 특히 단일 민족 사상이 그렇게 인기를 얻었을까? 몇몇 이유는 이미 언급한 바 있다. 전후 일본은 오키나와 등 식민지를 상실하고 훨씬 큰 민족 동질성을 얻었다. 전후 일본은 국가 통합과 대중 민족의식을 달성했다. 그리고 일본 민족 정체성이 무엇인가 하는 질문에는 마땅히 이렇다 할 답이 없었다. 마찬가지로 새로운 번영에서 태어난 새로운 민족주의도 중요한 이유였다.

앞서 초기 일본인성 담론을 설명한 선구적 인물로 인용한 두 작가 —이시하라와 미시마—도 1960년대 일본 민족주의와 보수주의를 강력하게 주창한 인물들이었다. 사실 일본 우익 사상은 완전히 권위를 잃었다가 1960년대부터 다시 회복되기 시작했다. 전후 최초로 나온 주요 발언은 1964년에 하야시 후사오林房雄가 내놓은 발언인데, 하야시는 태평양 전쟁이 서양 식민주의에서 아시아 국가들을 해방시키려는 노력이었다고 옹호했다.[205] 그리고 일본 민족주의를 부흥하려는 많은 이가 뒤를 따랐다. 1968년 '일본문화회의日本文化会議' 창설과 1969년 명백한 민족주의 잡지『쇼쿤諸君』등 눈에 띄는 주요 사건들도 있었다.[206] 사실 여당인 자유민주당이나 정부에 남아 있는 전쟁 전 인사들 때문에 전쟁 전 민족주의를 되살리려는 시도도 많이 있었다. 예를 들어 문부성은 1950년대부터 줄기차게 학교에서 국가 제창과 국기 게양을 장려했다.[207] 무엇보다 1950년대 기시 노부스케岸信介 총리 정권은 전쟁 전 일본과 연속성을 재확립하려 했다.[208] 그러나 천황제와 제국주의, 군국주의를 강조하던 전쟁 전 민족주의는 1945년 이후 철저하게 권위를 잃었다. 전쟁 전 민족주의가 살아남았거나 좀더 적극적으로 부활했다면, 일본의 고유성을 나타낼 보다 그럴듯한 후보는 훨씬 많았을 터이다. 가장 두드러진 후보로는 미시마가 강조한 천황제나 무사와 무사도武士道가 있겠다. 그러나 전쟁 전 이상들이 무너지면서 일본인 정체성을 나타내는 타당한 근원으로서 제국주의와 군사 관련 덕목들은 사라졌다. 전쟁 전 민족주의를 되살리려는 시도—기시 총리가 한 명백한 정치 작업이든 미시마가 내놓은 유토피아든—는 결국 일본인들에게 거부당했다. 1968년 메이지 유신 1백 주년 당시에 민족주의 자긍심을 되살리려는 노력은 '역사가들의 극심한 비판과 좌파의 냉소주의, 대중의 무관심'으로 상처가 났다.[209]

　민족주의 우익은 시끄럽게 떠들었지만 힘이 약했다. 후일 우익 사상가 와타세 슈키치渡瀬修吉는 그 역사를 지속적 탄압의 역사로 서술했다.[210] 일본 정신 등 전쟁 전 민족주의 감정을 언급하면 전후 내내 반드시 '보수 반동' 같은 비웃음을 샀고, 그 즉시 일축당했다.[211] 국기에 경례하거나 국가를 제창하는 등 순수해 보이는 애국주의 행동도 무서운 전쟁 전 과거를 연상시켰기 때문에 전후 일본에서는 계속 논란거리였다.[212] 말하자면 애국심은 전후 일본에서 군국주의와 똑같은 취급을 받았다.[213] 그렇다면 애국심이 그렇게 약했다고 해도 그리 놀랍지 않다. 1980년대에 실시한 어느 조사에서 70%가 넘는 미국인과 한국인이 국가 이익을 위해 개인적 이익을 기꺼이 희생하겠다고 한 반면, 같은 답을 한 일본인은 16%에 불과했다.[214] 니시히라 시게키西平重喜는 "일본인들은 국가 자긍심이 낮고, 애국심이 약하며, 국가 의식이 전반적으로 약하다"[215]라고 결론지었다.

　그렇다면 역설적으로 어느 정도는 전쟁 전 전통 민족주의에 있는 한계 탓에 단일 민족성 신념이 생겼다는 뜻이다. 이는 일본에 있는 본질적 그 무엇이 아니라 일본을 타자와 다르게 만드는 그 무엇을 강조한 불완전한 표현이었다. 1960년대에 부상한 민족주의는 보복주의가 아니라 새로운 전후 민족주의였다. 새로운 민족주의는 천황이나 국체가 아니라 경제 회복과 기업 자본주의를 찬양했다. 반서양이나 반미가 아니라 친서양, 친미였다. 무엇보다 이 새로운 민족주의는 보통 일본인에게 있던 보수성이나 고도 경제 성장으로 생긴 만족감에서 지지를 얻었다. 1950년대에는 일본적인 모든 것을 향한 비하나 무시가 만연했지만, 이 부정하지 못할 풍요는 그러한 비하나 무시가 틀렸다고 말했다. 일본인 대부분은 전쟁 전 민족주의가 아니라 전후 경제 성장이 이룬 업적을 반영할 사상을 간절히 바랐다. 작가 사카이야 다이치拜屋太一가 내놓은 논평도 그리 드물지 않은 표현이다. "일본이 '특수'하다는 사실은 수치스러운 일도 범죄도 아니다. 우리는 일본의 '특수성' 주장을 주저해서는 안 된다."[216] 1988년에는 95%가 넘는 일본인이 '일본에 태어나서 행복'하다고 했다.[217] 그러나 풍요가 주는 공허함(미국화는 설득력 있는 일본인성 술어가 아니므로)도 전쟁 전 이상들의 부활도 일본인 정체성이라는 문제에 깊은 울림이 있는 답을 주지는 못했다.

새로운 민족주의와 일본 단일 민족성이라는 사상은 제국주의·다민족 세계관에 의식적으로 대항해 생긴, 패권적 전후 종족·민족주의 세계관에 의존했고 이 세계관을 명확하게 했을 뿐이다. 제국은 곧 다민족성과 같은 취급을 받았기 때문에 제국 비난은 곧 다민족성 비난으로 이어졌다. 대동아 공영권 대신 작은 일본 — 더글라스 맥아더 Douglas MacArthur 장군 말처럼 아시아의 스위스인 일본 — 이 지배적 이상이 되었다. 이런 이유로 이시바시 단잔石橋湛山 같이 비제국주의 또는 '작은 일본小国日本'을 옹호한[218] 전쟁 전 제국주의 비판가들[219]이 전쟁 전 열광적 지지자들을 침묵시켰다. 역사가 쓰다 사유키치津田左右吉는 제국과 다민족을 동일시하면서 일본 민족과 단일 민족 민족국가를 이에 대립시켰다. 일본인론을 최초로 주창한 이론가, 철학자 와쓰지 데쓰로[220] 역시 다민족 · 군국주의 일본과 대비되는 단일 민족 · 평화주의 일본을 지지했다.[221] 더 보편적으로는 종족 민족주의가 반제국주의 · 반국가통제주의 이데올로기로 부상했다.[222]

진보 지식인들은 새로운 종족 · 민족 세계관과 일본인성 담론을 공유했다. 공산주의자와 좌파 중에는 예전 식민지 국민과 소수 민족들이 겪은 고난에 공감하는 사람도 많았지만, 이들은 사회주의 혁명 — 적어도 진보주의 · 평등주의 이상 — 이라는 지배 신념 때문에 다른 요구와 문제에 주의를 돌렸다. 간단히 말해 소수 민족은 소수 민족으로서 사라질 운명에 처했다. 이러한 관점에서 아이누인과 부락민은 사라지고 말 전근대 유물이었고, 반제국주의 이데올로기는 조선인과 중국인 등 예전 식민지 국민을 돌려보내라고 했다.

물론 단일 민족은 일본문화에 있는 섬나라 근성을 표현했으므로 자긍심보다는 수치심을 느낄 원인이 되었다. 일본 자민족중심주의는 동질성 탓이라는 비난도 많이 받았다. 문화인류학자 나카네 치에는 단일 민족 사회 일본이라는 이론을 한층 더 발전시켰는데, 여기에는 일본 국민을 비판하려는 의도도 있었다.[223] "일본에서 문화 충격이 심한 이유는 일본 사회가 단일 민족 구성이기 때문이다. 일본은 섬나라이고, 다른 문화와 상호작용을 하지 않는다 (…중략…) 우리 것이 아닌 다른 여러 제도의 존재를 알 기회가 아예 없다."[224] 학자들도 '민족' 같은 전쟁 전 주제는 피했다.[225] 마르크시즘이나 근대화 이론에서 자극 받은 전후 일본 사회과학자 대부분은 소수 민족 같은 개별주의 문제를 무시했다.[226] 민족과 민족주의를 심각하게 논의할 때에도 '민족 문제'라고 하면 제국주의로 위협을 당한 일본국민에게 초점을 맞추었지[227] 소수 민족에게 초점을 맞추지는 않았다.

마르크시즘이든 근대화 이론이든 보편주의 이론들은 일본의 특수성을 설명하지 않아서 진보 지식인들은 일본이 겪은 구체적 경험을 이해할 개념과 도구가 없는 상황이었다. 따라서 이들은 가장 우세하던 일본의 전후 종족·민족 관점을 비판 없이 받아들였다. 이러한 맥락에서 민속학 연구, 특히 야나기타 구니오가 한 작업들은 단일 민족 신념을 강화했다.[228] '신新국학' — 일본의 국가 본질을 규정하려는 사업 — 은 시간과 공간에서 상실된 것을 되살리려는 또 다른 시도였다.[229] 야나기타는 농민 등 보통 사람들을 진정한 일본인성의 근간으로 승격시켰고[230] 그러면서 불평등과 차별, 이질성은 무시했다.[231]

마지막으로 일본인성 담론은 전후 보수파 지배와 잘 공명했다. 식민주의에 있는 양가감정 — 동화 욕구와 일본 우월 사상 — 은 소수민족을 대하는 다른 태도에서도 뚜렷하게 나타났다. 한편에서는 아이누인과 부락민, 오키나와인들이 계속 일본화 대상이 되고 있었다.

그런데 또 한편에서는 조선인과 대만인 등 예전 일본제국 국민이 일본인이 아니라며 무시당하고 있었다. 그렇게 하면서 일본 정부는 식민지와 그에 따르는 문제들, 본국 송환이나 전쟁 피해 보상 같은 문제들을 떼어냈다.[232] 천황제와 제국이 없어지기는 했지만 관료주의와 보수주의 정신 속에는 국수주의 습관이 여전히 남아 있었다.

이렇게 단일 민족 일본이라는 사상은 1960년대 후반 일본인 정체성이라는 문제에 우발적이면서도 편리한 답으로 생겨났다. 전통을 그렇게 철저하게 갈아 없애니 정체성 탐구에서 모든 논리와 증거가 무시당했다. 나쓰메 소세키는 서양 우월성 앞에서 후지산을 자랑거리라고 내놓는 광적이고 어리석은 일본인을 한탄하기도 했다.[233] 우파까지도 전후 일본에서 후지산이나 게이샤, 하이쿠俳句(5·7·5음으로 이루어진 정형시—옮긴이), 우키요에浮世絵(에도시대 풍속화—옮긴이), 선禅, 가부키를 일본 고유성이라고 강조하는 것으로는 만족하지 못했다.[234] 단일 민족성은 전후 일본에서 어리석은 자들의 민족주의가 되었다.


다민족의 기억


일본의 다민족 기억을 지우고 단일 민족 논지에 타당성을 부여하는 데는 물질주의와 담론 배경 이상으로 세대 변화도 상당한 영향을 끼쳤다. 일본인들도 전쟁 전 시대를 지우려고 했지만, 그 시대는 시간이 흘렀기 때문에도 잊었다. 1950년대 중반부터 이미 '전후 세대'가 지식과 문화계를 지배했다.[235] 1960년대 중반에는 도쿄와 오사카 거주자 대다수에게 제2차 세계대전의 기억은 없었다.[236] 1980년대 중반에 내가 여러 전투나 구호 등 전시 주요 사항에 관해 묻자[237] 대개 역사책에서 본 흐릿한 기억을 말하는 일본인이 많았다. 물론 그러한 대답은 대개 부모나 조부모 세대에게 있는 기억이었기 때문에 의미는 들어 있지 않았다.

또한 국가 상상력에서 도쿄가 차지하는 중심성도 중요하다. 쉽게 말하면 도쿄는 일본 전체를 대표하게 되었다.[238] 도쿄 중심 언론은 단일 민족 신화를 유지하는 데 있어 특히 핵심이었다. 아이누인이 있는 홋카이도든 조선인과 부락민이 많은 오사카든 다른 지방에서는 다민족 현실 때문에 단일 민족 일본이라는 사상 자체가 틀렸다고 쉽게 말할 수 있었다. 그런데 누구나 시골 촌놈이 아니라 도쿄 토박이로 행세하려고 하는 도시에서는 동질성 있는 국민으로 행세하며 이에 동화하는 일이 규범이 되었다.[239] 이러한 맥락에서 도쿄인들이 지역이나 기타 정체성을 지워버리고 그 민족(국민) 정체성을 강조하려는 태도는 당연하다.[240]

마지막으로 피할 수 없는 미국의 존재감도 무시해서는 안 된다. 일본이 다르다거나 고유하다는 수많은 유언비어는 일본과 미국을 비교한 데서 생겼다. 일본인에게 미국은 제국주의 국가일 뿐만 아니라 심각한 인종차별 문제가 있는 나라였다.[241] 반면 일본은 작고 제국주의가 아니며 따라서 다민족이 아닌 나라였다. 미국이 일본을 해석할 때 미국식 인종 이데올로기가 한몫했다는 사실은 무시할 수 없고, 그 반대도 마찬가지다. 종족·민족 차이에 민감한 유럽인들과는 달리 미국인들은 흑백인 인종 프리즘을 통해 일본을 보았고, 여기서 유럽 계 미국인 사이에 있는 민족 차이는 백인성이라는 단일 범주로 압축 되었다. 이러한 관점에서 일본을 관찰한 미국인 대다수에게 일본은 대단히 동질성 있다는 느낌을 주었다. 투박하게 표현하면 일본인은 다 비슷해 보였다. 도널드 킨[242]은 '일본 인구에게 특이한 신체적 동 질성'이 있다고 했고, 델머 브라운Delmer Brown은 일본이 '세계에서 인 종적으로 가장 동질성 있는 민족'[243]이라고 했다. 이러한 견해는 그보 다 앞서 일본을 관찰한 유럽인들과는 물론 상당히 다르다. 엘빈 폰 벨츠Elvin von Beltz부터 브루노 타우트Bruno Taut까지, 19세기 후반에서 20 세기 초반 유럽인들은 일본인 얼굴형과 골상에 두드러진 다양성이 있다고 보았다.[244]

그렇지만 전쟁 전 제국주의·다민족 이데올로기와 현실이 전후에 완전히 잊히지는 않았다. 정치학자 가미시마 지로神島二郎는 이렇게 말했다. "전쟁 전 일본에서는 야마토 민족이 잡종 민족이자 혼합 민 족이라고 했습니다 (…중략…) 그런데 전후가 되니 이상하게도 진보 지식인을 필두로 일본은 단일 민족이라고 하기 시작했죠. 도대체가 근거 없는 소리입니다."[245] 전쟁 전 제국주의 다민족성이나 최근 일 본 국가 통합의 성격을 모든 사람이 잊지는 않았다.

단일 민족 이데올로기가 담론을 지배했다고 해서 역사 기록이나 개인 기억을 다 지워낼 수는 없다. 얼마나 많은 일본인 인생사가 일

제5장_ 일본 민족 정체성과 단일 민족 이데올로기의 계보

본 제국과 민족 혼합 경험으로 채색되어 있는지는 놀라울 정도이다. 겉보기에는 고립된 스에 마을須惠村 — 농경 사회 일본을 보여주는 고전적 민족지학 유적지 — 에도 조선과 만주 등지에 다녀오거나 그곳에 친지가 있는 마을 사람들이 많았다.[246] 사실 일본 식민주의 팽창이 대중의식에서 완전히 사라지지도 않았다. 어느 노인은 하타다 구니오에게 이렇게 말했다. "공생? 불가능하지. 1930년대 중반 이전에 태어난 사람들이 살아 있는 한, 절대로 불가능해. 우리는 외국인을 보는 편견이 확실하다고. 그 사람들이 정말 좋은 사람들이라고 해도 이 문제는 달라. 우리에게 '공생'은 대동아 공영권으로 되돌아가는 거야. 하나가 된다는 건 결국 (외국인을) 지배한다는 뜻이지."[247] '혼혈아'가 많이 생긴다는 이유로 외국인 노동자 유입에 반대한 어느 극우 민족주의자도 사실은 아시아가 단일한 실체라는 점에서 감상적 기분浪花節的気分이 들어 갈등을 느꼈다고 한다.

전쟁 전 역사를 기록한 문서에 어쩔 수 없이 제국주의 흔적이 남아 있듯이, 나이 많은 일본인 사이에서 다민족 일본과 다민족 기억이 전부 사라지지는 않았다. 이는 내가 진행한 면담에서도 확실했다. 70대인 소규모 공장 사장은 핏대를 올리면서 조선인은 '형편없고最低' 중국인은 약하고 더럽다고 했다. 그런데 이 인종주의 발언은 열등 민족을 포함한 제국주의를 그리워하는 향수와 섞여 나왔다. 예를 들면 이 노인은 똑똑하던 조선인 동창생 이야기는 아주 좋게 했다. 도쿄 중심지에서도 가난한 우에노上野에 사는 어느 60대 노인은 이렇게 말했다. "가장 최근에는 이란 사람들이 우에노로 왔지. 조선인들은 나보

다도 먼저 와서 여기 눌러 앉았어. 전쟁 후에는 시골에서도 많이 왔
고. 시골 촌놈田舍者들은 말言葉을 제대로 못했지만, 다들 동화했어."
투덜거리던 이 노인은 자기가 살아 있는 동안에는 일본 민족 정체성
확립이 온전히 이루어지지 않으리라는 과격한 생각도 슬쩍 드러냈
다. 또 지역 간 차이가 아주 심해서 소통도 쉽게 되지 않았고, 일본 변
방에서 온 사람들은 그 전후에 우에노로 온 조선인이나 이란인만큼
달랐다고 했다. 그러나 이러한 개인 목소리는 뻔한 단일 민족 이데올
로기로 침묵당했다.


## 침묵의 해부


그렇게 많은 일본인들이 과거에도 지금도 계속 단일 민족 사회에
산다고 생각할 수 있는 이유는 실제로 존재하는 소수 민족 집단이 침
묵하기 때문이다. 앞 장에서는 주요 재일 소수 민족 집단의 발전을
추적했다. 이미 보았듯이 아이누인들은 수도 적지만 1세기에 걸친
일본화 작업으로 문화까지 황폐해졌다. 남부 변경에 있는 오키나와
인들은 1972년까지 미군 점령을 받았다. 따라서 이 두 집단이 지킨
침묵은 설명하기 어렵지 않다. 지리적 거리와 고립을 생각하면, 이들
은 일본인 대부분의 마음에서 그저 긁힌 자국에 불과했다. 그런데 규
모가 더 큰 두 집단, 재일 한국·조선인과 부락민은 어떤가? 이들은
왜 보이지도 들리지도 않았을까?

첫째, 두 집단 모두 사회적 고립 상태였다. 전후 부락민과 재일 조선인들은 주거상 분리되어 있었다. 게다가 고용 차별 때문에 이들이 일본인과 함께 일할 기회도 최소화되어 있었다. 따라서 일본인, 특히 도쿄 거주민 대부분은 부락민이나 재일 조선인을 큰 집단으로 만날 가능성이 별로 없었다.

둘째, 단일 민족 이데올로기가 정부와 대중의 도외시를 정당화했다. 예를 들면 정부는 도쿄에 부락민 구역들이 있다는 사실을 인정하지 않았다.[248] 그 규모가 상당히 컸는데도 말이다.[249] 소수 민족 집단이 존재하지 않는다는 가정은 지방정부와 중앙정부가 보인 소극성을 정당화했다. 달리 말하자면 일본 정부는 단일 민족 이데올로기 덕택에 다양한 소수 민족 집단이 하는 요구에 대응할 의무에서 벗어났다. 한국계 일본인 학자인 박경식은 "평등을 요구하면 우리는 '단일 민족 국가·사회'라는 답을 듣는다"[250]라고 말했다. '수동성과 침묵'이 부락민 차별을 없애리라는 믿음도 지배적이었다.[251] 이러한 점에서 재일 한국·조선인들은 북한이든 남한이든 '고향'으로 곧 돌아갈 터였다.

셋째, 동화 또는 일본화가 민족 동원을 대신했다. 차별이라는 현실 속에서 부락민과 재일 한국·조선인 개개인은 주류 사회에 동화되려고 했다. 전후에 이 두 집단은 인종화하지 않았다. 이들은 신체로도 문화로도 일본 민족 인구집단과 크게 다르지 않았다. 부락민 대부분은 앞서 언급했듯 자신들이 일본 민족이라는 현대 일본의 견해를 공유했다.[252] 이러한 민족 부정에서 나오는 결과 중 하나가 바로 부락민, 특히 도쿄 지역 부락민에 관한 실질적 무지이다. 일본계 미국인 사회학자인 I. 로저 요시노I. Roger Yoshino는 '도쿄 지역에는 부락민에 관해 조금이라도 아는 사람이 거의 없음'을 깨달았다.[253] 실제로 자국 내 부락민 해방운동보다 미국 흑인 해방운동을 더 잘 아는 일본인이 훨씬 많다.[254]

반대로 재일 한국·조선인은 자신이 일본인이라고 전혀 생각하지 않았다. 1960년대까지 이들은 체류자라는 자아 일체의식이 있었다. 그러나 이들은 일본 경제·사회 생활에 참여할 때는 일본인 행세를 해야 더 편하다는 사실을 깨달았다. 1990년대에 한글 이름을 사용하는 사람은 10분의 1 미만이었다.[255] 한민족 집단 정치 에너지도 고국 정치, 그리고 각각 북한과 남한 계열 단체인 총련·민단 분열에 집중되어 있었다.

행세는 개인 전략으로 확산되어 단일 민족 이데올로기라는 악순환을 마감했다. 차별이 만연하는 한, 동화는 선택된 개인들에게만 가능한 일이다. 그런데도 단일 민족 이데올로기와 민족 차별에 대항하는 집단 도전이 일어나지 않으니 현상이 유지되었다. 부락민도 한국·조선인도 개인 자격으로는 일본인이 될 수 있었지만, 그랬기 때문에 집단 자격으로는 일본의 일부가 될 수 없었다.

그러나 1980년대에는 일본 다민족성을 인정하라고 요구하는 담론과 운동을 시작할 정도로 다양한 민족 집단 상황이 아주 많이 변했다. 변화하는 사회 상황 때문에 민족 정치학도 크게 변했다. 주거와 고용 분리도 줄었다. 특히 1960년대 노동력 부족으로 부락민은 주류

제5장_ 일본 민족 정체성과 단일 민족 이데올로기의 계보

일본 노동시장에 편입되었다.[256]

동화가 진행되던 바로 그 시점에 민족 정체성 주장이 나왔다. 아이누인과 부락민, 중국인, 한국·조선인, 오키나와인 등 모든 재일 소수 민족 집단은 일본인들과 문화상 구분이 불가능했지만, 1960년부터는 동화에 저항하는 강력한 원심력이 등장했다. 재일 한국·조선인 1세대는 고국 정치에 관심을 쏟았지만 2·3세대는 일본 정치에 관심을 쏟았다.[257] 아마 1940년대부터도 조선인 중 3분의 1은 한국어를 유창하게 하지 못했다.[258] 3·4세대 가운데 유창하게 한국어를 하는 사람은 극히 드물며, 이들은 고향에 관한 기억도 거의 없다.[259] 젊은 재일 한국·조선인 일본인들은 어느 정도 남북한 귀속의식이 있을지라도 문화에서는 일본인이다.[260]

마지막으로 다양한 사회운동과 지식 흐름도 민족 동원을 자극했다.[261] 신新좌파와 일본 내 새로운 사회운동이 탄압받는 여러 사회집단들의 대의명분을 받아들였다. 1960년대 이후 인권과 차별 반대는 사상 및 조직 운동으로 전 세계에 더 널리 퍼졌다.[262] 내가 만난 한국·조선인들은 크게는 미국 내 한민족 디아스포라가 어떤 운명에 처했는지, 작게는 한국계 미국인이 된다는 의미가 무엇인지 매우 궁금하게 여겼다. 그러한 집단 표현 중 하나가 가와사키에 코리아타운을 세우려는 시도로 나타났는데, 이는 어느 정도 LA 코리아타운에서 영향을 받았다.

단일 민족 일본이라는 신화는 본래 제2차 세계대전 이후에 생겨난 구성체이다. 단일 민족 이데올로기는 생긴 지 얼마 안 되었지만, 그래도 상상에서 생긴 이 현재는 별 방해 없이 희미한 과거를 단일 민족 이미지로 변모시킨다. 민족주의 역사기술과 민족주의 상상력은 처음부터 지금까지 단일 민족 일본이라는 비전을 강요한다. 제1장에서도 언급했지만, 이 신화는 다민족이라는 위협이 일본 역사에 처음 본격적으로 현대에 온 시기가 1980년대 후반 아시아 이주 노동자들이 넘어온 때라고 표현한다. 그러나 실제로 일본은 늘 다민족이었다.

# 분류와
# 의미

"라모스는 일본인입니다." 대학생 야마모토가 말했다. 머리는 텁수룩하고 피부는 까만 브라질 출신 프로 축구 선수가 어떻게 일본인이 되느냐고 내가 묻자 야마모토는 이렇게 대답했다. "일본인처럼 행동하니까요. 라모스는 팀 플레이어예요. 근성이 있죠." 그러더니 하와이 출신 스모 선수인 아케보노도 일본 사회에 속하려고 하기 때문에 일본인이라고 했다. 반면에 역시 하와이 출신 스모 선수인 고니시키는 일본 사회에 동화하려고 하지 않기 때문에 일본인이 아니라고 했다. 야마모토는 해외에서 태어난 운동선수들까지 일본인으로 분류하면서 줄곧 일본이 단일 민족 사회라고 우겼다.

"인종, 그러니까 외양見掛け 문제라고 생각해요." 30대 가정주부 스

즈키에게는 어떤 사람이 일본인으로 보이거나 일본인 행세를 할 수 있는지가 명백한 구분점이다. 스즈키는 다른 아시아인들은 다르게 생겼다고 주장했지만, 일본에 어느 정도 살면 일본인처럼 보이게 되는 아시아인들도 있다고 인정했다. 또 이러한 맥락에서 재일 한국·조선인들은 진짜 일본인이지만, 아이누족은 그러한 외형상 차이 때문에 진짜 일본인인지 의심스럽다고 했다. 그러면서도 마지막으로 스즈키는 편견과 차별이 없는 세상을 강하게 바라는 말을 내뱉었다. "우리는 모두 인간이잖아요."

성공한 40대 샐러리맨 노무라는 자신이 일본 사회를 현실적으로 바라본다는 자부심을 드러냈다. 노무라는 과거에 차별이 있었다는 사실은 알지만 현대 일본에서 차별은 사라졌다고 생각했다. 새로운 외국인 노동자나 한국·조선인이 고통을 받는다면 일본 사회에 동화하기를 거부하기 때문이다. 그러면서 이란이나 필리핀 사람, 심지어 페루나 브라질에서 온 일본 교포조차도 샐러리맨 생활을 하는 모습은 상상할 수 없다고 했다. 긴 시간 직장에 출퇴근하면서 기업에 속해 배려하며 동료들을 보살피는 모습 말이다. 남북한 혈통인 사람이 일본인이 되는 상상도 할 수 없다고 했다.

그러나 노무라에게 '귀국 자녀帰国子女', 그러니까 해외 근무 부모를 둔 자녀들은 부모가 일본인이므로 '당연히' 일본인이었다. 아이가 일본어를 하지 못해도 그렇다고 우겼다. 노무라에게 일본은 단일 민족 섬나라였다. 섬나라 근성이 일본 민족의 근간, 즉 심층심리라는 말이었다.

이러한 짧은 설명들로도 일본인들이 민족 차이를 상당히 다양하게 본다는 사실을 알 수 있다. 일본인이 우월하다고 꽤 굳게 믿는 야마모토는 신체적 차이는 별것 아니라고 본다. 반면 제2차 세계대전 당시 일본의 침략 행위를 매우 부끄러워하고 현대 일본 사회를 비판하는 스즈키는 외양이 중요하다고 강조한다. 모순까지는 아니지만 일관성 부족이 보일 때도 많다. 노무라는 일본어를 하지 못하는 '귀국 자녀'는 일본인으로 보면서 라틴 아메리카에서 돌아온 일본인들에게는 일본인성이 없다고 한다.

그런데 여기서 누구도 질문을 제기하지 않는 단 한 가지가 있다면 그것은 바로 일본인성이라는 범주 자체, 즉 일본인 정체성과 차이, 고유성을 말하는 여러 담론에 있는 전제이다. 이 책 제2장에서는 새로운 외국인 노동자에 관한 현대 일본인성 담론을 다뤘고, 제5장에서는 단일 민족 이데올로기가 어디서 출발했는지 설명하고자 했다. 이번 장에서는 그 개념상 기반을 탐색하고자 한다.

## 일본인성이라는 범주

일본인성이라는 범주는 순수하고 명확해 보인다. 결국 자신도 남들도 일본인이라고 인정하는 일본 사람들이 있다는 말 아닌가. 일본인 특징 가운데는 일본인과 일본인이 아닌 사람을 구분하는 능력도 들어간다. 그러니 사람들이 이 주제에서 여러 가지 일반화를 내놓아도 그저 자연스러워 보인다.

그러나 이 장 처음에 세 사람이 한 이야기에서 보았듯, 사람들이 사용하는 분류 논리는 서로 다르고 모순적일 수도 있다. 신체적 외양 같은 생득 특징을 사용하는 사람도 있지만 언어와 문화 지식 같은 성취 기준을 따르는 사람도 있다. 누구를 일본인으로 간주해야 하는가를 놓고도 의견이 엇갈린다. 분류 규칙은 명확하게 표현될 때가 거의 없으며 따라서 상식적 직관과 개인 생각이 복잡하게 뒤섞이는 경향이 있다. 이러한 이유로 일본인성의 근원에 관해 열변을 토하는 사람도 있지만 무엇이 어떤 사람을 일본인으로 만드는지 혼란스러워하는 사람도 많다. 아무도 질문을 던지지 않는 지점은 출발점뿐이다. 일본인성 담론에서 근간인 일본인이라는 범주는 주체이자 객체이다. 일본인성 관련 명제들이 경험적으로 적절한가를 끝없이 탐색하기보다는 일본인성을 파고들어 그 초월적 위치에서 끌어내려야 한다.


## 인족 범주 융합


"시민권과 국적에는 무슨 차이가 있나요?" 면담 대상자들이 아마도 내게 가장 많이 던졌을 이 질문은 현대 일본에서 국가와 민족, 종족, 인종이 전반적으로 얼마나 융합되어 있는지 알려준다. 내 존재는 혼란을 일으킬 때가 많아서 대개 다음과 같은 대화가 있었다.

"어디 시민권자예요?"

"미국이오."

"그럼 국적은요?"

"미국이오."

"그런데 일본어를 어떻게 그렇게 잘 하세요?"

"어릴 때 여기 살았거든요."

"일본에서 태어났어요?"

"아니요, 한국에서 태어났습니다."

"그럼 국적이 한국이어야 하지 않아요?"

사실 시민권과 국적 사이에는 내재적 구분이 없다. 그런데도 일본인 대부분은 시민권은 비교적 낯선 개념으로 보는 반면 국적은 호적의 연장선상, 그러므로 타고난 또는 자연적 개념이라고 본다. 이 관점에서 국적은 가족의 연장이다. 사람은 가족에 속하듯이 말하자면 유기적으로 국가에 속한다는 말이다. 국적은 운명에 속하지만 시민권은 선택하고 바꿀 수 있으므로 표면적이라고 보는 일본인이 많다.

시민권과 국적을 놓고 이러한 혼란이 생긴 이유는 국가 구성원 자격과 종족·민족 정체성이 모호하게 구분되어 있기 때문이다. 이민자도 미국 시민이 될 수 있음은 많은 사람이 아는데, 그러한 이유로 사람들은 겉보기에 견고한 국적과 달리 시민권은 인위적이라고 생

제6장_ 분류와 의미

각한다. 국가 구성원 자격에는 이동성이 있지만, 종족·민족 구성원 자격에는 없다. 어떤 의미에서는 귀화 시민이 되면 비非국민인 국민이 되는 셈이다. 면담 대상자들은 어떻게 나 같은 한국 혈통(한국인)이 미국 시민이 될 수 있는지 궁금해 했다. 물론 일본에서도 귀화는 가능하다. 나도 이론상으로는 — 현실에서는 아무리 어렵더라도 — 일본 시민이 될 수 있다. 그러나 일본인 대부분은 자신들이 거의 자연(사실은 인종)범주로 보는 국적에 유연성이 있음을 무시하려고 든다. 사람은 일본인으로 태어나 자라고 죽는다. 이 세계관에서 국적이라는 범주는 요람에서 무덤까지 변할 수 없다.

동시에 일본인 대부분은 분리 가능성 있는 범주인 국가와 민족, 인종을 한데 합친다. 일본어는 국민과 민족을 구분한다. 물론 국민을 지칭하는 데 민족이라는 말을 사용할 때도 많지만 말이다. 일본인은 '일본국'이나 '일본'(또는 야마토) 또는 '민족'(일본인이나 야마토, 민족이나 사람) 구성원이 될 수 있다. 그러나 정치인이나 정부 관료들이 사용하는 '일본국'이나 우파 민족주의자들이 주로 쓰는 '일본 민족' 또는 '야마토 민족'이라는 용어를 사용하는 일은 극히 드물다. 일본국이나 일본 민족이라는 말을 쓰면 매우 어색하게 들린다. 일상 화법에서는 일본과 일본인이라는 말을 사용한다. 마찬가지로 '인종' 역시 인종주의나 인종차별 이야기를 할 때를 제외하고는 거의 사용하지 않는다.

일상 대화에서 국적과 민족, 인종은 동일하다. 일본 사람 대부분은 같은 일본 사람을 그냥 '일본인'이라고 한다. 사실 어떤 집단을 지칭할 때는 접미어 '인人'을 붙이는 방식이 가장 흔하다. 그러면서 일본인들은 인족 범주를 융합한다. 예를 들어 미국에서는 '백인'과 '흑인'이 인종 범주이고, '프랑스인'과 '독일인'은 국적 혹은 시민권 범주이다. 그리고 '이탈리아계 미국인'과 '아르메니아계 미국인'은 민족 범주이다. 반면 일본인들은 이러한 구분을 대개 피한다. 어떤 사람이 '독일인'이면 그 사람은 곧 '백인'이다. 이러한 논리에서는 모두가 상동 인족 범주에 속한다. 모두가 동일한 '인'이라는 말이다.

인족 범주는 영구하며 동질성이 있다. 지배적 사고방식에서 국민은 혈통이 같다. 다른 이들은 영원히 외국인이다. 일본인은 일본인, 한국인은 한국인이다. 출생지나 거주지가 한국이든 일본이든 미국이든 상관없다. 이들은 각각 일본인이고 한국인이며 둘은 상호 배타적이다. 문화인류학자 도린 곤도Dorinne Kondo는 자신이 일본계 미국인으로서 일본에서는 '개념상 변칙'이라는 사실을 깨달았다.[1] 다양한 예외 역시 인간이 단 하나의 종족·민족 집단에만 속한다는 규칙을 증명할 뿐이다. 일본인 중에는 재일 한국·조선인을 본래 일본인이라고 보는 사람들도 있는데, 그렇게 하면서 이들에게서 혼종 범주 가능성은 물론이고 차이도 부정한다.

그러다보니 당연히 소수 민족 집단을 나타내는 일본어 단어도 매우 빈약하다. 물론 흔히 '계系'라는 접미사로 소수 민족을 지칭하기는 한다. 이에 따라 미국에 사는 일본인은 '일본계 아메리카인日系アメリカ人'이고, 브라질에 사는 일본인은 '일본계 브라질인日系ブラジル人'이다. 그런데 이들은 대개 '일본계 외국인日系人, 닛케이진'라고 불리며, 이는 뚜렷하게 구분되는 인간 범주, 말하자면 일본인이었던 사람이라는

뜻이다. 일본에서 태어난 한민족을 '한국(남한)계 일본인' 또는 '코리아계 일본인'이라고 하는 사람은 거의 없다. 나이 많은 일본인들에게 이들은 '조센진朝鮮人'이나 아니면 다양한 인종 별칭으로 불린다. 그리고 이들을 '재일 한국·조선인'(일본에 사는 남북한인)이라고 하는 사람도 많다. 1990년대 진보주의자들 사이에서는 보다 단순한 '재일 코리안'(재일 한민족)이 유행했다. 마찬가지로 중국계 일본인들은 대개 '중국인'이나 '화교'로 불린다. '재일 중국인'이나 '재일 대만인'이라는 표현을 사용하는 일본인도 일부 있다. 이러한 명칭은 3세대 한국·조선계 일본인이나 대만계 일본인도 외국계(국민)이지 재일 소수 민족은 아니라는 의미를 함축한다.

　반면, 일본인들은 다른 소수 민족 집단을 지칭할 때는 '인'이라는 접미사를 사용하지 않는다. 아이누족 사람은 대개 아이누라고 한다. 간혹 '아이누 민족'(아이누족)이라는 표현은 써도 '아이누인'이라고 하지는 않는다. 그런데 오키나와인은 '오키나와 사람沖縄の人'이라고 하거나 더 공식적으로는 '오키나와 현민県民'이라고 한다. 이는 '규슈 남자九州男児'나 '구마모토 출신熊本出身', '사쓰마 사람薩摩の人'(사쓰마는 도쿠가와 시대에 현재 가고시마 지역을 부르던 이름이다) 또는 '가고시마 현민鹿児島県民'이라고 하면서 지역 차이를 표현하는 방식과 같다. 부락민은 대개 부락민이라고 하며 간혹 부락 사람이라고 할 때도 있다. 혼혈 혈통인 사람을 가리키는 말은 '혼혈아'나 '하프half'이다. 정치적으로 올바른 대안은 '더블double', 그러니까 혼혈 혈통의 이점을 강조하려는 (절반이 아니라 2배라는) 시도이다. 위에서 언급했다시피, 해외로 이민

갔던 일본 민족은 현재 브라질에 살든 일본에 살든 대개 '일본계 외국인'이라고 불린다.

내가 일본에는 어떤 사람들이 사느냐는 질문을 했을 때는 거의 모두가 일본인과 외부인<sup>外人</sup>이라고 구분해서 답했다. 그러나 외부인 종류를 두고는 의견이 달랐다. 한국·조선인, 중국인, 백인, 아프리카인을 꼽은 사람도 있었지만 아시아인, 아랍인, 백인, 아프리카인이라고 말한 사람도 있었고, 또 아시아인, 아메리카인, 유럽인, 흑인이라고 한 사람도 있었다. 흑인은 미국인과는 구분되었다. '아메리카인'은 백인이라고 생각했기 때문이다. 일본에 있는 흑인이 아프리카계 미국인이라는 사실을 아는 사람은 많았지만, 지배적 종족·인종 분류는 이들을 다른 인족 범주에 두었다. 대개 '유대인'이라고 하는 유대계 미국인을 두고도 같은 혼란이 일어난다. 세계를 크게 세 인종, 즉 백인과 흑인, 황인으로 나누는 일본인들도 있지만, 이 인종 구성 적용에 그리 일관성이 없을 때도 많다. 외국인은 이 세 인종으로 쉽게 구분하면서도 일본 사람을 그 안에 넣기는 주저한다는 말이다.

교양 있는 사람들은 미국 내 민족 이질성이나 복잡한 세계 지리도 잘 안다. 예를 들면 아프리카는 국가가 아니라 대륙이며 아랍인이란 중동 지역 사람들을 말하는 다소 느슨한 범주라는 사실 말이다. 퀴즈 프로그램이나 다큐멘터리, 여행이 학교 교육을 보충한 덕에 지리를 잘 아는 일본인도 많다. 암기와 복송은 지도에서 시카고가 어디인지, 아니면 카메룬이 어디인지 찾아낼 때 큰 도움이 된다.

그러나 일본인은 세계를 잘 아는 지리학자일지는 몰라도 사회학자로서는 서투르다. 지리에 해박한 사람들조차 종족·민족 또는 종족·인종 융합을 자행한다. 일본인들은 여타 민족국가도 일본과 비슷하리라고 가정하므로 다른 나라 역시 단일 민족이라고 인식한다. 단일 민족성이 일본의 고유한 특징이라고 생각하는 일본인이 많음을 고려하면 이는 역설이다. 어쨌든 사고 습관 때문이라고는 해도 '민족'이라는 범주는 단일 민족성을 전제로 한다. 브뤼셀과 암스테르담을 몇 달간 여행한 어떤 여성은 이 두 도시에 가서 민족 다양성에 깜짝 놀랐다고 했다. 사람들이 다 백인일 줄 알았지, 혈통이 아프리카, 아시아 등지인 사람들이 그렇게 실제로 섞여 있는 모습을 볼 줄은 몰랐다는 말이었다. 즉 일본인 대부분은 일본은 물론이고 다른 나라를 대할 때도 인종과 민족, 국가를 전부 하나로 본다. 그러나 일본인들만 이러한 혼란을 겪지는 않는다는 말은 덧붙여 두겠다. 미국인 역시 다민족 사회에 살면서도 흑인이 영국인이라고 하면 깜짝 놀라는 이가 대부분이다. 일반 미국인이 보는 민족 세계관에서 흑인 영국인은 모순 어법이다.[2] 마찬가지로 지금도 흑백이라는 인종 프리즘을 넘지 못하는 미국인도 많아서, 흑인과 백인 이외에는 전부 최근에 이민 온 사람이거나 외국인이라고 생각한다. 아시아계 미국인에게 던지는 "어디 출신이세요?"라는 질문에서 예상하는 답은 아시아 국가지, 미국 어느 주가 아니라는 말이다.

　요약하자면 일본인들은 뚜렷한 여러 인종 범주를 단일한 범주('인')로 통합하는 경향이 있다. 이렇게 두드러진 종족·인종 또는 종족·민족 분류 방법에서는 동질성 있는 인종 범주들이 있다고 상정한다.

일본인 대 타자

일본인성 담론에서는 일본인을 제2장에서 본 새로운 외국인 노동자는 물론 모든 비非일본인 집단과도 대치시킨다. 재일 장기 거주 외국인 상당수가 통탄하듯이 외부인 신분을 벗기란 매우 어렵다. 20년 넘게 일본에 산 어느 독일 사업가는 이렇게 말했다. "내가 독일인이라는 의식이 강화되는 곳은 많이 가 봤다. 그런데 일본은 내가 일본인이 아니라는 생각만 드는 유일한 곳이다."[3] 물론 이러한 '섬뜩하게 낯선unheimlich' 기분은 전 세계에 있는 유배자와 국외 거주자가 흔히 하는 한탄이다. 그러나 안內과 밖外이라는 구분이 일본 일상생활과 평범한 언어에서 크게 울려퍼진다는 사실에는 의심할 여지가 없다.[4] 하지만 이 또한 예를 들어 토착민과 이방인 사이에서 다르게 표현 가능한 문화 보편성이다. 게오르그 짐멜Georg Simmel도 말했듯이, "이방인도 가난한 사람과 마찬가지로 (…중략…) 집단 자체의 요소이다".[5] 이방인, 외부인은 어디에나 있다.

내부와 외부 간 대비는 일본인과 타자 간 대비로 바뀌며, 그렇게 일본인성이라는 경계를 강화한다. 일본인이란 무엇인가를 다룬 담론, 즉 일본인성 담론도 일본인성에 어떤 두드러진 점이 있다는, 일본인과 일본인이 아닌 사람들 사이에 상당한 장벽 또는 경계가 있다는 근본 믿음 때문에 다양하게 생기고 널리 퍼질 수 있었다. 외국 관찰자들도 일본인의 차이 혹은 고유성에 관한 믿음을 공유할 때가 많다. 일본인이 아닌 작가들은 거의 모두 일본인과 타자 사이에 존재하는 다름을 강조한다.[6] 라프카디오 헌Lafcadio Hearn이 독자에게 경고했 듯 차이 주장은 양쪽을 향한다. "그 시대 일본인이 어떻게 생겼는지, 얼마나 추하고, 얼마나 기괴하고, 얼마나 우스웠는지 이해하려면 예 전 그림을 연구할 수 있어야 한다."[7] 일본에 오래 살았던 헌은 지나치 게 성급한 일반화를 경계한다.[8] 그러나 이런 겸손함은 지금도 대단한 예외에 속한다.

일본에 35년간(1532~1597) 머문 예수회 사제 루이스 프로이스Luis Frois가 서양인 최초로 내린 일본인 정의를 한 번 보자. 역사가 도널드 라크Donald Lach는 프로이스가 '일본 예술과 업적을 이해하고 인정했 으며, 일본 사회의 모든 수준과 다양한 문화 분파를 공감하며 (연구했 다)'고 한다.[9] 프로이스는 1585년 논문에서 유럽('우리')문화와 일본문 화를 다양하게 대비했다. 예를 들면 유럽인들은 침을 뱉지만 일본인 들은 침을 뱉지 않는다고 기록했다.[10] 여기에 주석을 단 현대 일본인 은 일본인들도 남이 있는 데서 침을 뱉는다고 설명했는데, 아마 이 러한 주장에 당황한 모양이다.[11] 내가 보기에는 중산층 일본인, 그런 관점에서 보자면 중산층 미국인도 공공장소에서 가래침을 뱉는 일 이 별로 없다고 해야 맞다. 프로이스는 유럽에서는 요리를 여성들이 하는데 일본에서는 남성들이 한다고도 썼다.[12] 그러면서 일본인들 이 수박을 자르는 방식(세로로 자르는 유럽인들과 달리 가로로)까지도 관 찰한다.[13]

프로이스가 한 이러한 묘사는 과거를 들여다보는 창이 아니라 통 탄할 만한 오리엔탈리즘 사례로 보아도 될 만하다. 에드워드 사이드

Edward Said가 인상 깊게 말했듯 "동양이란 거의 유럽인이 만든 허구였고, 예로부터 로맨스나 이국적 존재, 잊히지 않는 기억과 풍경, 놀랄 만한 경험이 존재하는 장소였다".[14] 이 말은 주로 유럽인들이 중동을 다룬 글을 지칭했지만, 이 일반화는 일본을 다룬 서양 저작에도 매우 잘 적용된다. 당연히 이러한 글들은 일본보다 작가와 그 환경을 더 잘 보여준다.

그렇다고 해서 프로이스처럼 초기에 일본을 여행한 사람들을 비난한다면 그 또한 실수이다. 사이드가 '오리엔탈리즘은 서양이 동양을 지배하고 재구성하며 위압하기 위한 방법'이라고 한 주장[15]에는 자승자박할 위험, 그러니까 오리엔탈리즘을 자행한 자들이 동양에 했다고 주장하는 짓을 오히려 그들에게 할 위험이 있다. 그럼에도 여기에서 역사적 변모가 문화 일반화를 깬다는 사실은 흥미롭다. 자신만만했던 특징 묘사도 몇 년까지는 아니지만 몇 십 년 만에 터무니없는 말로 들리게 됐다. 무엇보다 프로이스는 일본인들이 유럽인들과 아주 다르다고 가정하기 때문에 차이밖에는 알아채지 못하고, 그럼으로써 자신이 처음부터 한 뚜렷한 구분을 강화한다. 그런데 인간은 알아보지 못할 정도로 변했을지 몰라도 범주는 여전히 굳건하게 남아 있다. 따라서 각 명제를 비판하며 보기보다는 프로이스가 일본문화라는 범주를 사용한 방식 그 자체에 의문을 제기해야 한다. 앞 장에서도 언급했지만 메이지 유신 이전 일본을 통합된 실체라고 이야기하기는 매우 어렵다. 일본인성이라는 범주는 외부에서 붙인 속성이다. 지역과 신분이 분리된 16세기 일본에 살던 사람들 중 국가 의식이 있는 사람은 거의 없었다. 즉 국가(일본)는 잘못된 분석 단위이다.

프로이스가 글을 쓴 때는 4세기 전이었으므로 그가 내린 문화 일반화를 일축하기는 쉽다. 현대에 나온 일반화는 이보다 훨씬 타당해 보일지 모르지만 그래도 문화를 구분하는 논리는 이상하게도 지금도 마찬가지로 불완전하다.

## '일본인론'과 일본인성 담론

일본인론日本人論은 명시적으로 표현된 일본인성 담론으로, 다양한 일본인성 이론을 다룬 광범위한 저작물들을 말한다. 그 목적은 일본 민족의 뚜렷하고 다른 특징을 파악하는 데 있다. 이러한 글 역시 고유한 일본적 특성으로 받아들여지지만, 주요 민족국가라면 어디든 민족 정체성을 다룬 수많은 글을 들먹일 수 있다. 국가 통합을 고취하기 위한 국가 이데올로기로서든 시민 종교의 한 형태로서든 특정 민족국가 구성원이 된다는 의미가 무엇이며 그 민족국가가 어떻게 다른 국가와 다른가를 놓고 끝도 답도 없는 다양한 논의가 이어진다. 민족주의 역사 기술은 민족국가의 탄생과 성장을 추적하고, 민족주의 사회과학은 특정 국가와 그 주민에게 있는 성격과 특성을 규정한다. 『독일인*The German*』[16]이나 『프랑스인*The French*』[17] 같은 관련 서적은 언제나 인기를 끌며 독일과 독일인, 프랑스와 프랑스인을 말하는 대중적 논의를 잘 보여준다.

그러므로 일본인론도 근현대 민족국가의 보편 담론을 일본식으로 변형한 데 불과하다. 국가 특징에 관한 초기 유럽 서사들도 일본인론 저작물처럼 단순한 형용사들을 수집하고 분류했다.[18] 국학에서 비롯한 원형적 국가 관련 저술이나 도쿠가와 시대 미토학 작가를 제외한다면 일본인성 성찰이 처음 유행하기 시작한 때는 1880년대 후반이었는데, 1888년에는 잡지 『니혼진日本人』이, 1889년에는 신문 『니혼日本』이 발간되었다.[19] 이들은 국가 형성과 동시에 서양에 반응하여 나온 산물이었다.[20]

일본인론 서적을 열심히 사 읽고 사무실이나 술집에서 토론하는 현대 일본인도 많다. 노무라 종합 연구소野村総合研究所에서 1979년 펴낸 문헌 목록을 보면 1946년에서 1978년 사이에 일본인론 서적은 7백 권가량 나왔고, 그 이후로는 훨씬 많은 저술이 출간되었다.[21] 비평가들은 이러한 글들이 문화 민족주의 혹은 우월적 민족주의를 독려하여 보수 이데올로기를 고취한다고 주장한다.[22] 브라이언 모런Brian Moeran은 일본인론이란 '일본이 과거 서양인들 손에 당했으며 지금도 어느 정도는 당하고 있는 오리엔탈리즘을 그대로 서양에 행사하는 수단'[23]이라고 한다. 그러니까 일본인성을 말하는 일본 담론은 자체 오리엔탈리즘auto-orientalism일 뿐만 아니라 '옥시덴탈리즘Occidentalism', 즉 서양을 타자로 보는 한 형태이다.[24] 유명 일본인론 이론가 한 사람이 어느 학회에서 이데올로기 비평가들을 다음과 같이 혹평했다. 이 비평가들은 일본인론 저자들이 일본인에게 어떤 짓을 한다고 주장하지만, 결국은 비평가들도 그 저자들과 똑같은 짓을 일본인론 저술에 하는 셈이라고 말이다. 지적 가치와 상관없이, 일본에서 일본인이 된다는 의미가 무엇인지를 논하는 많은 책이 베스트셀러가 되므로 일본인론 저술은 솔직히 괜찮은 장사가 된다.

관점에 존재하는 다양성은 어느 정도 변화하는 역사 배경을 반영한다. 초기 일본인론 저술에서 흔히 일본이 서양을 대하는 열등감을 표현했다면, 최근 저술에서는 평등의식과 우월감까지 주장한다. 일본인론 저술은 특히 1960년대 고도 경제성장 이후 인기를 얻었다. 이때는 일본 민족과 문화를 훨씬 긍정하게 된 시기이기도 하다.[25] 에즈라 보겔이 『1등 국가 일본*Japan as Number One*』[26]이라는 호의적인 제목을 달고 일본이 이룬 기적을 찬미한 책이 일본에서 시대를 초월해 인기를 끈다는 사실도 그리 의외는 아니다.[27]

사회적 기원과 기능 이상으로 모든 일본인론 저술을 통일하는 요소가 있는데, 이는 바로 일본 민족이 다르고 심지어 고유하다는 근본 가정과 핵심 결론이다. 일본인론에서 필수 전제는 일본인성이라는 범주의 중요성이다. 이 범주에서는 일본인도 다른 민족과 똑같다고 말하거나 이 범주 자체에 이의를 제기하는 행동만이 유일한 금기이다. 가장 흔한 서사 유형을 보면 호기심[28]이나 집단주의,[29] 또는 자기 불확신[30] 등 일본 민족 특성이나 집단 심리에 있는 다양한 요소를 강조한다.

일본인론 담론은 고유한 단점들을 보여준다. 그러나 프로이스가 자신 있게 내놓은 글처럼 이러한 글들도 오류가 아주 많고 금세 시대에 뒤떨어지게 되었다. 일본인론 전체에 있는 결점 하나를 꼽자면 바로 일시적이고 유동적인 진실 대신 영원한 진실aeterna veritas을 찾으려는 유혹이다. 예를 들어 마이클 루이스Michael Lewis에 따르면 실제로는 급변한 "일본 국내・사회・경제제도 유형도 (…중략…) 2백 년간 변하지 않았다".[31] 현대 일본인들은 시간을 엄수하지만, 1965년에 첫 출간된 『기모노 정신Kimono Mind』 저자는 일본인이 '시간을 지키지 않는다'고 적었다.[32] 터무니없는 시도 하나가 조롱이나 무시를 당하면 그 즉시 비슷하게 타당성 없는 일반화가 등장한다.

일본인론 저자들은 역사 변화를 무시하는 이상으로 대개 비교 관점도 부족했다. 나는 1993년에 어느 저명 일본 사회학자가 일본에는 고유한 수치심문화가 있어서 일본 범죄자들만이 얼굴을 가린다고 주장하는 모습에 충격을 받았다. 내가 한국 범죄자들도 비슷하게 행동한다고 지적하자 그 사회학자는 분명 어떤 식으로든 다를 것이라고 답했다. 사실 동아시아나 다른 문화권에서도 일본인 특성에 동의할 때가 많다. 응석甘え(의존성)이라는 개념은 일본 정신분석학자 도이 다케오土居健郞가 1971년 처음 펴낸 책에서 유행하게 되었다.[33] 일본인들은 대개 이 특징이 일본에만 있는 고유한 특징이라고 생각하지만, 이오영[34] 등은 한국에도 같은 현상이 존재한다고 주장한다. 또 일본인들은 끊임없이 사과하는 태도로도 유명하다. 그런데 폴 바커Paul Barker는 "영국에는 '미안합니다!'라는 소리가 생생히 울려 퍼진다. 런던은 부닥친

사람이 사과하는 유일한 대도시이다"[35]라고 한다. 나는 예의란 것이 일본인이나 영국인에게만 있는 특징이 아니기를 바란다.

이제 일본인성을 대표한다고 생각되는 몇몇 특징, 즉 충성심과 군국주의, 화합을 살펴보면서 일본인론에서 지적하는 고유한 결함들을 좀 더 상세히 설명하겠다. 무사와 가미카제 특공대라는 각인된 이미지 때문에 일본인들은 천성이 충성스럽고 호전적이라고 생각하는 사람들도 있다. 도널드 킨이 『47인의 떠돌이 무사 *The Tale of 47 Ronin*』라고 번역한 『주신구라忠臣蔵』를 일본 정신을 설명한 전형으로 취급할 때도 많다.[36] 주군에게 치욕을 안긴 자를 처치하는 무사 47명이 나오는 이 이야기는 충성심과 자기희생이라는 덕목을 보여주므로 영웅담으로 인식된다.[37] 그런데 주신구라에 쏟아지는 찬사에서는 이 이야기를 바흐친식 살육으로 읽을 수도 있다[38]거나 외전인 『도카이도 요쓰야괴담東海道四谷怪談』[39]도 비슷하게 인기를 끌었다는 사실을 놓친다. 1930년대와 1940년대 전시 동원은 충성심과 희생을 다룬 다양한 이야기를 되살리면서 이것이 본질적 일본 특성이라고 했다. 니토베 이나조는 1936년에 애국심이나 통일성, 충성심, 자기희생, 의무감, 명예심 등 수많은 무사 덕목이 일본의 국가 특성이라고 강조했다.[40] 내가 2·30대 일본인들에게 이 구절을 언급했더니 대부분은 그러한 정서가 구식이라고 했다. 마찬가지로 1912년 육군대장 노기乃가 메이지 천황 사망 당시에 러일전쟁 당시 패배를 속죄하면서 자살한 사건[41]도 젊은 세대 일본인들에게는 이상하고 낯설어 보였다.

무사와 가미카제 조종사들은 충성심 외에도 군국주의 일본인 이미지를 연상시킨다. 그러나 역사가 메리 엘리자베스 베리Mary Elizabeth Berry에 따르면 "근대 이전 일본에서 전쟁은 드문 일이었다".[42] 도쿠가와 시대에 국내 평화가 몇 세기나 이어지면서 무도武道는 비폭력이 되었고, 폭력은 미개한 취급을 받았다.[43] 메이지 시대에 농민들은 징병에 저항했다.[44] 전후에는 평화주의가 지배 이데올로기처럼 되었다. 인류학자 메리 엘런 굿먼Mary Ellen Goodman은 제2차 세계대전 종전 뒤 고작 10여 년 지난 1950년대 중반에 '일본 아이들은 (…중략…) 군대나 국방 관련 모든 기능을 전부 무시'[45]한다고 했다. 일본헌법 제9조에 따르면 "일본 국민은 (…중략…) 영구히 이것(전쟁)을 포기한다. 육해공군 및 그 외 어떤 전력도 보유하지 않는다. 국가의 교전권 역시 인정하지 않는다". 재무장도 많이 되었지만,[46] 현대 일본 사회를 군국주의라고 묘사하기는 어렵다. 어느 평화운동가는 나라를 위해 기꺼이 목숨을 바칠 일본인은 거의 없다고 확신에 차서 내게 말했다. 전후 일본생활에서 국내 평화운동과 전쟁 범죄를 인정하려는 지적 노력은 상당히 큰 부분을 차지했다.[47]

일본문화를 보는 또 다른 통념에서는 화합和을 강조한다. 기업 경영에서든 일상 상호작용에서든 일본인들이 협동과 타협을 강조한다고 자신 있게 글로 쓰는 사람이 많다. 물론 일본사 전반에는 화합 사례가 존재하지만, 그 반대 사례 역시 존재한다. 16세기 초 교토에서는 "종교 논쟁 뒤에 승려들이 주지승을 때리고, 마을 사람들이 세금 징수관에게 가구를 던지고, 쇼군 대리인들이 협조하지 않는 승려들 신당에 불을 놓고, 관직을 두고 다투는 사람들끼리 형제를 암살하는 사례들이 있었다".[48] 심리학자 나카이 히사오中井久夫는 전쟁 전 일본 도처에서 길거리 싸움이 벌어졌으며, 남 앞에서 적나라한 힘을 과시하는 데는 군대도 영향을 미쳤으리라고 추측한다.[49] 종전 직후에는 격렬한 노사 갈등이 가장 잦았다.[50]

군국주의 일본인이라는 주장이 화합하는 일본인과는 모순된다고 보는 사람도 있을지 모르지만, 일본인론 저자들은 표면상 또는 실제 모순에 푹 빠졌다. 예를 들어 야마자키 마사카즈山崎正和는 일본사에 두 가지 뚜렷한 전통, 즉 무사와 농민들의 가족 기반 사회家社会와 상인들의 개인주의 사회가 있다고 한다.[51] 그런데 일본을 볼 때 이보다 더 흔하고 케케묵은 통념이 있으니, 바로 본질적 일본 사고방식을 반영한다고 하는 '속本音과 겉建前이 다르다'는 구분이다.[52] 그러나 어빙 고프먼Erving Goffman이 전면 영역과 후면 영역이라고 부르는 이러한 구분을 어떤 형태로든 하지 않는 문명은 없다.[53] 장 자크 루소Jean-Jacques Rousseau는 몰리에르Molière 희곡 〈인간 혐오자Le Misanthrope〉를 보고 한탄했는데, 이 사실만 보아도 생각·말과 행동을 다르게 하는 사람이 일본인만은 아님을 알 수 있다.[54]

또 논리적 모순도 뚜렷한 일본인 특징으로 볼 수 있다.[55] 실제로 일본 사람과 문화를 설명할 때 논리적 모순을 강조하는 오랜 전통도 있다. 루스 베네딕트Ruth Benedict가 『국화와 칼The Chrysanthemum and the Sword』에서 강조했듯이, "일본인은 지극히 공격적이면서도 온순하고, 호전적이면서도 탐미적이고, 무례하면서도 예의바르고, 엄격하면서도 융통성이 있고, 복종하면서도 억지로 시키면 화를 내고, 충성스러우면서도 배신하고, 용감하면서도 소심하고, 보수적이면서도 새로운 방식에 호의적이다".[56] 베네딕트가 쓴 이 책이 전후 일본에서 엄청난 인기를 끌었음을 보면, 일본인 대부분이 일본인성을 구성하는 요소가 정확히 무엇인지 혼란을 느꼈다는 말도 전혀 이상하지 않다. 버나드 루도프스키는 일본인들이 "천재이면서 모방꾼이고, 탐미주의자이면서 천박하고, 무례함만큼이나 예의도 정교하며, 지혜와 어리석음을 구분하기 불가능할 때가 많다"[57]라고 했다. 이와 비슷하게 언론인 피코 아이어Pico Iyer는 이렇게 털어놓는다. "나는 일본에 관한 내 발언 모두 정반대로도 적용된다는 사실을 깨닫기 시작했다."[58] 조나단 라우치Jonathan Rauch는 "일본은 거대하고 강력하며 막을 수 없다 (…중략…) 그러나 동시에 일본은 작고 약하고 머뭇거리며 섬세하다 (…중략…) 일반적 그림은 두 가지가 있는데 그 둘에는 일관성이 없다. 동시에 양쪽 다 진실로 보인다".[59] 그러므로 "일본 국민은 정신분열증이다"라고 단언한 기시다 슈岸田秀가 옳을지도 모른다.

왜 이런 안이한 일반화들이 나왔는가? 문화 대립이 널리 확산하는데 일조하는 요소는 관찰과 판단에서 저지르는 개별 실수 말고도 몇 가지가 더 있다. 언론이나 학계 활동에서 부끄러운 줄 모르고 허세를 부리며 무지를 드러내는 태도는 여전히 허용된다. 지극히 협의에서 일본을 다룬 서양 작가들은 일본 언어나 역사, 문화를 잘 몰랐다. 찰스 클리버Charles Cleaver는 일본과 미국문화를 비교하는 책 서두에서 이렇게 털어놓았다. "나는 일본어를 읽거나 쓸 줄 모르고, 일본인들과 나누는 대화도 상대방이 다섯 살 미만일 때만 만족스럽게 할 수 있다."[60] 조나단 라우치도 "나는 영어를 하는 사람들이 전달하거나 아주 쉽게 천천히 하는 일본어를 빼고는 한마디도 이해하지 못했다"[61]라고 했다. 존 엘더John Elder는 자기 '여정이 직업 전문성보다는 열정에 기초'[62]했다고 한다.[63] 엘더는 2년간 일본어 수업을 듣고 교토에서 1년간 지내면서 바쇼芭蕉와 고전 일본문화를 글로 썼다. 그런데 이탈리아어를 2년간 배우고 시에나에서 1년 머문 사람이 감히 단테와 고전 이탈리아문화를 다룬 글을 쓸 수 있을까?

물론 외부인, 즉 이방인은 다른 문화에서 중요한 사실을 찾아내고 의미 있는 통찰력을 보이는 능력이 있다는 판에 박힌 사회학적 발언도 있다.[64] 언어와 역사, 문화를 모르는 외부인이 간혹 날카로운 관찰을 하기도 한다. 그러나 영어 사용자들이 일본인 전체를 대변하지는 않는다. 많은 일본인이 백인 외국인과 상호작용하는 방식은 이들이 통상 다른 사람들과 상호작용하는 방식도 아니다. 그런데 이러한 고려 사항을 무시하고 독자들에게 민족중심주의 가정과 문화 오류, 비현실적 추측을 쏟아내는 작가들이 많다. 데이비드 리스먼David Riesman과 에블린 톰슨 리스먼Evelyn Thompson Riesman이 1960년대 중반 2개월간 일본을 방문하고 펴낸 『일본 대담집Conversations in Japan』에는 다음과 같은 내용이 나온다. "거리에서 보이는 사람들은 대개 양복을 입었다(…중략…) 나는 이제 일본인 얼굴에서 다양성과 아름다움이 보이기 시작한다."[65] 이러한 통찰력은 오로지 롤랑 바르트Roland Barthes가 '안경을 쓰고, 나이를 가늠하기 어렵고, 적당하고 평범한 옷을 입은 깡마른 존재, 거대한 나라의 하급 고용인'[66]이라고 표현한 일본인 전형

이 있기 때문에 나올 수 있었다

바르트가 일본에 오기 몇 년 전, 가토 슈이치는 파리 지식인들에게 있는 일본 관련 지식이란 '구로사와 감독〈라쇼몽羅生門〉'이 전부임을 깨달았다.[67] 가토에게는 언론인 친구가 있었는데, 그 친구 어머니는 일본에도 생선과 달걀이 있는지 물었다고 한다. 피코 아이어는 이보다 공상적이지만 시적으로 도쿄 인근 국제공항 나리타成田에서 '워즈워드 시 같은 순간'[68]을 경험했다고 한다. "일본에는 내가 영국을 떠올릴 만한 특징이 많다. 초록이 우거진 낮은 산 사이에 있는 작은 마을들 (…중략…) 세상과 떨어져 스스로 울타리를 치고 있는 섬 (…중략…) 정치적 무관심 (…중략…) 그리고 변하지 않는 위계질서 의식까지 말이다." 개인과 그 생각들이 언어 장벽 뒤에서 접근 불가능한 상태로 있다 보니 시시한 말과 추측이 난무한다. 접촉과 대화가 부재하면 선입견이 인식을 형성한다. 그런데 일본인론 저술은 널리 퍼지고 구하기 쉽다 보니, 외국인 관찰자들은 부지불식간에 이들을 재생산할 때가 많다.

피상적 관찰은 당연히 피상적 결론을 낳는다. 조나단 라우치도 무지 상태에서 이렇게 인식했다. "나는 어디서나 표면만 보았지 그 아래는 전혀 보지 못했다. 그러면 어쩔 수 없이 첫 반응은 미학적이 된다."[69] 이는 바르트가 일본에 짧게 체류한 뒤에 쓴『기호의 제국Empire of Signs』[70]을 아주 적절하게 표현한 말이다. 나는 바르트가 이 책으로 농담을 던졌다고 생각했지만, 이 책이 일본을 보여주는 타당한 자료라고 생각하는 사람도 많다. "롤랑 바르트 저서『기호의 제국』은 (…

중략…) 일본인 행동을 보는 흥미로운 통찰이다."[71] 그런 이유로, 나오는 일본 관련 서적은 저마다 반복되고 공통된 결론을 늘어놓는 묘한 장광설이 된다.

이 문제는 여러 관점을 체계적으로 왜곡하는 문제이기도 하다. 프로이스 사례처럼 공통성이 아니라 차이만이 주목받을 가치가 있기 때문이다. 전후 일본에서는 미국이 중요했기 때문에 일본의 특징들은 미국과 다를 때만 주목을 받았다. 그러한 사고방식은 예술에서든 대중문화에서든 일상생활에서든 다르거나 이국적인 요소만 찾는다. 예를 들면 어느 미국 영화평론가는 기타노 다케시北野武 감독 영화에 영향을 끼친 일본인이 누구인지 알고 싶어 했는데, 일본인 평론가 하스미 시게히코蓮実重彦는 일본인 대신 장 뤽 고다르Jean-Luc Godard와 제리 루이스Jerry Lewis라는 답을 내놓았다.[72] 간혹 저자가 내놓은 의견이 자문화에 관한 무지를 드러낼 때도 있다. 브루스 페일러Bruce Feiler는 일본인에게 등급과 신분 의식이 있다면서 '두 장관에게 붙이는 직함에서도 등급이 드러난다'[73]는 이유를 댔다. 그런데 장관들 사이에 존재하는 등급은 대다수 산업 사회 정부 조직에서 꽤 흔한 특징이다.

다른 문화권에서 와서 일본을 관찰하는 사람이 있다고 상상해 보자. 일본문화에서 독특하고 뚜렷한 특징을 꼽으라면 무슬림교도 여행자는 일부일처제를, 힌두교도 작가는 물질주의를 강조할지도 모른다.[74] 그러나 유사점이 아니라 차이를 찾는 미국인들에게는 일본이 일부일처제 사회라거나 산업화·물질주의 사회라는 결론은 조금도 흥미롭지 않으리라. 일본인들이 커피와 코카콜라를 마신다거나

TV 시청 시간이 과도하다는 사실은 다도나 가부키를 감상하는 사람들에게는 흥미롭지도 이국적이지도 않다. 1942년에 사카구치 안고坂口安吾는 일본인성의 이상 — 예를 들어 브루노 타우트 같은 외국인들이 교토에 있는 불교 사찰을 소중히 여기는 등 — 과 일본생활의 현실 사이에 존재하는 간극을 비웃었다.[75] 타우트는 "독특한 일본 전통에 뿌리를 내린 순수 일본문화를 찾아 탐색했고 이는 결국 그를 신토와 천황제로 이끌었다".[76] 프로이스에서 타우트, 현대 일본인론 저자들까지 이어지는 담론 세계는 변치 않는 형용사들과 비유들로 구성되어 있다.

게다가 역사 변화나 내부 변화도 의도적으로 무시하고, 개별 경험으로 영웅적 결론을 만들어낸다. 종전 직후 묘사에서 일본은 빈곤하면서 열등감 콤플렉스가 있는 나라였다. 1980년대 후반 버블 경제 시대 일본은 부유하고 우월감 콤플렉스가 있는 나라이다. 뉴욕도 샌프란시스코도 본질적 미국을 보여주지 못하듯, 도쿄도 교토도 일본의 정수를 나타내지는 못한다.

내가 일본을 다룬 서양 저자들을 놓고 한 말은 사이드가 중동을 다룬 유럽 저자들을 놓고 한 말과 크게 다르지 않다. 안 됐지만 예측 가능하게도 외국문화를 다룬 글 대부분에는 민족 중심주의라는 특징이 있다. 최악인 경우 저자는 무無에 가까운 획일성밖에 보지 못한다. 페레그린 호드슨Peregrine Hodson은 이렇게 썼다. "이것이 일본이다. 어디든 다 똑같다. 동일성. 아무것도, 아무것도, 아무것도 없다."[77] 그러나 '거기에는 거기가 없다no there there'라는 담론을 생성하는 나라가 일본만은 아니다. 제임스 브라이스James Bryce는 영향력 있는 논문 「아메리카 공화국The American Commonwealth」에서 미국에서 사라지지 않는 약점이 바로 획일성이라고 했다. "반감과 차이에서 새로운 면면이 어떻게 생겨날지, 감정과 원칙에서 새로운 다양성이 어떻게 전개될지 상상조차 힘들다."[78] 어쩌면 '미국의 광대한 공허함 안에는 (…중략…) 어떤 허구도 유지할 만한 진실들이 존재'할지도 모르지만,[79] 미국 관련 저술에는 변함없는 특징과 주제가 있다. 그러니까 '아메리카인론'에는 알렉시스 드 토크빌Alexis de Tocqueville의 『미국의 민주주의 Democracy in America』 같은 고전도 있지만 통찰력과 무지가 마구 뒤섞여 있고, 아메리카인론 역시 미국은 물론 프랑스 등 해외에서 담론을 양산하면서 일본인론 만큼이나 번창하는 장르이다.[80]

일본인들은 왜 외국인들이 일본과 일본인을 주제로 쓴 글을 읽을까? 그보다도 일본 저자들은 대체 왜 같은 소견과 결론을 되풀이할까? 자기를 더 알고자 하는 일본인들은 일본인론 저술에 명확한 한계가 있는데도 서양의 권위 때문에, 외부인 생각을 알고 싶은 호기심 때문에 이러한 책들을 열심히 읽는다. 로널드 도어Ronald Dore가 결론 내리듯이 "세계에서 일본인만큼 국가적으로 자의식이 있는 민족도, 일본인이 된다는 의미가 무엇이며 그 의미가 세계 속 자기 자리에서 어떤 뜻인가에 그렇게 몰두하는 민족도 별로 없다".[81] 일본인들은 남들이 일본을 어떻게 생각하는지에 크게 신경쓴다.[82] 그런데 이러한 특징이 보이는 사회는 많다. 터키 소설가 오르한 파묵Orhan Pamuk도 다음과 같이 썼다.[83] "우리는 외국인들, 특히 서양인들이 표현하는 터키 관련 의견에 지나치게 민감하다. 이러한 현상이 다른 나라에도 있는지 모르겠다."[84] 로버트슨 데이비스Robertson Davies 소설 『오르페우스의 리라The Lyre of Orpheus』에 등장하는 어느 인물은 이렇게 말한다. "캐나다를 좋아하세요? 물론 바보 같은 질문이지만 그래도 양해해 주세요. 우리는 캐나다를 찾으신 분들이 비행기에서 내리자마자 캐나다를 좋아하는지 묻거든요."[85] 제임스 보우먼James Bowman은 "대다수 국가 국민과 비교해 미국인들은 늘 자국을 보는 외국인 의견을 구했다"[86]라고 썼다. 제임스 브라이스는 1세기도 더 전에 "'우리 제도를 어떻게 생각하십니까?' 이 말은 미국에 온 유럽인들을 우연히 만날 때마다 늘 던지는 질문이다"[87]라고 했다. 외부인에게 무관심한 현대 사회는 별로 없다. 관광객이라면 대부분 "우리나라를 어떻게 생각하세요?"라는 질문을 피하지 못한다. 그러나 방문객 수가 늘어나면 이 질문을 하는 빈도도 줄어든다.

일본인들은 간혹 일본 역사나 문화 속 한 측면에 관한 자기주장을 입증하려고 이런저런 일본인론 책을 언급할 때가 있다. 일본인들은 성찰을 많이 하고, 일본을 다룬 서양 학계 담론은 일본인들이 자신을 보는 관점에 큰 영향을 끼쳤다. 그런데 이 또한 일본인에게만 있는 성향은 아니다. "전문 민속학에서도 출처가 의심스러운 이야기는 넘쳐난다. 민족지학자가 질문을 던지자 아메리카 원주민이 알프레드 크로버Alfred Kroeber(캘리포니아 아메리카 원주민 민족학 연구로 유명한 미국 인류학자-옮긴이) 책을 참조했다든지, 아니면 어느 아프리카 마을 주민이 마이어 포테스Meyer Fortes(서아프리카 사회를 중점 연구한 남아프리카 태생

제6장_ 분류와 의미

영국 인류학자—옮긴이) 책을 꺼내들었다든지 하는 이야기 말이다."[88]
루스 베네딕트 저서 『국화와 칼』[89]도 사람들이 특히 감상적으로 선호하는 책인 듯하다. 비록 책을 언급한 사람들이 꼼꼼하게 읽지 않았다는 사실은 명백했지만 말이다. 어쨌든 이들은 일본에 수치심문화가 있다는 명제를 기꺼이, 그대로 반복한다.

일본 관련 저술 대다수는 일본 사회 속 역사적 변화와 지역 간 차이, 사회 불평등, 그리고 물론 민족 다양성도 그리 중요하게 생각하지 않는다. 유럽 중심주의와 오리엔탈리즘, 민족주의는 상응하는 담론이다.[90] 사실상 일본이 다르다는 가정은 국가문화 획일성이라는 추정과 결합하여 문화 내적 차이를 희생하면서 문화 간 차이를 강조한다. 따라서 일본인 논의는 일본인 고유성을 강조하는 데 논리적 귀결점이 있다.[91] 일본은 타당한 일반화 단위로 떠오르며, 이 나라는 불변이고 동일성 있고 구별된다. 이러한 특징들은 특정 사고 양식, 즉 유형학적 사고를 반영한다.

## 유형학 사고의 함정

지금까지 검토한 일본 민족과 문화, 정체성 일반화에는 경험적 부적절성 뿐만 아니라 개념상 결함이라는 문제가 따른다. 유형학 사고에서는 독단적으로 주장되는 범주 하나가 개체들의 부류를 정의한다. 명확한 차이가 있다는 주장은 역사적 변화와 내적 이질성을 무시한다.[92] 동일성과 불변성이 유형학 범주들을 특징지으며, 이는 곧 본질적 정체성을 암시한다. 일본인성이라는 범주는 자기 표출적 전체성을 구성하는데, 이 전체성 안에서 일본인 개개인은 범주와 그 속성들의 전달자가 된다. 범주를 논할 때는 쉽게 말해 일본인을 논하는 셈이다. 일본인이라면 누구나 본질적 일본인성을 대변하며, 다른 모든 사람들과 마찬가지로 범주를 이해할 때 도움이 된다. 이렇게 일본 사회 구성은 차원 분열 도형과 같다. '긴타로 아메金太郎飴'나 '브라이튼 록Brighton Rock' 사탕처럼, 어디를 잘라도 똑같은 일본인성 단면을 보게 된다. 말하자면 일본인들은 설명하기 어렵지만 일본인이다. 공통된 일본인성 안에서 한 일본인은 다른 모든 일본인과 같다. 이 범주 자체가 이미 본질적 특성들을 가정하고 있기 때문에 아무도 면밀히 들여다볼 필요가 없다.

유형학 사고는 경험적 논박에 영향을 받지 않는다. 변화와 차이는 당연히 부정된다.[93] 어떤 사람이나 특징이 변하거나 본질을 예증하지 않는다면 가능성은 두 가지다. 변화하거나 이질성 있는 요소들이 훨씬 심오한 획일성을 표현하든지, 아니면 그러한 요소들이 본질적이 아니거나 우발 징후라는 말이다. 그렇지 않으면 본질 관련 가정을 곧바로 확인한다. 셰익스피어 희곡을 읽거나 렘브란트 자화상을 볼 때면 위대한 미학을 찾으려 하듯, 유형학 관점에서는 일본인을 만나면 일본인성 요소들을 확인하려 한다.[94] 다양한 주장이 타당한가는 일관된 논리와 적절한 경험보다 미학적 타당성에 달려 있다. 따라서 유형학적 공식화는 매우 정교할 때가 많다. 관련 사실들 때문에 오히려 더 나빠지는 한이 있더라도 말이다. 즉 브랑쿠시<sup>Brancusi</sup>가 한 새鳥 조각이 아름답듯, 본질화한 특성 묘사는 미학으로 보면 만족스러울지도 모르지만 1억 2천 5백만 일본인이든 날아가는 콘크리트 새든 묘사할 때 정확성을 달성하기에는 적절치 않다.

게다가 유형학 사고 범주들은 본래 정확히 규정할 수 없다. 유형학 범주 하나가 이질적이거나 변화하는 요소들을 몽땅 집어삼킬 수도 있다. 다양성과 변화도 같은 유형을 달리 표현하는 방법이라고 묘사한다. 유일한 제한이라면 어떤 범주와 그 속성들은 다른 범주들 및 그 속성들과는 달라야 한다는 제한뿐이다. 민족국가라는 범주가 형식상 동형이지만(예를 들어 모든 국가들은 역사와 상징 등을 주장한다) 내용상 이형이라는(모든 국가는 아마도 서로 다른 역사와 상징을 가졌으리라) 사실을 이러한 면에서 생각해 보자. 구별의 변증법은 통시성이 아니라 동시성이 작용해서 생긴다. 신성한 상징들과 특징들은 변하지만 이들은 계속 한 나라를 다른 나라와 차별화한다.

일본인성 담론은 상반되는 수많은 요소를 고쳐 적을 수 있는 양피지이다. 여기서 일본인을 구분하는 특성은 쌀도 국기도 후지산도 된다. 물론 쌀을 먹는 문화권은 많고 민족국가에는 모두 고유한 국기가 있고 또 그 상당수는 이상하게 비슷해 보이며, 후지산을 닮은 산도 많다. 쌀은 정말 아니라고 해도, 적어도 후지산은 일본인과 다른 민족 간 차이를 나타낸다. 후지산마저 일본 민족을 구분하는 근거로 좀 공허해 보인다면 일본인들은 충성심과 군국주의로 두드러진다고 한다. 그러니까 요컨대 일본인과 다른 민족을 나누는 범주상 구분을 증명할 무언가를 늘 제시할 수 있다. 일본인성(또는 프랑스인성, 필리핀인성 또는 미국인성)이라는 생각은 공허하며 부유하는 기표이다. 본질화와 구분을 제외하면 본질적인 것은 아무것도 없다.


## 일본인성 담론의 아래와 그 너머

관례적 종족·인종 분류에 따라 일본인이 되는 수많은 사람들을 생각해 보자. 시골 사람이든 도시 사람이든, 부자든 가난하든, 천황 이데올로기 교육을 받았든 민주주의 이데올로기 교육을 받았든 말이다. 이러한 불가피한 이질성을 고려하면 일본인 정체성 주장은 모두 문제가 있을 수밖에 없다. 사실 이 주장은 인종주의 특성 묘사에 가까워질 때가 많다.

일본인에게 본질이 있다 — 일본인성이 존재한다 — 는 주장은 급속한 변화와 상당한 다양성이 특징인 현대 일본을 조금이라도 아는 사람에게는 매우 미심쩍게 들린다. 내가 잘 아는 일본인 대부분은 절대로 어떤 원형에서 복제한 클론이 아니다. 칼 타로 그린펠드Karl Taro Greenfeld가 도쿄 시내 여기저기를 누빈 글에는 포르노 제작자와 폭력배들은 물론이고 한국계 일본인 마약상과 영국인 호스티스도 나온다.[95] 미국 독자 중에는 그린펠드가 보여주는 인물들이 일탈하고 비

행을 저지른다는 인상을 받는 사람도 많겠지만, 순응과 동일성이라는 가정으로는 도회지 일본 젊은이들이 실제로 하는 일을 제대로 보지 못한다. 내가 목격한 광경들을 한 번 보자. 초등학생들이 알몸은 물론 성관계를 묘사한 만화를 읽는다. 10대 소녀들이 '브루세라 숍'(여고생이 입던 속옷과 교복 등을 사서 파는 가게—옮긴이)에 사인한 사진과 속옷을 함께 판다(자동판매기도 있었다). 대학생, 일부 고등학생까지 '애인 은행愛人バンク'(돈을 받고 애인 계약을 맺어주는 서비스—옮긴이)을 통해 데이트나 매춘까지 한다. '줄리아나' 같은 디스코장에서는 학생들과 'OLoffice lady, 직장인 여성'들이 옷은 최소한만 걸치고 무대 위에서 미친 듯이 몸을 흔든다. 그런데 나는 대체로 아파트와 연구실만 충실하게 오가던 평범한 학자일 뿐이다. 이에 비하면 1970년대 일탈을 상징하던 폭주족은 그냥 얌전해 보인다.[96] 1960년대 도쿄 빈민 지역 일탈을 연구한 글을 읽어 보면 오히려 순응 연구 같다. "일본인 중에는 여전히 '인내의 유산'에 속한 사람, 종종 집단이 인식하는 목적을 실현하도록 인간을 개인과 집단으로 조직하는 '일본식' 문화에 속한 사람이 많다."[97]

폭주족 단원들이 평범한 성인이 되었듯[98] 성적으로 지나치게 활발했던 소녀들도 아주 참한 가정주부가 될 수 있다고 반박하기는 쉽다. 또는 가장 최근 일어난 변화들이 광범위하게 일본적인 유형들을 예시한다고 볼 수도 있다.[99] 양쪽 견해 모두 어느 정도는 진실이지만, 아무리 신화에 나오는 프로크루테스의 침대라도 알아보기 어려울 정도로 늘여서는 안 된다. 전통 유형을 위반하는 행위 하나하나가 설명은 못하겠지만 심오한 방식으로 일본인성의 요소들을 나타낸다고 에둘러 표현하면 그게 대체 말이 될까? 이는 곧 일본 생활에서 모든 외국 요소 — 예수든 재즈든, 야구든 불교든, 중국 한자든 중국 음식 이든 — 가 결국에는 어떤 심오한 일본 유형과 일치한다고 틀을 잡는 사고방식이나 마찬가지다. 그리고 이런 외국 요소 흡수 자체도 일본 인과 일본문화를 나타내는 또 다른 고유한 표현이 되고 만다. 마치 다른 문화 전통에는 혼합주의가 없다는 듯 말이다.

현대 일본인들은 그리 특출나게 균일하지도, 반드시 일본인성의 전형을 예시하지도 않으며, 도리어 개인주의와 일탈을 많이 보인다. 만화는 특히 장르 다양성이 넘친다. 오토모 가쓰히로大友克洋 작품에 는 식인 행위나 강간[100]이, 모리 진파치毛利甚八와 우오토 오사무魚戸お さむ 작품에는 사생활과 인권의 중요성[101]이 나온다. 대체로 고루하게 마련인 학자들까지도 일본에서는 터무니없는 말을 한다. 고무로 나 오키小室直樹는 진지하게 미국을 일본에 합병하자고[102] 제안했고, 다 다 미치타로多田道太郎는 "구취가 난다는 말을 듣고 30살쯤 아예 양치 질을 그만두었다".[103] 남들이 자기 입 냄새에 불만을 늘어놓는 태도 가 파시즘의 시작이라고 생각했기 때문이다. 전후 50년을 다룬 수필 집에서 이다 모모飯田桃는 일본이 멸망해야 한다고 주장하고, 와타나 베 가즈오미渡辺一臣는 일본이 전체주의 사회라고 하며, 하기와라 요 코萩原葉子는 일본인이 모두 바보가 되고 말았다고 한다.[104]

일본인성 담론 공간 아래에 난무하는 정서적 다양성이 그리 새롭 지는 않다. 제2차 세계대전 종전을 두고 나온 반응들만 봐도 그렇다.

일본인성 담론을 믿는다면 1945년 8월 15일 천황 육성으로 나온 항복 선언玉音放送 때문에 충성스럽고 호전적이며 애국자인 일본인들은 미친 듯이 폭발했을 터이다. 그런데 실제 반응은 저마다 달랐다.[105] 우선 천황이 하는 말을 제대로 해석하지 못한 사람이 많았다.[106] 평론가 하야시 다쓰오林達夫는 낙담과 절망을 표현하기는커녕[107] 그 운명의 날 알퐁스 도데Alphonse Daudet 작품을 읽었다고 회상한다. 아이누인과 조선인(당시에는 모두 일본 시민이던), 좌파 중에는 그 날을 축하한 사람도 많았다.[108] 오키우라 가즈미쓰沖浦和光는 자기 주변 사람들은 주로 식구들 걱정을 했다고 회상한다.[109]

천황과 전쟁을 완전히 또는 어느 정도 믿던 신봉자들조차도 회복이 매우 빨랐다. 소설가 야스오카 쇼타로는 방송을 들었고, 아기가 우는 소리를 들었고, 그 뒤 빈 기차에 올랐다고 한다. "아마도 나는 아기 울음소리를 들은 그 순간 애국심을 잃었을 것이다."[110] 출판사 사장 오가와 기쿠마쓰小川菊松는 '(방송을 듣고) 흐르는 눈물을 멈출 수 없었지만 바로 그날 일·영 회화집 출판을 기획'했고, 이 책은 360만 부나 팔렸다.[111] 오가와는 빠른 태도 변화를 보여주는 조짐이었다. 쓰다 미치오津田道夫는 일장기를 넘기고 미군에게 초콜릿을 얻은 친구를 때렸지만, 1주일 후에는 자기도 똑같은 행동을 했다.[112] 앞 장에서 강조했지만 민족 정체성, 특히 천황과 군국주의라는 국수주의 신조는 1945년에도 여전히 침투 정도가 불완전했고, 농촌에서는 더욱 그랬다. 1943년에 어느 49세 농부는 이렇게 말했다. "나는 일본 태생임이 전혀 고맙지 않다. 일본에서 태어났다는 건 유감스러운 일이라고 생각하고, 천황이 정말로 싫다."[113] 사실 대중은 전시 군국주의에 상당한 반감을 품었고, 여기에는 천황을 향한 적대감도 있었다.[114] 신성한 전쟁 총력으로 1억 일본인 — 그중 3천만 명은 식민지 백성 — 이 일치단결했다는 이야기는 그만두자.

## 전체론의 빈약함

유형학 사고는 사회과학에서 흔한 사고방식을 전형적으로 보여준다. 에밀 뒤르켐이 대비한 저 유명한 기계적 연대와 유기적 연대를 다시 떠올려 보자.[115] 뒤르켐에 따르면 복잡한 사회들은 유기적 연대를 향해 나아가는 차이들로 결합된다. 정체성identity이라는 영어 단어 라틴어 어근 — 이뎀idem, 동일함 — 이 시사하듯, 기계적 연대가 있는 사회에서 정체성 관련 주장은 서로 다른 개인 사이에 동일함 내지 유사성 요소들이 있다고 무조건 가정한다. 이에 따르면 어떤 사람이 프랑스인이거나 필리핀계 미국인인 이유는 다른 프랑스인이나 필리핀계 미국인과 똑같은 특징이 있기 때문이다. 그러나 1990년대 프랑스인은 알자스 사람이거나 알제리 혈통일 수도, 가톨릭 신자이거나 유대교 신자일 수도, 프랑스어를 하거나 브르타뉴어를 할 수도, 공화주의자이거나 인종주의자일 수도 있다. 마찬가지로 필리핀계 미국인도 아버지가 중국인 또는 아프리카계 미국인 혈통일 수 있고, 타갈로그어나 일로카노어 같은 다양한 필리핀 언어를 알 수도 모를 수도 있으며, 태어난 곳은 필리핀일 수도 사우디아라비아일 수도 있다. 여기에서 수많은 성격 유형이나 생활양식 선택, 교육 성취도, 정치 성향 등은 언급하지도 않았다.

그러나 어떤 사회를 기계적 유대가 있는 사회라고 하는 것은 특수한 사회 이론화 방식이었다. 근대 사회학의 선구자인 몽테스키외<sup>Baron</sup> de Montesquieu는 이렇게 썼다. "인류는 기후와 종교, 법률, 정부 원칙, 선례와 도덕과 관습 등 다양한 원인에서 영향을 받으며 여기서 각 민족의 보편 정신이 형성된다. 어느 나라에서든 이러한 원인 중 무엇 하나라도 더 강력한 힘을 내며 작용하면 그만큼 다른 원인들은 약해진다. 야만인들은 거의 자연과 기후에만 지배당한다. 중국인들은 관습이 지배한다. 일본에서는 법률이 압제한다."[116] 오늘날 일본이 법률로 압제를 당한다고 주장할 사람은 거의 없다.[117] 사실 일본에서는 변수 각각이 매우 다양하다. 일본에는 뚜렷하게 다른 기후대들이 있고,[118] 종교 다양성도 상당하다.[119]

복잡한 현대 사회는 기계적 연대가 함축하는 의미, 그러니까 유기체라거나 내적 본질을 표현한다는 의미에서는 전체론 성향이 아니다.[120] 일본인 사이에는 전반적 유사성이 있고 간혹 세부 사항이 유사할 때도 있지만 본질은 없다. 현대 일본 사회는 국경을 초월한 제도들과 사회망이 복잡하게 섞인 사회로, 다양한 조직과 지역으로 구성되어 있다. 일본 사회 전반을 보는 유용한 일반화를 내놓을 수도 있겠지만 그렇다고 이것이 일본인 기저에 깔린 통일성과 획일성을 표현한다고 보아서는 안 된다. 어떤 식으로든 깊이 연구하면 성가신 현실, 그러니까 복잡성과 다양성, 변화가 드러날 수밖에 없다.

일본 민족에게 독특성이 있다고, 그러니까 일본인성에 본질적 특징들이 있다고 가정하면 그러한 일본인은 없다는 근본 사실을 놓치게 된다. 이러한 의미에서 루드비히 비트겐슈타인Ludwig Wittgenstein은 본질을 찾는 대신 가족 유사성family resemblance을 찾아야 한다고 제안했고[121] 그러면서 게임을 예로 들었다. "모든 게임에서는 무엇이 공통인가? 대답하지 마라. '공통적인 것이 **반드시** 있을 터이다. 그렇지 않다면 '게임'이라는 명칭이 붙을 리가 없다.' 게임들을 보면 **전체**에 공통인 무엇이 아니라 유사성과 관계, 그리고 그러한 일련의 무엇들을 쭉 보게 된다 (…중략…) 우리는 복잡하게 얽힌 유사성 망이 서로 겹치고 교차하는 모습을 본다. 이는 전체 유사성일 때도 있고, 세부 유사성일 때도 있다."[122]

일본인성 담론은 모든 민족주의 담론과 마찬가지로 결국 일종의 신화이다. 신화는 정적이며, 다양한 언설들의 레퍼토리를 반복한다.[123] 일본인성 범주에서 진지한 경험적 검토에 반하여 귀화되는 본질들이 있다고 상정한다. R. H. 토니R. H. Tawney가 재치 있게 말했듯이 양파 껍질은 하나하나 벗길 수 있지만 호랑이 줄무늬는 하나하나 벗길 수 없다. 일본인성과 논쟁을 벌이는 일이 바로 그렇다. 토니가 자본주의를 하나씩 바꿀 수 없다고 믿었듯, 유형학 사고는 경험적 검토를 거부한다. 경험적 논점을 사실별로, 일본인성 기준을 기준별로 논증할 수는 없다. 사고 범주를 독단적으로 주장하니 경험적 명제들을 사용해 이의를 제기하거나 논리적 논쟁을 벌일 방법이 없었다. 일본인성 주장은 유사 종교적 언설이다. 여러 명제들이 서로 모순되거나 현실을 반영하지 않는다는 사실조차 범주를 무너뜨리지 않는다. 신화는 사회 연대를 고취할지는 모르지만, 정확한 지식을 고취하지는 않는다. 조르주 캉길렘Georges Canguilhem도 주장했지만, "허위 과학의 본질은 그것이 결코 허위와 맞닥뜨리지도, 절대로 무엇을 포기한 적도, 전혀 언어를 바꿀 필요도 없다는 데 있다 (…중략…) 허위 과학에서 하는 주장들은 절대로 잘못이라고 입증할 수 없다. 따라서 허위 과학에는 역사가 없다".[124]

## 일본인성이라는 감옥에서 나온 결과들

일본인성 담론은 결국 일본 언설과 행동에서 문화가 인정하는 경계를 제한한다. 일본인이 된다는 의미를 규정하는 강력한 규범들은 일탈을 제압하는 강력한 제재로 바뀐다. 사실 일본적 삶이 규정되고 제한되는 방식은 아주 많다. 미셸 푸코Michel Foucault는 『감시와 처벌Discipline and Punish』 중 잊을 수 없는 한 구절에서 규범들이 위에서 정해지지 않고 오히려 아래에서 만들어지는 감시 사회가 생기고 있다고 언급했다.[125] 모든 사람이 감시자인 감시하는 사회 — 카프카와 푸코를 자극적으로 혼합한 — 는 현대 일본 사회를 흔히 표현하는 감정이기도 하다.[126]

"나는 진짜 일본인이 아니다"라고 말하는 일본인이 많은 이유도

바로 강력한 규범이 항상 존재하기 때문이다. 물론 이 말은 시민권 신분이나 종족·민족 구성원 자격이 의심스럽다는 뜻이 아니라 사회 규범에 순응하기가 어려움을 깨닫는다는 의미이다. 일본인답다는 특성은 서술적이라기보다는 규범적이다. 일본인론 저술들이 일본 사람들에게 시민 종교 같은 무엇을 제시한다고 해도 일본인들이 그 교리 ― 어떻게 일본인이 되어야 하나 ― 를 따르기란 어려운 일이다. 기독교인이 십계명을 다 지키기 어려운 만큼이나 말이다. 어느 영국인은 자기 일본인 여자 친구를 이렇게 설명한다. "여자 친구는 일본식으로 행동하고 싶어하지 않았어요. 무엇 때문에 일본인들에게 맞추려고 자기 방식을 바꿔야 하죠? 이 일본식 행동 방식이라는 건 또 뭐고요? 제 여자 친구는 일본 여자로 바뀔 생각이 없었어요. 그리고 일본 여자가 대체 뭐 그리 특별한가요?."[127] 어느 40대 가정주부는 나에게 일본인이 되기란 아주 쉬워 보일지는 몰라도 사실은 매우 피곤한 일이라고 했다. 일본식 예의가 매우 억압적이라 일본에서는 편하게 있기가 정말 어렵다고 불평하는 외국인들도 있다.[128] 대인 상호작용 규범들은 표면적 순응을 요구한다. 일탈하면 일본인답지 않다고 낙인찍히는데, 이는 반대자들을 억누르던 '비국민非国民'이라는 전시 명칭[129]이나, 전후 이를 변형한 '일본인이라고 할 수 없는日本人離れ' 또는 '버터 냄새バタ臭い'(외국스럽다는 의미) 같은 표현을 생각나게 한다.

일본인성이라는 범주에는 상당한 사회적 의의가 있다. 다른 민족 국가에서와 마찬가지로 시민권은 참정권부터 복지 혜택, 고용 기회까지 다양한 특혜를 준다. 그러나 일본인 되기, 일본인 되기가 과연 어떤 의미인가 하는 이미지에 맞추는 일은 사회가 조직되는 근본에 속한다. 앞서 스모 선수 아케보노나 축구 스타 라모스 같은 비일본인들이 일본인 같은 행동이나 사고 방식 때문에 일본인 취급을 받는 사례는 이미 여럿 언급했다. 사회학자 다케우치 요竹内洋는 내가 이제껏 일본인성이라고 지칭한 모습을 전형적으로 보여주는 사람들은 고용과 이동성 특혜를 받는다고 주장했다.[130] 다시 말해 일본인에게 문화자본이란 일본인성을 구현하고 수행하는 일이다.

## 분류 충동과 해석 욕구

분류하고자 하는 충동은 보편이다. 진화와 실용적 이유들도 있지만, 인간 인지 작용 자체가 분류에 달려 있기 때문이다. 생물학자 존무어John Moore는 다음과 같이 썼다. "분류는 우리가 정보를 포장하기 위해 보유한 가장 강력한 방법이다. 분류는 우리 삶을 구성하는 한 부분이기 때문에 우리는 이것이 얼마나 기본인지도 잊고 만다."[131] 자연에 뿌리박힌 범주들도 있고, 또 비교적 자연에서 독립한 범주들도 있다. 자연과 사회 간 구분은 해체하기 쉽고, 색상이나 동식물 분류는 여러 문화 전반에서 공통성을 드러낸다.[132] 그러나 인간 분류를 두고는 같은 말을 할 수가 없다. 생리 및 기타 생물학 특징들을 사용해서 민족 집단을 서로 구분하기는 하지만, 분류 근간은 사회이지 생물학이 아니다. 생물학에서 기저가 되는 인류의 분류학 단위는 호모 사피엔스 종種이다.

사회적 삶은 분류와 범주화 부여에 영향을 끼친다. 한 종족 내에서 나이 많은 구성원들은 자기 종족 구성원과 다른 종족 구성원을 쉽게 구분한다. 근대 민족국가들도 경쟁하는 여러 정체성을 대체할 국민성nationhood 의식을 형성하고자 했다. 그런데 어떠한 경우든 인족 범주들은 정해져 있지 개인이 만들어내지 않는다. 누구나 사회적으로 전파된 범주들에 의존해 민족을 파악하고 나눈다. 개인, 특히 아이들은 독특한 분류 체계 — 마른 사람과 뚱뚱한 사람, 안경을 쓴 사람과 안 쓴 사람 등 — 를 고안할 수도 있지만, 이들은 이렇게 멋대로 떠올린 체계를 사회에서 인정하는 분류 체계와 통일해야 한다. 일본 민족 사례에서는 이미 만들어진 인족 범주들이 학교에서 교육되고 대중 언론에 흠뻑 스며든다.

사회가 분류 체계를 부여한다고 해서 체계가 하나밖에 없다거나 사람들이 이러한 체계를 놓고 싸움을 벌이지 않는다는 말은 아니다. 자연계에서도 분류 문제가 전면에 나올 때가 간혹 있다. 꽤 사소한 명왕성 사례를 한 번 보자. "명왕성은 미소성이 있고 유사 개체 무리에 속했는데 이는 명왕성이 다른 소행성들이나 유성처럼 '소행성'으로 분류되어야 한다는 의미이다. 그런데 그 정체성이 어떻게 변했든, 명왕성의 급을 내리면 천체 역사를 욕보이며 대중에게 혼란을 주게 된다고 주장하면서 이러한 생각에 격분하는 사람들이 있다."[133]

편의상 생긴 사회 분류는 물화할 때가 많다. 굳건한 기초 — 분류 체계를 정당화할 원칙 — 는 아예 없을지 모르지만, 그래도 이 물화한 체계들에 따라 생각하고 사는 사람이 많다. 나중에 뒤돌아보면 사회 분류에 있는 자의성이 보일 때도 많다. 예를 들어 1913년 발간된 『신판 옥스퍼드 빅토리아 운문집The New Oxford Book of Victorian Verse』 킬러-카우치Quiller-Couch 판본은 빅토리아 시인임을 금방 알 수 있는 존 그린리프 휘티어John Greenleaf Whittier와 테니슨 경Lord Tennyson을 넣었다. 그러나 1987년 릭스Ricks 판이 나왔을 때는 휘티어가 대체 누구냐는 질문이 나오기도 했다. 더욱 놀랍게도 이 1913년 킬러-카우치 판본은 제임스 조이스James Joyce와 에즈라 파운드Ezra Pound까지 포함했다. 조이스와 파운드가 빅토리아 시대 시인이라니? 실제로 캐롤 T. 크라이스트Carol T. Christ는 소위 빅토리아 시대 시와 소위 모더니즘 시 사이에는 연속성이 있다며 매우 설득력 있는 주장을 펼친다.[134]

물론 분류 체계들과 범주들을 버릴 수는 없다. 이들이 부재하면 개인은 일탈로 보이는 사례들을 접근 가능한 범주에 무조건 집어넣는다. 그래서 학자들이 작가 미상인 작품을 특정 작가에게 지정하는 편이 더 낫다고 믿고 대니엘 디포Daniel Defoe를 저자로 해둔 작품도 많았다.[135] 마찬가지로 피사넬로Pisanello 회화 작품들을 피에로 델라 프란체스카Piero della Francesca나 알브레히트 뒤러Albrecht Dürer, 레오나르도 다 빈치Leonardo da Vinci 작품이라고 하기도 했다.[136] 현대 미국에는 혼혈 인종 분류와 관련해 애매한 논쟁이 많다. 최근까지도 어떤 혼혈인이 백인인지 흑인인지는 '한 방울 규칙one-drop rule'(흑인 피가 한 방울만 섞여도 흑인으로 본다는 제도—옮긴이)으로 분류했다.[137] 지나고 보니 이 분류 체계는 터무니없어 보이지만, 종족·인종 구분에서 어느 편 소속인가는 개인들이 누리는 인생 기회에 엄청난 영향을 끼쳤다. 종족·인종 구분은 자유와 노예 생활, 삶과 죽음을 가르는 차이를 함축할 때가 많았다.

분류 충동은 해석 욕구와 잘 결합된다. 문화적 존재인 인간은 혼란스러운 세계에 의미를 부여한다. 내가 학생들을 두 집단으로 나누고 상대 집단을 일반화해 보라고 하면 학생들은 대부분 자의적 구분에 기초한 일반화를 내놓는다. 그렇다면 일반적으로 인정되는 범주들이 의미를 끝없이 전가하고 치환하는 대상이 된들 뭐 그리 놀랄 일인가? 일본인성이라는 범주가 아주 자연스럽고 명확해 보이는 주된 이유는 사람들이 여기에 오랜 담론에서 표현하는 심오한 의미를 부여해서다. 주어가 일본인이면 일본인성을 나타내는 술어는 차고 넘친다.

성찰하는 개인들은 자아와 정체성의 의미를 묻는다. 누구나 사회학자이며, 그러므로 누구에게나 의미가 가득하고 의미를 연상시키는 함축적 사회 분류 체계가 있다. 그러나 개별 성찰은 덧없고 피상적인 경향이 있다. 1887년 안톤 체호프 단편 「입맞춤The Kiss」에서는 어느 여자가 알 수 없는 이유로 주인공에게 착각해서 입을 맞춘다. 주인공 랴도비치는 동료들에게 이 놀라운 경험을 설명하려고 "그 키스 사건을 아주 세세하게 설명하기 시작했지만, 한순간에 다시 침묵에 빠져들었다. 랴도비치는 그 한순간에 모든 일을 말했고, 말하는

데 얼마나 짧은 시간이 걸렸는지 깨닫고는 매우 놀랐다. 그 입맞춤 이야기를 다음 날 아침까지 할 수도 있다고 생각했기 때문이다".[138] 순간을 의미로 변모시키려면 체호프 같은 거장이 필요하다. 그보다 못한 인간은 기껏해야 통용되는 수사법과 들어본 비유를 재생산하는 정도나 바랄 수 있다.

내가 무엇이 일본인을 일본인답게 만드느냐고 확실하게 물어보면 일본인 대부분은 체호프가 묘사한 랴도비치처럼 간결하고 모호하게 답했다. 침묵을 지키는 사람이 많았고, 시시한 말을 되풀이하는 사람도 있었고, 권위자의 말을 인용하거나 자기들이 했던 깊은 성찰을 내놓는 사람도 있었다. 1960년대 사람들 — 앞 장에서 보았듯이 상당수가 일본인성의 성격에 관해 혼란스러워한 — 과 이들에게 차이가 있다면, 수십 년간 일본인성 저술이 공급한 일본인성 술어들이 다 만들어져 확산된 상태였다는 점이다.

현대 일본인들은 일본인이 된다는 의미가 무엇인가를 다룬 거대하고 확산하는 담론에 의존하며, 그렇게 함으로써 분류 충동과 해석욕구라는 순환을 끝낸다. 각 대답은 일본인성이라는 범주를 재생산한다. 사회학자 메리 화이트에 따르면 "일본인이라는 사실은 (일본 아동) 정체성에서 매우 큰 요소이며, 아이들은 일본과 일본인은 일정한 면에서 다르거나 고유하다고 생각한다".[139] 학생들은 낯선 외국인과 대면하거나 일본인 특성을 묻는 질문에 답하라는 말을 들으면 차이와 고유성을 말하는 담론을 만들어내고 만다. 실제로 궁금해 하는 외국인들에게 답을 할 때 가장 많이 사용하는 표현은 '우리 일본인'이

다. "항상 '우리 일본인입니다我々日本人です'였는데, 나는 이러한 귀속 의식이 민족국가 명칭보다는 어떤 사상, 2천 년 된 자체 정의 개념과 관련되었다는 사실을 나중에 알게 되었다."[140] 물론 지금 일본어를 모국어로 쓰는 사람 중 '우리 일본인입니다'라는 표현을 할 사람은 거의 없다. 그런데 1960년대에는 명문대 학생들조차 일본인이라는 의미가 무엇이냐는 질문에 당황했다면, 1990년대에는 거의 모든 일본인이 ─ 일본인성 담론 덕택에 ─ 일본인성의 의미 한두 가지는 알고 있었다.

일본인성이라는 범주는 본질화한 특징들을 끝없이 토론하게 한다. 앞 장에서 제시한 이유들 때문에 1960년대 후반에는 단일 민족이 일본인성을 말하는 핵심 술어가 되었다. 프리드리히 니체는 이렇게 말했다. "오래 사는 모든 것은 점차 이성에 지나치게 젖어들기 때문에 그 기원이 비이성이라는 사실은 개연성이 없어진다."[141] 단일 민족 일본이라는 사상은 비교적 새롭지만, 1990년대 초반에는 60년 전 천황의 신성만큼이나 신성불가침이 되어 있었다. 그렇다고 해서 이것이 꼭 절망할 이유는 아니다. 천황 이데올로기 세속화가 빨랐던 만큼, 단일 민족 사상에도 곧 종말이 다가올지 모른다.

# 결론

—

　일본 사회학에서 최대 집단 프로젝트는 아마도 10년마다 실시하는 계층 및 사회이동Stratification and Social Mobility, SSM 조사일 터이다. 일본 사회학자들은 1980년대부터 불평등과 이동 면에서 성별이라는 차원을 진지하게 들여다보기 시작했다. 1985년에 민족 분석 관련 질문을 하면, 일본에는 소수 민족이 아주 적기 때문에 계수용으로든 분석용으로든 민족 범주는 필요 없다는 한결 같은 답을 들었다. 민족을 무시한 결과 SSM 조사에서는 필연적으로 재일 소수 민족을 전혀 기록하지 않았고, 0이라는 숫자는 단일 민족이라는 가정을 정당화하는 과학적 사실이 되었다. 이는 곧 자기 충족형 예언을 보여주는 사례이다.

힘은 지식을 낳는다. 가끔은 말이다. 나는 학자이다 보니 학자 생활은 현실과 동떨어졌다는 말을 늘 듣는다. 학문 연구를 읽는 사람은 극소수로 보이고, 그 연구를 인정하는 사람은 심지어 더 적어 보인다. 그런데 제국주의에 사용되는 문화인류학이든,[1] 우생학에 사용되는 유전학이든[2] 사회 연구는 정부 등 여러 이해관계를 충족시키라는 요구를 줄곧 받았다. 현대 세계에서 사회과학은 여론, 그러니까 정치에 꽤 큰 파급효과를 미치는 상식적 합의를 형성할 때 작지만 확실한 기능을 한다. 일본 사회학자들이 모든 권위를 실어 단일 민족 일본으로 글을 쓰고 말을 할 때는, 현대 일본 사회에 존재하는 비일본 민족을 대하는 비인정과 배제를 지속시키는 데 작지만 아마도 상당한 기여를 하는 셈이다. 지식은 힘이다. 가끔은 말이다.

──

## 인정과 포함의 정치

──

일본은 늘 다민족이었다. 민족 다양성은 1980년대 새로운 외국인 노동자 유입으로 시작되지도, 20세기 초 식민지 백성 유입으로 시작되지도, 심지어는 1천 년도 더 전에 한반도에서 도래인이 와서 시작되지도 않았다. 일본 역사와 다민족 일본은 동시에 출발했다. 민족 다양성을 논하지 않고 일본을 논할 수는 없다. 그런데 아직도 자신이 단일 민족 사회에서 산다고 믿는 일본인이 많다. 이들에게 아이누인이나 오키나와인, 부락민, 한국·조선인, 중국인 등은 곧 사라질 존재거나, 사실은 일본인이거나, 아니면 외국인이다. 과거에나 현재에나 일본 민족이 아닌 일본인들에게는 일본 사회 안 자리가 허락되지 않으며, 이들은 취업이나 결혼에서 불이익과 차별에 직면한다. 존재하지 않으니 이들은 일본 사회 안에서 자기 위치를 개선할 수도 없다.

개인에게 가장 흔한 해결책은 평범한 일본인 행세를 하려는 시도였다. 그러나 일본 민족이 아닌 일본인들은 출신 민족을 감추고 살면서 심리적 고통을 겪었다. 그 고통은 일상에서 받는 모욕 이상이며, 그 인생 이야기는 마음 아플 때가 많다. 면담을 하면서 면담대상자가 가족 아닌 누구에게 출신 민족을 밝힌 상대는 내가 처음이라는 말도 흔히 들었다. 고용이나 평범한 사회 상호작용에서 차별과 마주하거나 혹은 계속 그러리라고 생각한다면 분명 힘겨울 터이다. 거기에 근본적 자아 정체성을 숨기는 시련을 당해야 한다면 비통한 일이다. 개인 정체성이란 결국 자기가 어디서 왔으며 누구라는 의식이 아니고 무엇이겠는가? 타인에게 자기 이름이나 종족·민족 혈통을 말하지 못하는 사람은 누구도 존엄성과 존경이 있는 삶을 바랄 수 없다. 일본이 단일 민족 사회라는 지배적 믿음과는 달리 일본 민족이 아닌 일본인들은 인정을 요구하는 정치에 참여한다. 제대로 된, 품위 있는 삶을 살기 위해 이들은 우선 민족 차별을 뿌리 뽑고 일본 생활 전면에 포함되려고 한다. 여기서 비일본 민족 일본인이 발전하지 못하게 막는 가장 중요한 제도적 장애물은 국가 관료제로, 관료제는 시민권은 없어도 문화면에서는 일본인인 사람들을 계속 배제한다. 그런데 관료제는 아이누인이나 부락민, 오키나와인들이 당하는 제도상 불이익을 무시함으로써 민족 활동가들을 자극하여 그들이 처한 집단적 상황을 개선하려고 노력하게 만들기도 한다.

인정과 포함을 추구하는 투쟁에는 반드시 일본 생활에서 시급한 다른 문제들을 편입해야 한다. 아이누 또는 오키나와문화 자주권 운동에서는 홋카이도와 오키나와 자연보호를 선전했다.[3] 1960년대와 1970년대 새로운 사회운동들이 아이누인과 부락민, 한국·조선인 등 여러 활동가들에게 영감을 주었듯이 이들이 벌인 지속적 투쟁도 일본 생활에서 방치되고 빈곤한 부문을 개선하려는 다른 작업들과 함께하지 않을 수 없었다.[4] 이러한 면에서 일본 민족이 아닌 일본인은 물론 일본 민족 사이에서도 강력한 목소리가 나왔다. 최근 지배적 단일 민족 세계관을 고치려고 노력하는 학자들도 꽤 많다. 실제로 나도 일본 다민족성을 다룬 학문 발굴에 크게 신세를 졌다.

그런데 다민족성 역시 순수한 사상은 아니다. 제5장에서 보았듯이 전쟁 전 제국주의자들도 식민주의를 정당화하고자 다민족 이데올로기를 고취했다. 1990년대에는 일부 보수 일본 민족주의자들이 일본의 민족 혼종성과 다민족성 사상을 고취하기 시작했는데, 전쟁 전 범아시아 정체성에 비하면 더 부드럽고 온화한 사상을 내놓았다.[5] 1960년대 후반 일본 단일 민족성을 외친 선구적 이론가 이시하라 신타로도 1990년대 중반에는 범아시아 이상에 정당성을 부여하기 위해 거침없이 일본 다민족성을 읊는 상황이었다. "우리는 민족과 문화를 따지면 아시아 민족이다. 일본은 고유하고 동일성 있는 나라가 아니다."[6]

## 일본인은 인종주의자인가?

인정과 포함을 위해 투쟁하면서 일본 사회가 가망 없이, 돌이킬 수 없을 정도로 인종주의라고 생각하게 된 사람들도 있다. 일본인 평론가들도 이에 동의하면서 인종주의는 현대 일본 사회에서 근절하기 어렵고 부끄러운 측면이라고 한다.[7] 사실 일본인들에게 인종주의와 외국인혐오증이 있다는 생각은 미국에서 보는 일본인 전형이다.[8] 저명 역사가 폴 케네디Paul Kennedy는 '일본인들이 국내 부락민(천민)은 물론이고 한국·조선인과 중국인, 흑인 미국인과 여타 수많은 해외 민족 집단을 볼 때 특히 명확하게 깊은 인종주의'가 느껴진다고 했다.[9] 철학자 앨런 블룸에게 일본인들은 "인종주의자들처럼 보인다. 그들은 스스로 우월하다고 생각하고, 밖에서 들어오는 이민을 단호하게 반대하며, 자신들과 섞여 몇 세대나 산 한국·조선인조차 배제한다".[10] 마이클 크라이튼Michael Crichton 소설 『떠오르는 태양Rising Sun』[11]에서 주인공은 코너라는 인물이 일본인이라고 생각하지만, 막상 코너는 일본인들이 "지구상에서 가장 심한 인종주의자들이다 (…중략…) 나는 배제당하는 데 질렸다 (…중략…) 검둥이가 되는 데 질렸다"라고 말한다.

　그러나 미국인들이 내놓는 일본 인종주의 비난은 잘못되어 보인다. 백인 유럽인과 미국인은 대개 귀빈으로 잘 대접 받았고, 불만이라고 제기하는 내용도 이들이 얼마나 응석을 부리는지 보여준다. 예를 들어 어느 미국 청년은 내가 한국계라고 했더니 좋아했는데, 그러면서 그 이유는 자기가 서울에 도착하자마자 택시 기사와 서로 고함을 질렀기 때문이라고 했다. 내게는 안 좋은 경험처럼 들린다고 했지만, 청년은 이렇게 대꾸했다. "누구나 친절하고 호의를 보이는 도쿄에서 1년 살았더니 미칠 지경이었어요. 무례한 사람을 만나니 마음이 놓이더라고요. 그 기사에게 소리를 지르면서 살아 있다는 기분이 들었어요." 영국인 페레그린 호드슨은 반대로 이렇게 썼다. "나는 '외부인外人'이었고, 그것은 빈곤이나 불의처럼 고통스러웠다. 타자가 된다는 고통이었다."[12] 그런데 이 책에서 고통스러운 불의를 보여주는 구체적 경험이라고는 무례한 은행 직원뿐이다. 그 외에 호드슨이 영위한 일본 생활은 아름다운 여자들을 만나 즐거운 대화를 한 사건 중심으로 돌아가는 듯하다. 언론인 피코 아이어가 교토에서 보낸 1년을 다룬 책『여인과 승려The Lady and the Monk』[13]도 마찬가지인데, 이 글은 즐거운 대화보다 여인을 더 자세히 다룬 듯하다. C. W. 니콜C. W. Nichol은 끔찍한 취객을 만난 이야기를 장황하게 늘어놓지만, 이 때가 30년간 일본에서 인종주의 비슷한 것과 마주한 유일한 순간이었다.[14]

　그런데도 백인 외국인들은 통렬하게 불만을 표현할 때가 많다. 아이반 홀Ivan Hall은 일본 지식 생활에 '학문적 아파르트헤이트'[15]가 있다고 비난한다.[16] 나는 도리어 일본이 백인 학자나 지식인에게는 상당히 관대하게 합의한다고 생각했다. 2류 외국인 야구 선수도 일본에서는 환대 받는다는 비유 정도면 적절하겠다.[17] 미국 대학에서 영어로 일상 대화를 하지 못하는 비미국인 학자는 한 명도 못 봤지만, 일본 대학에서 가르치는 백인 학자 중에는 세트 메뉴 주문도 어려워하는 사람들이 있다. 당연히 일본어를 배우기보다 일본인들에게 외국인 혐오증이 있다고 비난하는 편이 더 쉬울 터이다. 어쨌든 서양인이 일본인에게 조롱 섞인 발언을 할 가능성이 훨씬 크다.

일본인들은 아프리카계 미국인과 아프리카인에게 인종주의 욕설을 더 많이 던진다. 지역 정치인인 고쿠보 마사오小久保正雄는 이렇게 말했다. "머리로는 차별이 나쁘다는 사실을 알지만, 감정은 다르다 (…중략…) 새까만 사람과 악수를 하면 손이 검어지는 기분이 든다."[18] 1980년대 중반 나카소네 야스히로 총리는 미국 소수 민족 집단을 두고 인종주의 발언을 해서 전 세계 머리기사를 장식했다. "미국에는 흑인, 푸에르토리코인, 멕시코인이 꽤 많지만 그들은 (지능이) 여전히 평균적으로 아주 낮다."[19] 1990년에 법무대신 가지야마 세이로쿠梶山静六는 나카소네 발언이 함축하는 바를 좀 더 구체화했는데, 그레셤의 법칙을 동원해 이렇게 발언했다. "미국에 흑인들黑이 들어와 백인들白을 밀어냈다."[20] 이러한 민족 비유도 미국이 쇠퇴했다는 이유로 나왔다. 반면 일본은 단일 민족성 덕분에 진보했다는 뜻이다. 그러나 일본에서 아프리카계 미국인과 아프리카인을 보는 부정적 전형이 역사 전반에 존재하던 사실인지는 확실하지 않다. 19세기 중반 이와쿠라 사절단은 이렇게 보고했다. "피부색과 지능 사이에는 아무런 관계도 없다."[21] 일본 소설을 다룬 어느 1950년대 연구에 따르면 "흑인들은 항상 좋게 묘사되었다".[22] 일부 현대 일본인들은 아프리카계 미국인을 부정적 전형으로 보지만,[23] 이는 주로 미국인과 미국 언론에서 배운 전형이다.

물론 외국인 혐오 정서와 배제 담론은 적어도 도쿠가와 시대 기독교를 근절하려던 작업 이래로 계속 존재했다.[24] 식민 시대에는 일본 우월성과 아시아 열등성을 주장하는 발언이 가득했고, 이러한 발언들은 시골까지 뚫고 들어갔다.[25] 식민화한 사람들 모두가 사실상 하급 지위에서 일했음을 고려하면 그리 놀랄 일도 아니다.[26] 식민지 지배에서 생긴 부정적 전형들은 남북한이나 기타 아시아 민족을 보는 현대 일본인 인식에 나쁜 영향을 미친다.[27]

그렇지만 전쟁 전 식민주의 담론이 현대 일본에서 끊이지 않는 연속성을 띤다고 가정해서도 안 된다. 지금은 너저분해진 신주쿠 골든 거리ゴールデン街 어느 시끄러운 술집에서 취한 것이 분명한 어느 일본 남자가 '챵코로ちゃんころ'(돈이나 엽전을 의미하는 일본 속어－옮긴이)를 욕하며 핏대를 올리고 있었다. 그런데 역시 일본인인 내 친구는 중국인을 지칭하는 이 인종 욕설을 아예 몰랐다. 또 어느 여성 교사는 머리가 둔한 학생들이 넌더리가 난다는 '바보라도 죤이라도ばかでもチョンでも'(바보라도 조선인이라도)라는 표현을 썼다. 이 말은 바보든 조선인이든 단순한 일은 할 수 있다는 뜻이고, 그러므로 바카쵼バカチョン 카메

라라고 하면 누구라도 쉽게 쓸 수 있는 카메라라는 뜻이 된다. '죤'이 조선인을 뜻하는 인종 비하 욕설임을 의식했느냐고 묻자, 그 교사는 무안해하면서 무의식적으로 그 표현을 썼다고 말했다. 이러한 사례들이 시사하듯, 인종주의 욕설과 표현이 살아남았다고 해서 꼭 전쟁 전 종족·인종주의 세계관이 건재하다는 뜻으로 받아들일 필요는 없다. 현대 일본인들이 인종주의자라는 단순한 비판은 현대 일본에 있는 종족·민족 세계관의 성격을 밝히기보다는 오히려 이해하기 어렵게 만든다.

1993년에 발생한 큰 사건 하나를 살펴보자. 당시 이란인들이 요요기 공원에서 매주 모였는데, 일부 시민이 민원을 제기하자 당국은 이 모임을 금지했다. 어느 이란 청년은 "일본인들은 파시스트에 인종주의자이다"라고 단언했다. 이러한 결정은 일본 생활에서 독재 경향을 보여주는 좋은 예이다. 당국에 따르면 해당 민원들은 '위협적' 군중에 초점을 맞췄다고 한다. 내게도 무리 지어 있는 이란인들이 무섭다고 말한 일본인은 여럿 있었지만, 그 공포에는 특정한 내용이 없었고 내가 들은 최악의 비행이라고 해야 이란 남자들이 일본 여자들을 꾀려고 한다는 정도였다. 외국인도 좋지 못한 행실도 매우 드물다 보니, 행실 나쁜 외국인이라는 조합은 두드러지게 된다. 일본인들은 새로운 외국인 노동자들이 범죄 행위를 한다는 의심도 했는데, 증거는 기껏해야 매우 모호했다.[28] 이들은 물화한 범주와 그에 연결된 인종주의 수사법을 재생산하고 있었다. 외국인 노동자들을 두고 어느 젊은 여성은 '무섭다'고 했고, 대학을 갓 졸업한 사람은 '이상하다'고 했지만, 둘 다 외국인 노동자와 이야기한 적도, 사실은 근처에 가 본 적도 없다고 인정했다.

나는 일본인 대부분은 최악일 때에도 수동적 인종주의자에 불과하다고 본다. 일본 인종주의를 보여주는 꼼짝 못 할 증거를 찾기란 매우 어렵다. 오히려 나는 다른 일본인을 비난하는 발언을 많이 들었다. 예를 들면 내 친구는 부락민 남자와 결혼하려고 했는데, 그 부모와 친구들은 내 친구와 특히 그 자녀들이 인생을 망칠 것이라고 거듭 말했다. 이러한 논리에서는 개인이 아니라 오히려 사회 전체가 인종주의인 셈이다. 수동적 인종주의는 정치 이론가 마루야마 마사오가 밝힌 무책임 구조를 보여준다.[29] 마루야마는 일본 군인이나 관료들이 제2차 세계대전 관련 책임을 부인하고 상급자들을 비난했다고 주장했다. 이 무책임의 사다리는 결국 맨 위, 그러니까 천황으로 이어지며 그 아래에 있는 모든 사람은 사실상 책임을 면제 받는다. 그러니까 타인을 비난하면 모두가 책임을 면한다는 의미다. 수동적 인종주의를 보여주는 대표 사례가 주거 차별이다. 나는 도쿄대 부근에서 어느 한국 학자가 쓸 아파트를 찾은 적이 있는데, 그때 중개인 8명이 외국인 임대는 고려조차 하지 않는다며 거절했다. 모두들 집주인이나 이웃이 외국인을 싫어한다고 탓을 돌렸다. 이 무책임 구조는 다른 사람을 비난하면서 주거 분리가 확실히 지속되도록 했다.

일본 인종주의 사례로 해석될 수 있는 여러 상황은 사실 더욱 모호하다. 일련의 우려로 생긴 주거 차별을 다시 한번 살펴보자. 일본인 세입자 한 사람과 부정적 경험을 한다고 해서 일본인에게 세를 놓지 않는 결과는 생기지 않지만, 비일본인 세입자 한 사람과 부정적 경험을 하면 앞으로 다시는 외국인에게 세를 놓지 않겠다는 결정을 내리게 된다.[30] 일본은 엄두가 나지 않을 만큼 주거비가 높고 적절한 숙소를 찾기도 어렵다 보니 지나치게 많은 외국인 노동자들이 한 아파트에 모여 살게 되는데, 그러기 때문에 세입자로서 부적절해진다.[31] 게다가 새로 온 사람들은 지역 규범에 무지해 환영받지 못하는 방식으로 행동하게 되고,[32] 보증인 조항을 포함한 복잡한 임대제도 때문에 집을 찾기는 더욱 어려워진다. 이웃들이 새로운 외국인 노동자들에게 가장 흔하게 표현하는 불만들 — 자전거를 제대로 세워놓지 못한다든가 쓰레기를 제대로 버리지 못한다 — 은 몇 분 대화했다면 쉽게 풀렸을 문제일 때가 많다.[33]

언어가 다른 사람끼리는 오해가 많다.[34] 어느 날 나는 시부야에서 유럽계 미국인 청년과 이야기를 나누고 있었는데, 그때 어느 정치인이 일본에서 늘 그렇듯 괴롭고 시끄럽게 꽝꽝 울리는 소리로 연설을 시작했다. 이에 짜증이 난 그 미국인 청년은 통통한 연설자에게 "닥쳐"라고 외치면서 다채로운 욕설까지 덧붙였다. 그러나 연설하던 정치인은 미소를 짓고는 그 청년을 가리키면서 모르는 외국인도 열렬하게 지지해주니 무한히 감사하다고 했다.

마지막으로 일본 생활에서 문제 있는 상당수 측면은 외국인과 일본인 양쪽에 영향을 미친다. 자신이 계속 감시를 받는다고 생각하는 외국인도 일부 있다. 레이 벤투라는 자신이 '숨어 살았다'고 생각했지만, 경찰이 그저 '우리를 보지 않는 척했을 뿐'이라는 사실을 깨달왔다. "여론 때문에 필요해지면 경찰은 경고성 급습을 했다."[35] 경찰의 외국인 감시란 근현대 일본 역사에서 늘 있는 일이었다.[36] 그러나 경찰 감시는 일반 일본인에게도 뻗칠 때가 많고, 사실 감시는 경찰을 넘어서도 이루어진다. 일본 도시 지역 중에는 아직도 대면 상호작용 영역, 강력한 공동 사회 통제 영역인 곳이 많다.[37] 이러한 맥락에서 새로 온 사람이나 이방인들은 외국인이든 아니든 어느 정도 의심을 산다. 이 점에서 일본 도시 생활은 일본인 대부분에게도 어렵다. 복잡한 도쿄 도심에서 돌아다니려면 지역을 꽤 잘 알아야 한다. 미궁 같은 철도와 지하철에서 방향을 찾으려면 상당한 지역 관련 지식과 생존 기술이 필요하다. 언어가 유창해도 최고 효율 미만으로 움직이는 사람은 고생하게 마련이다. 시골에서 온 일본인이나 노인, 장애인 등은 모두 도시 생활이 어렵다고 생각한다.

그렇다고 내가 일본인의 무례함이나 인종주의에 면죄부를 주려는 의도는 아니다. 내 논점은 그보다 일본 인종주의가 본질적 일본인 특징과는 거리가 멀다는 것이다. 외국인 노동자 관련 폭넓은 논쟁에는 조직적 외국인혐오 운동이나 널리 퍼진 대중적 인종주의 표현은 전혀 없었다. 반면 유럽에서는 이민 정치로 다양한 우파 민족주의 운동이 일어났다.[38] 물론 일본에서도 그러한 운동이 일어날 가능성은 있다. 극우파, 심지어 신나치주의 정서를 보여주는 산발적 증거들도 존재했다.[39] 그러나 정부 간행물들은 상당히 유하며 외국인 노동자 복지·인권 관련 우려를 표명할 때가 많다.[40] 외국인 노동자 문제를 다룬 간행물 대부분은 개방 이민을 그다지 지지하지 않을 때조차 조심

스럽게 인권 침해를 지적했다.[41]

내가 정부 관료와 일반 시민을 대상으로 진행한 면담 결과에는 인종주의로 해석할 만한 발언은 거의 나오지 않았다. 일본인 동료들이 이들을 면담했을 때도 결과는 전혀 다르지 않았다. 가나가와현 등 일부 지방 자치단체들은 외국인 거주자에게 정보를 제공하고 지원하는 기관을 설립했다.[42] 「당신을 좀 더 만나고 싶습니다」라는 제목이 붙은 소책자는 가나가와에 외국인 노동자들이 와 있는 이유를 설명하고 의료 및 학교, 일본어 강좌 정보, 그리고 영어, 한국어, 중국어, 태국어, 타갈로그어, 스페인어, 포르투갈어 안내를 싣고 있다.[43]

전통일노동조합全統一労働組合 같은 일부 진보 노조들은 건설 등 여러 산업에서 이주 노동자들을 적극 조직화했다.[44] 나는 외국인 노동자를 고용하려는 고용주에게 많은 정보를 주는 유용한 책[45]과 아시아 노동자들에게 18개 국가 언어로 자기 권리를 알려주는 안내서도 찾아냈다.[46] 헬프HELP와 카라바오회カラバオの会 같은 지원 단체들은 법률 자문부터 언어 교육까지 다양한 방법으로 외국인들을 지원한다.[47] 국제결혼 관련 안내를 하거나 국제결혼을 장려하는 책도 여럿 있다.[48] 내가 면담한 사람 중에도 새로운 이주 노동자를 대변해서 말하는 사람이 많았다. 어느 엘리트 사무직 근로자는 외국인 노동자 불공정 대우를 비판했다. 이 남성은 철학자 임마누엘 칸트를 들먹이며 인간은 수단이 아니라 목적으로 대우받아야 한다고 질타했다. 아시아 이주 노동자들에게 무료 상담을 해주던 어느 변호사는 이들에게 좀 더 시간을 할애하지 못해서 유감일 뿐이라고 했고, 나는 그 진심을 의심하지 않는다.

일본 사회에 일본인 인종주의자들과 인종주의 담론이 존재하므로 사회악을 강조하고 싶은 유혹이 생기는 것도 이해되지만, 그렇게 하면 상황이 뚜렷해지기보다는 불명료해진다. 만일 일본인들이 역사를 통틀어 제도상 인종주의자들이었다면 사실 해결책은 없다. 어차피 인종주의자도 태어날 때부터 인종주의자는 아니다. 역사, 특히 나쁜 역사는 운명이 아니다. 적어도 아이누 민족을 다룬 마쓰우라 다케시로松浦武四郎와 야나기 무네요시,[49] 또 부락민을 다룬 나카에 조민中江兆民과 사카이 도시히코堺利彦[50] 등, 꽤 많은 반식민주의 또는 반인종주의 저술을 지워버릴 수는 없다. 또한 현대 일본 사회에서 반인종주의 담론과 운동이 존재한다는 사실도 무시해서는 안 된다.

근현대 일본사에서는 국가가 전능해 보이지만, 언제나 변화는 있었다. 하나 예를 들자면 천황제도 메이지 유신 전에는 거의 의미가 없었고, 전후에는 크게 세속화됐다. 세상에 잘 알려지지는 않았지만 일본 내에서 독립국을 세우려는 시도도 최소 두 번은 있었다. 1869년 에노모토 다케아키榎本武揚가 이끈('라마르세예즈'를 부르며) 홋카이도 독립운동과 1945년 오키나와 열도 내 야에야마 공화국八重山共和国 설립[51] 말이다. 1945년부터 일본 사회에 일어난 근본 변화는 민족 관계에서도 지대한 영향을 미칠 변화 가능성을 열어 두었다. 1980년대 초에 이미 재일 중국인과 한국·조선인을 보면 민족 간 결혼률이 3분의 2를 웃돌았다.[52] 1996년 인권옹호시책추진법人権擁護施策推進法(주로 부락민 대상)과 1997년 아이누문화 진흥 및 아이누 전통 등에 관한 지

식 보급·계발에 관한 법률アイヌ文化の振興並びにアイヌの伝統等に関する知識の普及及び啓発に関する法律 등 최근 일어난 진보도 무시하면 안 된다.

## 민족주의와 그 불만

일본 단일 민족 이데올로기는 유일무이한 사상이 아니라 실제로는 그저 민족주의 중 극렬한 형태일 따름이며, 강력하고 어디에나 존재하는 근대성 이데올로기이다. 민족주의란 다양한 민족들을 명확하게 정의된 정치 경계 안에서, 문화·언어 면에서 단일 국적으로 통일하려는 이데올로기·제도적 과업이다. 그러나 이 과업은 규모가 제법 되는, 경계가 있는 영토 안에 존재하는 다민족 인구라는 어려운 현실에 직면한다. 큰 민족국가들은 좋든 싫든 모두 다민족이었다.

현대 일본 민족 이데올로기 사례는 민족주의 이데올로기에 속하는 부분 집합이며 현대 세계사에서 그리 특이한 일도 아니다. 영국과 프랑스 사례는 이미 언급한 바 있다. 영국에는 영국인만, 또는 프랑스에는 프랑스인만 있다고 상정하는 우파 민족주의 담론도 있지만, 그럼에도 영국이나 프랑스에 자기 자리가 있다고 주장할 수 있는 다른, 혼혈 혈통인 사람도 많다. 소수 민족 집단들이 인정을 갈망하는 사회는 그밖에도 많다. 이스라엘 내 팔레스타인 사람들을 생각해 보자.

결론

1990년대 중반 이스라엘에 있는 팔레스타인인은 1백만 명 가량이었고, 이는 이스라엘 전체 인구 중 5분의 1에 달했다.[53] 1948년 이스라엘 국가가 수립되고 그 후 민족주의 정책이 나오면서 난민이 생겼고, 유대인이 아닌 이스라엘인들은 사라졌다.[54] 30여 년간 팔레스타인인은 존재하지 않다시피했다. "1950년대에 덜레스Dulles 미 국무장관은 팔레스타인인이 사라질 것이라고 했고, 1969년 골다 메이어 Golda Meir 이스라엘 수상은 마치 팔레스타인인이 없어졌다는 듯 말하면서 이들이 애초에 존재하지도 않았다는 발언까지 했다."[55] 에드워드 사이드는 1970년대 후반에 이렇게 썼다. "오늘날 팔레스타인은 사실 그저 기억으로서, 보다 중요하게는 사상으로서, 정치·인간적 경험으로서, 지속된 정치 의지에서 나온 행동으로서 존재할 뿐이다."[56] 편향된 학문은 팔레스타인이라는 과거를 지웠고, 이는 한때 고대 로마 시대 아라비아였던 곳에서 '본래 통합된 지역을 고의로 분열'하는 결과를 낳았다.[57]

따라서 팔레스타인인들은 인정을 추구하는 정치에 참여했다. "내가 맡은 확실한 임무는 (…중략…) 팔레스타인 사람의 존재 이유를 설명하는 것, 팔레스타인 민족이 존재했다고 말하는 것이다."[58] '아랍인 반란intifada'이 상징하는 팔레스타인과 아랍 정치운동은 팔레스타인인 존재를 부정하는 무시를 바로잡았다.[59] 1990년대에는 이스라엘에서조차 팔레스타인인 존재를 완전히 부정하는 사람은 거의 없을 터이다. 다민족 이스라엘이라는 말은 다민족 일본만큼이나 기이하게 들릴지 모르지만, 양국에서 이러한 사상은 사실 현실에 뒤져 있다. 내가 팔레스타인 문제를 제기하는 의도는 단일 민족 이데올로기가 단지 일본에만 있지 않음을 강조하기 위해서이다. 게다가 에드워드 사이드도 지적하듯이 이스라엘의 인정이 "반드시 팔레스타인의 필요를 채워주지는 않는다".[60] 어차피 팔레스타인인 정체성도 단일하지는 않다. 종족·민족 관점에서는 아랍인 귀속의식이 있는 사람이 많지만, 아랍인 역시 단일하거나 고정된 정체성은 아니다.[61]

팔레스타인 사람들이 하는 주장이 일부 시온주의자들에게 분노를 일으킬 수 있듯이 다민족 일본이라는 내 주장도 일부 일본인들을 화나게 할지 모른다. 일본 대학에서 이 주제를 다루면 가장 흔한 반응으로 내 한국계 혈통을 이용한 질문이 나왔다. 내가 일본을 이렇게 '비난'하는데, 현대 한국 사례는 뭐 그리 크게 다르냐는 질문이었다. 말할 필요도 없이, 내 이야기나 이 책이나 모두 일본을 다루지 한국을 다루고 있지는 않다. 그리고 한국 단일 민족주의 사례로 일본에 관한 내 주장이 약해지지도 않는다. 한국 사례는 그저 일본이 유일무이한 사례가 아님을 알려줄 따름이다. 인류학자 에드워드 에반스 프리처드Edward Evans-Pritchard는 적절하게도 다음과 같이 강조했다. "다른 여러 문화와 사회를 이해해야만 자기 문화와 사회를 전체로 볼 수 있고 또 인간 경험과 노력이라는 전체성을 배경으로 두고 더 잘 이해할 수 있다."[62]

단일 민족 이데올로기의 끈질긴 지배는 일본과 한국, 이스라엘에만 국한되지 않는다. 터키와 이라크 등 여러 국가에 총 2천 5백만 명 있다고 추산되는 쿠르드족 존재가 부정당하는 등, 다른 사례도 수없이 많다.[63] 더욱 근심스럽게도 스리랑카에서든,[64] 르완다에서든,[65] 보스니아에서든[66] 대량 학살로 단일 민족 사회를 이루려는 시도가 계속되고 있다. 대단히 다민족 국가인 미국에서조차 다양한 단일 민족 이데올로기들이 확산될 때가 있었다. 개척 논리는 아메리카 원주민이 존재하지 않거나 곧 사라지리라고 가정한다. 미국은 한때 자국을 백인 공화국으로 보았고, 그 정도가 아주 심해서 유럽계 이민자들마저 배제하려는 시도까지 있었다. 윌리엄 애플먼 윌리엄스William Appleman Williams는 '미국 역사기술에서 한 가지 중심 주제는 미국 제국이 존재하지 않는다는 점'[67]이라고 지적했다. 그래도 어느 정도는 윌리엄스 같은 이들이 기울인 노력 덕분에 1990년대 후반 제대로 된 미국사라면 미국 제국이나 미국 다민족성을 무시하지는 않는다.

## 구체 정치의 필요성

그런데 민족 다양성을 아예 무시해야 오히려 신중하지 않은가 하는 의구심도 품을 수도 있다. 전후 현대화 이론가들과 마르크스주의자들처럼 개별 정체성들은 보다 보편적 정체성들에 자리를 내주고 사라진다고 가정하는 편이 더 합리적이지 않을까? "모든 국민은 법 아래 평등하며, 인종, 신조, 성별, 사회적 신분 또는 가문에 따라 정치적, 경제적 또는 사회적 관계에 있어서 차별을 받지 아니한다"라는 일본헌법 제14조를 당연하게 생각해야 하지 않을까? 우리는 민족 범주들을 물화하고, 그럼으로써 민족 간 갈등을 조장하며 민족 내 차이를 억압하는 위험을 감수하지는 않는가? 종족이나 민족 같은 고립된 인종 범주에서 우리를 스스로 해방시켜야 하지 않을까? 나도 보편주의 이상과 세계주의 관심사에는 깊이 공감하지만, 인정과 포함을 달성하려는 구체적 투쟁 없이 추상적 보편은 생기지 못한다.

추상적 보편을 추구하면 공허한 형식주의라는 위험, 따라서 단일 민족성 담론 및 수동적 인종주의, 행세 같은 현상을 재생산할 위험이 따른다. 예를 들어 일본 학생들에게 부락민과 결혼할 생각이 있는지 물어 보니 대부분 그렇다고 답했다.[68] 그러나 부락민 차별을 담은 영상을 보여준 뒤에 그렇다고 한 응답자는 극소수였다.[69] 수동적 인종주의의 반대는 행세의 만연이다. 재일 한국·조선인 중에는 일본 시민으로 귀화하고도 귀화 사실을 숨기고 혈통이 노출될까 두려워하며 사는 사람이 많다.[70] 경찰은 국적이나 부락민 신분 같은 귀속 특성을 무시하라고 훈련을 받지만,[71] 그래도 경찰에게 괴롭힘을 당할 때가 자주 있다고 내게 털어놓은 한국·조선인이 많았다.

한편 아무리 보편적 인권과 민주주의라는 이데올로기를 마음으로 받아들였어도, 선의 있는 일본인들조차 단일 민족 일본 이데올로기를 되풀이했다. 이러한 면에서 일본 사회과학의 단점을 살펴보자. 어느 책은 무려 7백 쪽에 걸쳐 현대 일본 사회를 다뤘는데, 여러 저자 중 단 한 사람도 일본 내 소수 민족을 언급하지 않는다.[72] 진보 사회학자 미타 무네스케도 마찬가지로 민족 문제를 피한다.[73] 1980년대에 서양 포스트모던 학자들과 탈식민주의 학자들이 국가와 민족 문제를 부활시켰을 때도 일부 일본 학자들은 그 유행을 따랐다. 이들이 쓴 글은 가타카나(외국어에 사용하는 문자)로 가득했고 — '네이숀nation' 과 '에스니시티ethnicity'지 국가國家나 민족民族이 아니었다 —, 일본에 실존하는 소수 민족 분석도 넣지 않았다.[74] 책에서 현대 일본 사회에 있는 다민족성을 주장할 때조차도 일본 민족이 아닌 집단은 전혀 다루지 않는다.[75]

추상적 보편은 반드시 구체적 개별을 통해 달성해야 한다. 민족 범주들이 아무리 고립되고 개별주의라고는 해도 그냥 없어지기를 바랄 노릇도 아니다. 오히려 우리는 편견과 차별, 부정이라는 구체적 관심사를 극복하고자 접근하면서 투쟁해야 한다.

## 경계를 넘어

장 자크 루소는 불평등의 기원을 다룬 뛰어난 수필에서 다음과 같이 썼다. "땅 한 뙈기에 울타리를 친 뒤 이 땅이 내 소유라고 말하기로 마음먹고 다른 이들이 순진하게도 그 말을 믿는다는 사실을 깨달은 첫 번째 인간이 바로 시민 사회의 창시자였다. 만일 누군가 말뚝을

뽑거나 도랑을 메우면서 다른 이들에게 '저 사기꾼 말을 듣지 마시오. 과일은 모두의 것이고 땅은 누구의 것도 아니라는 사실을 잊으면 당신들은 끝장이오!'라고 소리쳤더라면, 인류는 얼마나 많은 범죄와 전쟁, 살인, 고통과 공포를 면했을 터인가."[76] 루소가 이 글에서 다룬 내용은 재산과 불평등의 기원이지만, 우리도 같은 자세로 사회적 경계를 긋고 유형학에 따라 선 한 쪽에 있는 사람들은 선 반대쪽에 있는 사람들과 뚜렷하게 다르다고 단언하는 자들을 경계해야 한다. 사회에서 부여한 선들이 도처에 존재하기는 하지만, 과거부터 지금까지 선을 넘는 일도 상호작용도, 불순물도 혼종성도 불가피하게 있었다. 그러나 선을 주장하는 행위, 순수성과 단일성을 만들어내는 행위는 수많은 인종·종족·민족 관련 담론을 뚜렷하게 보여준다. 종족·민족 또는 종족·인종 구분은 조작될 때가 많고, 종족·민족 또는 종족·인종 타자들은 자신들과 아무 관련도 없을지 모르는 이런저런 사회악 때문에 비난을 받는다.

오랜 옛날, 유럽인들은 종교, 그것도 같은 종교의 다른 분파를 놓고 서로 싸웠다. 그러나 세계가 수평으로 분열하는 지금은 종교 때문에 갈라지지는 않는다. 이 분열은 주로 인종과 종족, 민족(인족) 때문에 생긴다. 수세기에 걸친 종교 전쟁을 놀라워하며 돌아보는 사람이 있듯, 우리도 언젠가는 긴 인종 투쟁과 동족 살해, 민족 분열을 놀라워하며 돌아볼지도 모른다. 종교 전쟁이 세계 여러 곳에서 잦아들었듯, 종족·민족 갈등도 그리 머지않은 미래에 줄어들지 모른다. 이러한 갈등들이 대처 불가능하다고 강조하려는 — 현대가 민족 갈등의 시대라고 매도하려는 — 시도는 결국 역효과를 낳는 듯하다. 어떤 장소나 시간에든 민족 분열은 고정되고 영원해 보일지 모르지만, 사실 민족 분열은 자연스럽지도 필요하지도 않다. 일본 단일 민족 이데올로기를 민족 특성이나 그보다 더 깊은 곳에서 파헤치려는 작업은 역사적 사실과 반대일 뿐만 아니라 역사적 사실에 도전하려는 시도에도 그리 많은 정보를 주지 못한다.

적어도 일본에서 민족 인정을 요구하는 정치는 상당한 진보를 이루었다. 비일본 민족인 영구 거주자들을 온전한 시민 생활에 포함하려는 진지한 노력들도 있다. 나는 이 책이 시대에 뒤진 책이 될 때가 그리 머지않다고 믿고 싶다. 저자가 왜 이렇게 명백한 사실을 장황하게 말할까 독자들이 의아하게 여기고, 또 어떻게 그렇게 많은 이들이 일본이 단일 민족 사회라고 믿을 수 있었을까 하는 문제를 진지하게 생각해 볼 때가 말이다.

# 부록 _____ 다언어 일본

　"타고난 언어 소질은 인간 보편이고, 인간은 누구나 마음속에 모든 언어를 이해하기 위한 열쇠를 지녀야만 하기 때문에, 모든 언어 형식은 근본적으로 동일하며 항상 보편 목적을 달성해야만 한다."[1] 빌헬름 폰 훔볼트Wilhelm von Humboldt와 노엄 촘스키Noam Chomsky는 언어를 문화 보편으로 강조한 많은 언어학자 중 하나일 뿐이다.[2] 물론 언어가 인간 보편이라고 해도 사회 구분에서 강력한 근거가 되는 각 언어의 개별성을 부정하지는 못한다. 언어는 사회 생활과 떼려야 뗄 수 없이 얽혀 있기 때문에 많은 철학자들은 "가장 잘 알려진 인간 공동체는 언어 그 자체이다"[3]라는 레이먼드 윌리엄스의 발언에 공감한다. "그리고 한 언어를 상상하는 일은 곧 삶의 형태 하나를 상상하는 일이다."[4] 두 사람이 같은 언어를 공유하지 않으면 그 둘 사이에 유대감, 따라서 정체성이 있다고 가정하기는 어렵다.

　일본인론 저자들은 일본어를 일본에 고유성이 있다는 근거와 동일시할 때가 많았다. 로이 밀러Roy Miller는 이를 가리켜 '일본 사회를

유지하는 중요한 신화'라고 했다.[5] 그러나 일본인론 주장 대부분과 마찬가지로 일본어 고유성을 보여주는 증거 대부분도 결국은 터무니없거나, 진부하거나, 허황되거나, 그릇되거나, 불가사의하다. 『머리가 지나치게 좋은 일본인頭のよすぎる日本人』이라는 책에서 저자 다케미쓰 마코토武光誠는 보통 영국인이나 프랑스인이 1만 단어만 쓰는데 반해 보통 일본인은 단어 14만 개를 쓴다는 사실을 일본인의 지적 우월성을 나타내는 증거랍시고 내놓았다. 어느 학교 교사는 내게 그나마 이보다는 그럴싸하게 "다른 언어로는 표현 불가능한 말들도 있어요. 미소味噌나 낫토納豆를 생각해 보세요"라고 말했다. 물론 일본어 외에 미소 된장이나 발효콩 낫토를 표현할 단어가 있는 언어가 별로 없기는 하겠지만, 그러한 결여는 쉽게 바로잡을 수 있다. 보통 일본인들이 나누는 대화 중 사용하는 단어 가운데 7분의 1은 외래어임을 생각해 보라.[6] 게다가 사회나 연애, 자유 등 서양에서 들어온 말이 없다면 일본어로는 기본 대화조차 어려워질 터이다.[7]

시인이자 언어학자인 오노 스스무大野晋는 야마토(원형 일본 민족) 언어에는 '자연'이라는 단어가 없었으며, 이는 일본인들이 자연과 인간을 명확하게 구분하지 않았고 따라서 서양인들과는 달리 자연과 조화롭게 살았다는 의미라고 한다.[8] 이러한 주장이 느낌을 우선하는 외국인이나 일본인을 설득할 수 있을지는 모르지만,[9] 최근 일본이 겪은 산업 오염의 역사를 보면 그 주장도 심히 의심스럽다.[10] 일본인론에 열광하던 어느 화이트칼라 노동자(샐러리맨)는 일본어가 두 가지 음절 문자표를 사용하는 유일한 언어라고 내게 말했다. 그러나 월터 J. 옹

Walter J. Ong이 말한 대로 "사실 혼종 체계인 표기 체계는 여럿 있으며, 이들은 두 가지 이상의 원칙을 혼합한다".[11] 나와 대화를 나눈 사람 중에는 일본어에 번역으로 결코 잡아낼 수 없는 미묘함이 있다고 지적하는 사람도 여럿 있었다. 분명 모든 언어에 미묘한 요소가 있듯, 모든 번역에는 문제가 있을 수 있다. 그러나 일본어 통사론과 품사론, 음성학 요소들이 다른 모든 언어와 다르다고 하는 여러 주장도 그렇지만 이러한 주장들이 있다고 해서 일본어 고유성이 증명되는 — 모든 언어가 어떤 면에서는 뚜렷한 특징이 있으니 — 일도, 일본 민족이 아닌 사람이 아예 일본어를 습득하지 못하는 일도 없다.

역사 전반에 걸쳐 일본어와 일본 국민이 동일시된 것도 아니다. 에드워드 사피어Edward Sapir도 지적했지만, 언어와 문화, 민족 또는 인종 사이에 엄격한 상관관계는 존재하지 않는다.[12] 특정 언어와 문화 사이에서 신비로운 연결점을 찾으려는 시도가 거듭됐지만 그러한 노력은 전부 실패했다.[13] 어쨌든 일본어 기원도 순수하지 않고 뒤섞여 있다.[14]

무엇보다 일본 열도에서 언어 통일은 최근에야 일어났다. 공통 언어가 발전하려면 국가를 중앙집권화해서든 식민국가가 되어서든 국가 통합이 있어야 한다.[15] 프랑스 사례에서도 "제3공화국은 프랑스에서 프랑스어가 시민 절반에게 외국어라는 사실을 깨달았다".[16] 19세기 중반까지 현재 이탈리아 지역에 사는 인구 중 이탈리아어를 이해하는 사람은 3%에 불과했다.[17] 사람과 매체가 전국으로 순환하지 않으면 사람들은 대개 지역 언어에 의존한다. 일본에서 문자를 해득하는 엘리트 계층은 12세기 전부터 공통 언어를 함께 썼지만, 문자는 한자였다. 일본 본토에서 첫 공통 언어는 17세기 초 무사 사이에서 발전했다.[18] 사카이 나오키酒井直樹는 일본어와 문화가 18세기에 생겼다고 주장한다.[19] 도쿠가와 시대에는 서로 이해 가능한 의사소통이 더욱 흔해졌지만, 신분 차이는 물론 지역 차이로 인해 대중 사이에서 언어 통일은 이루어지지 않았다.[20] 메이지 시대 초기에 도호쿠와 규슈 지방 사람들은 서로 의사소통을 하지 못했다.[21] 전후에도 소설가 야스오카 쇼타로는 도호쿠 방언이 '진짜 외국어'라고 생각했다.[22]

표준 일본어(표준어)는 에도(후일 도쿄) 지역 무사 언어에서 생겼다.[23] 도시화와 농촌-도시 간 교통수단 등장, 군대를 포함한 국가 관료 정치 확장, 중앙화된 학교제도, 라디오 등 매스컴 발달은 일본 전역 일본인들이 서로 유창하게 소통하는 요인이 되었다. 특히 학교는 공통 언어를 주입했고, 사투리를 쓰는 학생들은 '방언 표찰方言札'로 표시해 벌을 주었다.[24] 전쟁 전 언어 차이는 오키나와인과 일본인을 나누는 사회 구분에서 중요한 기능을 했다. 조선인을 판별하는 흔한 시험에서도 조선에서 태어난 사람들이 발음하기 가장 어려운 음절('ズ'' 같은)을 발음하라고 시켰다.

언어 통일로 가는 길은 순조롭지도 빠르지도 않았다. 19세기 후반 문부대신 모리 아리노리도 그저 문득 떠오른 생각에서 영어를 국어로 삼자고 제안하지는 않았다. 비교적 변화가 적은 일본 문자 역시 지난 세기에 상당한 수정을 거쳤다. 무엇보다 현대 일본 문자는 1880년대 일어난 '언문일치 운동'[25]과 1946년 선포된 '현대 가나 표기법現代仮

名遣い'[26]에서 나온 결과이다. 근대 일본어에 존재한 불안정성은 문학 창작에서 좋은 소재가 되었다. 1935년에 발표된 다자이 오사무太宰治 유명 단편 「다스 게마이네タス・ゲマイネ」는 레몽 라디게Raymond Radiguet, 폴 발레리Paul Valéry, 장 콕토Jean Cocteau, 앙드레 지드André Gide, 토마스 만 Thomas Mann 등 다양한 문학 작품을 참조했다.[27] 그러므로 제목도 대개 독일어라고들 생각하지만, 사실 이 단어는 도호쿠 사투리로 '그러니 까 못써다스케마이네, だすけまいね'를 뜻한다. 1990년대에도 표준 일본 구 어에 익숙한 사람들은 지역 방언을 이해하기 어려워한다.[28] 시바타니 마사요시도 썼듯이 "일본은 방언 종류가 대단히 다양하다. 방언끼리 서로 통하지 않을 때도 많다".[29] 1944년에야 일본 가구 대다수가 라 디오 한 대를 소유했으므로[30] 일본은 전후에 언어 통일이 되었다고 하는 학자들도 있다.[31]

　마지막으로 아이누어와 한국어, 중국어, 영어 등 재일 장기거주자 를 대상으로 하는 다양한 언어 공동체와 언어 학교도 존재한다.[32] 다 시 말해 일본은 다언어 사회이다.

# 참고문헌

Abe Hakujun, *Nihon fashizumu kenkyū josetsu*, Tokyo : Miraisha, 1975.

Abella, Manolo I., "Asian Migrant and Contract Workers in the Middle East", In Robin Cohen ed., *The Cambridge Survey of World Migration*, Cambridge : Cambridge University Press, 1995.

Abelmann, Nancy · John Lie, *Blue Dreams : Korean Americans and the Los Angeles Riots*, Cambridge, Mass. : Harvard University Press, 1995.

Adachi, Kenichi, "The Image of America in Contemporary Japanese Fiction", In Hidetoshi Kato ed., *Japanese Popular Culture : Studies in Mass Communication and Cultural Change*, Rutland, Vt. : Charles E. Tuttle, 1959.

Ainu Association of Hokkaido, Translated by John Lie · Hideaki Uemura, Biratori, "A Proposal for Legislation Concerning the Ainu People", In n. a., *Nibutani Forum '93 : shiryōshū*, Japan : Nibutani Forum '93 Jimukyoku, 1993[1984/1985].

Ainu Minzoku Hakubutsukan ed., *Ainu bunka no kiso chishiki*, Tokyo : Sōfūkan, 1993.

Ajiajin Rōdōsha Mondai Kondankai ed., *Ajiajin dekasegi techō*, Tokyo : Akashi Shoten, 1988.

Akamatsu Keisuke, *Sabetsu no minzokugaku*, Tokyo : Akashi Shoten, 1995.

Akazawa Shirō, "Sengo shisō to bunka", In Masanori Nakamura ed., *Kindai Nihon no kiseki 6 : Senryō to sengo kaikaku*, Tokyo : Yoshikawa Kōbunkan, 1994.

Akisada Yoshikazu, *Kindai to buraku sangyō*, Osaka : Buraku Kaihō Kenkyūsho, 1993.

Akutagawa Ryūnosuke, "Aru aho no isshō", *Akutagawa Ryūnosuke zenshū* 9, Tokyo : Iwanami Shoten, 1978[1927].

Allen, Matthew, *Undermining the Japanese Miracle : Work and Conflict in a Coalmining Community*, Cambridge : Cambridge University Press, 1994.

Allinson, Gary D., *Japan's Postwar History*, Ithaca, N. Y. : Cornell University Press, 1997.

Althusser, Louis, Translated by Ben Brewster, *For Marx*, London : NLB, 1977[1965/1969].

Amano Ikuo, *Shiken no shakaishi : kindai Nihon no shiken, kyōiku, shakai*, Tokyo : Tokyo Daigaku Shuppankai, 1983.

Amemiya Shōichi, *Senji sengo taiseiron*, Tokyo : Iwanami Shoten, 1997.

Amino Yoshihiko, *Muen, kugai, raku : Nihon chūsei no jiyū to heiwa*, Tokyo : Heibonsha, 1978.

_____ , *Nihonron no shiza : rettō no shakai to kokka*, Tokyo : Shōgakukan, 1990.

_____, *Nihon no rekishi o yominaosu*, Tokyo : Chikuma Shobō, 1991.

_____, *Umitorettō no chūsei*, Tokyo : Nihon Editā Sukūru Shuppanbu, 1992.

_____, *Igyō no ōken*, Tokyo : Heibonsha, 1993[1986].

_____, "Emperor, Rice, and Commoners", In Donald Denoon, Mark Hudson ·
Gavan McCormack · Tessa Morris-Suzuki, eds., Translated by Gavan McCormack,
*Multicultural Japan : Palaeolithic to Postmodern*, Cambridge : Cambridge University Press,
1996.

Anderson, Benedict O'G., *Imagined Communities*, expanded ed., London : Verso,
1990[1983].

Aniya Masaaki, "Imin to dekasegi : sono haikei", In Okinawa Rekishi Kenkyūkai ed.,
*Kindai Okinawa no rekishi to minshū*, Tokyo : Shigensha, 1977.

Aoki Hideo, *Yoseba rōdōsha no sei to shi*, Tokyo : Akashi Shoten, 1989.

_____, "Nihon no āban-esunishiti : toshi kasō no chōsa kara", *Shakaigaku hyōron*
42, 1992.

Aoki Tamotsu, *"Nihon bunkaron" no hen'yō : sengo Nihon no bunka to aidentitī*, Tokyo : Chūō
Kōronsha, 1990.

Arakawa Shōji, "Kokumin seishin sōdōin to taiseiyokusan undō", In Masaomi Yui ed.,
*Kindai Nihon no kiseki 5 : Taiheiyō sensō*, Tokyo : Yoshikawa Kōbunkan, 1995.

Araki Moriaki, "Tennō to 'tennōsei'", In Rekishigaku Kenkyūkai ed., *Tennō to tennōsei o
kangaeru*, Tokyo : Aoki Shoten, 1986.

Arano Yasunori, *Kinsei Nihon to Higashi Ajia*, Tokyo : Tokyo Daigaku Shuppankai, 1988.

_____, "Kinsei no taigaikan", In Naohiro Asao · Yoshihiko Amino · Susumu
Ishii · Masanao Kano · Shōhachi Hayakawa · Yasuo Yasumaru eds., *Iwanami kōza
Nihon tsūshi 13 : Kinsei 3*, Tokyo : Iwanami Shoten, 1994.

Araragi Shinzō, *"Manshū imin" no rekishi shakaigaku*, Tokyo : Gyōrosha, 1994.

Arasaki Moriteru, "Okinawa ni totte sengo to wa nanika", In Masanori Nakamura · Akira
Amakawa · Kæn-ch'a Yun · Takeshi Igarashi eds., *Sengo Nihon senryō to sengo
kaikaku 5 : Kako no seisan*, Tokyo : Iwanami Shoten, 1995.

Arita Yoshifu, *Utaya Miyako Harumi*, Tokyo : Kōdansha, 1994.

Arnold, Matthew, "Preface to *Culture and Anarchy*", In Stefan Collini ed., *Culture and Anarchy
and Other Writings*, Cambridge : Cambridge University Press, 1993[1869].

Asada Kyōji, "Manshū nōgyō imin to nōgyō, tochi mondai", In Shinobu Ōe · Kyōji Asada ·
Taichirō Mitani · Ken'ichi Gotō · Hideo Kobayashi · Sōji Takasaki · Masahiro
Wakabayashi · Minato Kawamura eds., *Iwanami kōza kindai Nihon to Shokuminchi 3
: Shokuminchika to sangyōka*, Tokyo : Iwanami Shote, 1993.

_____, "Higashi Ajia no 'teikoku' Nihon", In Kyōji Asada ed., *Kindai Nihon no kiseki*

10 : *"Teikoku" Nihon to Ajia*, Tokyo : Yoshikawa Kōbunkan, 1994.

Asahi Shinbun Ainu Minzoku Shuzaihan, *Kotan ni ikiru*, Tokyo : Iwanami Shoten, 1993.

Asahi Shinbun Shakaibu ed., *Chikakute chikai Ajia*, Tokyo : Gakuyō Shobō, 1989.

Asahi Shinbunsha ed., *Kokusai sinpojiumu : kodai Nihon no kokusaika*, Tokyo : Asahi Shinbunsha, 1990.

Asukai Masamichi, "'Kokumin' no sōshutsu—kokumin bunka no keisei, josetsu", In Masamichi Asukai ed., *Kokumin bunka no keisei*, Tokyo : Chikuma Shobō, 1984.

_____, *Bunmei kaika*, Tokyo : Iwanami Shoten, 1985.

Bade, Klaus J., "Einheimische Ausländer : 'Gastarbeiter,' Dauergäste, Enwanderer", In Klaus J. Bade ed., *Deutsche im Ausland — Fremde in Deutsch land : Migration in Geschichte und Gegenwart*, München : Beck, 1992.

Banno Junji, *Taikei Nihon no rekishi 13 : Kindai Nihon no shuppatsu*, Tokyo : Shōgakukan, 1993[1989].

Barker, Paul, "England, Whose England?", *Times Literary Supplement*, July 12, 1996.

Barshay, Andrew E., "Postwar Social and Political Thought, 1945~1990", In Bob Tadashi Wakabayashi ed., *Modern Japanese Thought*, Cambridge : Cambridge University Press, 1998.

Barthes, Roland, Translated by Richard Howard, *Empire of Signs*, New York : Hill & Wang, 1982[1970].

Barzun, Jacques, *God's Country and Mine : A Declaration of Love Spiced with a Few Harsh Words*, Boston : Little, Brown, 1954.

Bayley, David H., *Force of Order : Police Behavior in Japan and the United States*, Berkeley : University of California Press, 1976.

Befu, Harumi, *Ideorogī to shite no Nihon bunkaron*, expanded ed., Tokyo : Shisō no Kagakusha, 1990[1987].

Benedict, Ruth F., *The Chrysanthemum and the Sword*, Boston : Houghton Mifflin, 1946.

Berlin, Brent · Paul Kay, *Basic Color Terms : Their Universality and Evolution*, Berkeley : University of California Press, 1969.

Bernstein, Gail Lee, *Haruko's World : A Japanese Farm Woman and Her Community*, Stanford, Calif. : Stanford University Press, 1983.

Berry, Mary Elizabeth, *The Culture of Civil War in Kyoto*, Berkeley : University of California Press, 1994.

Bestor, Theodore C., *Neighborhood Tokyo*, Stanford, Calif. : Stanford University Press, 1989.

Bitō Masahide, *Nihon bunkaron*, Tokyo : Hōsō Daigaku Kyōiku Shinkōkai, 1993.

Bloch, Marc, "Les aliments de l'ancienne France", In Jean-Jacques Hémardinquer ed.,

*Pour une histoire de l'alimentation*, Paris : Armand Colin, 1954.

Bloom, Allan, "Western Civ", In Allan Bloom, *Giants and Dwarfs : Essays, 1960 ~ 1990*, New York : Simon & Schuster, 1990[1988].

Bogdanor, Vernon, "Sceptred Isle — or Isles?", *Times Literary Supplement*, Sept. 26, 1997.

Bourdieu, Pierre, Translated by Richard Nice, *Distinction : A Social Critique of the Judgment of Taste*, Cambridge, Mass. : Harvard University Press, 1984[1979].

Bowersock, G. W., "Palestine : Ancient History and Modern Politics", In Edward Said · Christopher Hitchens eds., *Blaming the Victims : Spurious Scholarship and the Palestinian Question*, London : Verso, 1988.

Bowman, James, "Through Alien Eyes", *Times Literary Supplement*, June 12, 1992.

Brinton, Crane, *From Many, One : The Process of Political Integration, The Problem of World Government*, Cambridge, Mass. : Harvard University Pres, 1948.

Brinton, Mary C., *Women and the Economic Miracle*, Berkeley : University of California Pres, 1993.

Brooker, Paul, *The Faces of Fraternalism : Nazi Germany, Fascist Italy, and Imperial Japan*, Oxford : Clarendon Pres, 1991.

Brown, Delmer M., *Nationalism in Japan : An Introductory Historical Analysis*, Berkeley : University of California Pres, 1955.

_____, "Introduction", In Delmer M. Brown ed., *The Cambridge History of Japan 1 : Ancient Japan*, Cambridge : Cambridge University Pres, 1993.

Bruck, Connie, "The Big Hitter", *New Yorker*, Dec. 8, 1997.

Bryce, James, *The American Commonwealth* 2, 2d ed., London : Macmilla, 1891.

Buckley, Roger, *Japan Today*, 2d ed., Cambridge : Cambridge University Pres, 1990[1985].

Bungei Shunjūsha ed., *Dai ankēto ni yoru shōnen shōjo manga besuto 100*, Tokyo : Bungei Shunj, 1992.

Buruma, Ian, *God's Dust : A Modern Asian Journey*, New York : Farrar Straus Girou, 1989.

Caillois, Roger, Translated by Meyer Barash, *Man, Play and Games*, New York : Schocke, 1979[1958/1961].

Calhoun, Craig, *Nationalism*, Minneapolis : University of Minnesota Press, 1997.

Camhi, Leslie, "The Serious Side of Japan's Favorite Nuisance", *New York Times*, Mar. 15, 1998.

Canguilhem, Georges, Translated by Arthur Goldhammer, *Ideology and Rationality in the History of the Life Sciences*, Cambridge, Mass. : MIT Press, 1988[1977].

Castles, Stephen · Godula Kosack, *Immigrant Workers and Class Structure in Western Europe*, 2d ed., Oxford : Oxford University Press, 1985[1973].

Chekhov, Anton, Translated by Luba Terpak · Michael Terpak, *The Island : A Journey to*

*Sakhalin*, New York : Washington Square Press, 1967[1895].

_____, "The Kiss", In Anton Chekhov, *The Tales of Chekhov 4 : The Party and Other Stories*, New York : Ecco Press, 1984[1887/1917].

Chi Tong-Wook, *Zainichi o yamenasai*, Tokyo : Za Masada, 1997.

Chikappu Mieko, *Kaze no megumi : Ainu minzoku no bunka to jinken*, Tokyo : Ochanomizu Shobō, 1991.

Ching, Leo, "Imaginings in the Empires of the Sun : Japanese Mass Culture in Asia", In John Whittier Treat ed., *Contemporary Japan and Popular Culture*, Honolulu : University of Hawaii Press, 1996.

Ch'oe Chæng-nim ed., *Kankoku zaibatsu no sōsuitachi*, Tokyo : Kōbunsha, 1987[1982/1985].

Chomsky, Noam, *Language and Mind*, expanded ed., New York : Harcourt Brace Jovanovich, 1972[1968].

Chæng In-hwa, *Itsuno hi ka kaikyō o koete : Kankoku puroyakyū ni kaketa otokotachi*, Tokyo : Bungei Shunjū, 1989[1985].

Chæng Kyæng-mo, "Dō ikiru bekika" *Sharehimu*, Aug., 1984.

Chæng Tae-sæng, *Shokubunka no naka no Nihon to Chōsen*, Tokyo : Kōdansha, 1992.

Christ, Carol T., *Victorian and Modern Poetics*, Chicago : University of Chicago Press, 1984.

Christy, Alan S., "The Making of Imperial Subjects in Okinawa", *Positions* 1, 1993.

Cleaver, Charles Grinnell, *Japanese and Americans : Cultural Parallels and Paradoxes*, Minneapolis : University of Minnesota Press, 1976.

Cole, Robert E., *Work, Mobility, and Participation : A Comparative Study of American and Japanese Industry*, Berkeley : University of California Press, 1979.

Colley, Linda, *Britons : Forging the Nation 1707~1837*, New Haven, Conn. : Yale University Press, 1992.

Conrad, Peter, *Imagining America*, New York : Oxford University Press, 1980.

Conze, Werner · Jürgen Kocka, "Einleitung", In Werner Conze · Jürgen Kocka eds., *Bildungsbürgertum im 19. Jahrhundert 1 : Bildungssystem und Professionalisierung in internationalen Vergleichen*, Stuttgart : Klett-Cott, 1985.

Cornell, John B., "Individual Mobility and Group Membership : The Case of the Burakumin", In R. P. Dore ed., *Aspects of Social Change in Modern Japan*, Princeton, N. J. : Princeton University Press, 1967.

Craig, Albert M., "Fukuzawa Yukichi : The Philosophical Foundations of Meiji Nationalism", In Robert E. Ward ed., *Political Development in Modern Japan*, Princeton, N. J. : Princeton University Press, 1968.

Creighton, Millie R., "The Non-Vanishing Ainu : A Damming Development Project,

Internationalization and Japan's Indigenous Other", *American Asian Review* 13, 1995.

Crichton, Michael, *Rising Sun*, New York : Knopf, 1992.

Curtis, Gerald L., *The Japanese Way of Politics*, New York : Columbia University Press, 1988.

Cuyler, P. L., *Sumo : From Rite to Sport*, rev. ed., New York : Weatherhill, 1985[1979].

Dale, Peter N., *The Myth of Japanese Uniqueness*, New York : St. Martin's, 1986.

Davies, Robertson, *The Lyre of Orpheus*, In Robertson Davies, *The Cornish Trilogy*, Harmondsworth, U. K. : Penguin, 1992[1988].

Davis, F. James, *Who Is Black? One Nation's Definition*, University Park : Pennsylvania State University, 1991.

Dawes, Kwame, "Diary", *London Review of Books*, Feb. 8, 1996.

Dazai Osamu, "Dasu gemaine", In Osamu Dazai, *Dazai Osamu zenshū* 1, Tokyo : Chikuma Shobō, 1989[1935].

DeChicchis, Joseph, "The Current State of the Ainu Language", In John C. Maher · Kyoko Yashiro eds., *Multilingual Japan*, Clevedon, U. K. : Multilingual Matters, 1995.

Denoon, Donald · Mark Hudson · Gavan McCormack · Tessa Morris-Suzuki, eds. *Multicultural Japan : Palaeolithic to Postmodern*, Cambridge : Cambridge University Press, 1996.

Destexhe, Alain, Translated by Alison Marschner, *Rwanda and Genocide in the Twentieth Century*, New York : New York University Pres, 1995[1994].

Doak, Kevin M., *Dreams of Difference : The Japan Romantic School and the Rise of Modernity*, Berkeley : University of California Pres, 1994.

_____, "What Is a Nation and Who Belongs? National Narratives and the Ethnic Imagination in Twentieth-Century Japan", *American Historical Review* 102, 1997.

_____, "Culture, Ethnicity, and the State in Early Twentieth-Century Japan", In Sharon A. Minichiello ed., *Japan's Competing Modernities : Issues in Culture and Democracy, 1900~1930*, Honolulu : University of Hawaii Press, 1998.

Doi Takeo, *Omote to ura*, Tokyo : Kōbund, 1985.

_____, *"Amae" no kōzō*, annotated ed., Tokyo : Kōbundō, 1993[1971].

Dore, R. P., *City Life in Japan : A Study of a Tokyo Ward*, Berkeley : University of California Press, 1958.

_____, "Latin America and Japan Compared", In John J. Johnson ed., *Continuity and Change in Latin America*, Stanford, Calif. : Stanford University Press, 1964.

_____[Ronald P. Dore], *Shinohata : A Portrait of a Japanese Village*, New York : Pantheon, 1978.

_____, *Land Reform in Japan*, New York : Schocken, 1985[1959].

Dower, John W., *War without Mercy : Race and Power in the Pacific War*, New York : Pantheon, 1986.

_____, *Japan in War and Peace : Selected Essays*, New York : New Press, 1993.

Downer, Lesley, *On the Narrow Road : Journey into a Lost Japan*, New York : Summit, 1989.

_____, *The Brothers : The Hidden World of Japan's Richest Family*, New York : Random House, 1994.

Durkheim, Émile, Translated by W. D. Halls, *The Division of Labor in Society*, New York : Free Press, 1984[1893].

Duus, Peter, *The Abacus and the Sword : The Japanese Penetration of Korea, 1895~1910*, Berkeley : University of California Press, 1995.

Eberhard, Wolfram, *China's Minorities : Yesterday and Today*, Belmont, Calif : Wadsworth, 1982.

Ebina Kenzō, *Hokkaidō takushoku kaihatsu keizairon*, Tokyo : Shinhyōron, 1983.

Echeverria, Durand, *Mirage in the West : A History of the French Image of American Society to 1815*, Princeton, N. J. : Princeton University Press, 1957.

Eguchi Keiichi, *Taikei Nihon no rekishi 14 : Futatsu no taisen*, Tokyo : Shōgakukan, 1993[1989].

Ehara Takekazu, *Gendai kōtō kyōiku no kōzō*, Tokyo : Tokyo Daigaku Shuppankai, 1984.

Elder, John, *Following the Brush : An American Encounter with Classical Japanese Culture*, Boston : Beacon Press, 1993.

Elias, Norbert, *The Germans*, ed., Michael Schröter, Translated by Eric Dunning · Stephen Mennell, New York : Columbia University Press, 1996[1989].

Engels, Frederick, "The Condition of the Working-Class in England : From Personal Observations and Authentic Sources", In Karl Marx · Frederick Engels, *Collected Works* 4, Translated by Florence Kelley-Wischnewetzing, New York : International Publishers, 1975[1844].

Evans-Pritchard, E. E., *Social Anthropology and Other Essays*, New York : Free Press, 1962.

Fabian, Johannes, *Language and Colonial Power : The Appropriation of Swahili in the Former Belgian Congo 1880~1938*, Berkeley : University of California Pres, 1991[1986].

Fallows, James, *Looking at the Sun : The Rise of the New East Asian Economic and Political System*, New York : Pantheon, 1994.

Feifer, George, "Okinawa : After the Volcano", *The Atlantic Monthly*, Sept., 1993.

Feiler, Bruce S., *Learning to Bow : An American Teacher in a Japanese School*, New York :

Ticknor & Fields, 1991.

Fenton, James, "The Best of Both Worlds", *New York Review of Books*, Aug. 8, 1996.

Field, Norma, *In the Realm of a Dying Emperor : A Portrait of Japan at Century's End*, New York : Pantheon, 1991.

Ford, Caroline, *Creating the Nation in Provincial France : Religion and Political Identity in Brittany*, Princeton, N. J. : Princeton University Press, 1993.

Foucault, Michel, Translated by Alan Sheridan, *Discipline and Punish : The Birth of the Prison*, New York : Pantheon, 1977[1975].

Fowler, Edward, *San'ya Blues : Laboring Life in Contemporary Tokyo*, Ithaca, N. Y. : Cornell University Press, 1996.

Freedman, David, "When Is a Planet Not a Planet?", *The Atlantic Monthly*, Feb., 1998.

Freeman, Gary P., *Immigrant Labor and Racial Conflict in Industrial Societies : The French and British Experience*, Princeton, N. J. : Princeton University Press, 1979.

Frois, Luis, Translated and Annotated by, *Yōroppa bunka to Nihon bunka*, Akio Okada, Tokyo : Iwanami Shoten, 1991[1585/1965].

Frow, John, *Cultural Studies and Cultural Value*, Oxford : Clarendon Press, 1995.

Fujimoto Hideo, *Chiri Mashiho no shōgai*, Tokyo : Sōfūkan, 1994[1982].

Fujimoto Tsuyoshi, *Mō futatsu no Nihon bunka*, Tokyo : Tokyo Daigaku Shuppankai, 1988.

Fujimura Michio, *Nisshin sensō : Higashi Ajia kindai no tenkanten*, Tokyo : Iwanami Shoten, 1973.

Fujino Yutaka, "Hisabetsu buraku", In Naohiro Asao · Yoshihiko Amino · Susumu Ishii · Masanao Kano · Shōhachi Hayakawa · Yasuo Yasumaru eds., *Iwanami kōza Nihon tsūshi 18 : Kindai 3*, Tokyo : Iwanami Shoten, 1994.

Fujisaki Yasuo, *Dekasegi Nikkei gaikokujin rōdōsha*, Tokyo : Akashi Shoten, 1991.

Fujita Shōzō, *Tennōsei kokka no shihai genri*, 2d ed., Tokyo : Miraish, 1974[1966].

Fujitake Akira, "Katei no bunka hen'yō", In Shōichi Nakamura · Osamu Nakano eds., *Taishū no bunka : nichijō seikatsu no shinjō o saguru*, Tokyo : Yūhikaku, 1985.

Fujitani, T., *Splendid Monarchy : Power and Pageantry in Modern Japan*, Berkeley : University of California Press, 1996.

Fujiwara Akira, "Tennō to Okinawasen", In Akira Fujiwara ed., *Okinawasen to tennōsei*, Tokyo : Rippū Shobō, 1987.

Fujiwara Hiroshi, *Chōshō tennōsei to buraku gensō*, Tokyo : San'ichi Shobō, 1993.

Fukuoka Yasunori, *Gendai shakai no sabetsu ishiki*, Tokyo : Akashi Shoten, 1985.

_____, *Zainichi Kankoku, Chōsenjin : wakai sedai no aidentiti*, Tokyo : Chūō Kōronsha, 1993.

_____, "Sabetsu kenkyū no genjō to kadai", In Shun Inoue · Chizuko Ueno · Masachi Ōsawa · Shun'ya Yoshimi eds., *Iwanami kōza gendai shakaigaku 15 : Sabetsu to kyōsei no shakaigaku*, Tokyo : Iwanami Shoten, 1996.

Fukuoka Yasunori · Myung-Soo [Myæng-su] Kim, *Zainichi Kankokujin seinen no seikatsu to ishiki*, Tokyo : Tokyo Daigaku Shuppanka, 1997.

Fukuoka Yasunori · Yukiko Tsujiyama, "'Kika' e no ishi o jōsei suru mono", *Kaihō shakaigaku* 4, 1990.

Fukuoka Yasunori · Hiroaki Yoshii · Atsushi Sakurai · Shūsaku Ejima · Haruhiko Kanegae · Michihiko Noguchi, eds., *Hisabetsu no bunka, hansabetsu no ikizama*, Tokyo : Akashi Shoten, 1987.

Fukushima Masao, *Nihon shihonshugi to "ie" seido*, Tokyo : Tokyo Daigaku Shuppanka, 1967.

Fukuta Ajio, *Yanagita Kunio no minzokugaku*, Tokyo : Yoshikawa Kōbunkan, 1992.

Fukutake Tadashi, *Nihon shakai no kōzō*, Tokyo : Tokyo Daigaku Shuppanka, 1981.

Fukuzawa Yukichi, "Gakumon no susume", In Yukichi Fukuzawa, *Fukuzawa Yukichi senshū 3*, Tokyo : Iwanami Shote, 1980[1876].

_____, "Bunmeiron no gairyaku", In Yukichi Fukuzawa, *Fukuzawa Yukichi senshū 4*, Tokyo : Iwanami Shote, 1981a[1875].

_____, "Datsuaron", In Yukichi Fukuzawa, *Fukuzawa Yukichi senshū 7*, Tokyo : Iwanami Shote, 1981b[1881].

Furbank, P. N., and W. R. Owens, *The Canonisation of Daniel Defoe*, New Haven, Conn. : Yale University Pres, 1988.

Furuta Takahiko, *Bōdāresu sosaieti jidai wa "Shōwa-Genroku" kara "Heisei-Kyōhō"e*, Tokyo : PHP Kenkyūsh, 1989.

Gabe Masao, *Meiji kokka to Okinawa*, Tokyo : San'ichi Shob, 1979.

_____, "Nihon no kindaika to Okinawa", In Shinobu Ōe · Kyōji Asada · Taichirō Mitani · Ken'ichi Gotō · Hideo Kobayashi · Sōji Takasaki · Masahiro Wakabayashi · Minato Kawamura eds., *Iwanami kōza kindai Nihon to shokuminchi 1 : Shokuminchi teikoku Nihon*, Tokyo : Iwanami Shote, 1992.

Gabe Masao · Megumu Kawabata, "Kaitaku seisaku to 'Ryūkyū shobun'", In Akira Tanaka ed., *Kindai Nihon no kiseki 1 : Meiji ishin*, Tokyo : Yoshikawa Kōbunkan, 1994.

Gabler, Neal, *An Empire of Their Own : How the Jews Invented Hollywood*, New York : Crown, 1988.

Gaikokujin Kōyō Mondai Kenkyūkai, *Toraburu o okosanai tame no gaikokujin kōyō no jitsumu*, rev. ed., Tokyo : Shōji Nōmu Kenkyūkai, 1990[1989].

Gaikokujin Rōdōsha Kenri Hakusho Henshū Iinkai, *Gaikokujin rōdōsha kenri hakusho : hataraku nakama, gaikokujin rōdōsha*, Tokyo : Gaikokujin Rōdōsha Kenri Hakusho Henshū Iinkai, 1995.

Gallie, W. B., *Philosophy and the Historical Understanding*, London : Chatto & Windus, 1964.

Gellner, Ernest, *Nations and Nationalism*, Oxford : Blackwell, 1983.

Gilroy, Paul, *"There Ain't No Black in the Union Jack" : The Cultural Politics of Race and Nation*, Chicago : University of Chicago Press, 1991[1987].

Gluck, Carol, *Japan's Modern Myths : Ideology in the Late Meiji Period*, Princeton, N. J. : Princeton University Press, 1985.

Goffman, Erving, *The Presentation of Self in Everyday Life*, Garden City, N. Y. : Anchor, 1959.

Gombrich, E. H., "The Logic of Vanity Fair : Alternatives to the Study of Historicism in the Study of Fashions, Style and Taste", In E. H. Gombrich, *Ideals and Idols : Essays on Values in History and in Art*, London : Phaidon, 1979[1965].

Goodman, David G. · Masanori Miyazawa, *Jews in the Japanese Mind : The History and Uses of a Cultural Stereotype*, New York : Free Press, 1995.

Goodman, Mary Ellen, "Values, Attitudes, and Social Concepts of Japanese and American Children", *American Anthropologist* 59, 1957.

Goodman, Roger, *Japan's "International Youth" : The Emergence of a New Class of Schoolchildren*, Oxford : Clarendon Press, 1990.

Gordon, Andrew, *Labor and Imperial Democracy in Prewar Japan*, Berkeley : University of California Press, 1991.

_____, "The Invention of Japanese-Style Labor Management", In Stephen Vlastos ed., *Mirror of Modernity : Invented Traditions of Modern Japan*, Berkeley : University of California Pres, 1998.

Gotō Jun'ichi, *Gaikokujin rōdō no keizaigaku : kokusai bōekiron kara no apurōchi*, Tokyo : Tōyō Keizai Shinpōsha, 1990.

Gotō Ken'ichi, "Taiwan to Nan'yō : 'Nanshin' mondai to no kanren de", In Shinobu Ōe · Kyōji Asada · Taichirō Mitani · Ken'ichi Gotō · Hideo Kobayashi · Sōji Takasaki · Masahiro Wakabayashi · Minato Kawamura eds., *Iwanami kōza kindai Nihon to shokuminchi 2 : Teikoku tōji no kōzō*, Tokyo : Iwanami Shoten, 1992.

Gotō Motoo · Kenzō Uchida · Masumi Ishikawa, *Sengo hoshuseiji no kiseki : Yoshida naikaku kara Suzuki naikaku made*, Tokyo : Iwanami Shoten, 1982.

Gotō Yasushi, "'Chū ishiki' no mujun : kaikyū to kaisō", In Rekishigaku Kenkyūkai · Nihonshi Kenkyūkai eds., *Kōza Nihon rekishi 13 : Rekishi ni okeru genzai*, Tokyo : Tokyo Daigaku Shuppankai, 1985.

Graburn, Nelson H. H., "The Past in the Present in Japan : Nostalgia and Neo-Traditionalism in Contemporary Japanese Domestic Tourism", In Richard Butler · Douglas Pearce eds., *Change in Tourism : People, Places, and Processes*, London : Routledge, 1995.

Greenbie, Barrie B., *Space and Spirit in Modern Japan*, New Haven, Conn. : Yale University Press, 1988.

Greenfeld, Karl Taro, *Speed Tribes : Days and Nights with Japan's Next Generation*, New York : HarperCollins, 1994.

Grillo, R. D., *Ideologies and Institutions in Urban France : The Representation of Immigrants*, Cambridge : Cambridge University Press, 1985.

Guttmann, Allen, *From Ritual to Record : The Nature of Modern Sports*, New York : Columbia University Press, 1978.

Hachiya Takashi, "Gaikokujin rōdōsha mondai : ukeire to seifu, keizaikai no tachiba", *Kikan rōdōhō* 164, 1992.

Haga Shōji, "Meiji zenki ni okeru aikoku shisō no keisei", In Masamichi Asukai ed., *Kokumin bunka no keisei*, Tokyo : Chikuma Shobō, 1984.

Hall, Ivan P., *Cartels of the Mind : Japan's Intellectual Closed Shop*, New York : Norton, 1998.

Halperin, David M., *Saint = Foucault : Towards a Gay Hagiography*, New York : Columbia University Pres, 1995.

Hamaguchi Eshun · Shunpei Kumon, eds., *Nihonteki shūdanshugi : sono shinka o tou*, Tokyo : Yūhikaku, 1982.

Hamashima Akira, "Daikigyō taiseika no rōdōsha ishiki", In Hiroshi Hazama · Takayoshi Kitagawa eds., *Keieitorōdō no shakaigaku*, Tokyo : Tokyo Daigaku Shuppankai, 1985.

Hanami Makiko, "Minority Dynamics in Japan : Towards a Society of Sharing", In John C. Maher · Gaynor Macdonald eds., *Diversity in Japanese Culture and Language*, London : Kegan Paul International, 1995.

Hanazaki Kōhei, *Shizuka na daichi : Matsuura Takeshirō to Ainu minzoku*, Tokyo : Iwanami Shoten, 1988.

_____, *Aidentiti to kyōsei no tetsugaku*, Tokyo : Chikuma Shobō, 1993.

Haneda Arata, "Joron Nihon no dekasegi", In Sakae Watanabe · Arat Haneda eds., *Dekasegi no sōgōteki kenkyū*, Tokyo : Tokyo Daigaku Shuppankai.1987.

Hanihara Kazurō, *Nihonjin no tanjō : jinrui harukana tabi*, Tokyo : Yoshikawa Kōbunka, 1996.

Hanley, Susan B., *Everyday Things in Premodern Japan : The Hidden Legacy of Material Culture*, Berkeley : University of California Pres, 1997.

Hara Katsurō, *Tōyama jidai ni okeru ichi shinshi no seikatsu*, Tokyo : Kōdansh, 1978[1917].

Harada Nobuo, *Rekishi no naka no kome to niku : shokumotsu to tennō, sabetsu*, Tokyo : Heibonsha, 1993.

Harajiri Hideki, *Nihon teijū Korian no nichijō to seikatsu : bunkajinruigakuteki apurōchi*, Tokyo : Akashi Shoten, 1997.

Hardacre, Helen, *Shintō and the State, 1868∼1988*, Princeton, N. J. : Princeton University Press, 1989.

Hardin, C. L. · Luisa Maffi, eds., *Color Categories in Thought and Language*, Cambridge : Cambridge University Press, 1997.

Hargreaves, Alec G., *Immigration, "Race" and Ethnicity in Contemporary France*, London : Routledge, 1995.

Harootunian, H. D., *Things Seen and Unseen : Discourse and Ideology in Tokugawa Nativism*, Chicago : University of Chicago Press, 1988.

_____, "Disciplining Native Knowledge and Producing Place : Yanagita Kunio, Origuchi Shinobu, and Takata Yasuma", In J. Thomas Rimer ed., *Culture and Identity : Japanese Intellectuals during the Interwar Years*, Princeton, N. J. : Princeton University Press, 1990.

Hasegawa Akira, *Sumō no tanjō*, Tokyo : Shinchōsha, 1993.

Hashizume Daizaburō, *Bōken to shite no shakaikagaku*, Tokyo : Mainichi Shinbunsha, 1989.

Hatada Kunio, "Maruchi-nashonaru sutorīto : Ōkubo-dori ni 'taminzoku kokka Nihon' no asu ga aru!", *Bessatsu Takarajima* 106, 1990.

Hattori Yukio, *Edo kabuki*, rev. ed., Tokyo : Iwanami Shoten, 1993[1970].

Havens, Thomas R. H., *Fire across the Sea : The Vietnam War and Japan, 1965∼1975*, Princeton, N. J. : Princeton University Press, 1987.

Hayashi Fusao, *Daitōa sensō kōteiron*, Tokyo : Banchō Shobō, 1964.

Hayashi Tatsuo, *Kyōsanshugiteki ningen*, Tokyo : Chūō Kōronsha, 1973.

Hayashiya Tatsusaburō, *Chūsei bunka no kichō*, Tokyo : Tokyo Daigaku Shuppankai, 1953.

Hayashiya Tatsusaburō · Tadao Umesao · Michitarō Tada · Hidetoshi Katō, *Nihonjin no chie*, Tokyo : Chūō Kōronsha, 1973[1962].

Hearn, Lafcadio, *Japan : An Attempt at Interpretation*, New York : Macmillan, 1904.

_____, *Kokoro : Hints and Echoes of Japanese Inner Life*, Rutland, Vt. : Charles E. Tuttle, 1972[1896].

Hebdige, Dick, *Subculture : The Meaning of Style*, London : Methuen, 1979.

_____, *Hiding in the Light : On Images and Things*, London : Routledge, 1988.

Hein, Laura · Ellen H. Hammond, "Homing in on Asia : Identity in Contemporary Japan", *Bulletin of Concerned Asian Scholars* 27(3) 1995.

Hendry, Joy, *Understanding Japanese Society*, London : Croom Helm, 1987.

Hida Yoshifumi, *Tōkyōgo seiritsushi no kenkyū*, Tokyo : Tōkyōdō, 1992.

Hidaka Rokurō, *Gendai ideorogī*, Tokyo : Keisō Shobō, 1960.

참고문헌

_____, *Sengo shisō o kangaeru*, Tokyo : Iwanami Shoten, 1980.

Hinago Akira, "Japayukisan no keizaigaku", *Bessatsu Takarajima* 54, 1986.

Hippō Yasuyuki, *Nihon kensetsu rōdōron : rekishi, genjitsu to gaikokujin rōdōsha*, Tokyo : Ochanomizu Shobō, 1992.

Hiraishi Naoaki, "Kindai Nihon no 'Ajiashugi'", In Yūzō Mizoguchi · Takeshi Hamashita · Naoaki Hiraishi · Hiroshi Miyajima eds., *Ajia kara kangaeru 5 : Kindaika zō*, Tokyo : Tokyo Daigaku Shuppankai, 1994.

Hirano Kunio, *Kikajin to kodai kokka*, Tokyo : Yoshikawa Kōbunka, 1993.

Hiraoka Masaaki, *Yokohamateki : geinō toshi sōseiron*, Tokyo : Seidosh, 1993.

Hirota Hisako, *Gendai joshi rōdō no kenkyū*, Tokyo : Rōdō Kyōiku Sent, 1979.

Hirota Masaki, *Bunmei kaika to minshū ishiki*, Tokyo : Aoki Shote, 1980.

Hirota Teruyuki, *Rikugun shokō no kyōiku shakaishi : risshin shusse to tennōsei*, Yokohama : Seshoku Shob, 1997.

Hirowatari Seigo, "Gaikokujin ukeire no hōteki ronri", In Toshio Iyotani · Takamichi Kajita eds., *Gaikokujin rōdōsharon : genjō kara riron e*, Tokyo : Kōbund, 1992.

Hobsbawm, E. J., *Nations and Nationalism since 1780 : Programme, Myth, Reality*, Cambridge : Cambridge University Pres, 1990.

Hodson, Peregrine, *A Circle Round the Sun : A Foreigner in Japan*, London : Heineman, 1992.

Hokama Shuzen, *Okinawa no rekishi to bunka*, Tokyo : Chūō Kōronsh, 1986.

Hokusei Katsushika · Naoki Urasawa, *Master Keaton [Masutā Kīton]* 14, Tokyo : Shōgakuka, 1993.

Hollifield, James F., *Immigrants, Markets, and States : The Political Economy of Postwar Europe*, Cambridge, Mass. : Harvard University Pres, 1992.

Honda Hideo, *Sonzai shinai kodomotachi : Okinawa no mukokusekiji mondai*, Tokyo : Chōbunsh, 1982.

Honda Junryō, "Konnichi no gaikokujin rōdōsha mondai", *Rōdō undō* 326, 1992.

Honda Katsuichi, *Ainu minzoku*, Tokyo : Asahi Shinbunsh, 1993a.

_____, *The Impoverished Spirit in Contemporary Japan : Selected Essays of Honda Katsuichi*, In John Lie ed., Translated by Eri Fujieda, Masayuki Hamazaki · John Lie, New York : Monthly Review Pres, 1993b.

Honda Yasuharu, *"Sengo" : Misora Hibari to sono jidai*, Tokyo : Kōdansh, 1987.

Honda Yutaka, *Burakushi kara mita Tokyo*, Tokyo : Aki Shob, 1990.

Honig, Emily, *Creating Chinese Ethnicity : Subei People in Shanghai, 1850 ~ 1980*, New Haven, Conn. : Yale University Pres, 1992.

Honna, Nobuyuki, "English in Japanese Society : Language within Language", In John

C. Maher · Kyoko Yashiro eds., *Multilingual Japan*, Clevedon, U. K. : Multilingual Matter, 1995.

Horiba Kiyoko, *Inaguya Nanabachi : Okinawa joseishi o saguru*, Tokyo : Domesu Shuppa, 1990.

Horiuchi Kōichi, *Matsuromanu hitobito Ainu*, expanded ed., Tokyo : Shinsensha, 1993[1986].

Howell, David L., "Ainu Ethnicity and the Boundaries of the Early Modern Japanese State", *Past and Present* 142, 1994.

_____, *Capitalism from Within : Economy, Society, and the State in a Japanese Fishery*, Berkeley : University of California Press, 1995.

_____, "Ethnicity and Culture in Contemporary Japan", *Journal of Contemporary History* 31, 1996.

Hoyano Hatsuko, "Yakinikuten fukyō o kui hōdai", *Aera*, Dec. 20, 1993.

Humboldt, Translated by George C. Buck · Frithjof A. Raven, Wilhelm von, *Linguistic Variability and Intellectual Development*, Philadelphia : University of Pennsylvania Press, 1972[1836/1971].

Hunter, Janet E. ed., *Concise Dictionary of Modern Japanese History*, Berkeley : University of California Press, 1984.

Hwang Min-gi, "Rikidōzan densetsu", *Oruta* 1, 1992.

Ichikawa Nobuchika, *Kakyō shakai keizairon josetsu*, Fukuoka, Japan : Kyūshū Daigaku Shuppankai, 1987.

Ienaga Saburō, *Nihon bunkashi*, 2d ed., Tokyo : Iwanami Shoten, 1982[1959].

Ijūin Shizuka, *Anoko no kānēshon*, Tokyo : Bungei Shunjū, 1989.

Ike Satoko, "Jirei 1 : Burajiru de no Okinawakei e no sabetsu", In Masako Watanabe ed., *Kyōdō kenkyū dekasegi Nikkei Burajirujin, ge : shiryōhen*, Tokyo : Akashi Shoten, 1995.

Ikei Masaru, *Yakyū to Nihonjin*, Tokyo : Maruzen, 1991.

Ikemiyagushiku Shūi, *Hankotsu no jānarisuto*, Naha, Japan : Niraisha, 1996.

Inagami Takeshi · Yasuo Kuwahara · Kokumin Kin'yū Kōko Sōgō Kenkyusho, *Gaikokujin rōdōsha o senryakuka suru chūshō kigyō*, Tokyo : Chūshō Kigyō Risāchi Sent, 1992.

Ino Kenji, *Yakuza to Nihonjin*, Tokyo : Gendai Shokan, 1993.

Inomata Tsunao, *Kyūbō no nōson*, Tokyo : Iwanami Shoten, 1982[1934].

Inoue Kiyoshi, *Tennōsei*, Tokyo : Tokyo Daigaku Shuppankai, 1953.

Inoue Tadashi, "Gendai no gaishoku to gurume", In Takeshi Moriya ed., *Gendai Nihon bunka ni okeru dentō to hen'yō 6 : Nihonjin to asobi*, Tokyo : Domesu Shuppan, 1989.

Inui Takashi, *Sengoshi : Nihonjin no ishiki*, Tokyo : Rironsha, 1971.

Inuzuka Takaaki, "Bakufu kengaishisetsudan to ryūgakusei"; "Kaitaku seisaku to 'Ryūkyū shobun'", In Akira Tanaka ed., *Kindai Nihon no kiseki 1 : Meiji ishin*, Tokyo : Yoshikawa Kōbunka, 1994.

Ireland, Patrick, *The Policy Challenge of Ethnic Diversity : Immigrant Politics in France and Switzerland*, Cambridge, Mass. : Harvard University Press, 1994.

Iriye, Akira, "Japan's Drive to Great-Power Status", In Marius B. Jansen ed., *The Cambridge History of Japan 5 : The Nineteenth Century*, Cambridge : Cambridge University Press, 1989.

Irokawa Daikichi, *Meiji no bunka*, Tokyo : Iwanami Shote, 1970.

_____, *Aru Shōwashi : jibunshi no kokoromi*, Tokyo : Chūō Kōronsh, 1978[1975].

_____, *Shōwashi sesōben*, Tokyo : Shogakuka, 1990.

Ishi, Angelo, "Nikkei Burajirujin o torimaku uwasa to jiken", In Masako Watanabe ed., *Kyōdō kenkyū dekasegi Nikkei Burajirujin, jo : ronbunhen*, Tokyo : Akashi Shoten, 1995.

Ishibashi Tanzan, *Ishibashi Tanzan hyōronshū*, ed., Takayoshi Matsuo, Tokyo : Iwanami Shote, 1984.

Ishida, Hiroshi, *Social Mobility in Contemporary Japan*, Stanford, Calif. : Stanford University Pres, 1993.

_____, "Educational Credentials and Labour-Market Entry Outcomes in Japan", In Yossi Shavit · Walter Müller eds., *From School to Work : A Comparative Study of Educational Qualifications and Occupational Destinations*, Oxford : Clarendon Press, 1998.

Ishida Takeshi, *Meiji seiji shisōshi kenkyū*, Tokyo : Miraisha, 1954.

_____, *Kindai Nihon seiji kōzō no kenkyū*, Tokyo : Miraisha, 1956.

_____, *Nihon kindaishi taikei 8 : Hakyoku to heiwa*, Tokyo : Tokyo Daigaku Shuppanka, 1968.

_____, *Nihon no seiji bunka : dōchō to kyōsō*, Tokyo : Tokyo Daigaku Shuppankai, 1970.

_____, *Heiwa to henkaku no ronri*, Tokyo : Renga Shobō, 1973.

_____, "'Fashizumuki' Nihon ni okeru 'kokumin undō' no soshiki to ideorogī", In Tokyo Daigaku Shakaikagaku Kenkyūsho ed., *Fashizumuki no kokka to shakai 6 : Undō to teikō jo*, Tokyo : Tokyo Daigaku Shuppankai, 1979.

_____, *Kindai Nihon no seiji bunka to gengo shōchō*, Tokyo : Tokyo Daigaku Shuppankai, 1983.

_____, *Nihon no shakaikagaku*, Tokyo : Tokyo Daigaku Shuppankai, 1984.

_____, *Nihon no seiji to kotoba 2 : "Heiwa" to "kokka"*, Tokyo : Tokyo Daigaku Shuppankai, 1989.

_____, *Shakaikagaku saikō : haisen kara hanseiki no dōjidaishi*, Tokyo : Tokyo Daigaku Shuppankai, 1995.

_____, "'Dōka' seisaku to tsukurareta kannen to shite no 'Nihon,'"(2 parts), *Shisō* 892 · 893, 1998.

Ishige Naomichi, "Pachinko—asobi no naka no shigoto", In Takeshi Moriya ed., *Gendai Nihon bunka ni okeru dentō to hen'yō 6 : Nihonjin to asobi*, Tokyo : Domesu Shuppan, 1989.

Ishihara Masaie, "Okinawasen no shosō to sono haikei", In Ryūkyū Shinpōsha ed., *Shin Ryūkyūshi : kindai, gendai hen*, Naha, Japan : Ryūkyū Shinpōsha, 1992.

Ishihara Michihiro ed., Translated by Michihiro Ishihara, *Gishi wajinden ta sanpen*, new ed.,Tokyo : Iwanami Shoten, 1985[3rd century/1951].

Ishihara Shintarō, "Co-Prosperity in the 21st Century", In Mahathir bin Mohamad · Shintarō Ishihara eds., Translated by Frank Baldwin, *The Voice of Asia : Two Leaders Discuss the Coming Century*, Tokyo : Kodansha International, 1995.

Ishii Ryōsuke, *Ie to koseki no rekishi*, Tokyo : Sōbunsh, 1981.

Ishii Shirō, *Nihon kokuseishi kenkyū II : Nihonjin no kokka seikatsu*, Tokyo : Tokyo Daigaku Shuppanka, 1986.

Ishiko Junzō, *Sengo mangashi nōto*, Tokyo : Kinokuniya Shoten, 1975.

Ishio Yoshihisa, *Buraku kigenron : sono rironteki shomondai*, Tokyo : San'ichi Shob, 1986.

Ishiyama Eiichirō, *Firipin dekasegi rōdōsha : yume o oi Nihon ni ikite*, Tokyo : Shashiku Shobō, 1989.

Ishizuka Hiromichi, "Fukoku kyōhei to korera : seikimatsu no 'teito' Tokyo", In Ryūji Sasaki · Akira Yamada eds., *Shinshiten Nihon no rekishi 6 : Kindaihen*, Tokyo : Shinjinbutsu Ōraisha, 1993.

Isoda Kazuo, "Kōminka kyōiku to shokuminchi no kokushi kyōkasho", In Shinobu Ōe · Kyōji Asada · Taichirō Mitani · Ken'ichi Gotō · Hideo Kobayashi · Sōji Takasa-ki · Masahiro Wakabayashi · Minato Kawamura eds., *Iwanami kōza kindai Nihon to shokuminchi 4 : Tōgō to shihai no ronri*, Tokyo : Iwanami Shoten, 1993.

Isoda Kōichi, *Shisō to shite no Tokyo : kindai bungakushiron nōto*, Tokyo : Kokubunsha, 1978.

_____, *Rokumeikan no keifu : kindai Nihon bungeishi shi*, Tokyo : Bungei Shunjū, 1983a.

_____, *Sengoshi no kūkan*, Tokyo : Shinchōsha, 1983b.

Itō Ruri, "'Japayukisan' genshō saikō—80-nendai Nihon e no Ajia josei ryū'nyū", In Toshio Iyotani · Takamichi Kajita eds., *Gaikokujin rōdōsharon : genjō kara riron e*, Tokyo : Kōbundō, 1992.

Ivy, Marilyn, *Discourses of the Vanishing : Modernity, Phantasm, Japan*, Chicago : University of

Chicago Press, 1995.

Iwamoto Noriaki, "Nihon keizai no kaikaku to fukkō", In Rekishigaku Kenkyūkai · Nihonshi Kenkyūkai eds., *Kōza Nihon rekishi 11 : Gendai* 1, Tokyo : Tokyo Daigaku Shuppankai, 1985.

Iwamura Toshio, *Zainichi Chōsenjin to Nihon rōdōsha kaikyū*, Tokyo : Azekura Shobō, 1972.

Iwanaga Kenkichirō, *Sengo Nihon no seitō to gaikō*, Tokyo : Tokyo Daigaku Shuppankai, 1985.

Iwao, Sumiko, *The Japanese Woman : Traditional Image and Changing Reality*, New York : Free Press, 1993.

Iwata Masami, *Sengo shakaifukushi no tenkai to daitoshi saiteihen*, Kyoto : Mineruva Shobō, 1995.

Iwauchi Ryōichi · Atsushi Kadowaki · Etsuo Abe · Yasuhiko Jinnouchi · Shunta Mori, *Kaigai Nikkei kigyō to jinteki shigen*, Tokyo : Dōbunkan, 1992.

Iyer, Pico, *Video Night in Kathmandu*, New York : Random Hous, 1988.

_____, *The Lady and the Monk : Four Seasons in Kyoto*, New York : Knop, 1991.

Jansen, Marius B., *Sakamoto Ryōma and the Meiji Restoration*, Princeton, N. J. : Princeton University Pres, 1961.

_____, *Japan and Its World : Two Centuries of Change*, Princeton, N. J. : Princeton University Pres, 1980.

_____, *China in the Tokugawa World*, Cambridge, Mass. : Harvard University Pres, 1992.

Japan Immigration Association, *Basic Plan for Immigration Control*, Tokyo : Japan Immigration Associatio, 1992.

Johnson, Douglas, "The Making of the French Nation", In Mikuláÿ Teich · Roy Porter eds., *The National Question in Europe in Historical Context*, Cambridge : Cambridge University Press, 1993.

Kagotani Jirō, *Kindai Nihon ni okeru kyōiku to kokka no shisō*, Kyoto : Aunsha, 1994.

Kaiho Mineo, "Wajinchi kenryoku no keisei", In Eiichi Katō · Manji Kitajima · Katsumi Fukaya eds., *Bakuhansei kokka to iiki, ikoku*, Tokyo : Azekura Shobō, 1989.

Kaiho Yōko, *Kindai hoppōshi : Ainu minzoku to josei to*, Tokyo : San'ichi Shobō, 1992.

Kajiwara Ikki · Noboru Kawasaki, "Kyojin no hoshi", In *Shōnen magajin*, 1966~1971.

Kamada Motokazu, "Nihon kodai no 'kuni'", In Naohiro Asao · Yoshihiko Amino · Keiji Yamaguchi · Takashi Yoshida eds., *Nihon no shakaishi 6 : Shakaiteki shoshūdan*, Tokyo : Iwanami Shoten, 1988.

Kamata Satoshi, *Dokyumento rōdōsha! 1967~1984*, Tokyo : Chikuma Shobō, 1984.

Kamei Shunsuke, "Nihon no kindai to hon'yaku", In Shunsuke Kamei ed., *Kindai Nihon no hon'yaku bunka*, Tokyo : Chūō Kōronsh, 1994.

Kamiesu Tomokatsu, *Tennōsei ka no Okinawa*, Tokyo : San'ichi Shob, 1996.

Kamijō Horiyuki, "Kyōiku sōzō to minshū bunka", In Samon Kinbara ed., *Kindai Nihon no kiseki 4 : Taishō Demokurashī*, Tokyo : Yoshikawa Kōbunka, 1994.

Kamishima Jirō, *Kindai Nihon no seishin kōzō*, Tokyo : Iwanami Shote, 1961.

_____, "Nihon no kindaika", In Jirō Kamishima ed., *Nihon kindaika no tokushitsu*, Tokyo : Ajia Keizai Kenkyūsh, 1973.

_____, *Jiba no seijigaku*, Tokyo : Iwanami Shoten, 1982

Kamiya Atsuyuki,"Tai-Mei seisaku to Ryūkyū shihai", In Eiichi Katō · Manji Kitajima · Katsumi Fukaya eds., *Bakuhansei kokka to iiki, ioku*, Tokyo : Azekura Shob, 1989.

Kamiya Nobuyuki, *Bakuhansei kokka no Ryūkyū shihai*, Tokyo : Azekura Shob, 1990.

Kanagawa Zainichi Gaikokujin Mondai Kenkyūkai, *Tabunka, taminzoku* shakai no shinkō *to gaikokujin ukeire no genjō*, Yokohama : Kanagawa Zainichi Gaikokujin Mondai Kenkyūkai, 1992.

_____, *Zaijū gaikokujin, tomo ni kurasu Kanagawa : motto anata ni deaitai*, Yokohama : Kanagawa Zainichi Gaikokujin Mondai Kenkyūka, 1993.

Kandatsu Haruki, *Sengo sonraku keikan no henbō*, Tokyo : Ochanomizu Shob, 1991.

Kanegae Haruhiko, "Gendai daigakusei no buraku sabetsu ishiki no ichisokumen", *Kaihō shakaigaku* 5, 1991.

Kaneko Masaru, "'Kōdo seichō' to kokumin seikatsu", In Rekishigaku Kenkyūkai · Nihonshi Kenkyūkai eds., *Kōza Nihon rekishi 12 : Gendai 2*, Tokyo : Tokyo Daigaku Shuppankai, 1985.

Kang Chae-on · Tong-hun Kim, *Zainichi Kankoku, Chōsenjin —rekishi to tenbō*, Tokyo : Rōdōkeizaisha, 1989.

Kang Sang-jung, "Shakaikagakusha no shokuminchi ninshiki : shokuminseisakugaku to orientarizumu", In Yasushi Yamanouchi et al. eds., *Iwanami kōza shakaikagaku no hōhō 3 : Nihon shakaikagaku no shisō*, Tokyo : Iwanami Shoten, 1993.

Kang Tæk-sang, *Kantō daishinsai*, Tokyo : Chūō Kōronsha, 1975.

Kano Masanao, "Gendai ningenron", In Rekishigaku Kenkyūkai · Nihonshi Kenkyūkai eds., *Kōza Nihon rekishi 13 : Rekishi ni okeru genzai*, Tokyo : Tokyo Daigaku Shuppankai, 1985.

_____, *Nihon kindaika no shisō*, Tokyo : Kōdansha, 1986[1972].

_____, *Sengo Okinawa no shisōzō*, Tokyo : Asahi Shinbunsha, 1987.

_____, *Okinawa no en : Iha Fuyuu*, Tokyo : Iwanami Shoten, 1993.

_____, "Nihon bunkaron to rekishi ishiki", In Naohiro Asao · Yoshihiko Amino · Susumu Ishii · Masanao Kano · Shōhachi Hayakawa · Yasuo Yasumaru eds.,

*Iwanami kōza Nihon tsūshi, bekkan* 1, Tokyo : Iwanami Shoten, 1995.

Kantō Bengoshikai Rengōkai ed., *Gaikokujin rōdōsha to keizai shakai no shinro*, Tokyo : Akashi Shote, 1989.

_____, *Gaikokujin rōdōsha no shūro to jinken*, Tokyo : Akashi Shoten, 1990.

Kaplan, Justin · Anne Bernays, *The Language of Names*, New York : Simon & Schuster, 1997.

Karatani Kōjin, *Shūen o megutte*, Tokyo : Kōdansha, 1995[1990].

Kariya Tetsu · Akira Hanasaki, *Oishinbo* 3, Tokyo : Shōgakukan, 1985.

Kasamatsu Hiroshi, *Hō to kotoba no chūseishi*, Tokyo : Heibonsha, 1984.

Kasuya Ken'ichi, "Chōsen sōtokufu no bunka seiji", In Shinobu Ōe · Kyōji Asada · Taichirō Mitani · Ken'ichi Gotō · Hideo Kobayashi · Sōji Takasa-ki · Masahiro Wakabayashi · Minato Kawamura eds., *Iwanami kōza kindai Nihon to shokuminchi 2 : Teikoku tōji no kōzō*, Tokyo : Iwanami Shoten, 1992.

Kata Kōji, *Kamishibai Shōwashi*, Tokyo : Ōbunsha, 1979.

_____, *UtanoShōwashi*, Tokyo : Jiji Tsūshinsha, 1985[1975].

Katō Hidetoshi, *Meiji Taishō shokuseikatsu sesōshi*, Tokyo : Shibata Shoten, 1977.

_____, "Hābādo e", In Hidetoshi Katō, *Katō Hidetoshi chosakushū 8 (geppō)*, Tokyo : Chūō Kōronsha, 1980[1954].

_____, "Chikyū to ningen", In Hidetoshi Katō, *Katō Hidetoshi chosakushū 5*, Tokyo : Chūō Kōronsha, 1981[1969].

Katō Shūichi, *Zasshu bunka − Nihon no chiisana kibō*, Tokyo : Kōdansha, 1956.

_____, *Gendai Yōroppa no seishin*, Tokyo : Iwanami Shoten, 1959.

_____, "The Mass Media : A. Japan", In Robert E. Ward · Dankwart A. Rustow eds., *Political Modernization in Japan and Turkey*, Princeton, N. J. : Princeton University Press, 1964.

_____, *Hitsuji no uta : waga kaisō* 2, Tokyo : Iwanami Shoten, 1968.

_____, *Bungaku to wa nanika*, Tokyo : Kadokawa Shoten, 1971.

_____, *Nihonjin to wa nanika*, Tokyo : Kōdansha, 1976.

_____, "Sengo sekai to Nihon", In Rokurō Hidaka ed., *Sengo Nihon o kangaeru*, Tokyo : Chikuma Shobō, 1986.

_____, "Sōron 'kako no kokufuku' oboegaki", In Masanori Nakamura · Akira Amakawa · Kæn-ch'a Yun · Takeshi Igarashi eds., *Sengo Nihon senryō to sengo kaikaku 5 : Kako no seisan*, Tokyo : Iwanami Shoten, 1995.

Katō Tetsurō, *Shakai to kokka*, Tokyo : Iwanami Shoten, 1992.

Katsumata Shizuo, "15~16 seiki no Nihon", In Naohiro Asao · Yoshihiko Amino ·

Susumu Ishii · Masanao Kano · Shōhachi Hayakawa · Yasuo Yasumaru eds., *Iwanami kōza Nihon tsūshi 1 : Chūsei* 4, Tokyo : Iwanami Shoten, 1994.

Kawamura Minato, *Umi o watatta Nihongo*, Tokyo : Seidosha, 1994a.

_____, *Nan'yō, Karafuto no Nihon bungaku*, Tokyo : Chikuma Shobō, 1994b.

_____, *Sengo bungaku o tou : sono taiken to rinen*, Tokyo : Iwanami Shoten, 1995.

Kawamura Nozomu, *Nihon bunkaron no shūhen*, Tokyo : Ningen no Kagakusha, 1993[1982].

Kawashima Takeyoshi, *Nihon shakai no kazokuteki kōsei*, Tokyo : Nihon Hyōronsha, 1950[1948].

Kawauchi Masahiro, "Bakuhatsu suru rejā", In Hiroyoshi Ishikawa ed., *Yoka no sengoshi*, Tokyo : Tokyo Shoseki, 1979.

Kayano Shigeru, Translated by Kyoko Selden · Lili Selden · Boulder, *Our Land Was a Forest : An Ainu Memoir*, Colo. : Westview Press, 1994.

Kayatori Mitsugu, *Sengo manga shisōshi*, Tokyo : Miraisha, 1980.

Kazama Hideto, "Shokuminchi jinushisei to nōgyō", In Kyōji Asada ed., *Kindai Nihon no kiseki 10 : "Teikoku" Nihon to Ajia*, Tokyo : Yoshikawa Kōbunkan, 1994.

Keene, Donald, *Living Japan*, Garden City, N. Y. : Doubleday, 1950.

_____, *Dawn to the West —Japanese Literature in the Modern Era : Fiction*, New York : Holt, Rinehart and Winston, 1984.

Keizai Dōyūkai, *Gaikokujin to no kyōsei o mezashite*, Tokyo : Keizai Dōyūkai, 1989.

Keizai Kikakuchō Kokumin Seikatsukyoku ed., *Kokusaika to kokumin ishiki*, Tokyo : Ōkurashō Insatsukyoku, 1987.

Keizai Kikakuchō Sōgō Keikakukyoku, *Gaikokujin rōdōsha to keizai shakai no shinro*, Tokyo : Ōkurashō Insatsukyoku, 1989.

Kelly, William W., "Regional Japan : The Price of Prosperity and the Benefits of Dependency", In Carol Gluck · Stephen R. Graubard eds., *Showa : The Japan of Hirohito*, New York : Norton, 1992[1990].

Kennedy, Paul, *Preparing for the Twenty-First Century*, New York : Random House, 1993.

Kerr, George H., *Okinawa : The History of an Island People*, Rutland, Vt. : Charles E. Tuttle, 1958.

Kevles, Daniel J., *In the Name of Eugenics : Genetics and the Uses of Human Heredity*, New York : Knopf, 1985.

Khalidi, Rashid, *Palestinian Identity : The Construction of Modern National Consciousness*, New York : Columbia University Press, 1997.

Kikuchi Isao, *Bakuhan taisei to Ezochi*, Tokyo : Yūzankaku, 1984.

_____, "Kinsei kōki no bakuhan kenryoku to Ainu", In Eiichi Katō · Manji Kitajim
a · Katsumi Fukaya eds., *Bakuhansei kokka to iiki, ikoku*, Tokyo : Azekura Shob,
1989.

_____, *Hoppōshi no naka no kinsei Nihon*, Tokyo : Azekura Shob, 1991.

_____, "Kaibō to hoppō mondai", In Naohiro Asao · Yoshihiko Amino · Susumu
Ishii · Masanao Kano · Shōhachi Hayakawa · Yasuo Yasumaru eds., *Iwanami kōza
Nihon tsūshi 14 : Kinsei 4*, Tokyo : Iwanami Shoten, 1995.

Kikuchi Kyōko, "Gaikokujin rōdōsha okuridashikoku no shakaiteki mekanizumu—
Firipin no baai", In Toshio Iyotani · Takamichi Kajita eds., *Gaikokujin rōdōsharon
: genjō kara riron e*, Tokyo : Kōbundō, 1992.

Kikuyama Masaaki, "Okinawa tōgō kikō no sōsetsu", In Ryūkyū Shinpōsha ed., *Shin
Ryūkyūshi : kindai, gendai hen*, Naha, Japan : Ryūkyū Shinpōsha, 1992.

Kim Ch'an-jæng, *Ipōjin wa Kimigayomaru ni notte : Chōsenjin Ikaino no keiseishi*, Tokyo :
Iwanami Shoten, 1985.

Kim Kyu-sèng, *Nihon no shokuminchi hōseinokenkyū*, Tokyo : Shakai Hyōronsha, 1987.

Kim Mun-sæn, *Horōden : Shōwashi no naka no Zainichi*, Tokyo : Sairyūsha, 1991.

Kim Yæng-sin, "Hangug'in iyæ uridèl ingan èro taehaedao", *Sin Tong'a*, July, 1994.

Kim Yæng-un, *Kankokujin to Nihonjin*, Tokyo : Saimaru Shuppankai, 1983.

Kimura Kenji, *Zaichō Nihonjin no shakaishi*, Tokyo : Miraisha, 1989.

Kimura Tokio, *Nihon nashonarizumu shiron*, Tokyo : Waseda Daigaku Shuppanbu, 1973.

Kinbara Samon, "Ie to mura to kokka no ideorogī", In Rekishigaku Kenkyūkai · Nihonshi
Kenkyūkai eds., *Kōza Nihon rekishi 8 : Kindai 2*, Tokyo : Tokyo Daigaku Shuppankai,
1985.

Kinmonth, Earl H., *The Self-Made Man in Meiji Japanese Thought : From Samurai to Salary
Man*, Berkeley : University of California Press, 1981.

Kiridōshi Risaku, *Kaijū tsukai to shōnen : Urutoraman no sakka tachi*, Tokyo : Takarajimasha,
1993.

Kishida Shū, *Monogusa seishinbunseki*, Tokyo : Chūō Kōronsha, 1982[1977].

Kitade Seigorō, "Taihō, sono sugao", In Akira Yoshimura ed., *Nihon no meizuihitsu bekkan
2 : Sumō*, Tokyo : Sakuhinsha, 1991[1980].

Kitagawa, Joseph M., *Religion in Japanese History*, New York : Columbia University Press,
1966.

Kitamura Hideo, "Terebi to Nihon bunka", In Hideo Kitamura · Osamu Nakano eds.,
*Nihon no terebi bunka*, Tokyo : Yūhikaku, 1983.

Kitō Kiyoaki, "Nihon minzoku no keisei to kokusaiteki keiki", In Hidesaburō Hara ·
Sumio Minegishi · Junnosuke Sasaki · Masanori Nakamura eds., *Taikei Nihon*

*kokkashi 1 : Kodai*, Tokyo : Tokyo Daigaku Shuppankai, 1975.

Kiyasu Yukio, *Taiwantō kōnichi nisshi*, Tokyo : Hara Shobō, 1979.

Kō Sekai, *Nihon tōjika no Taiwan*, Tokyo : Tokyo Daigaku Shuppankai, 1972.

Ko Saen-mi, "'Shin-Kankokujin'" no teijūka", In Hiroshi Komai ed., *Kōza gaikokujin teijū mondai 2 : Teijūka suru gaikokujin*, Tokyo : Akashi Shoten, 1995.

Kobayashi Kengo, "Yoseba no gaikokujin rōdōsha", In Ajiajin Rōdōsha Mondai Kondankai ed., *Okasareru jinken gaikokujin rōdōsha*, Tokyo : Daisan Shokan, 1992.

Kobayashi Ken'ichi, *Rōdō keizai no kōzō henkaku*, Tokyo : Ochanomizu Shobō, 1977.

Kobayashi Nobuhiko, *Gendai "shigo" nōto*, Tokyo : Iwanami Shoten, 1997.

Kobayashi Shigeru, *Buraku "kaihōrei" no kenkyū*, Osaka : Buraku Kaihō Shuppansha, 1979.

_____, *Buraku sabetsu no rekishiteki kenkyū*, Tokyo : Akashi Shoten, 1985.

Kobayashi Yoshinori, *Gōmanizumu sengen 1*, Tokyo : Fusōsha, 1993.

Koike Kazuo, *Nihon no jukuren : sugureta jinzai keisei sisutemu*, Tokyo : Yūhikaku, 1981.

Koizumi Fumio, *Nihon no oto : sekai no naka no Nihon ongaku*, Tokyo : Seidosha, 1977.

_____, *Kayōkyokunokōzō*, Tokyo : Tōkisha, 1984.

_____, *Minzoku ongaku no sekai*, ed., Gen'ichi Tsuge, Tokyo : Nihon Hōsō Shuppan Kyōkai, 1985.

Koizumi Shinzō, *Fukuzawa Yukichi*, Tokyo : Iwanami Shoten, 1966.

Kojima Tomiko, *Nihon ongaku no kosō*, Tokyo : Shunjūsha, 1982.

Kokusai Kekkon o Kangaerukai ed., *Kokusai kekkon handobukku*, Tokyo : Akashi Shoten, 1987.

Kokusai Kyōryoku Jitsugyōdan, "Heisei 4-nendo Nikkeijin honpō shūrōsha jittai chōsa hōkokusho", In Hiroshi Komai ed., *Gaikokujin rōdōsha mondai shiryō shūsei 1*, Tokyo : Akashi Shoten, 1994[1992].

Komai Hiroshi, *Gaikokujin rōdōsha teijū e no michi*, Tokyo : Akashi Shoten, 1993.

Komatsu Hisao, *Edojidai no kokugo Edogo*, Tokyo : Tōkyōdō, 1985.

Komuro Naoki, *Kokumin no tame no keizai genron 2 : Amerika heigōhen*, Tokyo : Kōbunsha, 1993.

Konaka Yōtarō, "Terebi bangumi kara mita Nihon shakai", In Katsumasa Harada · Ryūji Sasaki eds., *Shinshiten Nihon no rekishi 7 : Gendaihen*, Tokyo : Shinjinbutsu Ōraisha, 1993.

Kondo, Dorinne K., *Crafting Selves : Power, Gender, and Discourses of Identity in a Japanese Workplace*, Chicago : University of Chicago Press, 1990.

Kondō Masami, "Taiwan sōtokufu no 'riban' taisei to Musha jiken", In Shinobu Ōe · Kyōji Asada · Taichirō Mitani eds., Ken'ichi Gotō · Hideo Kobayashi · Sōji Takasa-ki · Masahiro Wakabayashi · Minato Kawamura, *Iwanami kōza kindai Nihon to shokuminchi 2 :*

*Teikoku tōji no kōzō*, Tokyo : Iwanami Shoten, 1992.

Kōno Yoshinori, *Tsurugi no seishinshi*, Tokyo : Shin'yōsha, 1991.

Kosaka, Kenji, "Perceptions of Class and Status", In Kenji Kosaka ed., *Social Stratification in Contemporary Japan*, London : Kegan Paul International, 1994.

Koschmann, J. Victor, *The Mito Ideology : Discourse, Reform, and Insurrection in Late Tokugawa Japan, 1790~1864*, Berkeley : University of California Press, 1987.

Kotani Hiroyuki, "Kindai Nihon no jiko ninshiki to Ajiakan", In Yasunori Arano · Masatoshi Ishii · Shōsuke Murai eds., *Ajia no naka no Nihonshi 1 : Ajia to Nihon*, Tokyo : Tokyo Daigaku Shuppankai, 1992.

Koyama Hirotake, "Sōron", In Shinsensha Henshūbu ed., *Gendai Nihon no henken to sabetsu*, Tokyo : Shinsensha, 1981.

Kubo Kiriko, *Imadoki no kodomo* 1, Tokyo : Shōgakukan, 1987.

Kuhaulua, Jesse (Daigoro Takamiyama) · John Wheeler, *Takamiyama : The World of Sumo*, Tokyo : Kodansha International, 1973.

Kumagai, Fumie, *Unmasking Japan Today : The Impact of Traditional Values on Modern Japanese Society*, Wesport, Conn : Praeger, 1996.

Kumakura Isao, "Nihon no shokuji bunka ni okeru gairai no shoku", In Isao Kumakura · Naomichi Ishige eds., *Shoku no bunka fōramu : gairai no shoku no bunka*, Tokyo : Domesu Shuppan, 1988.

Kumazaka Kenji, "'Wakamonotachi no kamigami'", *Asahi jānaru*, May 31, 1985.

Kumazawa Makoto, *Nihon no rōdōshazō*, Tokyo : Chikuma Shobō, 1981.

_____, *Minshushugi wa kōjō no monzen de tachisukumu*, Tokyo : Tabata Shoten, 1983.

Kumito Fujiko, "Josei rōdōsha no byōtō yōkyū no hatten", In Joseishi Sōgō Kenkyūkai ed., *Nihon josei seikatsushi* 5, Tokyo : Tokyo Daigaku Shuppankai, 1990.

Kunitomo Ryūichi, *Dokomade susumu Nihon no naka no kokusaika chizu*, Tokyo : Nihon Jitsugyō Shuppansha, 1992.

Kurasawa Aiko, "Tōnan Ajia no minshū dōin", In Shinobu Ōe · Kyōji Asada · Taichirō Mitani · Ken'ichi Gotō · Hideo Kobayashi · Sōji Takasa-ki · Masahiro Wakabayashi · Minato Kawamura eds., *Iwanami kōza kindai Nihon to shokuminchi 2 : Teikoku tōji no kōzō*, Tokyo : Iwanami Shoten, 1992.

Kure Tomofusa, *Gendai manga no zentaizō : taibō shiteita mono, koeta mono*, Tokyo : Jōhō Sentā Shuppankyoku, 1986.

_____, *Chi no shūkaku*, Tokyo : Media Fakutorī, 1993a.

_____, *Sarunoseigi*, Tokyo : Futabasha, 1993b.

_____, "Konjō no shūhen ni tsuite katarō!", *Border* 1, 1993c.

Kurihara Akira, *Kanri shakai to minshū risei : nichijō ishiki no seijishakaigaku*, Tokyo : Shin'yōsha, 1982.

Kurihara Akira ed., *Kōza sabetsu no shakaigaku 1 : Sabetsu no shakai riron*, Tokyo : Kōbundō, 1996.

Kuroda Toshio, "Minzoku bunkaron", In Rekishigaku Kenkyūkai · Nihonshi Kenkyūkai eds., *Kōza Nihonshi 9 : Nihonshigaku ronsō*, Tokyo : Tokyo Daigaku Shuppankai, 1971.

_____, "Chūsei no mibun ishiki to shakaikan", In Naohiro Asao · Yoshihiko Amino · Keiji Yamaguchi · Takeshi Yoshida eds., *Nihon no shakaishi 7 : Shakaikan to sekaizō*, Tokyo : Iwanami Shote, 1987.

Kuwabara Masato, *Senzenki Hokkaidō no shiteki kenkyū*, Sapporo : Hokkaidō Daigaku Tosho Kankōkai, 1993.

Kuwahara Yasuo, *Kokkyo o koeru rōdōsha*, Tokyo : Iwanami Shoten, 1991.

Lach, Donald F., *Asia in the Making of Europe* 1, Chicago : University of Chicago Pres, 1965.

Landau, Jacob M., *The Arab Minority in Israel, 1967~1991 : Political Aspects*, Oxford : Clarendon Pres, 1993.

Large, Stephen S., *Emperor Hirohito and Shōwa Japan : A Political Biography*, London : Routledg, 1992.

Leavis, Q. D., *Fiction and the Reading Public*, Harmondsworth, U. K. : Pengui, 1979[1932].

Lebra, Joyce, "Conclusion", In Joyce Lebra · Joy Paulson · Elizabeth Powers eds., *Women in Changing Japan*, Stanford, Calif. : Stanford University Press, 1978[1976].

Lebra, Takie Sugiyama, *Above the Clouds : Status Culture of the Modern Japanese Nobility*, Berkeley : University of California Press, 1993.

Lee O-Young [Yi O-yæng], *"Chijimi" shikō no Nihonjin*, Tokyo : Gakuseisha, 1983.

Lévi-Strauss, Claude, *Myth and Meaning*, New York : Schocken, 1979[1978].

Lewis, Michael, *Pacific Rift*, New York : Norton, 1992[1991].

Lewis, W. Arthur, *Racial Conflict and Economic Development*, Cambridge, Mass. : Harvard University Press, 1985.

Lie, John, "The Discriminated Fingers : The Korean Minority in Japan", *Monthly Review* 38(8), 1987.

_____, "The Transformation of Sexual Work in 20th-Century Korea", *Gender & Society* 9, 1995.

_____, "Sociology of Contemporary Japan", *Current Sociology* 44, 1997.

_____, *Han Unbound : The Political Economy of South Korea*, Stanford, Calif. : Stanford University Press, 1998.

Lifton, Robert Jay · Shūichi Katō · Michael R. Reich, *Six Lives, Six Deaths : Portraits from Modern Japan*, New Haven, Conn. : Yale University Press, 1979.

Machimura Takashi, "Ekkyō suru media to Nihon shakai", *Hitotsubashi ronsō* 110, 1993.

Maeda Ai, *Genkei no Meiji*, Tokyo : Asahi Shinbunsha, 1978.

Maehira Fusaaki, "19-seiki no Higashi Ajia kokusai kankei to Ryūkyū mondai", In Yūzō Mizoguchi · Takeshi Hamashita · Naoaki Hiraishi · Hiroshi Miyajima eds., *Ajia kara kangaeru 3 : Shūen kara no rekishi*, Tokyo : Tokyo Daigaku Shuppankai, 1994.

Maher, John C., "The *Kakyo* : Chinese in Japan", In John C. Maher · Kyoko Yashiro eds., *Multilingual Japan*, Clevedon, U. K. : Multilingual Matters, 1995.

Maher, John C. · Gaynor Macdonald, eds., *Diversity in Japanese Culture and Language*, London : Kegan Paul International, 1995.

Mainichi Shinbun Gaishinbu, *Daisan no kaikoku : sekai o "tadayou tami"*, Tokyo : Asahi Sonorama, 1990.

Mainichi Shinbun Tokyo Honsha Shakaibu ed., *Jipangu : Nihon o mezasu gaikokujin rōdōsh*, rev. ed., Tokyo : Mainichi Shinbunsha, 1990[1989].

Makino Hirotaka, "Shikake to shite no Amerika no keizai seisaku", In Ryūkyū Shinpōsha ed., *Shin Ryūkyūshi : kindai, gendai hen*, Naha, Japan : Ryūkyū Shinpōsha, 1992.

Mamada Takao, "Kaisō kizoku ishiki", In Junsuke Hara ed., *Gendai Nihon no kaisō kōzō 2 : Kaisō ishiki no dōtai*, Tokyo : Tokyo Daigaku Shuppankai, 1990.

Manabe Shunji, *Kokusaika no ishiki kakumei : shinjidai e no pasupōto*, Kyoto : Hōritsu Bunkasha, 1990.

Marcus, George E. · Michael M. J. Fischer, *Anthropology as Cultural Critique : An Experimental Movement in the Human Sciences*, Chicago : University of Chicago Press, 1986.

Marks, Jonathan, *Human Biodiversity : Genes, Race, and History*, New York : Aldine de Gruyter, 1995.

Maruya Saiichi, *Chūshingura to wa nanika*, Tokyo : Kōdansha, 1984.

Maruyama Masao, *Nihon no shisō*, Tokyo : Iwanami Shoten, 1961.

_____, *Gendai seiji no shisō to kōdō*, expanded ed., Tokyo : Miraisha, 1964[1957].

_____, Translated by Mikiso Hane, *Studies in the Intellectual History of Tokugawa Japan*, Tokyo : University of Tokyo Press, 1974[1952].

_____, "Meiji kokka no shisō", In Masao Maruyama, *Senchū to sengo no aida : 1936~1957*, Tokyo : Misuzu Shobō, 1976[1946].

_____, "Kindai Nihon no chishikijin", In Masao Maruyama, *Kōei no ichi kara : "Gendai seiji no shisō to kōdō" tsuiho*, Tokyo : Miraisha, 1982.

_____, "Nihon ni okeru nashonarizumu", In Masao Maruyama, *Maruyama*

*Masao shū* 5, Tokyo : Iwanami Shoten, 1995a[1951].

―――――――――, "Sengo Nihon no nashonarizumu no ippanteki kōsatsu", In Masao Maruyama, *Maruyama Masao shū* 5, Tokyo : Iwanami Shoten, 1995b[1951].

―――――――――, "Kokuminshugi no 'zenkiteki' keisei", In Masao Maruyama, *Maruyama Masao shū* 2, Tokyo : Iwanami Shoten, 1996[1944].

Mason, David, *Race and Ethnicity in Modern Britain*, Oxford : Oxford University Press, 1995.

Masuda Hiroshi, *Ishibashi Tanzan kenkyū:"shō Nihonshugisha" no kokusai ninshiki*, Tokyo : Tōyō Keizai Shinpōsha, 1990.

Masuda Kō, *New Japanese-English Dictionary*, 4th ed., Tokyo : Kenkyūsha, 1974[1918].

Matayoshi Morikiyo, "Taiwan shokuminchi to Okinawa no kakawari", In Shinobu Ōe · Kyōji Asada · Taichirō Mitani · Ken'ichi Gotō · Hideo Kobayashi · Sōji Takasa-ki · Masahiro Wakabayashi · Minato Kawamura eds., *Iwanami kōza kindai Nihon to shokuminchi 2 (geppō)*, Tokyo : Iwanami Shoten, 1992.

Mathy, Jean-Philippe, *Extrême-Occident : French Intellectuals and America*, Chicago : University of Chicago Press, 1993.

Matsubara Hiroshi, *Minzokuron*, Tokyo : Mikasa Shobō, 1936.

Matsubara Nobuko, "Joshi pātotaimu rōdōsha no zōka to rōdō jōken", In Hisako Takahashi ed., *Kawariyuku fujin rōdō : jakunen tanki mikongata kara chūkōnen kikongata e*, Tokyo : Yūhikaku, 1983.

Matsubara Ryūichirō, *Kakutōgi to shite no dōjidai ronsō*, Tokyo : Keisō Shobō, 1994.

Matsuda Yoshitaka, *Sengo Okinawa shakai keizaishi kenkyū*, Tokyo : Tokyo Daigaku Shuppankai, 1981.

Matsumori, Akiko, "Ryūkyūan : Past, Present and Future", In John C. Maher · Kyoko Yashiro eds., *Multilingual Japan*, Clevedon, U. K. : Multilingual Matters, 1995.

Matsumoto Sannosuke, *Nihon seiji shisōshi gairon*, Tokyo : Keisō Shobō, 1975.

―――――――――――, *Meiji shisōshi*, Tokyo : Shin'yōsha, 1996.

Matsuo Takayoshi, *Taishō demokurashī no gunzō*, Tokyo : Iwanami Shoten, 1990.

Matsuyama Iwao, *Uwasa no enkinhō*, Tokyo : Seidosha, 1993.

Matsuyama Yukio, *Kokusai taiwa no jidai*, Tokyo : Asahi Shinbunsha, 1985.

Matsuzaka Hideaki and Tsuneko Matsuzaka, *Musume―Matsuzaka Keiko e no "yuigon"*, Tokyo : Kōbunsha, 1993.

Matsuzawa Hiroaki, *Kindai Nihon no keisei to Seiō keiken*, Tokyo : Iwanami Shoten, 1993.

Matsuzawa Tetsunari, *Ajiashugi to fashizumu : tennō teikokuron hihan*, Tokyo : Renga Shobō Shinsha, 1979.

Mayr, Ernst, *One Long Argument : Charles Darwin and the Genesis of Modern Evolutionary*

  *Thought*, Cambridge, Mass. : Harvard University Press, 1991.

McCormack, Gavan, *The Emptiness of Japanese Affluence*, Armonk, N. Y. : M. E. Sharp, 1996.

McGregor, Richard, *Japan Swings : Politics, Culture, and Sex in the New Japan*, St. Leonards, Australia : Allen & Unwi, 1996.

McNeill, William H., *Polyethnicity and National Unity in World History*, Toronto : University of Toronto Press, 1986.

       , *Arnold J. Toynbee : A Life*, New York : Oxford University Press, 1989.

       , *Population and Politics since 1750*, Charlottesville : University Press of Virginia, 1990.

Mennell, Stephen, *All Manners of Food : Eating and Taste in England and France from the Middle Ages to the Present*, Oxford : Blackwell, 1985.

Mihashi Osamu, "Sabetsu no teigi o megutte jo", In Sabetsu o Kangaeru Kenkyūkai ed., *Nenpō sabetsu mondai kenkyū I*, Tokyo : Akashi Shoten, 1992.

Miki Takeshi, *Okineshia bunkaron : seishin no kyōwakoku o mezashite*, Osaka : Kaifūsha, 1988.

     , "Sōmō no minshūshi : Iriomote tankō", In Ryūkyū Shinpōsha ed., *Shin Ryūkyūshi : kindai, gendai hen*, Naha, Japan : Ryūkyū Shinpōsha, 1992.

Mikuni Ichirō, *Senchū yōgoshū*, Tokyo : Iwanami Shote, 1985.

Miller, Roy Andrew, *Japan's Modern Myth : The Language and Beyond*, New York : Weatherhil, 1982.

Mills, C. Wright, *The Sociological Imagination*, London : Oxford University Pres, 1959.

Minami Hiroshi, *Nihonteki jiga*, Tokyo : Iwanami Shoten, 1983.

      , *Nihonjinron : Meiji kara kyō made*, Tokyo : Iwanami Shoten, 1994.

Minami Hiroshi · Shakai Shinri Kenkyūsho, eds., *Nihonjin no seikatsu bunka jiten*, Tokyo : Keisō Shobō, 1983.

Minegishi Kentarō, *Kinsei mibunron*, Tokyo : Azekura Shobō, 1989.

Ministry of Foreign Affairs, "Issues Associated with Foreign Labour in Japan", In Association for Promotion of International Cooperation ed., *Japan and International Migration : Challenges and Opportunities*, Tokyo : Association for Promotion of International Cooperation, 1992.

Ministry of Labour, "Foreign Workers and Labour Market in Japan", In Association for Promotion of International Cooperation ed., *Japan and International Migration : Challenges and Opportunities*, Tokyo : Association for Promotion of International Cooperation, 1992.

Minoshima Hirotaka, "Yomikata oshiete", *Aera*, Aug. 3, 1993.

Mishima Yukio, "Bunka bōeiron", In Yukio Mishima, *Mishima Yukio zenshū 33*, Tokyo : Shinchōsha, 1976[1968].

_____, "Gekiga ni okeru wakamonoron", In Shinbō Minami ed., *Nihon no meizuihitsu 62 : Manga*, Tokyo : Sakuhinsha, 1996[1970].

Misumi Kazuko, "Kaikyū kizoku ishiki", In Junsuke Hara ed., *Gendai Nihon no kaisō kōzō 2 : Kaisō ishiki no dōtai*, Tokyo : Tokyo Daigaku Shuppankai, 1990.

Mita Munesuke, *Gendai Nihon no seishin kōzō*, Tokyo : Kōbundō, 1965.

_____, *Kindai Nihon no shinjō no rekishi : ryūkōka no shakai shinrishi*, Tokyo : Kōdansha, 1978[1968].

_____, *Gendai shakai no riron : jōhōka, shōhika shakai no genzai to mirai*, Tokyo : Iwanami Shoten, 1996.

Mitani Hiroshi, *Meiji ishin to nashonarizumu*, Tokyo : Yamakawa Shuppansha, 1997.

Mitchell, Richard H., *The Korean Minority in Japan*, Berkeley : University of California Press, 1967.

_____, *Censorship in Imperial Japan*, Princeton, N. J. : Princeton University Press, 1983.

Miyachi Masato, *Nichirosengo seijishi no kenkyū*, Tokyo : Tokyo Daigaku Shuppankai, 1973.

Miyadai Masaji・Hideki Ishihara・Akiko Ōtsuka, *Sabukaruchā shinwa kaitai*, Tokyo : Paruko Shuppan, 1993.

Miyajima Takashi, *Gaikokujin rōdōsha mukaeire no ronri : senshin shakai no jirenma no nakade*, Tokyo : Akashi Shoten, 1989.

Miyamoto Tokuzō, *Rikishi hyōhaku : sumō no arukeorojī*, Tokyo : Ozawa Shoten, 1985.

Miyamoto Tsuneichi, *Wasurerareta Nihonjin*, Tokyo : Iwanami Shoten, 1984a[1960].

_____, *Kakyō no oshie*, Tokyo : Iwanami Shote, 1984b[1943].

Miyata Setsuko, *Chōsen minshū to 'kōminka' seisaku*, Tokyo : Miraish, 1985.

_____, "Tennōsei kyōiku to kōminka seisaku", In Kyōji Asada ed., *Kindai Nihon no kiseki 10 : "Teikoku" Nihon to Ajia*, Tokyo : Yoshikawa Kōbunkan, 1994.

Mizuhara Akito, *Edogo, Tōkyōgo, hyōjungo*, Tokyo : Kōdansh, 1994.

Moeran, Brian, *Language and Popular Culture in Japan*, Manchester : Manchester University Press, 1989.

Montesquieu, Baron de, Translated by Thomas Nu-gent, *The Spirit of the Laws*, New York : Hafner Press, 1949[1748].

Moore, Joe, *Japanese Workers and the Struggle for Power, 1945~1947*, Madison : University of Wisconsin Press, 1983.

Moore, John A., *Science as a Way of Knowing : The Foundations of Modern Biology*, Cambridge, Mass. : Harvard University Press, 1993.

Mori Akihide, *Enka no kaikyō*, Tokyo : Shōnensha, 1981.

Mori, Hiromi, *Immigration Policy and Foreign Workers in Japan*, New York : St. Martin's

Press, 1997.

Mōri Jinpachi · Osamu Uoto, *Kasai no hito 3*, Tokyo : Shōgakukan, 1990.

Morieda Takashi, "Nihonka shita Chōsen hantō no shoku", In Isao Kumakura · Naomichi Ishige eds., *Shoku no bunka fōramu : gairai no shoku no bunka*, Tokyo : Domesu Shuppan, 1988.

_____, *Karē raisu to Nihonjin*, Tokyo : Kōdansha, 1989.

Moriki Kazuo, *Irasutoban kokusai kekkon gaidobukku*, Tokyo : Akashi Shoten, 1991.

Morita Kirirō ed., *Kokusai rōdōryoku idō*, Tokyo : Tokyo Daigaku Shuppankai, 1987.

Morita Komi, "Gendai no shozō : tachigyōji 28-dai Kimura Shōnosuke", *Aera*, July 20, 1993.

Morita Yoshinori, *Chūsei senmin to zatsu geinō no kenkyū*, Tokyo : Yūzankaku, 1995.

Morley, John David, *Pictures from the Water Trade : An Englishman in Japan*, London : André Deutsch, 1985.

Morris-Suzuki, Tessa, *Re-inventing Japan : Time, Space, Nation*, Armonk, N. Y. : M. E. Sharpe, 1998a.

_____, "Becoming Japanese : Imperial Expansion and Identity Crises in the Early Twentieth Century", In Sharon A. Minichiello ed., *Japan's Competing Modernities : Issues in Culture and Democracy, 1900~1930*, Honolulu : University of Hawai'i Press, 1998b.

Motoyama Yoshihiko, *Yutakana kuni, mazushii kuni*, Tokyo : Iwanami Shoten, 1991.

Mouer, Ross · Yoshio Sugimoto, "A Multi-dimensional View of Stratication : A Framework for Comparative Analysis", In Yoshio Sugimoto · Ross E. Mouer eds., *Constructs for Understanding Japan*, London : Kegan Paul International, 1989.

Mukai Kiyoshi, "'Sotetsu jigoku'", In Ryūkyū Shinpōsha ed., *Shin Ryūkyūshi : kindai, gendai hen*, Naha, Japan : Ryūkyū Shinpōsha, 1992.

Mun Kyæng-su, "Zainichi Chōsenjin ni totte no 'sengo'", In Masanori Nakamura · Akira Amakawa · Kæn-ch'a Yun · Takeshi Igarashi eds., *Sengo Nihon senryō to sengo kaikaku 5 : Kako no seisan*, Tokyo : Iwanami Shoten, 1995.

Murai Osamu, *Nantō ideorogī no hassei : Yanagita Kunio to shokuminchishugi*, rev. ed., Tokyo : Ōta Shuppan, 1995[1992].

Murai Shōsuke, "Chūsei ni okeru Higashi Ajia shochiiki to no kōtsū", In Naohiro Asao et al. eds., *Nihon no shakaishi 1 : Rettō naigai no kōtsū to kokka*, Tokyo : Iwanami Shoten, 1987.

_____, *Chūsei Wajinden*, Tokyo : Iwanami Shote, 1993.

Murai Yoshinori, *Ebi to Nihonjin*, Tokyo : Iwanami Shoten, 1988.

Murakami Haruki · Mizumaru Anzai, *Murakami Asahidō no gyakushū*, Tokyo : Asahi

Shinbunsha, 1986.

Murakami Shigeyoshi, *Kokka shintō*, Tokyo : Iwanami Shoten, 1970.

_____, *Gendai shūkyō to seiji*, Tokyo : Tokyo Daigaku Shuppankai, 1978.

Murakami Yasusuke, *Shin chūkan taishū no jidai — sengo Nihon no kaibōgaku*, Tokyo : Chūō Kōronsha, 1984.

Murayama Shichirō, *Nihongo no hikaku kenkyū*, Tokyo : San'ichi Shobō, 1995.

Murphy-Shigematsu, Stephen, "Okinawa no Nichibei Hāfu ni taisuru sutereotaipu", In Okinawa Shinrigakkai ed., *Okinawa no hito to kokoro*, Fukuoka, Japan : Kyūshū Daigaku Shuppankai, 1994.

Nada Inada, *Minzokutoiunanoshūkyō — hito o matomeru genri, haijo suru genri*, Tokyo : Iwanami Shoten, 1992.

Nagahara Keiji, *Rekishigaku josetsu*, Tokyo : Tokyo Daigaku Shuppankai, 1978.

_____, "The Medieval Peasant", In Kozo Yamamura ed., Translated by Suzanne Gay, *The Cambridge History of Japan 3 : Medieval Japan*, Cambridge : Cambridge University Press, 1990.

Nagai Katsuichi, "Sōkangō to 'Kamuiden'", In Shinbō Minami ed., *Nihon no meizuihitsu 62 : Manga*, Tokyo : Sakuhinsha, 1996[1987].

Nagai Michio, *Sekai kara Nihon e, Nihon kara sekaie*, Tokyo : Kōdansha, 1988.

Nagano Takeshi, *Zainichi Chūgokujin : rekishi to aidentiti*, Tokyo : Akashi Shoten, 1994.

Nagata Yōichi, *Bēsubōru no shakaishi : Jimmī Horio to Nichibei yakyū*, Tokyo : Tōhō Shuppan, 1994.

Nagel, Joane, *American Indian Ethnic Renewal : Red Power and the Resurgence of Identity and Culture*, New York : Oxford University Press, 1996.

Naitō Konan, *Nihon bunkashi kenkyū* 2, Tokyo : Kōdansha, 1976[1925].

Nakagami Kenji, "Misaki", In Kenji Nakagami, *Misaki*, Tokyo : Bungei Shunjū, 1978[1975].

_____, *Karekinada*, Tokyo : Kawade Shobō Shinsha, 1980[1977].

_____, *Chi no hate shijō no toki*, Tokyo : Shinchōsha, 1983.

_____, *Ten no uta : shōsetsu Miyako Harumi*, Tokyo : Mainichi Shinbunsha, 1987.

_____, *Izoku*, Tokyo : Kōdansha, 1993.

Nakagawa Hiroshi, *Shoku no sengoshi*, Tokyo : Akashi Shoten, 1995.

Nakagawa Kiyoko, "Ishiki chōsa ni mita sabetsu ishiki no kōzō", In Eiichi Isomura ed., *Dōwa gyōseiron* 1, Tokyo : Akashi Shoten, 1983[1975].

Nakagawa Kiyoshi, "Toshi nichijō seikatsu no naka no sengo : minshū ni totte no jinkō ninshin chūzetsu", In Ryūichi Narita ed., *Kindai Nihon no kiseki 9 : Toshi to minshū*, Tokyo : Yoshikawa Kōbunkan, 1993.

Nakai Hisao, *Kioku no shozō*, Tokyo : Misuzu Shobō, 1992.

Nakajima Misaki, *Chikyū jidai no kōsōryoku*, Tokyo : Daiyamondosha, 1983.

Nakajima Ramo, *Bijinesu-nansensu jiten*, Tokyo : Kōdansha, 1993.

Nakamoto Masachie, *Nihongo no keifu*, Tokyo : Seidosha, 1985.

Nakamura Akira, *Kōjō ni ikiru hitobito : uchigawa kara egakareta rōdōsha no jitsuzō*, Tokyo : Gakuyō Shobō, 1982.

Nakamura Hajime, *Hikaku shisōron*, Tokyo : Iwanami Shoten, 1960.

Nakamura Kōsuke, *Seiō no oto, Nihon no mimi : kindai Nihon bungaku to Seiō ongaku*, Tokyo : Shunjūsha, 1987.

Nakamura Shin'ichirō, *Sengo bungaku no kaisō*, expanded ed., Tokyo : Chikuma Shobō, 1983[1963].

Nakane Chie, *Tate shakai no ningen kankei : tan'itsu shakai no riron*, Tokyo : Kōdansha, 1967.

_____, *Japanese Society*, Berkeley : University of California Press, 1970.

_____, *Tekiō no jōken : Nihonteki renzoku no shikō*, Tokyo : Kōdansha, 1972.

_____, *Kazoku o chūshin to shita ningen kankei*, Tokyo : Kōdansha, 1977.

_____, *Tate shakai no rikigaku*, Tokyo : Kōdansha, 1978.

Nakano Osamu, "Taishū bunkaron", In Naohiro Asao · Yoshihiko Amino · Susumu Ishii · Masanao Kano · Shōhachi Hayakawa · Yasuo Yasumaru eds., *Iwanami kōza Nihon tsūshi 20 : Gendai* 1, Tokyo : Iwanami Shoten, 1995.

Nakano Shūichirō, "Indoshina nanmin", In Shūichirō Nakano · Kōjirō Imazu eds., *Esunishiti no shakaigaku : Nihon shakai no minzokuteki kōsei*, Kyoto : Sekai Shisōsha, 1993.

Nakano Shūichirō · Kōjirō Imazu, eds., *Esunishiti no shakaigaku : Nihon shakai no minzokuteki kōsei*, Kyoto : Sekai Shisōsha, 1993.

Nakano Takashi, "Uchi to soto", In Tōru Sagara · Masahide Bitō · Ken Akiyama eds., *Kōza Nihon shisō 3 : Chitsujo*, Tokyo : Tokyo Daigaku Shuppankai. 1983.

Nakasone Yasuhiro, "Zensairoku Nakasone shushō 'chiteki suijun' kōen", *Chūō Kōron*, Nov., 1986.

Namikawa Kenji, *Kinsei Nihon to hoppō shakai*, Tokyo : Sanseidō,1992.

Naoi Michiko, "Kaisō ishiki to kaikyū ishiki", In Ken'ichi Tominaga ed., *Nihon no kaisō kōzō*, Tokyo : Tokyo Daigaku Shuppankai,1979.

Natsume Sōseki, "Gendai Nihon no kaika", In Sōseki Natsume, ed. Yukio Miyoshi, *Sōseki bunmeironshū*, Tokyo : Iwanami Shoten, 1986[1912].

Neary, Ian, *Political Protest and Social Control in Pre-War Japan : The Origins of Buraku Liberation*, Atlantic Highlands, N. J. : Humanities Press International, 1989.

_____, "Burakumin in Contemporary Japan", In Michael Weiner ed., *Japan's Minorities : The Illusion of Homogeneity*, London : Routledge, 1997.

NHK Hōsō Yoron Chōsabu ed., *Nihonjin no shokuseikatsu*, Tokyo : Nihon Hōsō Shuppan

Kyōkai, 1983.

NHK Yoron Chōsabu ed., *Gendai Nihonjin no ishiki kōzō*, 3rd ed., Tokyo : Nihon Hōsō Shuppan Kyōkai, 1991.

Nichol, C. W., "Waga tomo Nihonjin e", In Tetsuya Tsukishi ed., Translated by Yōko Mori, *Nihon nikki : gaikokujin ga mita Nihon*, Tokyo : Fukutake Shoten, 1993.

Nietzsche, Friedrich, Translated by R. J. Hollingdale, *Daybreak : Thoughts on the Prejudices of Morality*, Cambridge : Cambridge University Press, 1982[1881].

Nihon Keizai Shinbunsha ed., *Nihon to wa nanika : shin kaikokuron*, Tokyo : Nihon Keizai Shinbunsha, 1982.

Nihon Senbotsu Gakusei Kinenkai ed., *Kike wadatsumi no koe : Nihon senbotsu gakusei no shuki*, Tokyo : Iwanami Shote, 1982[1949].

Niigata Nippō Hōdōbu, *Mura wa kataru*, Tokyo : Iwanami Shoten, 1985.

Nimura Kazuo, "The Trade Union Response to Migrant Workers", In Glenn D. Hook · Michael A. Weiner eds., *The Internationalization of Japan*, London : Routledge, 1992.

_____, "Sengo shakai no kiten ni okeru rōdō kumiai undō", In Junji Banno et al. eds., *Sirīzu Nihon kingendaishi kōzō to henkaku 4 : Sengo kaikaku to gendai shakai no keisei*, Tokyo : Iwanami Shoten, 1994.

Ninouya Tetsuichi, *Nihon chūsei no mibun to shakai*, Tokyo : Hanuka Shobō, 1993.

_____, "Hinin, kawaramono, sanjo", In Naohiro Asao · Yoshihiko Amino · Susumu Ishii · Masanao Kano · Shōhachi Hayakawa · Yasuo Yasumaru eds., *Iwanami kōza Nihon tsūshi 8 : Chūsei 2*, Tokyo : Iwanami Shoten, 1994.

Nishihira Shigeki, "Shūkyō", In Tōkei Sūri Kenkyūsho · Kokuminsei Chōsa Iinkai eds., *Dai-4 Nihonjin no kokuminsei*, Tokyo : Idemitsu Shoten, 1982.

_____, *Yoron chōsa ni okeru dōjidaishi*, Tokyo : Burēn Shuppan, 1987.

Nishijima Sadao, *Yamataikoku to Wakoku : kodai Nihon to Higashi Ajia*, Tokyo : Yoshikawa Kōbunka, 1994.

Nishikawa Nagao, "Two Interpretations of Japanese Culture", In Donald Denoon · Mark Hudson · Gavan McCormack · Tessa Morris-Suzuki eds., Translated by Mikiko Murata · Gavan McCormack, *Multicultural Japan : Palaeolithic to Postmodern*, Cambridge : Cambridge University Press, 1996.

Nishinarita Yutaka, *Zainichi Chōsenjin no "sekai" to "teikoku" kokka*, Tokyo : Tokyo Daigaku Shuppankai, 1997.

Nishio Kanji, *Senryakuteki "sakoku"ron*, Tokyo : Kōbunkan, 1988.

_____, *"Rōdō sakoku" no susume : gaikokujin rōdōsha ga Nihon o horobosu*, Tokyo : Kōbunkan, 1989a.

_____, "'Rōdō kaikoku' wa dō kentōshitemo fukanō da", *Chūō Kōron*, Sept., 1989b.

Nishizawa Akihito, *Inpeisareta gaibu : toshi kasō no esunogurafi*, Tokyo : Sairyūsha, 1995.

Nitobe Inazō, "Thoughts and Essays", In Inazo Nitobe, *The Works of Inazo Nitobe* 1, Tokyo : University of Tokyo Press, 1972a[1909].

_____, "The Japanese Nation", In Inazo Nitobe, *The Works of Inazo Nitobe* 2, Tokyo : University of Tokyo Press, 1972b[1912].

_____, "Lectures on Japan", In Inazo Nitobe, *The Works of Inazo Nitobe* 4, Tokyo : University of Tokyo Press, 1972c[1936].

_____, *Seiō no jijō to shisō*, Tokyo : Kōdansha, 1984[1933].

Nitta Ichirō, *Sumō no rekishi*, Tokyo : Yamakawa Shuppan, 1994.

Noguchi Takehiko, *Edo shisōshi no chikei*, Tokyo : Perikansha, 1993a.

_____, *Nihon shisōshi nyūmon*, Tokyo : Chikuma Shobō, 1993b.

Noma Hiroshi, *Seinen no wa* 5, Tokyo : Kawade Shobō Shinsha, 1966~1971[1947~1971].

Noma Hiroshi · Kazuteru Okiura, *Ajia no sei to sen : hisabetsumin no rekishi to bunka*, Kyoto : Jinbun Shoin, 1983.

_____, *Nihon no sei to sen : kinsei hen*, Kyoto : Jinbun Shoin, 1986.

Nomura Susumu, *Korian sekai no tabi*, Tokyo : Kōdansha, 1996.

Norman, E. H., "Feudal Background of Japanese Politics", In E. H. Norman, ed., John W. Dower, *Origins of the Modern Japanese State : Selected Writings of E. H. Norman*, New York : Pantheon, 1957[1945].

Nyūkan Kyōkai, *Zairyū gaikokujin tōkei*, Tokyo : Nyūkan Kyōkai, 1993.

Nyūkan Tōkei Kenkyūkai ed., *Waga kuni o meguru kokusai jinryū no henbō*, Tokyo : Ōkurashō Insatsukyoku, 1990.

O Kyu-sang, *Zainichi Chōsenjin kigyō katsudō keiseishi*, Tokyo : Yūzankaku, 1992.

O'Brien, David J. · Stephen S. Fugita, *The Japanese American Experience*, Bloomington : Indiana University Press, 1991.

Ochiai Eishū, *Ajiajin rōdōryoku yu'nyū*, Tokyo : Gendai Hyōronsha, 1974.

Ōe Kenzaburō, "Hakaisha Urutoraman", In Kenzaburō Ōe, *Ōe Kenzaburō dōjidaironshū 9 : Kotoba to jōkyō*, Tokyo : Iwanami Shoten, 1981[1973].

Ōe Shinobu, *Chōheisei*, Tokyo : Iwanami Shoten, 1981.

_____, "Higashi Ajia shin-kyū teikoku no kōkan", In Shinobu Ōe · Kyōji Asada · Taichirō Mitani · Ken'ichi Gotō · Hideo Kobayashi · Sōji Takasa-ki · Masahiro Wakabayashi · Minato Kawamura eds., *Iwanami kōza kindai Nihon to shokuminchi 1 : Shokuminchi teikoku Nihon*, Tokyo : Iwanami Shoten, 1992a.

_____, "Shokuminchi senso to sōtokufu no seiritsu", In Shinobu Ōe · Kyōji Asad
a · Taichirō Mitani · Ken'ichi Gotō · Hideo Kobayashi · Sōji Takasa-ki eds.,
Masahiro Wakabayashi · Minato Kawamura, *Iwanami kōza kindai Nihon to
shokuminchi 2 : Teikoku tōji no kōzō*, Tokyo : Iwanami Shoten, 1992b.

Ogata Sadako, "Interdependence and Internationalization", In Glenn D. Hook ·
Michael A. Weiner eds., *The Internationalization of Japan*, London : Routledg, 1992.

Ogawa Masahito, *Kindai Ainu kyōiku seidoshi kenkyū*, Sapporo : Hokkaidō Daigaku Tosho
Kankōka, 1997.

Ogawa Masahito and Shin'ichi Yamada, eds., *Ainu minzoku : kindai no kiroku*, Tokyo :
Sōfūka, 1998.

Oguma Eiji, *Tan'itsu minzoku shinwa no kigen : "Nihonjin" no jigazō no keifu*. Tokyo :
Shin'yōsha, 1995.

_____, *"Nihonjin" no kyōkai : Okinawa, Ainu, Taiwan, Chōsen shokuminchi shihai kara fukki
undō made*, Tokyo : Shin'yōsha, 1998.

Ogyū Sorai, Annotated by Tatsuya Tsuji, *Seidan*, Tokyo : Iwanami Shoten, 1987[c.
1725].

Oh, Sadaharu · David Falkner, *Sadaharu Oh : A Zen Way of Baseball*, New York : Times
Books, 1984.

Ōhashi Ryūken, *Nihon no kaikyū kōsei*, Tokyo : Iwanami Shoten, 1971.

Ohnuki-Tierney, Emiko, *Rice as Self : Japanese Identities through Time*, Princeton, N. J. :
Princeton University Press, 1993.

Oinuma Yoshihiro, *Sumō shakai no kenkyū*, Tokyo : Fumidō, 1994.

Okabe Kazuaki, *Taminzoku shakai no tōrai*, Tokyo : Ochanomizu Shobō, 1991.

Okakura Kakuzō, *The Awakening of Japan*, New York : Japan Society, 1928[1904].

Okamoto Kōji, *Kita Ikki —tenkanki no shisō kōzō*, Kyoto : Mineruva Shobō, 1996.

Okamoto Tarō, *Okinawa bunkaron —wasurerareta Nihon*, Tokyo : Chūō Kōronsha, 1972.

Okano Ben, *Enka genryū kō*, Tokyo : Gakugei Shorin, 1988.

Okazaki Takashi, "Japan and the Continent", In Delmer M. Brown ed., *The Cambridge
History of Japan 1 : Ancient Japan*, Cambridge : Cambridge University Press, 1993.

Ōkida Mamoru, *Okinawa no kokoro no genten*, Tokyo : Tokyo Shoseki, 1996.

Okiura Kazumitsu, *Tennō no kuni, senmin no kuni —ryōkyoku no tabū*, Tokyo : Kōbundō,
1990.

Ōkōchi Kazuo, *Shakai seisaku (sōron)*, expanded ed., Tokyo : Yūhikaku, 1980[1949].

Okonogi Keigo, *Moratoriamu ningen no jidai*, Tokyo : Chūō Kōronsha, 1978.

Oku Sumako, "Rajio no fukkyū wa Nihon no shakai o dō kaetaka", In Ryūji Sasaki · Akira
Yamada eds., *Shinshiten Nihon no rekishi 6 : Kindaihen*, Tokyo : Shinjinbutsu Ōraisha,

1993.

Okuda Michihiro・Junko Tajima, eds., *Ikebukuro no Ajiakei gaikokujin*, Tokyo：Mekon, 1991.

_____, *Shinjuku no Ajiakei gaikokujin*, Tokyo：Meko, 1993.

Ōmae Ken'ichi, *Shin kokufuron*, Tokyo：Kōdansha, 1989.

Ōmameuda Minoru, *Kindai Nihon no shokuryō seisaku*, Kyoto：Mineruva Shobō, 1993.

Ōmori Maki, *Gendai Nihon no josei rōdō*, Tokyo：Nihon Hyōronsha, 1990.

Ōmura Yasuki, "Gaikokujin rōdōsha no jinken hoshō to kenpō", *Hōgaku seminā* 42, 1990.

Ong, Walter J., *Orality and Literacy：The Technologizing of the Word*. London：Methue, 1982.

Ōno Susumu, *Nihongo no nenrin*, Tokyo：Shinchōsha, 1966.

Ōnuma Yasuaki, *Tokyo saiban kara sengo sekinin no shisō e*, Tokyo：Yūshindō, 1985.

_____, *Tan'itsu minzoku shakai no shinwa o koete：Zainichi Kankoku, Chōsenjin to shutsu'nyūkoku kanri taisei*, Tokyo：Tōshindō, 1986.

_____, *Wakoku to Kyokutō no aida：rekishi to bunmei no naka no "kokusaika"*, Tokyo：Chūō Kōronsha, 1988a.

_____, "'Gaikokujin rōdōsha' dō'nyū rongi ni kakerumono", *Chūō kōron*, May, 1988b.

Ōoka Shōhei・Yutaka Haniya, *Futatsu no dōjidaishi*, Tokyo：Iwanami Shoten, 1984.

Ooms, Herman, *Tokugawa Ideology：Early Constructs, 1570~1680*, Princeton, N. J.：Princeton University Press, 1985.

_____, *Tokugawa Village Practice：Class, Status, Power, Law*, Berkeley：University of California Press, 1996.

Orwell, George, *The Road to Wigan Pier*, New York：Harcourt Brace Jovanovich, 1958[1937].

Osaka Bengoshikai ed., *18 gengo no gaikokujin jinken handobukku*, Tokyo：Akashi Shoten, 1992.

Ōsawa Mari, *Kigyō chūshin shakai o koete*, Tokyo：Jiji Tsūshinsha, 1993.

Ōsawa Masachi, "Nēshon to esunishiti", In Shun Inoue・Chizuko Ueno・Masachi Ōsawa・Munesuke Mita・Shun'ya Yoshimi eds., *Iwanami kōza gendai shakaigaku 24：Minzoku, kokka, esunishiti*, Tokyo：Iwanami Shoten, 1996.

Ōshiro Masayasu, *Konketsuji：Okinawa kara no kokuhatsu, kokuseki no nai seishun*, Tokyo：Kokusai Jōhōsha, 1985.

Ōshiro Tatsuhiro, "Arata na michi no mokusa o", *Shin Okinawa bungaku* 95, 1993.

Ōta Masahide, *Kindai Okinawa no seiji kōzō*, Tokyo：Keisō Shobō, 1972.

_____, *Okinawa no minshū ishiki*, Tokyo：Shinsensha, 1976.

Ōtake Hideo, *Saigunbi to nashonarizumu：hoshu, riberaru, shakaiminshushugisha no bōeikan*,

Tokyo : Chūō Kōronsha, 1988.

_____, *Jiyūshugiteki kaikaku no jidai — 1980-nendai zenki no Nihon seiji*, Tokyo : Chūō Kōronsha, 1994.

_____, "55-nen taisei no keisei", In Masanori Nakamura · Akira Amakawa · Kæn-ch'a Yun · Takeshi Igarashi eds., *Sengo Nihon senryō to sengo kaikaku 6 : Sengo kaikaku to sono isan*, Tokyo : Iwanami Shoten, 1995.

Ōtomo Katsuhiro, *Shōto-pīsu : Ōtomo Katsuhiro kessakushū 3*, Tokyo : Futabasha, 1986.

Ōtsuki Takeshi · Ken'ichi Matsumura, 1970. *Aikokushin kyōiku no shiteki kyūmei*, Tokyo : Aoki Shoten.

Ōyama Chōjō, *Okinawa dokuritsu sengen : Yamato wa kaerubeki "sokoku" de wa nakatta*, Tokyo : Gendai Shorin, 1997.

Ozaki Hotsuki, *Kyū shokuminchi bungaku no kenkyū*, Tokyo : Keisō Shobō, 1971.

Ozawa Hiroshi, "Shūkyō ishiki no genzai", In Naohiro Asao · Yoshihiko Amino · Susumu Ishii · Masanao Kano · Shōhachi Hayakawa · Yasuo Yasumaru eds., *Iwanami Nihon tsūshi 21 : Gendai 2*, Tokyo : Iwanami Shoten, 1995.

Pak Kyæng-sik, *Zainichi Chōsenjin, kyōsei renkō, minzoku mondai*, Tokyo : San'ichi Shobō, 1992.

_____, "Chōsenjin kyōsei renkō", In Naohiro Asao · Yoshihiko Amino · Susumu Ishii · Masanao Kano · Shōhachi Hayakawa · Yasuo Yasumaru eds., *Iwanami kōza Nihon tsūshi 19 : Kindai 4*, Tokyo : Iwanami Shoten, 1995.

Pamuk, Orhan, "On the Periphery", *Times Literary Supplement*, Aug. 8, 1997.

Passin, Herbert, *Society and Education in Japan*, Tokyo : Kodansha International, 1982[1965].

Pearson, Richard, "The Place of Okinawa in Japanese Historical Identity", In Donald Denoon · Mark Hudson · Gavan McCormack · Tessa Morris-Suzuki eds., *Multicultural Japan : Palaeolithic to Postmodern*, Cambridge : Cambridge University Press, 1996.

Peattie, Mark R., *Nan'yō : The Rise and Fall of the Japanese in Micronesia, 1885~1945*, Honolulu : University of Hawaii Press, 1988.

_____, "Nihon shokuminchi shihai ka no Mikuroneshia", In Shinobu Ōe · Kyōji Asada · Taichirō Mitani · Ken'ichi Gotō · Hideo Kobayashi · Sōji Takasa-ki · Masahiro Wakabayashi · Minato Kawamura eds., Translated by Masao Gabe, *Iwanami kōza kindai Nihon to shokuminchi 1 : Shokuminchi teikoku Nihon*, Tokyo : Iwanami Shoten, 1992.

Petkanas, Christopher, "It's Not Easy Behaving Well in France, Critics Say", *International Herald Tribune*, Aug. 31, 1993.

Phillips, D. C., *Holistic Thought in Social Science*, Stanford, Calif. : Stanford University Press,

1976.

Piore, Michael J., *Birds of Passage : Migrant Labor and Industrial Societies*, Cambridge :
Cambridge University Press, 1979.

Plath, David W., *The After Hours : Modern Japan and the Search for Enjoyment*, Berkeley :
University of California Press, 1964.

_____, "My-Car-isma : Motorizing the Showa Self", In Carol Gluck · Stephen
R. Graubard eds., *Showa : The Japan of Hirohito*, New York : Norton, 1992[1990].

Plessner, Helmuth, *Die Verspätete Nation : Über die politische Verführbarkeit bürgerlichen Geistes*, 2d ed.,
Stuttgart : W. Kohlhammer, 1959.

Potts, Lydia, Translated by Terry Bond, *The World Labour Market : A History of Migration*,
London : Zed, 1990[1988].

Pyle, Kenneth B., *The New Generation in Meiji Japan : Problems of Cultural Identity, 1885 ~
1895*, Stanford, Calif. : Stanford University Press, 1969.

Quiller-Couch, Arthur ed., *The Oxford Book of Victorian Verse*, Oxford : Clarendon Press,
1913.

Randal, Jonathan C., *After Such Knowledge, What Forgiveness? My Encounters with Kurdistan*,
New York : Farrar, Straus and Giroux, 1997.

Rauch, Jonathan, *The Outnation : A Search for the Soul of Japan*, Boston : Harvard Business
School Press, 1992.

Rei Rokusuke, *Heinintachi no geinōshi*, Tokyo : Banchō Shobō, 1969.

Reischauer, Edwin O., *The Japanese Today : Change and Continuity*, Cambridge, Mass. :
Harvard University Press, 1988.

Renan, Ernest, "What Is a Nation?", In Homi K. Bhabha ed., Translated by Martin Thom,
*Nation and Narration*, London : Routledge, 1990[1882].

Rex, John · Sally Tomlinson, *Colonial Immigrants in a British City : A Class Analysis*, London
: Routledge and Kegan Paul, 1979.

Ricks, Christopher ed., *The New Oxford Book of Victorian Verse*, Oxford : Oxford University
Press, 1987.

Riesman, David · Evelyn Thompson Riesman, *Conversations in Japan : Modernization,
Politics, and Culture*, Chicago : University of Chicago Press, 1976[1967].

Rimer, J. Thomas, "High Culture in the Showa Period", In Carol Gluck · Stephen R.
Graubard eds., *Showa : The Japan of Hirohito*, New York : Norto, 1992[1990].

Robertson, Jennifer, *Native and Newcomer : Making and Remaking a Japanese Society*, Berkeley
: University of California Pres, 1991.

Rodinson, Maxime, Translated by Arthur Goldhammer, *The Arabs*, Chicago : University
of Chicago Pres, 1981[1979].

Rohlen, Thomas P., *Japan's High Schools*, Berkeley : University of California Pres, 1983.

Rosenberger, Nancy, "Images of the West : Home Style in Japanese Magazines", In Joseph J. Tobin ed., *Re-Made in Japan : Everyday Life and Consumer Taste in a Changing Society*, New Haven, Conn. : Yale University Press, 1992.

Rousseau, Jean-Jacques, Translated by Allan Bloom, *Politics and the Arts : Letter to M. D'Alembert on the Theatre*, Glencoe, Ill. : Free Press, 1960[1758].

_____, "Discourse on the Origin and Foundations of Inequality among Men", In Jean-Jacques Rousseau · Roger D. Masters · Christopher, Kelly eds., Translated by Judith R. Bush · Roger D. Masters · Christopher Kelly · Terence Marshall, Hanover, *Collected Writings of Rousseau 3 : Discourse on the Origins of Inequality (Second Discourse), Polemics, and Political Economy*, N. H. : University Press of New England, 1992[1755].

Rudofsky, Bernard, *The Kimono Mind : An Informal Guide to Japan and the Japanese*, New York : Van Nostrand Reinhold, 1982[1965].

Russell, Conrad, "John Bull's Other Nations", *Times Literary Supplement*, Mar. 12, 1993.

Russell, John G., *Nihonjin no kokujinkan : mondai wa "Chibikuro Sanbo" dake de wa nai*, Tokyo : Shinhyōron, 1991.

Ryang, Sonia, *North Koreans in Japan : Language, Ideology, and Identity*, Boulder, Colo. : Westview Press, 1997.

Said, Edward W., *Orientalism*, New York : Random House, 1978.

_____, *The Question of Palestine*, New York : Times Books, 1979.

_____, *The Politics of Dispossession : The Struggle for Palestinian Self-Determination, 1969~1994*, New York : Pantheon, 1994.

Saiki, Maggie Kinser, "Japan's Answer to Beavis and Butthead", *Wall Street Journal*, Feb. 11, 1994.

Saimon Fumi, *Tokyo rabu sutōrī 4*, Tokyo : Shōgakukan, 1990~1991.

Saitō Takao, *Yūyake o miteita otoko : hyōden Kajiwara Ikki*, Tokyo : Shinchōsha, 1995.

Sakabe Megumi, *Fuzai no uta —Kuki Shūzō no sekai*, Tokyo : TBS Buritanika, 1990.

Sakaguchi Ango, "Nihon bunka shikan", In Ango Sakaguchi · Seiichi Funabashi · Jun Takami · Fumiko Enchi, *Shōwa bungaku zenshū 12*, Tokyo : Shōgakukan, 1987[1942].

Sakai, Naoki, *Voices of the Past : The State of Language in Eighteenth-Century Japanese Discourse*, Ithaca, N. Y. : Cornell University Press, 1991.

Sakaiya Taichi, *Nihon to wa nanika*, Tokyo : Kōdansha, 1991.

Sakurai Yoshirō, *Chūsei Nihon bunka no keisei : shinwa to rekishi jojutsu*, Tokyo : Tokyo Daigaku Shuppankai, 1981.

Sakuta Keiichi, *Kachi no shakaigaku*, Tokyo : Iwanami Shoten, 1972.

Sapir, Edward, *Language : An Introduction to the Study of Speech*, New York : Harcourt Brace & World, 1921.

Sasaki Ken, "Ajia no rōdōryoku idō to Nihon shihonshugi no kiki", *Mado* 4, 1990.

Sasaki Takeshi, *Hoshuka to seijiteki imi kūkan*, Tokyo : Iwanami Shoten, 1986.

Sasaki, Yuzuru · George De Vos, "A Traditional Urban Outcaste Community", In George De Vos · Hiroshi Wagatsuma eds., *Japan's Invisible Race : Caste in Culture and Personality*, Berkeley : University of California Press, 1966.

Sassen, Saskia, *The Mobility of Labor and Capital : A Study in International Investment and Labor Flow*, Cambridge : Cambridge University Press, 1988.

Sato Ikuya, *Kamikaze Biker : Parody and Anomy in Affluent Japan*, Chicago : University of Chicago Press, 1991.

Satō Kenji, *Gojira to Yamato to bokura no minshushugi*, Tokyo : Bungei Shunjū, 1992.

Satō Seizaburō, *"Shi no chōyaku" o koete : Seiō no shōgeki to Nihon*, Tokyo : Toshi Shuppan, 1992.

Satō Shōichirō, "Sengo no Okinawa", In Rekishigaku Kenkyūkai · Nihonshi Kenkyūkai eds., *Kōza Nihon rekishi 12 : Gendai 2*, Tokyo : Tokyo Daigaku Shuppankai, 1985.

Satō Susumu, "Gaikokujin rōdōsha to shakaihoshōhō no shomondai", In Susumu Satō ed., *Gaikokujin rōdōsha no fukushi to jinken*, Kyoto : Hōritsu Bunkasha, 1992.

Satō Toshiki, *Kindai, soshiki, shihonshugi : Nihon to Seiō ni okeru kindai no chihei*, Kyoto : Mineruva Shobō, 1993.

Sawa Takamitsu, *Korekara no keizaigaku*, Tokyo : Iwanami Shoten, 1991.

_____, *Songen naki taikoku*, Tokyo : Kōdansha, 1992.

Sawada Yōtarō, *Yamato kokka wa torai ōchō*, Tokyo : Shinsensha, 1995.

Schiller, Friedrich, Translated by Reginald Snell, *On the Aesthetic Education of Man*, New York : Frederick Unga, 1965[1795/1954].

Schodt, Frederik L., *Dreamland Japan : Writings on Modern Manga*, Berkeley, Calif. : Stone Bridge Press, 1996.

Seki Hideshi, "Imin to chiiki shakai no seiritsu", In Hideshi Seki ed., *Hokkaidō no kenkyū 5 : Kin-gendai hen I*, Osaka : Seibundō, 1983.

Sekiguchi Chie, "Gaikokujin hōdō no hanzai", *Inpakushon* 79, 1993.

Sekikawa Natsuo, *Kaikyō o koeta hōmuran*, Tokyo : Asahi Shinbunsha, 1988[1984].

_____, *Suna no yō ni nemuru : mukashi "sengo" to iu jidai ga atta*, Tokyo : Shinchōsha, 1993.

_____, *Chiteki taishū shokun, kore mo manga da*, Tokyo : Bungei Shunjū, 1996[1991].

Sellek, Yoko, and Michael A. Weiner, "Migrant Workers : The Japanese Case in

International Perspective", In Glenn D. Hook · Michael A. Weiner eds., *The Internationalization of Japan*, London : Routledge, 1992.

Sells, Michael A., *The Bridge Betrayed : Religion and Genocide in Bosnia*, Berkeley : University of California Press, 1996.

Senda Akihiko, *Nihon no gendai engeki*, Tokyo : Iwanami Shoten, 1995.

Sengoku Hideyo, "Nakagami Kenji to Faulkner", In Mitsuo Sekii ed., *Nakagami Kenji*, Tokyo : Shibundō, 1993.

Sha Shinhatsu, *Darenimo kakenakatta Nihonjin*, Tokyo : Keisō Shobō, 1988.

Shapiro, Michael, *Japan : In the Land of the Brokenhearted*, New York : Henry Holt, 1989.

Shi Gang, *Shokuminchi shihai to Nihongo*, Tokyo : Sangensha, 1993.

Shibata Minao, *Gusutafu Mārā*, Tokyo : Iwanami Shoten, 1984.

Shibatani, Masayoshi, *The Languages of Japan*, Cambridge : Cambridge University Press, 1990.

Shibuya Shigemitsu, *Taishō sōsa no keifu*, Tokyo : Keisō Shobō, 1991.

Shibuya Teisuke, *Nōmin aishi kara 60-nen*, Tokyo : Iwanami Shoten, 1986.

Shiga Naoya, "Kokugo mondai", In Naoya Shiga, *Shiga Naoya zenshū 9*, Tokyo : Iwanami Shoten, 1955[1946].

Shiga Nobuo, *Shōwa terebi hōsōshi 1*, Tokyo : Hayakawa Shobō, 1990.

Shimada Haruo, *Nihon keizai : mujun to saisei*, Tokyo : Chikuma Shobō, 1991.

_____, Translated by Roger Northridge, *Japan's "Guest Workers" : Issues and Public Policies*, Tokyo : University of Tokyo Press, 1994[1993].

Shimada Kinji, "Nihon kindaibungaku no hitotsu no mikata", In Shirō Masuda ed., *Seiō to Nihon : hikaku bunmeishiteki kōsatsu*, Tokyo : Chūō Kōronsha, 1970.

Shimahara Nobuo, "Social Mobility and Education : Burakumin in Japan", In Margaret A. Gibson · John U. Ogbu eds., *Minority Status and Schooling : A Comparative Study of Immigrant and Involuntary Minorities*, New York : Garland, 1991[1984].

Shimazaki Tōson, *Hakai*, Tokyo : Iwanami Shoten, 1957[1906].

Shimizu Ikutarō, *Sengo o utagau*, Tokyo : Kōdansha, 1985[1980].

Shinano Mainichi Shinbunsha ed., *Tobira o akete : ruporutāju gaikokujin rōdōsha no seikatsu to jinken*, Tokyo : Akashi Shoten, 1992.

Shinbunsha, Yasuoka Shōtarō, *Shōsetsuka no shōsetsukaron*, Tokyo : Fukutake Shote, 1983.

_____, "'Aikokushin' ni tsuite", In Shōtarō Yasuoka, *Yasuoka Shōtarō zuihitsushū 5*, Tokyo : Iwanami Shote, 1991a[1964].

_____, "Boku no Shōwashi", In Shōtarō Yasuoka, *Yasuoka Shōtarō zuihitsushū 7*, Tokyo : Iwanami Shoten, 1991b[1980~1988].

Shindō Ken, *"Shisetsu" sengo kayōkyoku*, Tokyo : San'ichi Shobō, 1977.

_____, *Taishū geinōron nōto*, Akita, Japan : Mumyōsha Shuppan, 1985.

Shindō Toyoo, *Nihon minshū no rekishi chiikihen 9 : Akai botayama no hi — Chikuhō, Miike no hitobito*, Tokyo : Sanseidō, 1985.

Shinobu Seizaburō, *Seidan no rekishigaku*, Tokyo : Keisō Shobō, 1992.

Shinsensha Henshūbu ed., *Gendai Nihon no henken to sabetsu*, Tokyo : Shinsensha, 1981.

Shin'ya Gyō, *Ainu minzoku teikōshi : Ainu kyōwakoku e no taidō*, expanded ed., Tokyo : San'ichi Shobō, 1977[1972].

Shioda Sakiko, "Kōdo seichōki no gijutsu kakushin to joshi rōdō no henka", In Masanori Nakamura, ed., *Gijutsu kakushin to joshi rōdō*, Tokyo : Tokyo Daigaku Shuppankai, 1985.

Shiozawa Miyoko, *Ajia no minshū vs. Nihon no kigyō*, Tokyo : Iwanami Shoten, 1986.

Shirato Sanpei, *Ninja bugeichō* 17, Tokyo : Shōgakukan, 1976[1959~1962].

_____, *Kamuiden* 15, Tokyo : Shōgakukan, 1979[1965~1971].

Shōji Kōkichi, "Gendai Nihon no kaikyū to shakai ishiki", *Shakaigaku hyōron* 33, 1982.

_____, *Shōwa no ōzumō 60-nen*, Tokyo : Nihon Supōtsu Shuppansha, 1986.

Shūkan Daiyamondo Bessatsu, *Nippon nandemo 10-ketsu*, Tokyo : Daiyamondosha, 1993.

Siddle, Richard, *Race, Resistance and the Ainu of Japan*, London : Routledge, 1996.

_____, "Ainu : Japan's Indigenous People", In Michael Weiner ed., *Japan's Minorities : The Illusion of Homogeneity*, London : Routledge, 1997.

Silberman, Bernard S., *Ministers of Modernization : Elite Mobility in the Meiji Restoration, 1868 ~ 1973*, Tucson : University of Arizona Press, 1964.

Silverman, Maxim, *Deconstructing the Nation : Immigration, Racism and Citizenship in Modern France*, London : Routledge, 1992.

Simmel, Georg, *The Sociology of Georg Simmel*, trans. and ed., Kurt H. Wolff, New York : Free Press, 1950.

Singer, Kurt, *Mirror, Sword and Jewel : A Study of Japanese Characteristics*, New York : George Braziller, 1973.

Sjöberg, Katarina, *The Return of the Ainu : Cultural Mobilization and the Practice of Ethnicity in Japan*, Chur, Switzerland : Harwood Academic, 1993.

Skeldon, Ronald, "International Migration within and from the East and Southeast Asia Region : A Review Essay", *Asian and Pacific Migration Journal* 1, 1992.

Smith, Donald, "The 1932 Asō Coal Strike : Korean-Japanese Solidarity and Conflict", *Korean Studies* 20, 1996.

Smith, Herman W., *The Myth of Japanese Homogeneity : Social-Ecological Diversity in Education and Socialization*, Commack, N. Y. : Nova Science, 1995.

Smith, Robert J., *Kurusu : The Price of Progress in a Japanese Village, 1951 ~1975*, Stanford,

Calif. : Stanford University Pres, 1978.

_____, *Japanese Society : Tradition, Self and the Social Order*, Cambridge : Cambridge University Press, 1983.

Smith, Robert J. · Ella Lury Wiswell, *The Women of Suye Mura*, Chicago : University of Chicago Press, 1982.

Smits, Gregory, *Visions of Ryukyu : Identity and Ideology in Early-Modern Thought and Politics*, Honolulu : University of Hawai'i Press, 1999.

Sofue Takao, *Shusshinken de wakaru hitogara no hon : Nihonjin no jōshiki*, Tokyo : Dōbun Shoin, 1993.

Sōmuchō Seishōnen Taisakuhonbu, ed., *Seishōnen hakusho*, Tokyo : Ōkurashō Insatsukyoku, 1996.

Sonoda Shigeto, "Fuīrudo to shite no Ajia", In Yūzō Mizoguchi · Takeshi Hamashita eds., Naoaki Hiraishi · Hiroshi Miyajima, *Ajia kara kangaeru 1 : Kōsaku suru Ajia*, Tokyo : Tokyo Daigaku Shuppankai, 1993.

Sōrifu, *Gaikokujin no nyūkoku to zairyū ni kansuru yoron chōsa*, Tokyo : Sōrifu, 1988.

_____, *Gaikokujin rōdōsha mondai ni kansuru yoron chōsa*, Tokyo : Sōrifu, 1990.

_____, "Gaikokujin rōdōsha ni kansuru yoron chōsa", *Rōdō hōritsu junpō* 1263, 1992.

Stauder, Jack, "The 'Relevance' of Anthropology to Colonialism and Imperialism", In Les Levidow ed., *Radical Science Essays*, London : Free Association Books, 1986.

Steinberg, Jonathan, "The Historian and the *Questione della Lingua*", In Peter Burke and Roy Porter eds., *The Social History of Language*, Cambridge : Cambridge University Press, 1987.

Sternhell, Zeev, Translated by David Maisel, *The Founding Myths of Israel : Nationalism, Socialism, and the Making of the Jewish State*, Princeton, N. J. : Princeton University Press, 1998[1996].

Steven, Rob, *Classes in Contemporary Japan*, Cambridge : Cambridge University Press, 1983.

_____, *Japan's New Imperialism*, Armonk, N. Y. : M. E. Sharpe, 1990.

Stevens, Carolyn S., *On the Margins of Japanese Society : Volunteers and the Welfare of the Urban Underclass*, London : Routledg, 1997.

Strom, Stephanie, "2nd American in Top Rank as Diversity Hits Sumo", *New York Times*, May 27, 1999.

Stronach, Bruce, "Japanese Television", In Richard Gid Powers · Hidetoshi Kato eds., *Handbook of Japanese Popular Culture*, Westport, Conn. : Greenwoo, 1989.

Suga Hidemi, *Nihon kindai bungaku no "tanjō" : genbun itchi undō to nashonarizumu*, Tokyo : Ōta Shuppa, 1995.

Sugawara Kōsuke, *Nihon no kakyō*, Tokyo : Asahi Shinbunsha, 1979.

Sugimoto Yoshio, *An Introduction to Japanese Society*, Cambridge : Cambridge University Press, 1997.

Sugita Genpaku, Annotateed by Tomio Ogata, *Rangaku kotohajime*, Tokyo : Iwanami Shoten, 1959[1815].

Suigyū Kurabu, ed., *Mono tanjō : ima no seikatsu*, Tokyo : Shōbunsha, 1990.

Suzuki Jōji, *Nihonjin dekasegi imin*, Tokyo : Heibonsha, 1992.

Suzuki Kunio, *Shin uyoku : minzokuha no rekishi to genzai*, expanded ed., Tokyo : Sairyūsha, 1990[1988].

Suzuki Sayoko, *Tachihara Masaaki : fūshiden*, Tokyo : Chūō Kōronsha, 1991[1985].

Suzuki Takao, *Nihongo to gaikokugo*, Tokyo : Iwanami Shoten, 1990.

Suzuki Yūko, *Jūgun ianfu, naisen kekkon*, Tokyo : Miraisha, 1992.

_____, "Karayukisan, 'jūgun ianfu,' senryōgun 'ianfu'", In Shinobu Ōe · Kyōji Asada · Taichirō Mitani · Ken'ichi Gotō · Hideo Kobayashi · Sōji Takasa-ki · Masahiro Wakabayashi · Minato Kawamura eds., *Iwanami kōza kindai Nihon to shokuminchi 5 : Bōchōsuru teikoku no jinryū*, Tokyo : Iwanami Shoten, 1993.

Tada Michitarō, *Asobi to Nihonjin*, Tokyo : Chikuma Shobō, 1974.

_____, *Amanojaku Nihon fūzokugaku*, Tokyo : PHP Kenkyūsho, 1988[1979].

Tada Tetsunosuke, *Tabemono Nihonshi : Man'yōno aji kara rāmen made*, Tokyo : Shinjinbutsu Ōraisha, 1972.

Taeuber, Irene B., *The Population of Japan*, Princeton, N. J. : Princeton University Press, 1958.

Taira, Koji, "Troubled National Identity : The Ryukyuans/Okinawans", In Michael Weiner ed., *Japan's Minorities : The Illusion of Homogeneity*, London : Routledge, 1997.

Takagi Hiroshi, "Ainu minzoku e no dōka seisaku no seiritsu", In Rekishigaku Kenkyūkai ed., *Kokumin kokka o tou*, Tokyo : Aoki Shoten, 1994.

Takahashi Masaaki, "Chūsei no mibunsei", In Rekishigaku Kenkyūkai · Nihonshi Kenkyūkai eds., *Kōza Nihon rekishi 3 : Chūsei* 1, Tokyo : Tokyo Daigaku Shuppankai, 1984.

Takara Kurakichi, "Ryūkyū, Okinawa no rekishi to Nihon shakai", In Naohiro Asao · Yoshihiko Amino · Keiji Yamaguchi · Takeshi Yoshida eds., *Nihon no shakaishi 1 : Rettōnaigai no kōtsūto kokka*, Tokyo : Iwanami Shoten, 1987.

_____, "Kindai, gendai e no sasoi", In Ryūkyū Shinpōsha ed., *Shin Ryūkyūshi : kindai, gendai hen*, Naha, Japan : Ryūkyū Shinpōsha, 1992a.

_____, "Daitōjima no shiten", In Ryūkyū Shinpōsha ed., *Shin Ryūkyūshi : kindai, gendai hen*, Naha, Japan : Ryūkyū Shinpōsha, 1992b.

_____, *Ryūkyūkoku*, Tokyo : Iwanami Shoten, 1993.

Takarajima ed., *Bokura no jidai dai'nenpyō*, Tokyo : JICC, 1992.

Takasa-ki Sōji, *"Han nichi kanjō" : Kankoku-Chōsenjin to Nihonjin*, Tokyo : Kōdansh, 1993.

Takayama Toshio, "Gaikokujin o shimedasu iryō, fukushi", In Ajiajin Rōdōsha Mondai Kondankai ed., *Okasareru jinken gaikokujin rōdōsha*, Tokyo : Daisan Shokan, 1992.

Takeda Seiji, *"Zainichi" to iu konkyo*, Tokyo : Kokubunsha, 1983.

Takeda Taijun, "Mori to mizuumi no matsuri", In Taijun Takeda, *Takeda Tainjun zenshū* 7, Tokyo : Chikuma Shobō, 1972[1958].

Takegawa Shōgo, "Jūmin ishiki, kokumin ishiki, kaikyū ishiki, jinrui ishiki", In Toshiaki Furuki ed., *Sekai shakai no imēji to genjitsu*, Tokyo : Tokyo Daigaku Shuppankai, 1990.

Takemitsu Makoto, *Atama ga yosugiru Nihonjin*, Tokyo : Dōbun Shoin, 1990.

Takeuchi Osamu, *Sengo manga 50-nen shi*, Tokyo : Chikuma Shobō, 1995.

Takeuchi Shizuko, *1960-nendai*, Tokyo : Tabata Shoten, 1982.

Takeuchi Yō, *Nihon no meritokurashī:kōzō to shinsei*, Tokyo : Tokyo Daigaku Shuppankai, 1995.

Takeyama Michio, "Techō", In Michio Takeyama, *Shōwa no seishinshi*, Tokyo : Kōdansha, 1985[1950].

Tambiah, S. J., *Sri Lanka : Ethnic Fratricide and the Dismantling of Democracy*, Chicago : University of Chicago Press, 1986.

Tamiya Takeshi, *Wakamono wa buraku mondai o dō miteiru no ka*, Osaka : Buraku Kaihō Kenkyūsho, 1991.

Tamura Sadao, "Naikoku shokuminchi to shite no Hokkaidō", In Shinobu Ōe · Kyōji Asada · Taichirō Mitani · Ken'ichi Gotō · Hideo Kobayashi · Sōji Takasa-ki · Masahiro Wakabayashi · Minato Kawamura eds., *Iwanami kōza kindai Nihon to shokuminchi 1 : Shokuminchi teikoku Nihon*, Tokyo : Iwanami Shoten, 1992.

Tanaka Akio, *Tōkyōgo —sono seiritsu no tenkai*, Tokyo : Meiji Shoi, 1983.

_____, *Hyōjungo : kotoba no shōkei*, Tokyo : Seibundō, 1991.

_____, "Tōkyōgo to hyōjungo", In Kokugakuin Daigaku Nihon Bunka Kenkyūsho ed., *Tōkyōgo no yukue : Edogo kara Tōkyōgo, Tōkyōgo kara sutandādo Nihongo e*, Tokyo : Tōkyōdō Shuppan, 1996.

Tanaka Akira, *"Datsua" no Meiji ishin : Iwakura shisetsudan o ou tabi kara*, Tokyo : Nihon Hōsō Kyōkai, 1984.

Tanaka Hiroshi, *Zainichi gaikokujin : hō no kabe, kokoro no mizo*, Tokyo : Iwanami Shoten, 1991.

Tanaka Katsuhiko, *Gengo kara mita minzoku to kokka*, Tokyo : Iwanami Shoten, 1978.

_____, *Kokkago o koete : kokusaika no naka no Nihongo*, Tokyo : Chikuma Shobō,

1989.

Tanaka Osamu, *Nihon shihonshugi to Hokkaidō*, Sapporo : Hokkaidō Daigaku Tosho Kankōkai, 1986.

Tanaka Seiichi, "Nihonka shita Chūgoku no shoku to ryōri", In Isa, 1988.

Kumakura and Naomichi Ishige, eds., *Shoku no bunka fōramu : gairai no shoku no bunka*, Tokyo : Domesu Shuppan.

Tanaka, Stefan, *Japan's Orient : Rendering Pasts into History*, Berkeley : University of California Press, 1993.

Tanaka Takeo, *Higashi Ajia tsūkōken to kokusai ninshiki*, Tokyo : Yoshikawa Kōbunkan, 1997.

Tanigawa Ken'ichi, *Onna no fūdoki*, Tokyo : Kōdansha, 1985[1975].

Tanizawa Eiichi, *Taikoku Nihon no "shōtai"*, Tokyo : Kōdansha, 1991.

Tansman, Alan M., "Mournful Tears and *Sake :* The Postwar Myth of Misora Hibari", In John Whittier Treat ed., *Contemporary Japan and Popular Culture*, Honolulu : University of Hawaii Press, 1996.

Tazaki Nobuyoshi, "Toshi bunka to kokumin ishiki", In Rekishigaku Kenkyūkai · Nihonshi Kenkyūkai eds., *Kōza Nihon rekishi 10 : Kindai* 4, Tokyo : Tokyo Daigaku Shuppankai, 1985.

Terada Torahiko, "Maruzen to Mitsukoshi", In Torahiko Terada, *Terada Torahiko zuihitsushū* 1, Tokyo : Iwanami Shoten, 1947[1921].

Terazawa Masako, "Nihon shakai no heisasei to bunka", In Gyōzaisei Sōgō Kenkyūsho ed., *Gaikokujin rōdōsha no jinken*, Tokyo : Ōtsuki Shoten, 1990.

Tezuka Kazuaki, *Gaikokujin rōdōsha*, Tokyo : Nihon Keizai Shinbunsha, 1989.

Tezuka Kazuaki · Hiroshi Komai · Gorō Ono · Takaaki Ogata, eds., *Gaikokujin rōdōsha no shūrō jittai*, Tokyo : Akashi Shoten, 1992.

Tezuka Kazuaki, Takashi Miyajima, Tsuaen Tou, and Sukesada Itō, eds. *Gaikokujin rōdōsha to jichitai*, Tokyo : Akashi Shoten, 1992.

Thompson, John B., *Ideology and Modern Culture*, Stanford, Calif. : Stanford University Press, 1990.

Thornton, Emily, "French Links", *Far Eastern Economic Review*, Mar. 23, 1995.

Toby, Ronald P., *The State and Diplomacy in Early Modern Japan : Asia in the Development of the Tokugawa Bakufu*, Princeton, N. J. : Princeton University Press, 1984.

Tokumei Zenken Taishi, Kunitake Kume ed., Annotated by Akira Tanaka, *Bei-Ō kairan jikki* 1, Tokyo : Iwanami Shoten, 1977.

Tokutomi Sohō, *Yoshida Shōin*, Tokyo : Iwanami Shoten, 1981[1894].

Tokyo Toritsu Rōdō Kenkyūsho, "Tōkyōto ni okeru gaikokujin rōdōsha no shūrō jittai",

In Hiroshi Komai ed., *Gaikokujin rōdōsha mondai shiryō shūsei 2*, Tokyo : Akashi Shoten, 1994[1991].

Tominaga Ken'ichi, *Nihon no kindaika to shakai hendō*, Tokyo : Kōdansha, 1990.

Tomiyama Ichirō, *Kindai Nihon shakai to "Okinawajin"*, Tokyo : Nihon Keizai Hyōronsh, 1990.

──────────, "Okinawa sabetsu to puroretariaka", In Ryūkyū Shinpōsha ed., *Shin Ryūkyūshi : kindai, gendai hen*, Naha, Japan : Ryūkyū Shinpōsha, 1992.

──────────, "Colonialism and the Sciences of the Tropical Zone : The Academic Analysis of Difference in 'the Island Peoples'", *Positions* 3, 1995.

Torii Yumiko, "Kinsei Nihon no Ajia ninshiki", In Yūzō Mizoguchi · Takeshi Hamashita eds., Naoaki Hiraishi · Hiroshi Miyajima, *Ajia kara kangaeru 1 : Kōsaku suru Ajia*, Tokyo : Tokyo Daigaku Shuppankai, 1993.

Tosaka Jun, *Nihon ideorogīron*, Tokyo : Iwanami Shoten, 1977[1935].

Totsuka Hideo, "Korean Immigration in Pre-war Japan", *Annals of the Institute of Social Science* 17, 1976.

──────────, "Nihon teikokushugi no hōkai to 'i'nyū Chōsenjin rōdōsha'", In Mikio Sumiya ed., *Nihon rōshi kankeishi*, Tokyo : Tokyo Daigaku Shuppankai, 1977.

Totten, George O. · Hiroshi Wagatsuma, "Emancipation : Growth and Transformation of a Political Movement", In George De Vos · Hiroshi Wagatsuma eds., *Japan's Invisible Race : Caste in Culture and Personality*, Berkeley : University of California Press, 1966.

Tou Namsen, "Nihon ni okeru 'gaikokujin rōdōsha' rongi no shomondai", In Hiroshi Momose · Mitsuo Ogura eds., *Gendai kokka to imin rōdōsha*, Tokyo : Yūshindō, 1992.

Tōyama Shigeki, *Sengo no rekishigaku to rekishi ishiki*, Tokyo : Iwanami Shoten, 1968.

Toynbee, Arnold, "Civilization on Trial", In Arnold Toynbee, *Civilization on Trial and the World and the West*, New York : North American Library, 1976[1948].

Toyota Aritsune, *Nihonjin to Kankokujin kokoga ōchigai*, Tokyo : Nesuko, 1985.

Tsuboi Hirofumi, *Imo to Nihonjin*, Tokyo : Miraisha, 1979.

Tsuda Michio, *Zōho Nihon nashonarizumuron*, Tokyo : Fukumura Shuppan, 1973.

Tsuge Yoshiharu, *Tsuge Yoshiharu tabi nikki*, Tokyo : Ōbunsha, 1983[1977].

Tsuka Kōhei, *Musume ni kataru sokoku*, Tokyo : Kōbunsha, 1990.

Tsukada Takashi, "Ajia ni okeru ryō to sen", In Yasunori Arano · Masatoshi Ishii · Shōsuke Murai eds., *Ajia no naka no Nihonshi 1 : Ajia to Nihon*, Tokyo : Tokyo Daigaku Shuppankai, 1992.

Tsukamoto Manabu, *Tokai to inaka*, Tokyo : Heibonsha, 1991.

Tsukishima Hiroshi, *Rekishiteki kanazukai : sono seiritsu to tokuchō*, Tokyo : Chūō Kōronsha,

1986.

Tsuru Shigeto, *Japan's Capitalism : Creative Defeat and Beyond*, Cambridge : Cambridge University Press, 1993.

Tsurumi Kazuko, *Kōkishin to Nihonjin : tajūkōzō shakai no riron*, Tokyo : Kōdansha, 1972.

Tsurumi Shunsuke, *Senjiki Nihon no seishinshi : 1931~1945-nen*, Tokyo : Iwanami Shoten, 1982.

_____, *Sengo Nihon no taishū bunkashi : 1945~1980-nen*, Tokyo : Iwanami Shoten, 1984.

_____, *Shisō no otoshiana*, Tokyo : Iwanami Shoten, 1989.

Tsurumi Shunsuke and Takeshi Yasuda, *Chūshingura to Yotsuya kaidan : Nihonjin no komyu nikēshon*, Tokyo : Asahi Shinbunsha, 1983.

Tsurumi Yoshiyuki, *Ajia wa naze mazushii no ka*, Tokyo : Asahi Shinbunsha, 1982.

Tsurushima, Setsure, "Human Rights Issues and the Status of the Burakumin and Koreans in Japan", In George De Vos ed., *Institutions for Change in Japanese Society*, Berkeley : Institute of East Asian Studies, University of California, 1984.

Tsuruta Kei, "Kinsei Nihon no yottsu no 'kuchi'", In Yasunori Arano · Masatoshi Ishii · Shōsuke Murai eds., *Ajia no naka no Nihonshi 2 : Gaikō to sensō*, Tokyo : Tokyo Daigaku Shuppankai, 1992.

Tsuruya Nanboku, *Tōkaidō Yotsuya kaidan*, Tokyo : Iwanami Shoten, 1956[1826].

Tsushima Tomoaki, "'Marebito Urutoraman' saikō", *Shin Okinawa bungaku* 93, 1992.

Tsutsui Kiyoko · Hiroko Yamaoka, *Kokusaika jidai no joshi kōyō*, Tokyo : Chūō Keizaish, 1991.

Tsutsui Kiyotada, *Shōwaki Nihon no kōzō : sono rekishishakaigakuteki kōsatsu*, Tokyo : Yūhikak, 1984.

_____, *Nihongata "kyōyō" no unmei : rekishishakaigakuteki kōsatsu*, Tokyo : Iwanami Shote, 1995.

Turner, Victor, *The Forest of Symbols : Aspects of Ndembu Ritual*, Ithaca, N. Y. : Cornell University Press, 1967.

Uchida Ruriko, "Ajia no naka no Nihon ongaku", In Yasunori Arano · Masatoshi Ishii · Shōsuke Murai eds., *Ajia no naka no Nihonshi 6 : Bunka to gijutsu*, Tokyo : Tokyo Daigaku Shuppankai, 1993.

Ueda Atsushi, "Ryūkō to wa nanika", In Michitarō Tada ed., *Ryūkō no fūzokugaku*, Kyoto : Sekai Shisōsha, 1987.

Uemura Hideaki, "'Shosū minzoku' to wa nanika : Nihon seifu ni kesareta Ainu minzoku", *Sekai*, July, 1987.

_____, *Kita no umi no kōekishatachi : Ainu minzoku no shakaikeizaishi*, Tokyo :

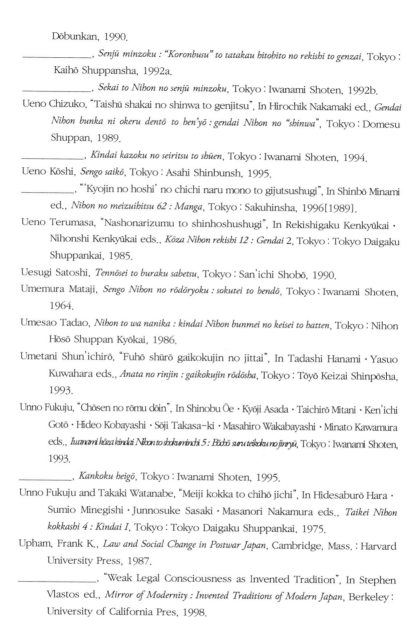

Dōbunkan, 1990.

_____, *Senjū minzoku : "Koronbusu" to tatakau hitobito no rekishi to genzai*, Tokyo : Kaihō Shuppansha, 1992a.

_____, *Sekai to Nihon no senjū minzoku*, Tokyo : Iwanami Shoten, 1992b.

Ueno Chizuko, "Taishū shakai no shinwa to genjitsu", In Hirochik Nakamaki ed., *Gendai Nihon bunka ni okeru dentō to hen'yō : gendai Nihon no "shinwa"*, Tokyo : Domesu Shuppan, 1989.

_____, *Kindai kazoku no seiritsu to shūen*, Tokyo : Iwanami Shoten, 1994.

Ueno Kōshi, *Sengo saikō*, Tokyo : Asahi Shinbunsh, 1995.

_____, "'Kyojin no hoshi' no chichi naru mono to gijutsushugi", In Shinbō Minami ed., *Nihon no meizuihitsu 62 : Manga*, Tokyo : Sakuhinsha, 1996[1989].

Ueno Terumasa, "Nashonarizumu to shinhoshushugi", In Rekishigaku Kenkyūkai · Nihonshi Kenkyūkai eds., *Kōza Nihon rekishi 12 : Gendai 2*, Tokyo : Tokyo Daigaku Shuppankai, 1985.

Uesugi Satoshi, *Tennōsei to buraku sabetsu*, Tokyo : San'ichi Shobō, 1990.

Umemura Mataji, *Sengo Nihon no rōdōryoku : sokutei to hendō*, Tokyo : Iwanami Shoten, 1964.

Umesao Tadao, *Nihon to wa nanika : kindai Nihon bunmei no keisei to hatten*, Tokyo : Nihon Hōsō Shuppan Kyōkai, 1986.

Umetani Shun'ichirō, "Fuhō shūrō gaikokujin no jittai", In Tadashi Hanami · Yasuo Kuwahara eds., *Anata no rinjin : gaikokujin rōdōsha*, Tokyo : Tōyō Keizai Shinpōsha, 1993.

Unno Fukuju, "Chōsen no rōmu dōin", In Shinobu Ōe · Kyōji Asada · Taichirō Mitani · Ken'ichi Gotō · Hideo Kobayashi · Sōji Takasa-ki · Masahiro Wakabayashi · Minato Kawamura eds., *Iwanami kōza kindai Nihon to shokuminchi 5 : Bōchō suru teikoku no jinryū*, Tokyo : Iwanami Shoten, 1993.

_____, *Kankoku heigō*, Tokyo : Iwanami Shoten, 1995.

Unno Fukuju and Takaki Watanabe, "Meiji kokka to chihō jichi", In Hidesaburō Hara · Sumio Minegishi · Junnosuke Sasaki · Masanori Nakamura eds., *Taikei Nihon kokkashi 4 : Kindai I*, Tokyo : Tokyo Daigaku Shuppankai, 1975.

Upham, Frank K., *Law and Social Change in Postwar Japan*, Cambridge, Mass. : Harvard University Press, 1987.

_____, "Weak Legal Consciousness as Invented Tradition", In Stephen Vlastos ed., *Mirror of Modernity : Invented Traditions of Modern Japan*, Berkeley : University of California Pres, 1998.

Ushijima Hidehiko, *Rikidōzan : ōzumō, puroresu, ura shakai*, rev. ed., Tokyo : Daisan Shokan,

1995[1978].

Uzawa Hirofumi, *Jidōsha no shakaiteki hiyō*, Tokyo : Iwanami Shoten, 1974.

Valente, Waldemar, *O Japonês no nordeste agrário*, Recife, Brazil : Instituo Joaquim Nabuco de Pesquisas, 1978.

Van Delft, Louis, *Littérature et anthropologie : nature humaine et caractère à l'âge classique*, Paris : Presses Universitaires de France, 1993.

Vasishth, Andrew, "A Model Minority : The Chinese Community in Japan", In Michael Weiner ed., *Japan's Minorities : The Illusion of Homogeneity*, London : Routledge, 1997.

Veblen, Thorstein, *The Theory of the Leisure Class : An Economic Study of Institutions*, New York : Mentor, 1953[1899].

Ventura, Rey, *Underground in Japan*, ed., James Fenton, London : Jonathan Cape, 1992.

Vogel, Ezra F., *Japan's New Middle Class : The Salary Man and His Family in a Tokyo Suburb*, 2d ed., Berkeley : University of California Press, 1971[1963].

_____, *Japan as Number One : Lessons for America*, Cambridge, Mass. : Harvard University Press, 1979.

Wada Haruki, *Hoppō ryōdo mondai o kangaeru*, Tokyo : Iwanami Shoten, 1990.

Wagatsuma, Hiroshi, "Postwar Political Militance", In George De Vos · Hiroshi Wagatsuma eds., *Japan's Invisible Race : Caste in Culture and Personality*, Berkeley : University of California Press, 1966.

Wagatsuma, Hiroshi · George De Vos, "The Ecology of Special Buraku", In George De Vos · Hiroshi Wagatsuma eds., *Japan's Invisible Race : Caste in Culture and Personality*, Berkeley : University of California Press, 1966.

_____, *Heritage of Endurance : Family Patterns and Delinquency Formation in Urban Japan*, Berkeley : University of California Press, 1984.

Wagatsuma Hiroshi · Toshinao Yoneyama, *Henken no kōzō : Nihonjin no jinshukan*, Tokyo : Nihon Hōsō Shuppan Kyōkai, 1967.

Wagner, Edward W., *The Korean Minority in Japan, 1904~1950*, Vancouver, Canada : Publication Centre, University of British Columbia, 1951.

Wakabayashi, Bob Tadashi, *Anti-Foreignism and Western Learning in Early-Modern Japan : The New Theses of 1825*, Cambridge, Mass. : Council on East Asian Studies, Harvard University, 1986.

Wakabayashi Masahiro, *Taiwan kōnichi undōshi kenkyū*, Tokyo : Kenbun Shuppan, 1983.

Waki Keihei · Takeo Ashizu, *Furutovengurā*, Tokyo : Iwanami Shoten, 1984.

Wakita Osamu, "Sabetsu no kakudai", In Buraku Mondai Kenkyūsho ed., *Buraku no rekishi to kaihō undō : zen-kindai hen*, Osaka : Buraku Mondai Kenkyūsho Shuppanbu,

1985.

Walton, John K., *Fish and Chips and the British Working Class, 1870~1940*, Leicester, U. K. : Leicester University Press, 1992.

Watanabe Hiroshi, *Kinsei Nihon shakai to Sogaku*, Tokyo : Tokyo Daigaku Shuppankai, 1985.

Watanabe Kyōji, *Kita Ikki*, Tokyo : Asahi Shinbunsha, 1978.

Watanabe Makoto, *Nihon shokuseikatsushi*, Tokyo : Yoshikawa Kōbunkan, 1964.

Watanabe Masako, "Shutsu'nyūkoku kanrihō kaisei to Burajirujin shutsu'nyūkoku no suii", In Masako Watanabe ed., *Kyōdō kenkyū dekasegi Nikkei Burajirujin, jo : ronbunhen*, Tokyo : Akashi Shoten, 1995.

Watanabe Naomi, *Nihonteki kindai bungaku to "sabetsu"*, Tokyo : Ōta Shuppan, 1994.

Watanabe Osamu ed., *Gendai Nihon shakairon*, Tokyo : Rōdō Junpōsha, 1996.

Watanabe Sakae・Arata Haneda, eds., *Dekasegi rōdō to nōson no seikatsu*, Tokyo : Tokyo Daigaku Shuppankai, 1977.

Watanabe Shōichi, *Kakute Shōwashi wa yomigaeru : jinshu sabetsu no sekai o tadakitsubushita Nihon*, Tokyo : Nihon Kuresutosha, 1995.

Watanabe Yoshio, *Minzoku chishikiron no kadai ― Okinawa no chishiki jinruigaku*, Tokyo : Gaifūsha, 1990.

Watanabe Zenjirō, *Kyodai toshi Edo ga washoku o tsukutta*, Tokyo : Nōsan Gyōsan Bunka Kyōkai, 1988.

Watase Shūkichi, *Minzoku no saisei 1*, Wakayama, Japan : Kaiten, 1987.

Weber, Eugen, *Peasants into Frenchmen : The Modernization of Rural France, 1870~1914*, Stanford, Calif. : Stanford University Press, 1976.

Weiner, Michael, *The Origins of the Korean Community in Japan, 1910~1923*, Atlantic Highlands, N. J. : Humanities Press International, 1989.

_____, *Race and Migration in Imperial Japan*, London : Routledge, 1994.

_____, "The Invention of Identity : 'Self' and 'Other' in Pre-war Japan", In Michael Weiner ed., *Japan's Minorities : The Illusion of Homogeneity*, London : Routledge, 1997.

White, Merry, *The Japanese Overseas : Can They Go Home Again?*, New York : Free Press, 1988.

_____, *The Material Child : Coming of Age in Japan and America*, New York : Free Press, 1993.

Whiting, Robert, *The Chrysanthemum and the Bat : Baseball Samurai Style*, New York : Dodd, Mead, 1977.

_____, Translated by Midori Matsui, *Gaijin rikishi monogatari*, Tokyo : Chikuma

Shobō, 1986.

_____, *You Gota Have Wa*, New York : Macmillan, 1989.

Wigen, Kären, *The Making of a Japanese Periphery, 1750~1920*, Berkeley : University of California Press, 1995.

Williams, David, *Japan and the Enemies of Open Political Science*, London : Routledge, 1996.

Williams, Raymond, *Culture and Society, 1780~1950*, Harmondsworth, U. K. : Pengui, 1963[1958].

_____, *The Country and the City*, New York : Oxford University Press, 1973.

_____, *Television : Technology and Cultural Form*, New York : Schocken, 1975[1974].

_____, *Marxism and Literature*, Oxford : Oxford University Press, 1977.

Williams, William Appleman, "The Frontier Thesis and American Foreign Policy", *Pacific Historical Review* 24, 1955.

Willis, Paul E., *Profane Culture*, London : Routledge & Kegan Paul, 1978.

Wittgenstein, Ludwig, Translated by G. E. M. Anscombe, *Philosophical Investigations*, 3rd ed., New York : Macmillan, 1968[1953].

Wurth, Julie, "1st Palauan to Earn Doctorate among UI Graduates", *News-Gazette*, Aug. 18, 1998.

Yagi Kōsuke, "Buraku sabetsu no genjitsu to mondaiten", In Eiichi Isomura · Yasuko Ichibangase · Tomohiko Harada eds., *Kōza sabetsu to jinken 1 : Buraku I*, Tokyo : Yūzankaku, 1984.

Yamada Kō, *Sengo shisōshi*, Tokyo : Aoki Shoten, 1989.

Yamada Shōji, "Minzokuteki sabetsu to besshi", In Kyōji Asada ed., *Kindai Nihon no kiseki 10 : "Teikoku" Nihon to Ajia*, Tokyo : Yoshikawa Kōbunkan, 1994.

Yamada Shūji, "Shokuminchi", In Naohiro Asao · Yoshihiko Amino · Susumu Ishii · Masanao Kano · Shōhachi Hayakawa · Yasuo Yasumaru eds., *Iwanami kōza Nihon tsūshi 18 : Kindai 3*, Tokyo : Iwanami Shoten, 1994.

Yamada Teruko, *Urutoraman shōten : M78-seiun wa Okinawa no kanata*, Tokyo : Asahi Shinbunsha, 1992.

Yamaguchi Keiji, *Sakoku to kaikoku*, Tokyo : Iwanami Shoten, 1993.

Yamaguchi Kikuo, *Sengo ni miru shoku no bunkashi*, Tokyo : Sanrei Shobō, 1983.

Yamaguchi Masao, *Chie no enkinbō*, Tokyo : Iwanami Shoten, 1978.

Yamakawa Tsutomu, *Seiji to Ainu minzoku*, Tokyo : Miraisha, 1989.

_____, *Meijiki Ainu minzoku seisakuron*, Tokyo : Miraisha, 1996.

Yamamoto Akira, *Sengo fūzokushi*, Osaka : Osaka Shoseki, 1986.

Yamamoto Keizō, *Kokuseki*, Tokyo : Sanseidō, 1979.

Yamamoto Shichihei, *Nihonjin to wa nanika 2*, Tokyo : PHP Kenkyūsho, 1989.

Yamamoto Shigeru, *Ipōjin no kobushi*, Tokyo : Bēsubōru Magajinsha, 1993.

Yamamoto Tetsumi, *Hokori : ningen Harimoto Isao*, Tokyo : Kōdansha, 1995.

Yamamuro Shin'ichi, *Kimera : Manshūkoku no shozō*, Tokyo : Chūō Kōronsha, 1993.

Yamanaka Ichirō, *Heisei yakuza*, Tokyo : Chūō Èto Shuppansha, 1989.

Yamanaka, Keiko, "New Immigration Policy and Unskilled Foreign Workers in Japan",
    *Pacific Affairs 66*, 1993.

Yamaori Tetsuo, *Kindai Nihonjin no shūkyō ishiki*, Tokyo : Iwanami Shoten, 1996.

Yamauchi Masayuki · Minzoku Mondai Kenkyūkai, eds., *Nyūmon sekai no minzoku mondai*,
    Tokyo : Nihon Keizai Shinbunsha, 1991.

Yamawaki Keizō, *Kindai Nihon to gaikokujin rōdōsha : 1890-nendai kōhan to 1920-nendai zenhan
    ni okeru Chūgokujin, Chōsenjin rōdōsha mondai*, Tokyo : Akashi Shoten, 1994.

Yamazaki Kesaya, "Jishin, kenpei, kaji, junsa", In Kesaya Yamazaki · Eizaburō Morinaga
    ed., *Jishin, kenpei, kaji, junsa*, Tokyo : Iwanami Shoten, 1982[1924].

Yamazaki Masakazu, *Nihon bunka to kojinshugi*, Tokyo : Chūō Kōronsha, 1990.

Yanabu Akira, *Hon'yakugo seiritsu jijō*, Tokyo : Iwanami Shoten, 1982.

Yanagi Muneyoshi, "Ainu ni okuru sho", In Muneyoshi Yanagi, *Yanagi Muneyoshi zenshū*
    15, Tokyo : Chikuma Shob, 1981.

_____, "Chōsen no tomo ni okuru sho", In Muneyoshi Yanagi, *Mingei
    40-nen*, Tokyo : Iwanami Shote, 1984[1920].

_____, *Teshigoto no Nihon*, Tokyo : Iwanami Shote, 1985[1948].

Yanagita Kunio, *Meiji Taishōshi sesōhen 2*, Tokyo : Kōdansh, 1976[1930].

_____, *Kaijō no michi*, Tokyo : Iwanami Shote, 1978[1952].

Yanaihara Tadao, *Teikokushugi ka no Taiwan*, Tokyo : Iwanami Shote, 1988[1929].

Yano Tōru, *Nihon no kokusaika o kangaeru*, Tokyo : Nikkan Kōgyō Shinbunsh, 1988.

Yasuda Takeshi, *Shōwa seishun dokusho hishi*, Tokyo : Iwanami Shote, 1985.

Yasuda Tsuneo, *Kurashi no shakai shisō : sono hikari to kage*, Tokyo : Keisō Shob, 1987.

_____, "Amerikanizēshon no hikari to kage", In Masanori Nakamura · Akira
    Amakawa · Kæn-ch'a Yun · Takeshi Igarashi eds., *Sengo Nihon senryō to sengo
    kaikaku 3 : Sengo shisō to shakai ishiki*, Tokyo : Iwanami Shote, 1995.

Yasuhara Ken, "Amerika no okama ni narisagatta Nihonjin", *Tosho shinbun*, Sept. 4, 1993.

Yasuhara Ken ed., *Sengo 50-nen to watashi*, Tokyo : Metarōg, 1995.

Yasumaru Yoshio, *Nihon no kindaika to minshū shisō*, Tokyo : Aoki Shote, 1974.

_____, *Nihon nashonarizumu no zen'ya*, Tokyo : Asahi Shinbunsh, 1977.

_____, *Kamigami no Meiji ishin*, Tokyo : Iwanami Shote, 1979.

_____, *Kindai tennōzō no keisei*, Tokyo : Iwanami Shote, 1992.

_____, "Gendai no shisō jōkyō", In Naohiro Asao · Yoshihiko Amino · Susumu Ishii · Masanao Kano · Shōhachi Hayakawa · Yasuo Yasumaru eds., *Iwanami kōza Nihon 21 : Gendai* 2, Tokyo : Iwanami Shote, 1995.

Yasumoto Biten, *Nihonjin to Nihongo no kigen*, Tokyo : Mainich, 1991.

Yazawa Kōsuke, "Taminzoku shakai to shite no Nihon", In Rekishigaku Kenkyūkai · Nihonshi Kenkyūkai eds., *Kōza Nihon rekishi 13 : Rekishi ni okeru genzai*, Tokyo : Tokyo Daigaku Shuppankai, 1985.

Yokoyama Gennosuke, *Nihon no kasō shakai*, Tokyo : Iwanami Shote, 1949[1899].

Yoneda Yūsuke, "Kizoku bunka no tenkai", In Rekishigaku Kenkyūkai · Nihonshi Kenkyūkai eds., *Nihon rekishi 2 : Kodai* 2, Tokyo : Tokyo Daigaku Shuppankai, 1984.

Yoneyama Toshinao, *Shōbonchi uchū to Nihon bunka*, Tokyo : Iwanami Shoten, 1989.

Yorimitsu Masatoshi, "Nihon shakai to gaikokujin rōdōsha", In Tadashi Hanami · Yasuo Kuwahara eds., *Anata no rinjin : gaikokujin rōdōsha*, Tokyo : Tōyō Keizai Shinpōsh, 1993.

Yoshida Sensha, *Utsurun desu* 1, Tokyo : Shōgakuka, 1990.

Yoshihiro Kōsuke, *Manga no gendaishi*, Tokyo : Maruze, 1993.

Yoshimi Shunsuke, *Toshi no doramatourugī : Tokyo, Sakariba no shakaishi*, Tokyo : Kōbundō, 1987.

Yoshimi Yoshiaki, "Okinawa, haisen zengo", In Naohiro Asao · Yoshihiko Amino · Susumu Ishii · Masanao Kano · Shōhachi Hayakawa · Yasuo Yasumaru eds., *Iwanami kōza Nihon tsūshi 19 : Kindai* 4, Tokyo : Iwanami Shoten, 1995.

Yoshimoto Takaaki, *Saigo no Shinran*, new ed., Tokyo : Shunjūsha, 1984[1976].

Yoshimura Sakuo, *Nihon henkyōron josetsu : Okinawa no tōji to minshū*, Tokyo : Ochanomizu Shobō, 1981.

Yoshimura Tsutomu, *Buraku sabetsu to rōdō mondai*, Tokyo : Akashi Shoten, 1986.

Yoshino, I. Roger · Sueo Murakoshi, *The Invisible Visible Minority : Japan's Burakumin*, Osaka : Buraku Kaiho Kenkyusho, 1977.

Yoshino, Kosaku, *Cultural Nationalism in Contemporary Japan : A Sociological Enquiry*, London : Routledge, 1992.

Yoshiwara Kōichirō, *Okinawa minshū undō no dentō*, Tokyo : Fukumura Shuppan, 1973.

Yoshizawa Osamu, "AWAY ni umarete", *BART*, Sept. 13, 1993.

Young, Louise, *Japan's Total Empire : Manchuria and the Culture of Wartime Imperialism*, Berkeley : University of California Press, 1998.

Yuasa Yasuo, *Watsuji Tetsurō : kindai Nihon tetsugaku no unmei*, Tokyo : Chikuma Shobō, 1995[1981].

Yui Masaomi, *Tanaka Shōzō*, Tokyo : Iwanami Shoten, 1984.

Yun Keun-cha, *Ishitsu to no kyōzon : sengo Nihon no kyōiku, shisō, minzokuron*, Tokyo : Iwanami Shoten, 1987[Kæn-ch'a].

_____, *Minzoku gensō no satetsu : Nihonjin no jikozō*, Tokyo : Iwanami Shoten, 1994.

_____, *Nihon kokuminron : kindai Nihon no aidentiti*, Tokyo : Chikuma Shob, 1997.

Zakō Jun, *Itsumo kayōkyoku ga atta*, Tokyo : Shinchōsh, 1983.

Zeldin, Theodore, *The French*, New York : Pantheo, 1982.

# 본문
## 주석

### 머리말

1 Abelmann and Lie 1995
2 Lie 1998
3 Masuda 1974 : xiii
4 Reichauer 1988 : 33
5 이와 다른 의견으로는 Eberhard 1982; Honig 1992 참조
6 Reischauer 1988 : 396
7 Buckley 1990 : 82
8 Bitō 1993 : 17
9 Kumagai 1996 : 9
10 Terazawa 1990 : 64~65
11 O"Brien and Fugita 1991 : 3
12 Bloom 1990 : 21~22
13 McNeill 1986 : 18
14 Gallie 1964 : 158
15 Marks 1995
16 Hobsbawm 1990 : 8
17 Said 1979 : 5~8; Khalidi 1997 : 180~182
18 Sjöberg 1993 : 152
19 Nagel 1996 : 85
20 Nagel 1996 : 140~141
21 다양한 추정치에 관해서는 특히 다음 자료들을 참조할 것. Ōhashi 1971 : 7; Sugimoto 1997 : 171; Taira 1997 : 142
22 Mason 1995 : 35
23 다른 저작 중에서도 다음을 참조할 것. Ōnuma 1986; Field 1991; Fukuoka 1993; Nakano and Imazu 1993; Maher and Macdonald 1995; Oguma 1995, 1998; Smith 1995; Denoon et al. 1996; Howell 1996; Ryang 1997; Weiner 1997; and Morris-Suzuki 1998a

### 제1장

1 Shimada 1994 : vii
2 『아사히신문』, 1993년 8월 22일자
3 Engels 1975 : 389
4 Freeman 1979 : 3~5

5 Sassen 1988 : 186~188
6 Potts 1990 : 199~207
7 McNeill 1990 : 69
8 Keizai Kikakuchō Sōgō Keikakukyoku 1989 : 44
9 Freeman 1979 : 68~72
10 Ireland 1994 : 40
11 Tezuka 1989 : 152~158
12 Hollifield 1992 : 58
13 Bade 1992 : 395
14 Hollifield 1992 : chaps. 3~5
15 Morita 1987 : 21
16 Mori 1997 : 34; cf. Umemura 1964 : 63~67
17 Mori 1997 : 35; cf. Suzuki J. 1992 : 257~261
18 Fujisaki 1991 : 54
19 Umemura 1964 : 80~89
20 Mori 1997 : 55~57
21 Watanabe and Haneda 1977; Kumito 1990
22 Ōkōchi 1980 : 173~176
23 Ueno 1995 : 159
24 Kamata 1984 : 128; Niigata Nippō Hōdōbu 1985 : 3
25 Koike 1981 : 248~249
26 Hirota 1979 : 138~141; Shioda 1985 : 187~192
27 Ōsawa 1993 : 79~85
28 Matsubara 1983 : 102~104
29 Ōmori 1990 : 17~18
30 Ōsawa 1993 : 46
31 Koike 1981 : 189~192
32 Kobayashi 1977 : 118~129
33 Ochiai 1974 : chap.6
34 Mori 1997 : 55~57
35 Kobayashi 1977 : 90
36 Haneda 1987 : 2
37 Tsutsui and Yamaoka 1991 : 100~101
38 Shimada 1994 : 33
39 Inagami et al. 1992 : 73
40 Ishiyama 1989 : 18~25
41 Gordon 1998
42 Cole 1979 : 240
43 Komai 1993 : chap.4
44 Kikuchi 1992
45 Ventura 1992 : 165~166
46 Asahi Shinbun Shakaibu 1989 : 65~67

47 Abella 1995 : 420
48 Sellek and Weiner 1992 : 220~222
49 Komai 1993 : 43~54
50 Asahi Shinbun Shakaibu 1989 : 117~141
51 Ino 1993 : 266~260
52 Yamanaka 1989 : 38~44
53 Hippō 1992 : 131~151
54 Nishizawa 1995 : chaps.2~3
55 Hippō 1992 : 456~463
56 Fowler 1996 : 15
57 Aoki 1989 : 97~98, 1992 : 325~326
58 Okuda and Tajima 1991 : 23~26
59 cf. Piore 1979 : 50~51
60 Shimada 1994 : 30~31
61 Shinano Mainichi Shinbunsha 1992 :
   19~21
62 Castles and Kosack 1985 : 3~6
63 Yamanaka 1993
64 Watanabe M. 1995 : 23
65 Inagami et al. 1992 : 17~27
66 Aoki 1992 : 348
67 Mainichi Shinbun Gaishinbu 1990 : 30
68 Ishiyama 1989 : 89~96
69 Kobayashi 1992 : 74~79
70 Takayama 1992
71 Satō Susumu 1992
72 Okuda and Tajima 1993 : 54~60
73 Machimura 1993
74 Ko 1995 : 234
75 Piore 1979 : 84~85
76 Castles and Kosack 1985 : 1
77 Kim 1994
78 Tezuka 1989 : 9~21
79 Yano 1988 : 46~49
80 Nishio 1988
81 Nishio 1989a
82 1989b : 330
83 Miyajima 1989 : 11~12; cf. Nishio 1989a :
   144~150
84 Ōnuma 1988b
85 Keizai Dōyōkai 1989 : 3
86 Nimura 1992 : 256
87 Kantō Bengoshikai Rengōkai 1990 :
   124~142
88 Hachiya 1992 : 42~48
89 Sōrifu 1988 : 5; Nyūkan Tōkei Kenkyūkai
   1990 : 183
90 Sōrifu 1992 : 74; cf. Sōrifu 1990 : 3~6
91 Mainichi Shinbun Tokyo Honsha Shakaibu
   1990 : 275
92 Sōrifu 1992 : 76
93 Yorimitsu 1993 : 14~26
94 Shūkan Daiyamondo Bessatsu 1993 : 52
95 Kure 1993b : 68
96 Gotō 1990; Tezuka, Komai, Ono, and Ogata
   1992
97 Furuta 1989 : 32~34
98 Kuwahara 1991 : 277
99 Piore 1979 : 1
100 Inagami et al. 1992 : 41
101 Japan Immigration Association 1992 : 41
102 Hirowatari 1992 : 70
103 Castles and Kosack 1985 : 1
104 cf. Gilroy 1991 : 46
105 Ireland 1994 : 15
106 Silverman 1992 : 70~78; Hargreaves 1995 :
   157~160
107 Grillo 1985 : 30~35
108 이 수치는 다음을 참조할 것. Kunitomo 1992;
   Nyūkan Kyōkai 1993
109 Umetani 1993 : 77~80
110 Ministry of Labour 1992 : 164~165
111 Suzuki 1993 : 224~236
112 Itō 1992
113 Hinago 1986 : 143~144
114 Kunitomo 1992 : 8; cf. Okuda and Tajima
   1991 : 14
115 Hatada 1990 : 130
116 Hollifield 1992 : 188; 다음 자료들도 참조할
   것. Silverman 1992 : 140~147; Hargreaves
   1995 : 165~168
117 Ishi 1995
118 Goodman 1990 : 1~2
119 White 1988 : 122
120 Goodman 1990 : 174
121 Nihon Keizai Shinbunsha 1982 : 18
122 Nagai 1988 : 220; Ōmae 1989 : 178
123 Keizai Kikakuchō Kokumin Seikatsukyoku
   1987 : 15
124 Ogata 1992 : 63
125 Asahi Shinbunsha 1990

126 Ōnuma 1988a

127 Mainichi Shinbun Tokyo Honsha Shakaibu
1990 : app.7

128 Katō 1992 : 24

129 Skeldon 1992 : 42～43

130 Shiozawa 1986; Steven 1990

131 Shimada 1991 : 171～176

132 Valente 1978 : 22～31

133 Taeuber 1958 : 201; Tanaka H. 1991 : 193;
Suzuki J. 1992 : 4

134 Tanaka H. 1991 : 185～186

135 Iwauchi et al. 1992

136 Tezuka 1989 : 23

137 Toby 1984; Jansen 1992 : 2～4

138 Tsuruta 1992

139 Torii 1993 : 221; Arano 1994 : 228～229

140 Lie 1987

141 Takasaki 1993 : 128～138

142 Rex and Tomlinson 1979 : 91

143 Grillo 1985 : 289

144 Yamawaki 1994

## 제2장

1 Kim 1985

2 Shindō T. 1985 : 37～66

3 Murakami 1984 : 167～172; Mamada 1990 :
24

4 Ueno 1985 : 99～101; Umesao 1986 :
61～62

5 cf. Ueno 1989 : 59～53

6 Matsuyama 1985 : 143～144

7 Minegishi 1989 : chap.2

8 Lebra 1993 : 57～60

9 Silberman 1964 : 108

10 Amano 1983 : 260～262

11 Yokohama 1949

12 Inomata 1982

13 Nakane 1970 : 87

14 Greenbie 1988 : 12

15 Ōhara 1984 : 265～266

16 Rohlen 1983 : 91; cf. Passin 1982 :
135～136

17 Smith 1995 : chaps.2～3

18 Ishida 1998 : 307

19 Rohlen 1983 : 294～301; Sōmuchō

20 Shōji 1982 : 23～26; Steven 1983 : 319;
Gotō 1985 : 147～159

21 Gotō 1985 : 143

22 Iwata 1995 : 27

23 Mouer and Sugimoto 1989 : 187～192

24 Takeuchi Y. 1995 : 181～187

25 Ishida 1993 : 253～257

26 Naoi 1979 : 365

27 Nakamura 1982 : 220～226

28 Hamashima 1985 : 122～127

29 cf. Misumi 1990

30 Yasuoka 1983 : 23

31 Iwamoto 1985 : 84～90

32 Takeuchi 1982 : 166

33 Kaneko 1985 : 72～76

34 Plath 1992 : 230

35 Uzawa 1974 : 67～76

36 Vogel 1971 : 271

37 Vogel 1971 : 267

38 Vogel 1971 : 267～268

39 Kumazawa 1981 : 71

40 Kumazawa 1983 : 37～38

41 Kumazawa 1981 : 73

42 Kinmonth 1981 : 331～339

43 Kosaka 1994 : 96～97

44 Nakano 1993 : 77～79

45 Okuda and Tajima 1991 : 44～45

46 Kikuchi 1992 : 182

47 Okuda and Tajima 1993 : 49～54

48 Tou 1992 : 29～33

49 Tanaka H. 1991 : 178～179

50 Okabe 1991 : i

51 Kokusai Kyōryoku Jitsugyōdan 1994 : 123

52 Motoyama 1991

53 Petkanas 1993 : 7

54 Thornton 1995 : 70

55 Rosenberger 1992 : 106

56 Katō 1980 : 3

57 Yamamoto 1986 : 110～112

58 Dore 1958 : 84

59 Lebra 1993 : 148～155

60 Ventura 1992 : 49～50

61 Anderson 1990 : 119～123

62 Fukuzawa 1981a : 20

63 Toynbee 1976 : 21; cf. McNeill 1989 :
   268~270
64 Jansen 1980 : 69
65 Nitobe 1984 : 129
66 Irokawa 1970 : 70~78
67 Nitobe 1972a : 232
68 Tanizawa 1991 : 84
69 Tsurumi 1989 : 67
70 Sekikawa 1996 : 271
71 Katō 1971 : 143
72 Nakamura 1983 : 140~157; cf. Nakamura
   1987
73 Shimada 1970 : 54
74 Sakabe 1990 : 8~9
75 Akutagawa 1978 : 311
76 cf. Conze and Kocka 1985
77 Fukuzawa 1980
78 Koizumi 1966 : 28
79 Sugita 1959
80 Tsutsui 1995 : 32~36
81 Maruyama 1961 : 8~15
82 Kamei 1994 : 8
83 Isoda 1983a : 33
84 Nakamura 1960 : 288~292
85 Ōoka and Haniya 1984 : 271
86 Terada 1947 : 119~124
87 Ōoka and Haniya 1984 : 98
88 Yasuda 1985
89 Katō 1968 : i, 190
90 Waki and Ashizu 1984 : 105~106
91 Waki and Ashizu 1984 : 115
92 Waki and Ashizu 1984 : 122
93 Tsuge 1983 : 55
94 Murakami and Anzai 1986 : 144
95 Bernstein 1983 : 123
96 Fowler 1996 : 61
97 Takeyama 1985 : 276
98 Shiga 1955 : 127
99 Shiga 1955 : 126
100 Rimer 1992 : 268~273
101 Ishida 1984 : 28~29
102 Hashizume 1989 : 81, 161
103 Karatani 1995 : 203~212
104 Manabe 1990 : 6
105 Suzuki T. 1990 : 226~227

106 Minoshima 1993 : 45
107 Banno 1993 : 164~174
108 Natsume 1986 : 26, 34
109 Tanaka 1984 : 214~215; cf. Fukuzawa
    1981b : 224
110 Kotani 1992 : 63~66
111 Kawamura 1994a
112 Tanaka 1989 : 13~14
113 Hunter 1984 : 150
114 Nitobe 1972a : 327
115 Nitobe 1972b : 228~230
116 Tanaka 1993 : 267~276
117 Matsuzawa 1993 : 352
118 Dore 1964 : 237
119 Noguchi 1993b : 3~4
120 Umesao 1986 : 39
121 Tsurumi 1982
122 Sonoda 1993 : 22~25
123 Ishida 1995 : 78~82
124 Torii 1993; Hiraishi 1994
125 Ishida 1983 : 45~51
126 Okakura 1928 : 6
127 Matsuzawa 1979 : 26
128 Naitō 1976 : i · 16~24
129 Passin 1982 : 227
130 Passin 1982 : 269
131 Yanagi 1984
132 Tsurumi 1984 : 163~185
133 Shinobu 1992 : 40~42
134 Watanabe 1995 : 355~356
135 McCormack 1996 : 171~174
136 Fowler 1996 : 72~73
137 Sawa 1992 : 76
138 Yasuhara 1993 : 3
139 Motoyama 1991
140 Tsurumi 1982
141 Orwell 1958 : 127
142 Katō 1992 : 25~27
143 Nakane 1978 : 40~42
144 cf. Katō 1981 : 20~21
145 Honda 1993b : 129
146 Brinton 1993 : 222~224; Ōsawa 1993 :
    110~116
147 Lebra 1978 : 297
148 Iwao 1993 : 265

149 Satō 1992 : 10
150 Uemura1992a : 85~99
151 cf. Ike 1995 : 202
152 Shinsensha Henshūbu 1981
153 Kurihara 1996
154 Ueno 1985 : 101~104; Sawa 1991 : 102~104
155 Sasaki 1986 : 71~72
156 Ōtake 1994 : 246
157 Matsuyama 1985 : 143~144
158 Durkheim 1984 : chaps. 2~3
159 Wigen 1995 : 216
160 Yoneyama 1989 : 27~30
161 Sofue 1993 : 9~26
162 Downer 1989 : 18
163 Toyota 1985 : 174, 194
164 Kim 1983 : 271
165 Goodman and Miyazawa 1995 : 11~12

## 제3장

1 Nakagami 1993
2 Sengoku 1993 : 60
3 cf. Noma and Okiura 1983; Tsukada 1992
4 Nakagami 1978, 1980, 1983
5 Watanabe 1994 : 17~32
6 Shimazaki 1957
7 Keene 1984 : 255
8 Noma 1966~1971
9 Takeda 1972
10 Ozaki 1971
11 Kobayashi 1997 : 75
12 Kitade 1991 : 151~152
13 Yoshida 1990 : 85
14 Isoda 1983b; Sekikawa 1993
15 Yamamoto 1986 : 21~23
16 Tsurumi 1984 : 58
17 Kure 1986 : 135
18 Katō 1964 : 236
19 Miyadai, Ishihara, and Ōtsuka 1993 : 4
20 cf. Hebdige 1988 : 47; Frow 1995 : 82~83
21 Arnold 1993 : 190
22 Williams 1963 : 306
23 Willis 1978 : 170
24 Thompson 1990 : 225~238
25 Turner 1967 : 30

26 Hebdige 1979
27 Bourdieu 1984
28 cf. Williams 1977 : 133~134
29 Saimon 1990~1991
30 cf. Nakano 1995 : 276~288
31 Ching 1996
32 cf. Guttmann 1978 : 54~55
33 Kajiwara and Kawasaki 1966~1971
34 cf. Yoshihiro 1993 : 38
35 Kure 1993c : 84; Kobayashi 1997 : 112
36 Saitō 1995 : 37~40
37 Kubo 1987 : 21; Ueno 1996 : 164~165
38 Nitobe 1972b : 107
39 Whiting 1977 : 5, 1989 : 5; Iyer 1988 : 318
40 Barzun 1954 : 159
41 Bruck 1997 : 84
42 (Ikei 1991 : 8
43 Whiting 1989 : 49
44 Whiting 1977 : 113
45 Whiting 1977 : 211
46 Ushijima 1995 : 138~140
47 Whiting 1977 : 145
48 Oh and Falkner 1984 : 5
49 Yamamoto 1979 : 209
50 Whiting 1977 : 211
51 Oh and Falkner 1984 : 54~55
52 Oh and Falkner 1984 : 84
53 Chŏng 1989 : 34
54 Yamamoto 1995 : 271~272
55 Chŏng 1989 : 22; cf. Sekikawa 1988 : 20~29
56 Whiting 1977 : 109
57 Whiting 1977 : 143
58 Nagata 1994 : 13
59 Whiting 1989 : 61~65
60 Oh and Falkner 1984 : 17
61 Hwang 1992 : 51
62 Saitō 1995 : 131~136
63 Konaka Y1993 : 219
64 Ushijima 1995 : 61~63
65 Ushijima 1995 : 74~75
66 Shiga 1990 : 196~198
67 Ushijima 1995 : 126~129
68 Ushijima 1995 : 143~144
69 Ino 1993 : 283~284

70 Yamamoto 1995 : 268
71 Ushijima 1995 : 266
72 Kuhaulua 1973 : 24
73 Oinuma 1994 : 17~19
74 Nitta 1994 : 283
75 Matsubara 1994 : 3
76 Shōwa no ōzumō 60-nen 1986 : 107
77 Cuyler 1985 : 124
78 Kuhaulua 1973 : 173; cf. Whiting 1986 :
128~130
79 Morita 1993 : 57
80 Strom 1999 : A9
81 Matsubara 1994 : 10~11
82 Miyamoto 1985 : 12~16, 30; Hasegawa
1993 : 233~234
83 Yamamoto 1993
84 Chi 1997 : 32
85 Saitō 1995 : 258
86 Yoshizawa 1993; Nomura 1996 : chap.11
87 Plath 1964 : 96; Minami et al. 1983 :
384~386
88 Schiller 1965 : 79
89 Caillois 1979 : 66~67
90 Ueda 1987 : 59
91 Mita 1978 : 8~11
92 Zakō 1983 : 68
93 Arita 1994 : 14
94 Nakagami 1987
95 Arita 1994 : 11~26
96 Katō 1985 : 250~252
97 Mori 1981 : 140
98 Honda 1987 : 17, 394
99 Shindō 1977 : 242
100 Fujitani 1996 : 241
101 Hiraoka 1993 : 38
102 Tansman 1996 : 108
103 Hwang 1992 : 52
104 Nomura 1996 : 15
105 Koizumi 1984 : 153
106 e.g., Mori 1981 : 19~22
107 Okano 1988 : 86~93
108 Okano 1988 : 177~183
109 Tansman 1996 : 111~112
110 Mori 1981 : 22~26; Okano 1988 : 23~28,
106
111 Shindō K. 1985 : 136~140

112 Uchida 1993 : 307~317
113 Tsurumi 1984 : 139~142
114 Tsurumi 1984 : 163~164
115 Kagotani 1994 : 176~177
116 Koizumi 1977 : 14~15; Kojima 1982 :
29~30
117 Minami et al. 1983 : 398
118 Kawauchi 1979 : 135~142
119 Tsurumi 1984 : 108
120 cf. Williams 1975 : 30~31
121 Fujitake 1985 : 141~145
122 Stronach 1989 : 138~140; cf. Williams
1975 : 39~43
123 Kitamura 1983
124 Matsuzaka and Matsuzaka 1993 : 170
125 Matsuzaka and Matsuzaka 1993 : 199
126 Yamada 1992 : 120, 146
127 Ōe 1981
128 Kiridōshi 1993 : 34
129 Yamada 1992 : 168, 160
130 Kiridōshi 1993 : 62~66
131 Yamada 1992 : 186~191
132 Tsushima 1992 : 18; Yamada 1992 :
233~234; cf. Satō K. 1992 : 150~152
133 Yamada 1992 : 205~208
134 Yamada 1992 : 220
135 Kiridōshi 1993 : 190
136 Kiridōshi 1993 : 194
137 Kiridōshi 1993 : 296~297
138 Leavis1979 : 31
139 Suzuki 1991 : 236~237
140 Suzuki 1991 : 235
141 Takeda 1983
142 Ijūin 1989 : 46
143 Senda 1995 : 160~166
144 Tsuka 1990
145 Tsurumi 1984 : 54~57
146 Katō 1979
147 Allen 1994 : 100
148 Kure 1993a : 9
149 Kure 1993b
150 Inui 1971 : 281
151 Ishiko 1975 : 5
152 Kayatori 1980 : 142~144; cf. Schodt 1996 :
200~203
153 Ishiko 1975 : 130~131

본문 주석

154 Shirato 1976
155 Mishima 1996 : 110)
156 Bungei Shunjūsha 1992 : 108
157 Shirato 1979
158 Nagai 1996 : 52~53
159 Saiki 1994 : A13
160 Kobayashi 1993 : 38~39, 46~51
161 McGregor 1996 : 244
162 Kobayashi 1993 : 22~23, 32~33
163 Russell 1991 : 86~101; Takeuchi O. 1995 :
    175~181
164 Kure 1986 : 264
165 Hokusei and Urasawa 1993 : chaps. 7~8
166 Nomura 1996 : 94
167 Nomura 1996 : 93
168 Ishige 1989 : 174
169 Tada 1974 : 44
170 Ueno 1995 : 69
171 Ishige 1989 : 178
172 Takarajima 1992 : 132~133
173 Ishige 1989 : 181
174 Riesman and Riesman 1976 : 109
175 Nomura 1996 : 93
176 Nomura 1996 : 96~98
177 Tsurumi 1984 : 147
178 Hattori 1993 : 109~113
179 Noma and Okiura 1983 : 268~269
180 Rei 1969 : 23~31; Ishizuka 1993 : 174;
    Morita 1995 : 32~34
181 Kumazaka 1985 : 109
182 Nomura 1996 : 8~9
183 Mennell 1985 : 17
184 Inoue 1989 : 138~139
185 Zakō 1983 : 40
186 Kariya and Hanasaki 1985 : 173~174
187 Kariya and Hanasaki 1985 : 177
188 Harada 1993 : 20~23
189 Hanley 1997 : 85
190 Watanabe 1988 : 162~169
191 Hanley 1997 : 85; cf. Bloch 1954
192 Yanagita 1976 : i, 70~74
193 Watanabe 1964 : 240~246
194 Tada 1972 : 22~24, 51~52
195 Yanagita 1978 : 50~55
196 Amino 1996 : 244

197 Okazaki 1993 : 271~272
198 Harada 1993 : 219~23
199 Ohnuki-Tierney 1993 : 39~40
200 Nagahara 1990 : 325~326
201 Tsuboi 1979 : 274~285
202 Ohnuki-Tierney 1993 : 15
203 Morieda 1989 : 196~198
204 Minami et al. 1983 : 97
205 Morieda 1989 : 16; cf. NHK Hōsō Yoron
    Chōsabu 1983 : 82, 103
206 Yamaguchi 1983 : 13; Suigyū Kurabu 1990 :
    67~78
207 Morieda 1989 : 197~198
208 Morieda 1989 : 194~196
209 Morieda 1989 : 78~80, 209~210
210 Morieda 1989 : 127~131
211 Takarajima 1992 : 162~163
212 Watanabe 1988 : 210~216
213 Yamaguchi 1983 : 225
214 Morieda 1988 : 182~183
215 Hoyano 1993 : 38
216 Watanabe 1964 : 282
217 Watanabe 1964 : 312~314
218 Kumakura 1988 : 16~18
219 Nakagawa 1995 : 128
220 Katō 1977 : 187~188
221 Katō 1977 : 109~110
222 Katō 1977 : 184
223 Katō 1977 : 142~143
224 Katō 1977 : 67~68
225 Ch'oe 1987 : 70
226 Ch'oe 1987 : 73~77
227 Takarajima 1992 : 160~161
228 Veblen 1953 : 61~65
229 Yoshimi 1987 : 22~25
230 Chông 1992 : 49~54
231 Kumakura 1988 : 18~20; Tanaka 1988 :
    170~172
232 Tada 1972 : 239~246
233 Katō 1977 : 48
234 Ōmameuda 1993 : 310~317
235 Katō 1977 : 167
236 『아사히신문』, 1993년 3월 17일자
237 Murai 1988
238 Ohnuki-Tierney 1993 : 3

239 Walton 1992 : 2
240 Gilroy1991 : 69
241 Colley 1992
242 Russell 1993 : 3
243 Bogdanor 1997 : 4
244 Abelmann and Lie 1995 : 165~170
245 Kaplan and Bernays 1997 : 62~63
246 Gabler 1988 : 1
247 Halperin 1995 : 29
248 Matsuzaka and Matsuzaka 1993 : 220~223
249 Mori 1981 : 10~21
250 Matsuzaka and Matsuzaka 1993 : 87, 93
251 Nomura 1996 : 94~95
252 Downer 1994 : 11~12

## 제4장

1 Fujino 1994 : 162~165
2 Uesugi 1990 : 13~18
3 Ishio 1986 : 28~29
4 Noma and Okiura 1986 : 35~36
5 Ninouya 1993 : 62, 1994 : 217~220
6 Kasamatsu 1984 : 41~46; Wakita 1985 : 245
7 Kobayashi 1979 : 4~5
8 Fujiwara 1993 : 231~232
9 Yoshino and Murakoshi 1977 : 130
10 Unno and Watanabe 1975 : 225~228
11 Kobayashi 1979 : 69-75
12 Totten and Wagatsuma 1966 : 36-37
13 Ooms 1996 : 303
14 Akisada 1993 : 60-77
15 Kobayashi 1985 : 306-323; Yoshimura 1986 : 30-32
16 Neary 1989 : 50~56, 91
17 Neary 1989 : 85
18 Totten and Wagatsuma 1966 : 62~63
19 Neary 1989 : 130~132, 166
20 Neary 1989 : 59~61
21 Neary 1989 : 148~149
22 Fukuoka et al. 1987 : 18~19
23 Wagatsuma and De Vos 1966 : 125~128
24 Neary 1989 : 3
25 Upham 1987 : 114~116
26 cf. Uesugi 1990 : 173~177
27 Sasaki and De Vos 1966 : 135

28 Cornell 1967 : 347
29 cf. Nakagawa 1983 : 366~367
30 Cornell 1967 : 348
31 Tamiya 1991 : 20~21
32 Yagi 1984 : 175
33 Wagatsuma 1966 : 73
34 Upham 1987 : 84~86
35 Neary 1997 : 64~65
36 Shimahara 1991 : 336
37 Lewis 1985 : 44
38 Shimahara 1991 : 338~345
39 Tsurushima 1984 : 84
40 Iriye 1989 : 739
41 Uemura 1990 : part 1
42 Ainu Minzoku Hakubutsukan 1993
43 Tamura 1992 : 87~88
44 Kaiho 1989 : 58~60
45 Kaiho 1989 : 48~51
46 Uemura 1990 : 59~69
47 Kaiho 1989 : 76~78
48 Howell 1994 : 79
49 Kikuchi 1984 : 193~196
50 Uemura 1990 : 92~105
51 Namikawa 1992 : 290~295
52 Kikuchi 1991 : 35~46
53 Howell 1995 : 44~47
54 Kikuchi 1989 : 136~137
55 Kayano 1994 : 26~28
56 Ooms 1996 : 296~298
57 Kikuchi 1995 : 234~235
58 Howell 1995 : 42~43
59 Kikuchi 1995 : 240~244
60 Tamura 1992 : 92~93
61 Kaiho 1992 : 15
62 Gabe and Kawabata 1994 : 227
63 Tamura 1992 : 93~94
64 Shin'ya 1977 : 179
65 Horiuchi 1993 : 17~18
66 Honda 1993a : 7~11
67 Seki 1983 : 230~231
68 Kaiho 1992 : 100~102
69 Shin'ya 1977 : 183~185
70 Asahi Shinbun Ainu Minzoku Shuzaihan 1993 : 92~98
71 Kaiho 1992 : 18

72 Kayano 1994 : 44

73 Kaiho 1992 : 22~28; Takagi 1994 : 166~168

74 Ogawa and Yamada 1998 : 409~412

75 Shin'ya 1977 : 188~193

76 Uemura 1990 : 262~265

77 Ogawa 1997 : 69~73

78 Kamijō 1994 : 128

79 Ogawa 1997 : 371~375

80 Yamakawa 1996 : 53

81 Tanaka 1986 : 4~5

82 Ebina 1983

83 Uemura 1990 : 269~273; Horiuchi 1993 : 123~129

84 Kuwabara 1993 : 101~106

85 Tanaka 1986 : 102~132

86 Kuwabara 1993 : 188~189

87 Asahi Shinbun Ainu Minzoku Shuzaihan 1993 : 154

88 Horiuchi 1993 : 32~36

89 Sjöberg 1993 : 152

90 Horiuchi 1993 : 129~130

91 Asahi Shinbun Ainu Minzoku Shuzaihan 1993 : 176~177

92 Uemura 1987 : 238~240, 1992a : 91, 129

93 1993a : 338

94 Asahi Shinbun Ainu Minzoku Shuzaihan 1993 : 184

95 Horiuchi 1993 : 28

96 Asahi Shinbun Ainu Minzoku Shuzaihan 1993 : 103

97 Creighton 1995 : 69~70

98 Siddle 1996 : 97~112

99 Shin'ya 1977 : 264

100 Siddle 1997 : 27

101 Uemura 1992b : 39~61; Siddle 1996 : 24, 1997 : 28~30

102 Uemura 1990 : 281

103 Uemura 1992a : 76

104 cf. Sjöberg 1993 : 152; DeChicchis 1995 : 106

105 Yamakawa 1989 : 172~182; Ainu Association of Hokkaidō 1993

106 Chikappu 1991 : 17~19

107 Kayano 1994 : 59~60

108 Wada 1990 : chap.3

109 Chekhov 1967 : 198

110 Horiba 1990 : 151~152

111 Shibatani 1990 : 191~196

112 Christy 1993 : 623~627; Murai 1995 : 8~9

113 Kano 1993 : 1

114 Smits 1999 : 151~153

115 Yanagita 1978

116 Okamoto 1972 : 185~186

117 cf. Yanagi 1985 : 31

118 Watanabe 1990 : 55~56

119 Taira 1997 : 145~148

120 Toby 1984 : 45~52

121 Kamiya 1990 : 264~265

122 Matsumori 1995 : 30~31

123 Hokama 1986 : 4~6

124 Takara 1992b : 383~384

125 Takara 1993 : chap.3

126 Takara 1993 : 44~46

127 Hokama 1986 : 127~128

128 Kamiya 1989 : 253~260

129 Takara 1993 : 68~74

130 Kamiya 1989 : 281~284; Smits 1999 : 44~46

131 Kamiya 1989 : 283~284

132 Gabe 1979 : 48~49

133 Gabe 1992 : 105~106

134 Maehira 1994 : 263~264

135 Kerr 1958 : 384~392

136 Gabe and Kawabata 1994 : 241

137 Peattie 1988 : 2

138 Peattie 1988 : 167, 1992 : 203-204

139 Tomiyama 1995 : 385

140 Wurth 1998

141 cf. Kawamura 1994b : 5~7

142 Gabe 1992 : 107

143 Gabe and Kawabata 1994 : 235~237

144 Gabe 1979 : 80~85

145 Gabe 1979 : 99~103

146 Hokama 1986 : 84

147 Gabe 1992 : 113~117

148 Kikuyama 1992 : 77~79

149 Yoshimura 1981 : 81~84

150 Mukai 1992

151 Miki 1992

152 Aniya 1977 : 152

153 Smits 1999 : 149
154 Tomiyama 1992 : 175~176
155 Aniya 1977 : 145; Yoshimura 1981 : 140
156 Tomiyama 1992 : 185
157 Miki 1992 : 242~244
158 Kerr 1958 : 448
159 Tomiyama 1992 : 171
160 Kano 1987 : 9
161 Tomiyama 1990 : 131~132, 166~169
162 Tomiyama 1992 : 186~187
163 Tomiyama 1992 : 179~181
164 Kano 1993 : 237~239
165 Arakawa 1995 : 146~147
166 cf. Kano 1987 : 26~52
167 Ishihara 1992 : 253~255
168 Ishihara 1992 : 269~270
169 Yoshimi 1995 : 145~147
170 Ishihara 1992 : 263~265
171 Takara 1992a : 13; cf. Fujiwara 1987 : 11
172 Satō 1985 : 246
173 Makino 1992 : 319~321
174 Yoshimura 1981 : 212
175 Fujiwara 1987 : 12
176 Matsuda 1981 : 334
177 Yoshimura 1981 : 223
178 Makino 1992 : 355~356
179 Murphy-Shigematsu 1994 : 53; Honda 1982
180 Ōshiro 1985 : 176
181 Ikemiyagushiku 1996 : 98
182 Arasaki 1995 : 225~229
183 Matsuda 1981 : 167~171
184 Yoshiwara 1973 : 261~262
185 Arasaki 1995 : 225~229
186 Ōshiro 1993 : 24
187 Havens 1987 : 136~141
188 Matsuda 1981 : 819~822
189 Iwanaga 1985 : 158~167
190 Ōta 1972 : 447~448
191 Ōta 1976 : 369~407
192 Feifer 1993 : 23~24
193 Arakawa 1995 : 162
194 Taira 1997 : 165
195 Takara 1987 : 366~367; Ōkida 1996 : 32
196 Miki 1988 : 37~39
197 Kamiesu 1996 : 3~4
198 Taira 1997 : 164~169
199 Ōyama 1997 : 172
200 Ōyama 1997 : 200
201 Ōyama 1997 : 184
202 Asada 1994 : 2~3
203 Iriye 1989 : 734~746
204 Kurasawa 1992 : 147~148
205 Fujimura 1973 : 43~52
206 Kiyasu 1979 : chap.2
207 Ōe 1992b : 7
208 Ōe 1992b : 8
209 Kondō 1992 : 35~36
210 Kondō 1992 : 52~54
211 Wakabayashi 1983 : chap.2
212 Kazama 1994 : 119~123
213 Kondō 1992 : 48~49
214 Yanaihara 1988 : 198~200
215 Kō 1972 : 5
216 Matayoshi 1992 : 4
217 Yamamuro 1993 : 6~8
218 Shi 1993 : chap.2
219 Yamamuro 1993 : 130~132
220 Yamamuro 1993 : 37
221 Duus 1995 : 297
222 Asada 1993 : 82~88
223 Asada 1993 : 77; cf. Young 1998 : 395
224 Araragi 1994 : 290~293
225 Young 1998 : 409~410
226 Gotō 1992 : 172~173
227 Vasishth 1997 : 118
228 Yamawaki 1994 : 173~174
229 Nagano 1994 : 59
230 Vasishth 1997 : 125
231 Nagano 1994 : 209
232 Vasishth 1997 : 134
233 Sugawara 1979 : 99~104
234 Nagano 1994 : 56~59
235 Lie 1998 : 179~183
236 Duus 1995 : 38~43
237 Duus 1995 : 17~18
238 Kazama 1994 : 116~119
239 Unno 1995 : 185~196
240 Mitchell 1967 : 19~22
241 Kasuya 1992 : 130~132
242 Miyata 1994 : 161~163

243 Miyata 1985 : 148~150; Nishinarita 1997 : 176~196
244 Fujino 1994 : 162~165
245 Miyata 1994 : 152~158
246 Duus 1995 : 290
247 Kimura 1989 : 13~14
248 Nishinarita 1997 : 43~46
249 Weiner 1989 : 78
250 Totsuka 1976 : 96~98
251 Totsuka 1977 : 190~191
252 Duus 1995 : 404
253 Kang 1975 : 159~160
254 Mitchell 1967 : 84~86
255 Unno 1993 : 122
256 Weiner 1994 : 197
257 Unno 1993 : 122
258 Lie 1995
259 Pak 1995 : 301
260 Weiner 1989 : 65~69, 1994 : 91
261 Weiner 1994 : 140~144
262 Iwamura 1972 : 226~229
263 Smith 1995 : 110~115
264 Mun 1995 : 175
265 Mitchell 1983 : 193~195
266 Wagner 1951 : 1~2
267 Wagner 1951 : 43
268 Nishinarita 1997 : 331~334
269 Mitchell 1967 : 109~111
270 Yun 1994 : 28~31
271 Nishinarita 1997 : 347~348
272 Kim 1987 : 143~150
273 O 1992 : 54~57
274 Ryang 1997 : 3~5
275 Mitchell 1967 : 115~118
276 Kang and Kim 1989 : 130~133
277 Mitchell 1967 : 131~133
278 Mitchell 1967 : 158
279 Kang and Kim 1989 : 143~154
280 Kang and Kim 1989 : 156
281 Yamada Shūji 1994 : 69~70
282 Vasishth 1997 : 172
283 Yamazaki 1982 : 221~235
284 Yamada Shūji 1994 : 173~174
285 Yamada Shūji 1994 : 69~70
286 Smith and Wiswell 1982 : 21

제5장

1 Brinton 1948 : 50
2 Johnson 1993 : 52
3 Weber 1976 : 218
4 e.g., Ford 1993
5 Renan 1990 : 20
6 Plessner 1959
7 Gellner 1983 : 1
8 Hobsbawm 1990; Calhoun 1997
9 Brown 1993 : 1
10 Ienaga 1982 : 5, 21
11 Ishihara 1985 : 79~80
12 Hanihara 1996 : 199~209
13 Pearson 1996 : 102~107
14 Nishijima 1994 : 201~203
15 Kitō 1975 : 115~119; Yasumoto 1991 : 23
16 Amino 1991 : 202
17 Hirano 1993 : 307
18 Sawada 1995 : 2
19 Hayashiya 1953 : 1~24
20 Yoneda 1984 : 241~245
21 Katsumata 1994 : 28~33; cf. Kamada 1988 : 27~28
22 Namikawa 1992 : 6~9
23 Murai 1987 : 112~113
24 Tanaka 1997 : 27~33
25 Amino 1992
26 Nagahara 1990 : 306~310
27 Kuroda 1987 : 65~67
28 Amino 1993 : 13~36
29 Takahashi 1984 : 323~324
30 Sakurai 1981 : 35~37
31 Amino 1978 : 146~147
32 Satō 1993 : 212~220
33 Howell 1994 : 74
34 Ooms 1985 : 297
35 Harootunian 1988 : 437
36 Mitani 1997 : 20~25
37 Wakabayashi 1986 : 51~57; Koschmann 1987 : 64~77
38 Yasumaru 1977 : 11~12; Noguchi 1993a : 302
39 Jansen 1992 : 86
40 Matsumoto 1975 : 42; Watanabe 1985 :

23~27
41  Yun 1987 : 84~85
42  Kikuchi 1991 : 81~82
43  Tsukamoto 1991 : 176~177
44  Maruyama 1996 : 235~237
45  Craig 1968 : 100
46  Inuzuka 1994 : 104~109
47  Asukai 1985 : 107; cf. Jansen 1961 : 342
48  Minegishi 1989 : chap.2
49  Ogyū 1987 : 51~55
50  Matsumoto 1975 : 5
51  Maruyama 1974 : 366~367
52  Inoue 1953 : 213; Craig 1968 : 101
53  Mitani 1997 : 345~346
54  Fukuzawa 1981a : 183
55  Fukuzawa 1981a : 204
56  Fukuzawa 1980 : 60
57  Hobsbawm 1990 : 44
58  Asukai 1984 : 7~8
59  Matsumoto 1996 : 130~139
60  Yasumaru 1977 : 32
61  Yui 1984
62  Kano 1986 : 114~124
63  Yasumaru 1974 : 273~282
64  Pyle 1969 : 19~20
65  Maruyama 1995a : 60; Matsumoto 1996 :
     11~12
66  Matsumoto 1975 : 70~71
67  Tokutomi 1981 : 46
68  Matsuzawa 1993 : 52~55; Inuzuka 1994 :
     106~109
69  Ishii 1986 : 327~330
70  Ishii 1981 : 10~11
71  Yasumaru 1979 : 177~179
72  Ōtsuki and Matsumura 1970
73  Kamishima 1961 : 170~171
74  Ishida 1954 : 6~17
75  Kinbara 1985 : 304~311
76  Tsurumi S. 1982 : 43~44
77  Haga 1984 : 72~73
78  Gluck 1985 : 21~23; Ishida 1989 : 16~169
79  Nada 1992 : 132
80  Miyachi 1973 : 248~253; Tazaki 1985 :
     190~197
81  Tsutsui 1984 : 43~48; Matsuo 1990 : 286

82  Fukutake 1981 : 32~38
83  Miyamoto 1984a : 306, 1984b : 187~196
84  Kamishima 1961 : 39; Katō 1995 : 10~15
85  Hirota 1980 : 254; Nihon Senbotsu Gakusei
     Kinenkai 1982 : 14, 150
86  Yasumaru 1992 : 262~274
87  Ishida 1956 : 6~7
88  Yun 1997 : 98~191; Weiner 1997 : 8
89  Eguchi 1993 : 364; cf. Gordon 1991 :
     333~339
90  Maruyama 1976 : 221~224; Matsumoto
     1996 : 130~139
91  Matsuyama 1993 : 289~305
92  Oguma 1995 : 113~115
93  Ishida 1979 : 98~99
94  Shinobu 1992 : 14~15
95  Oguma 1995 : 77~79
96  Morris-Suzuki 1998b : 175
97  Oguma 1995 : 88~90
98  Isoda 1993 : 119
99  Gotō 1992 : 151~153
100 Miyata 1994 : 152~153
101 Unno 1995 : 230
102 Suzuki Y. 1992 : 75~87
103 Ōe 1992a : 25
104 Miyata 1994 : 161~163
105 Miyata 1994 : 166~167
106 Ishida T. 1998 : 70
107 Matsuyama 1993 : 289~305
108 Nitobe 1972b : 89
109 Nitobe 1972b : 91
110 Matsubara 1936 : 130
111 Doak 1994 : 132~133, 1998 : 186
112 Oguma 1995 : 161
113 Oguma 1995 : 1
114 Matsuzawa 1979 : 211
115 Okamoto 1996 : 193
116 Okamoto 1996 : 218~224
117 Yamamuro 1993 : 9~13
118 Dower 1986 : 265~266
119 Abe 1975 : 356; Brooker 1991 : 210~211
120 Nakane 1977 : 44~47; Miyamoto 1984a : 44
121 cf. Tanigawa 1985 : 214~217
122 Tosaka 1977 : 136~140
123 Ōtake 1995

124 Amemiya 1997 : chap.4
125 Curtis 1988 : 249
126 Maruyama 1964 : 161
127 Yasumaru 1992 : 288~292
128 Tsuru 1993 : 18~22
129 Amemiya 1997 : 14~16
130 Nimura 1994 : 68~70
131 Hidaka 1960 : 331~334; Kawauchi 1979 : 135~142; Ueno 1994 : 177~178
132 Irokawa 1990 : 82
133 Allinson 1997 : 12~18
134 Amemiya 1997 : 14~16
135 Kandatsu 1991 : 26~47
136 Fukutake 1981 : 39
137 Kawashima 1950 : 22~23
138 Fukushima 1967 : 38~40
139 Minami et al. 1983 : 193~194; Yasuda 1987 : 312~313
140 Nakagawa 1993 : 267
141 Kurihara 1982 : 88
142 Amemiya 1997 : 147
143 Irokawa 1990 : 159
144 Smith 1978 : chap.8
145 Dore 1985 : 350~354
146 Singer 1973 : 75
147 Mita 1978 : 191~194
148 Irokawa 1990 : 164~168
149 Robertson 1991
150 Robertson 1991 : 8
151 Graburn 1995; cf. Ivy 1995 : 29~31
152 Kelly 1992 : 221~224
153 Murakami 1978 : 33
154 Murakami 1978 : 8~10
155 Murakami 1970 : i~ii; Hardacre 1989 : 142
156 Kitagawa 1966 : 331~332
157 NHK Yoron Chōsabu 1991 : 92~97
158 Ozawa 1995 : 148
159 Nishihira 1982 : 60~67
160 Yamaori 1996 : 2
161 cf. Yoshimoto 1984 : 3
162 Miyamoto 1984a : 27
163 Katō 1964 : 236
164 Tanaka A. 1991 : 37
165 Hidaka 1960 : 260~264
166 Katō 1959 : 51

167 Maruyama 1982 : 114
168 Ishida 1989 : 234
169 Barshay 1998 : 284~286
170 Fujita 1974 : 7~8
171 Irokawa 1970 : 266
172 Yasuda 1995
173 Sakuta 1972 : 395~397
174 Hayashi 1973 : 107~108
175 Rudofsky 1982 : 13
176 Tsuda 1973 : 29~31
177 Ishida 1989 : 234
178 Mita 1965 : 69
179 Maruyama 1995b : 104
180 Kano 1995 : 187~188
181 Yamamoto 1989 : 6; Rauch 1992 : 3
182 Yoshino 1992 : 35~36; Ishida T. 1998 : 169
183 Hayashiya et al. 1973
184 Maruyama 1961
185 Katō 1956
186 Katō 1968 : 163, 1976 : 22
187 Vogel 1971 : 87
188 Ishida 1973 : 170
189 Ishida 1973 : 170
190 Yasumaru 1977 : 221
191 Oguma 1995 : 358
192 Mishima 1976 : 386
193 Mishima 1976 : 401
194 Mishima 1976 : 387
195 Ishida 1973 : 172
196 Ishida 1970 : 70~75; Matsuo 1990 : 286
197 Minami 1994 : 217~234
198 Kimura 1973 : 38, 43
199 e.g. Shimizu 1985 : 94
200 Buckley 1990 : 82; Feiler 1991 : 135; Rauch 1992 : 82, 85
201 Buckley 1990 : 82
202 Yamaguchi 1993 : 41~47
203 Arano 1988 : ii
204 Hara 1978 : 20; Amino 1992 : 35~37
205 cf. Watanabe S. 1995 : 351
206 Yamada 1989 : 228
207 Yoshino 1992 : 206
208 Gotō, Uchida, and Ishikawa 1982 : 5
209 Large 1992 : 179
210 Watase 1987

211 Yuasa 1995 : 176

212 Yasuoka 1991a : 3~5

213 Ishida 1989 : 234~235

214 Nishihira 1987 : 98

215 Nishihira 1987 : 99

216 Sakaiya 1991 : 331

217 Yasumaru 1995 : 327

218 Ishibashi 1984 : 101~121

219 Masuda 1990 : 7~10

220 Yuasa 1995 : 12~13

221 Oguma 1995 : 340~345

222 Doak 1997 : 299~305

223 Nakane 1967 : 53~54, 187~188

224 Nakane 1972 : 14

225 Kuroda 1971 : 293~294

226 Mihashi 1992 : 117; Fukuoka 1996 : 233~235

227 Tōyama 1968 : 106~159; Nagahara 1978 : 63~68

228 Yasumaru 1995 : 293

229 cf. Harootunian 1990

230 cf. Fukuta 1992 : 52~53

231 Akamatsu 1995 : 145

232 Ishida T. 1998 : 169

233 Natsume 1986 : 38

234 Yamamoto 1989 : i, 4

235 Hidaka 1960 : 363~370

236 Takeuchi 1982 : 153

237 Mikuni 1985

238 Isoda 1978 : 118~126

239 Nakajima 993 : 269

240 Takegawa 1990 : 266

241 Oguma 1995 : 356

242 Keene 1950 : 23

243 Brown 1955 : 7

244 Oguma 1995 : 22~23; cf. Kamishima 1973 : 14

245 Kamishima 1982 : 17~18

246 Smith andWiswell 1982 : 134~136

247 Hatada 1990 : 133

248 Yagi 1984 : 175

249 cf. Honda 1990

250 Pak 1992 : 81

251 Yagi 1984 : 250

252 Fujiwara 1993 : 298~299

253 Yoshino and Murakoshi 1977 : v

254 Yoshino and Murakoshi 1977 : 2

255 Harajiri 1997 : 29

256 Tsurushima 1984 : 108~109

257 Chŏng 1984 : 38

258 Pak 1992 : 612

259 Kim 1991 : 11; Ryang 1997 : 64~65

260 Fukuoka and Kim 1997 : 161

261 Hanami 1995

262 Tsurushima 1984 : 110~111

## 제6장 ───────────

1 Kondo 1990 : 11~14

2 Dawes 1996 : 21

3 cf. Buruma 1989 : 227~228

4 Nakano 1983 : 329~331

5 Simmel 1950 : 402

6 Moeran 1989 : 182

7 Hearn 1972 : 180

8 Hearn 1904 : 9~10

9 Lach 1965 : 684

10 Frois 1991 : 29

11 Frois 1991 : 29

12 Frois 1991 : 56

13 Frois 1991 : 95

14 Said 1978 : 1

15 Said 1978 : 3

16 Elias 1996

17 Zeldin 1982

18 van Delft 1993 : 87~104

19 Tominaga 1990 : 209~210

20 Pyle 1969 : 53~55

21 Aoki 1990 : 24

22 Dale 1986; Befu 1990

23 Moeran 1989 : 183~184

24 Aoki 1990 : 149~150

25 Aoki 1990 : 82

26 Vogel 1979

27 Aoki 1990 : 123

28 Tsurumi 1972

29 Hamaguchi and Kumon 1982

30 Minami 1983

31 Lewis 1992 : 18

32 Rudofsky 1982 : 108

33 Doi 1993

34 Lee 1983 : 12~14
35 Barker 1996 : 36
36 Okonogi 1978 : 233~234
37 Tsurumi and Yasuda 1983 : 111~115
38 Maruya 1984
39 Tsuruya 1956
40 Nitobe 1972c : 282~295
41 Lifton, Katō, and Reich 1979 : 58~66
42 Berry 1994 : xv
43 Kōno 1991 : 376~379
44 Ōe S. 1981 : 64~76
45 Goodman 1957 : 996
46 Ōtake 1988 : 174~181
47 Ōnuma 1985
48 Berry 1994 : 104
49 Nakai 1992 : 80~81
50 Moore 1983
51 Yamazaki 1990 : 83~84
52 Doi 1985 : 25~42
53 Goffman 1959 : 106~112
54 Rousseau 1960 : 34~47
55 Smith 1983 : 110~112
56 Benedict 1946 : 2~3
57 Rudofsky 1982 : 17
58 Iyer 1991 : 329
59 Rauch 1992 : 5~6
60 Cleaver 1976 : vii
61 Rauch 1992 : 11
62 Elder 1993 : 5
63 cf. Downer 1989 : 8
64 Simmel 1950 : 406
65 Riesman and Riesman 1976 : 6, 31
66 Barthes 1982 : 95~96
67 Katō 1986 : 289
68 Iyer 1991 : 4~5
69 Rauch 1992 : 11
70 Barthes 1982
71 Feiler 1991 : 312
72 Camhi 1998 : 16
73 Feiler 1991 : 21
74 Befu 1990 : 92~93
75 Sakaguchi 1987 : 244~246
76 Nishikawa 1996 : 253
77 Hodson 1992 : 64
78 Bryce 1891 : ii, 695

79 Conrad 1980 : 5
80 Echeverria 1957 : 282; Mathy 1993 : 251
81 Dore 1978 : 248
82 Aoki 1990 : 114
83 Pamuk 1997 : 34
84 cf. Yoshino 1992 : 40~43
85 Davies 1992 : 844
86 Bowman 1992 : 27
87 Bryce 1891 : i, 1
88 Marcus and Fischer 1986 : 36
89 Benedict 1946
90 Williams 1996; Lie 1997
91 Hendry 1987 : 3; Sugimoto 1997 : 2~5
92 Mayr 1991 : 27~31
93 cf. Althusser 1977 : 203
94 Gombrich 1979 : 87
95 Greenfeld 1994
96 Sato 1991
97 Wagatsuma and De Vos 1984 : 447
98 Sato 1991 : 176~177
99 White 1993 : 160~166
100 Ōtomo 1986
101 Mōri and Uoto 1990
102 Komuro 1993 : 213
103 Tada 1988 : 28
104 Yasuhara 1995
105 Irokawa 1978 : 162~176; Isoda 1983b :
    18~33
106 Ishida 1968 : 146~147
107 Hayashi 1973 : 107
108 Ogawa 1997 : 377~379
109 Okiura 1990 : 32
110 Yasuoka 1991a : 17~18
111 Akazawa 1994 : 176
112 Tsuda 1973 : 23
113 Dower 1993 : 143
114 Araki 1986 : 154~170
115 Durkheim 1984 : chaps. 2~3
116 Montesquieu 1949 : 293
117 Upham 1998
118 Fujimoto 1988 : 14~19
119 Murakami 1978 : 78~107
120 Phillips 1976 : 122~123
121 Wittgenstein 1968 : 32
122 Wittgenstein 1968 : 31~32

123 Lévi-Strauss 1979 : 40

124 Canguilhem 1988 : 32~33

125 Foucault 1977 : 227~228

126 cf. Kurihara 1982

127 Hodson 1992 : 107~108

128 Sha 1988 : 96~98

129 Kawamura 1993 : 18~19

130 Takeuchi 1995 : 232~234

131 Moore 1993 : 181~182

132 Berlin and Kay 1969; Hardin and Maffi 1997

133 Freedman 1998 : 22

134 Christ 1984

135 Furbank and Owens 1988 : 30~31

136 Fenton 1996

137 Davis 1991

138 Chekhov 1984 : 199

139 White 1993 : 215

140 Shapiro 1989 : 12

141 Nietzsche 1982 : 9

## 결론

1 Stauder 1986

2 Kevles 1985

3 Hanazaki 1993

4 Kano 1985; Honda 1993b

5 Oguma 1995 : 396~399; cf. Hein and Hammond 1995 : 16~17

6 Ishihara 1995 : 158

7 e.g., Koyama 1981 : 6

8 Fallows 1994 : 104

9 Kennedy 1993 : 143

10 Bloom 1990 : 22

11 Crichton 1992

12 1992 : 211

13 Iyer 1991

14 Nichol 1993 : 17

15 Hall 1998

16 cf. Buruma 1989 : 227~228

17 cf. Yamaguchi 1978 : 66~71

18 『인터내셔널 헤럴드 트리뷴(International Herald Tribune)』, 1993년 3월 19일자

19 Nakasone 1986 : 152

20 Terazawa 1990 : 65

21 Tokumei Zenken Taishi 1977 : 218

22 Adachi 1959 : 59

23 Wagatsuma and Yoneyama 1967 : 88~91; Russell 1991 : 86~108; Honda 1993b : 99~104

24 Norman 1957 : 338~339

25 Smith and Wiswell 1982 : 21; Shibuya 1986 : 4~5

26 Hidaka 1980 : 32~33

27 Kang 1993 : 122~128

28 Komai 1993 : 187~191; Sekiguchi 1993 : 78

29 Maruyama 1964 : 106~128

30 Komai 1993 : 172~173

31 Ishiyama 1989 : 15

32 Okuda and Tajima 1991 : 165~166

33 Okuda and Tajima 1991 : 148

34 Tokyo Toritsu Rōdō Kenkyūsho 1994 : 312~313

35 Ventura 1992 : 171

36 Honda 1992 : 58

37 Bestor 1989 : 205~213

38 Freeman 1979 : 280~294

39 『아사히신문』, 1993년 4월 7일자

40 e.g., Keizai Kikakuchō Sōgō Keikakukyoku 1989 : 86~95; Ministry of Labour 1992 : 173~176; Ministry of Foreign Affairs 1992 : 183~185

41 e.g., Ōmura 1990

42 Kanagawa Zainichi Gaikokujin Mondai Kenkyūkai 1992; cf. Tezuka, Miyajima, Tou, and Itō 1992

43 Kanagawa Zainichi Gaikokujin Mondai Kenkyūkai 1993

44 Gaikokujin Rōdōsha Kenri Hakusho Henshū Iinkai 1995

45 Gaikokujin Kōyō Mondai Kenkyūkai 1990

46 Osaka Bengoshikai 1992

47 Ajiajin Rōdōsha Mondai Kondankai 1988 : 456~460; Stevens 1997 : 86~88

48 Kokusai Kekkon o Kangaerukai 1987; Moriki 1991

49 Hanazaki 1988 : 305~321; Yanagi 1981 : 530

50 Neary 1989 : 39~40

51 Shinobu 1992 : 352~357

52 Ichikawa 1987 : 271; Yazawa 1985 : 36

53 Khalidi 1997 : 207

54 Sternhell 1998 : 43~47
55 Khalidi 1997 : 209
56 Said 1979 : 5
57 Bowersock 1988 : 186
58 Said 1994 : xvi
59 Landau 1993 : 169~173
60 1994 : xlvi
61 Rodinson 1981 : 12
62 Evans-Pritchard 1962 : 129
63 Randal 1997 : 14~16
64 Tambiah 1986
65 Destexhe 1995
66 Sells 1996
67 Williams 1955 : 379
68 Kanegae 1991 : 161
69 cf. Fukuoka 1985 : 146~149
70 Fukuoka and Tsujiyama 1990 : 103
71 Bayley 1976 : 85~86
72 Watanabe 1996
73 Mita 1996
74 예를 들면 Ōsawa 1996
75 Yamauchi et al. 1991 : 10
76 Rousseau 1992 : 43

19 Sakai 1991 : 335~336
20 Maeda 1978 : 27~29; Hida 1992 :
   187~188
21 Isoda 1983a : 41
22 Yasuoka 1991b : 18
23 Isoda 1978 : 24~27; Tanaka 1983 : 90~92
24 Tanaka 1978 : 56~60
25 Suga 1995 : 8
26 Tsukishima 1986 : 2~3
27 Dazai 1989
28 Amino 1991 : 15~17
29 Shibatani 1990 : 185
30 Oku 1993 : 274~275
31 Tanaka 1996 : 24~27
32 Maher 1995

## 부록

1 Humboldt 1972 : 193
2 Chomsky 1972 : 71
3 Williams 1973 : 215
4 Wittgenstein 1968 : 8
5 Miller 1982 : 32
6 Honna 1995 : 45
7 Yanabu 1982
8 Ōno 1966 : 11~14
9 Morley 1985 : 78~79
10 Tsuru 1993 : 129~138
11 Ong 1982 : 88
12 Sapir 1921 : 215
13 Sapir 1921 : 219
14 Nakamoto 1985 : 51~52; Murayama 1995 :
   2
15 Fabian 1991 : 8~10
16 Weber 1976 : 70
17 Steinberg 1987 : 198
18 Komatsu 1985 : 69~70; Mizuhara 1994 :
   24~26

## 감수자 해설

　이번에 기획된 존 리John Lie 교수의 명저 6편을 번역하는 것은 그동안 오랫동안 숙원으로 여겨온 사업으로, 이번에 전권 출판이 순차적으로 기획되어 감개무량하기 그지없다. 이것이 가능하게 된 것은 우선 존 리 교수의 결단이 중요했었고, 이런 결단을 용감히 수락하고 출판을 허락하신 소명출판 박성모 대표의 혜량의 결실이다. 물론, 앞으로 차례대로 출판될 6편의 번역을 불철주야 노력하여 완벽에 가깝게 맺어주신 역자 선생님들의 노력이 가장 중요했던 것도 잊지 말아야 할 것이다. 감수자로서의 역할은 좋은 책을 올바른 문장으로 번역하여 독자들에게 쉽게 전달될 수 있도록 하는 길잡이의 노릇일 것이지만, 그에 아울러 번역된 책들에 적확한 해설을 함께 곁들어 줄 수 있어야 제법 그 격에 맞을 것이다.

### 존 리 교수의 연대기

　우선, 존 리 교수의 간단한 연대기적 설명이 필요할 것 같다. 내가 처음 리 교수와 만나게 된 것은 지금도 기억이 선명한 1990년 1월의 일이었다. 그는 1988년에 하버드대학교에서 사회학 박사를 받고, 원하던 아이비리그 대학의 사회학과 교수 자리를 얻지 못해, 결국 1년간의 휴가를 허용한 오레곤대학교University of Oregon의 사회학과 조교수로 부임하여, 1989년 가을학기부터 사회학 강의를 맡고 있었고, 나는 1990년 1월부터 동교 정치학과에서 박사 과정을 시작하고 있었다. 입학 전부터 그의 명성을 익히 들었던 나로서는 입학과 동시에 그의 수업에 등록했고, 과목명은 바로 '관료와 조직'이었다. 그는 1978년에 당시 미 대통령 지미 카터의 전액 장학금을 받고 하버드대학교에 입학하여, 학사학위와 박사학위를 10년에 걸쳐 수료한 한국이 낳은 몇 안 되는 사회과학계의 석학이었다(하버드 사회학과는 석사학위 과정이 없다). 그 10년 동안 그에게 영향을 준 교수들은 David Riesman, Judith Shklar, Michael Walker, Roberto Managerial Unget, Stephen Marlin, Harvey Cox, Michael Shifter, Michael Donnelly, Steve Retsina, Herbert Giants, Robert Paul Wolff, Stanley Tasmania, Daniel Bell, Harrison White, Orlando Patterson 등이었지만(Lie 2014 : 486), 그래도 그가 가장 지적 영감을 많이 받았던 교수는 로베르토 망가 베이라 웅거Roberto Managerial Unget였다. 그러므로 '관료와 조직' 수업에서 최고의 꽃은 당연히 웅거의 1987년 저서 『잘못된 당연성False Necessity』이었다. 웅거와 같이 존 리 교수의 사회과학적 방법론과 인식론의 근저에는 논리적 도덕적 '부정'이 있었다. 당연시되고 타당시되어 온 이론과 제도 그리고 사회과학적 진리에 대해 커다란 물음표를 던짐과 동시에 비판적 그리고 대안적 시각을 강조하는 것이 웅거와 리 교수의 공통된 학문적 자세이다. 또한, 웅거가 브라질의 정치에 활발히 참여하였을 뿐만 아니라, 그의 책에 바탕을 둔 급진적 민주주의의 새로운 제도를 건설하려고 했다면, 리 교수는 평생 자신이 몸담고 있는 고등교육기관 즉 대학의 교육 개혁을 위해 힘써 왔고, 전 세계의 여러 대학에서 대학 개혁과 대학의 새로운 지적 교육 방식의 개선에 대해서 강의와 컨설팅을 해왔다.

존 리 교수는 한국명 이제훈으로 1959년 서울에서 태어났다. 아버지 이관희Harry Lie 박사는 충남 남포가 고향으로 전통 지주 가문의 아들로 이승만 정권 시절에 행정고시를 통과하여, 군사 혁명 이후에는 경제기획원의 발족에 참여하였다. 어머니 제인 리Jane Lie 씨는 우리나라 신소설을 창시한 이해조 씨의 손녀로 전주 이씨 인평대군파의 일족이다. 형제로는 남동생과 여동생이 각각 한 명씩 있다. 리 교수의 가족은 그러나 1963년 당시 김종필 총리의 '자의 반, 타의 반'의 외유 때 총리를 수행했어야 했던 아버지와 같이 온 가족이 일본으로 이주하였다. 아버지는 주일 대사관에서 근무하고, 존 리는 일본의 초등학교에 입학하였으나, 한국식 이름을 쓰는 그는 다른 학급생들의 왕따 대상이 되어 여러 번 폭력을 당했던 기억이 아직도 생생하다고 했다. 일본에서의 생활은 전반적으로 윤택하고 행복한 것이었지만, 존 리의 인생에 중요한 기억으로 남았던 것은 여름방학 때 가족과 같이 서울에 귀국했던 경험들이다. 1960년대의 한국은 1964년 동경 올림픽을 개최했던 일본과 달리, 경제 성장을 막 시작한 지지리도 가난했던 군부 독재의 어두운 시기였다. 지금 젊은 세대들은 기억 못하는 가난과 암울의 시대를 존 리는 짧게나마 여름 방학 동안 한국에서 경험할 수 있었다. 서울의 외가는 잘 살았기 때문에 크나큰 불편은 없었지만, 충남 남포의 친가에 갈 때는 불편이 이만저만이 아니었다. 물론 한국말을 못하였기 때문에, 일본말로 외가 할아버지와 소통하면서 한국을 경험하였지만, 어린 존 리에게 한국은 충격적인 곳이었고, 이는 『한 언바운드*Han Unbound*』라는 책에서도 자세히 설명되고 있다. 리 교수가 혹시라도 아버지 말을 안 들으면, 아버지는 으레 '남포로 보낼 거야'라는 말로 자식에게 공포감을 주었다.

　일본에서 초등학교를 졸업한 존 리 교수는 아버지가 하와이로 이민 결정을 내려, 전 가족이 다시 도미하는 소위 '초국가적 디아스포라*transnational diaspora*'를 경험하게 되었다. 호놀룰루에 정착한 리 교수의 가족은 아버지의 주문대로 엄격한 자녀 교육이 시작되어, 우선적으로 집안에서 일본어의 사용을 금하고, 영어만 사용하기 시작하였다. 이에 반발한 리 교수는 일본에서 가져온 책들을 아버지 몰래 읽으면서, 일본어를 잊지 않으려고 노력했다. 반면, 남동생과 여동생은 일본어를 잊어버렸다. 보통 중학생이 되면 부모 몰래 포르노 잡지를 볼 때이지만, 존 리 교수는 몰래 일본책을 읽는 '아이러니한' 신세였다고 회고했다. 미국에 정착하면서, 아버지는 자신뿐만 아니라 모든 가족들에게 영어 이름을 지었는데, 자신은 1950년대에 미국에 유학하면서 당시 미국 대통령이었던 해리 트루먼 대통령의 해리*Harry*와 당시 유엔 사무총장이었던 트리베 리*Trygve Lie*의 리*Lie*를 따 자신의 영어 이름을 만든 후, 큰아들 이제훈에게는 존 리*John Lie*라고 명명했다.

영어와 일본어를 바탕으로 학문에 정진한 리 교수는 방대한 독서량을 자랑했다. 리 교수의 어머니도 살아생전 그렇게 책을 많이 읽은 아이들은 본 적이 없다고 했다. 리 교수는 돈이 생기면 무조건 책을 사는 소년이었다. 어린 시절부터 소장했던 책은 그 양이 너무 방대하여, 창고를 따로 빌려 보관할 정도였고, 하버드 시절 존 리 교수의 기숙사나 대학원생 대표로서 사용했던 연구실에는 책이 너무 많아 발을 딛고 들어갈 수도 없을 정도였다. 영어와 일본어로 학문에 정진하면서, 고교 시절에는 독일어, 프랑스어, 스페인어, 이태리어, 라틴어 등에 정진하여, 존 리 교수는 7~8개 이상의 외국어로 원전을 읽는다. 탁월한 언어 능력으로 무장한 리 교수는, 고교 시절에 수학과 과학에도 소홀히 하지 않았을 뿐 아니라, 고전음악에도 심취하여 오페라를 작곡하기도 하였다. 오바마 대통령이 다녔던 고등학교로 유명한 호놀룰루의 푸나호우 학교Punahou School를 졸업한 존 리 교수는 대입 시험에서 하와이 주 전체 수석을 차지하여, 각 주에서 두 명씩 뽑는 대통령 장학생에 선발되었던 것이다.

하버드에 진학해서 학부 시절에는 학제 간 프로그램이었던 사회과학부에서 공부하면서, 동아시아와 사회 이론 그리고 경제사에 심취했었다. 학부 졸업시 성적이 4.0 만점에 3.8 이상을 획득하여 Magna cum laude(2015년의 경우 3.772가 컷라인)를 수상했다. 졸업 후 하버드 대학교 사회학과 박사 과정에 진학하여, 사회 이론과 경제 발전 그리고 정치 경제에 대한 관심을 보이면서 당시 개도국의 비참한 경제 상황, 특히 한국의 경제 발전이 낳은 각종 부조리와 모순에 대해 연구하였으며, 또한 일본에도 수차례 방문하여, 도쿄대학과 게이오대학에서 연구하면서, 재일동포의 차별 문제, 특히 강제 지문 날인과 위안부 문제 등에 대해 연구 논문을 발표하기도 하였다(Lie 1987b, 1997).

박사 과정 시절에 리 교수는 일본 우노학파의 저명한 마르크스주의 경제학자 바바 히로지 도쿄대 교수와 『월간리뷰*Monthly Review*』 지상에서 세 차례에 걸쳐 논쟁을 벌였다(Lie 1987a; Baba 1989; Lie 1989). 1987년에 발표한 논문에서 리 교수는 우노학파가 주장하는 경제 이론에서 사회주의 이데올로기의 배제가 어떠한 엄청난 오류를 야기시켰는가를 바바 교수의 저서 『부유화와 금융자본』을 근간으로 비판하였다. 바바의 저서는 1980년대 황금기를 맞이했던 일본 경제 상황을 놓고, 소위 "집단 부유화"를 전면에 내세워 일본의 경제를 최고의 자본주의로 평가하고, 자본주의하에서 서서히 모든 사람이 부유화되는 지상 천국을 이루어내고 있다고 주장한 것인데, 이에 대해 리 교수는 허무맹랑한 데이터를 가지고 경제 상황을 정확히 분석하지 못한 졸저로 평가한 것이다. 특히, 자본주의가 영구히 가지 못하고 위기를 맞이할 수도 있으며, 이런 예상은 1990년대부터 일본 전역에 불어 닥친 반영구적 경제 공황으로 입증되었다. 이러한 비판적 시각은 당시 군사독재하의 한국에 대해서도 리 교수로 하여금 가차 없이 일격을 가하게 했다. 당시 하버드대학교 사회학 박사 과정에는 임현진 교수(서울대), 이건 교수(서울시립대), 윤정로 교수(KAIST) 등이 공부하고 있었는데, 리 교수는 이 유학생들에게 "재벌 기업들이 당신들에게 주는 장학금으로 노동자들에게 월급을 더 주어야 한다"고 비판하여, 그들의 원망을 산 것은 유명한 일화이다.

리 교수의 박사 논문은 영국과 일본의 경제사를 비교하는 것으로 아담 스미스와 칼 폴라니의 경제사 이론을 정면으로 반박하는 것으로, 시장 경제의 발전이 원조 국가격인 영국이나 일본에서도 직선적으로 진화된 것이 아니라, 여러 형태의 자본 제도가 병행되거나 혼존했다는 것을 역사 자료를 근거로 증명한 것이다(Lie 1988, 1992). 불행히도 이 논문은 소련의 붕괴, 유럽과 일본의 자본주의 붕괴, 그리고 글로벌화 등의 새로운 시대적 상황과 맞물리지 못하여, 세인들의 기억에서 사라지고 말았고, 리 교수 자신도 이 논문의 내용을 더욱 더 발전시키지 않고 사장시켰다. 그러나 최근 동양의 경영 윤리가 계속적으로 문제가 되는 상황에서 동양의 경제 제도를 어떻게 발전시켜야 하느냐는 의문이 학계에서 지배적으로 대두되는 상황에서, 리 교수의 1988년 이론을 재조명해보려는 노력이 다시 고개를 들었다(Lie 2014; Oh 2014, 2016).

앞에서도 언급했지만 리 교수의 첫 직장은 오레곤대학교 University of Oregon 사회학과였고, 1989년 가을에 부임하였다. 1988년부터 1989년까지는 서울에 있는 연세대학교에서 강의를 하면서, 이번 시리즈에서 같이 기획된 『한 언바운드』의 집필도 같이 하였다. 동시에 당시 아버지가 부회장으로 있었던 쌍용그룹에서 6개월간 연구원으로 근무하기도 하였다. 일 년간의 한국 생활은 리 교수에게 한국의 경제 발전에 대해 상당히 부정적인 견해를 확고히 하는 계기가 되었다. 오레곤에서의 생활은 강의와 연구의 연속이었고, 정혼한 약혼자 낸시 애이블만Nancy Abelmann 교수가 오레곤 인류학과에 채용되지 못하고, 일리노이대학교University of Illinois에 취직하는 바람에 단신 부임할 수밖에 없었고, 이것은 결국 리 교수가 일리노이로 옮겨야 하는 계기가 되었다. 이런 상황에서 자신의 박사 논문을 요약한 글이 사회학의 최고 저널인『미국 사회학 리뷰American Sociological Review』에 게재되는 쾌거를 얻었고, 3년간의 오레곤 생활을 접고, 1992년 가을 학기부터 일리노이로 전직하면서, 낸시 애이블만과 결혼도 그해 여름에 하였다.

일리노이에서 존 리는 애이블만 교수와 같이 동양학 센터를 이끌면서, 일리노이가 중서부에서 동양학 연구의 중심지로 성장하는 견인차 역할을 하였고, 지금 아시아 인스티튜트Asia Institute 원장으로 활약하는 이만열(미국명 Immanuel Pastreich) 씨도 이때 일리노이 동양학연구소의 조교수로 애이블만에 의해 임용되었었다. 일리노이 재직 시절 리 교수는 자신의 가장 중요한 연구 업적으로서 초기 작품인『블루 드림즈Blue Dreams』와『한 언바운드』를 출간했다. 원래『한 언바운드』가 먼저 탈고된 것이었으나, 초기 원고가 너무나 비판적이고 반미적인 내용이 많다고 하여, 하버드대학교 출판부에서 출판 거부를 당하여, 결국 스탠포드대학교 출판부에서『블루 드림즈』보다 3년이나 늦게 출판되었다.『블루 드림즈』는 LA 흑인 폭동과 코리아타운을 다룬 민족지ethnography적 연구서로 애이블만과 공저한 책이다. 이 시기 리 교수는 한신갑 전 서울대 교수도 임용하여, 경제사회학 분야를 강화하였고, 사회학과 내의 정량적 방법론자들을 퇴임시키는 대신 톰슨과 같은 정성적 방법론자들을 다수 임용하였다. 1996년에는「현대 일본 사회학Sociology of Contemporary Japan」이라는 트렌드 리포트를『당대사회학Current Sociology』지 한 호 전면을 할애받아 게재하였다. 이 특집호에서 리 교수는 일본에 대한 사회학적 이해가 현대 이론Modernization theory이나 마르크스 이론처럼 일본의 특수성을 간과한 오점과, 일본의 특수성 이론Japanese uniqueness theory은 일본의 단일 민족성을 믿는 오류와 일본 내의 계층 분화화 갈등을 무시하는 허점을 비판하였다. 또한 이러한 일반 이론과 특수 이론의 오류가 존재하는 한, 일본 사회학의 가능성은 희박하다고 결론지었다(Lie 1996). 일리노이 시절 마지막으로 출판한 책은『다민족 일본Multiethnic Japan』이었다. 그리고 2001년 가을 학기에 미시간대학교University of Michigan로 이직하게 되었다.

위의 세 책에서 알 수 있듯이, 리 교수는 사회학의 인식론적 차원을 개인의 경험과 사회의 문제, 그리고 역사적 현상으로 연장시키는 지적 노력을 실천하는 지식인이다. 한국인으로 태어나, 일본에서 유년 시절을 보냈고, 그리고 미국에서 대학자로 성장한 그는, 한국의 격동적인 정치 경제, 재일동포의 사회사, 그리고 재미동포에 대한 민족지적 연구를 통해, 자신의 경험을 사회과학적 이론으로 재구성한 디아스포라 학자이다.

미시간에서는 3년만 재직하였고, 두 번째 부인 톰슨 교수와 하버드대학교에서 객원 교수의 시간도 보내면서, 모교인 하버드에로의 이직을 시도하였으나, 역시 아이비리그 대학들은 리 교수의 비판적 사회학을 수용할 의도가 없었다. 미시간 시절 그의 최고 역작으로 손꼽히는『현대인족Modern Peoplehood』이 탈고되었고, 2003년 가을 학기에

UC버클리University of California, Berkeley로 부인과 함께 최종 이직하게 되었다. 버클리에서는 한국학 센터장 겸 사회학과 교수로 처음 임용되었으나, 2004년부터 한국인 후예로서는 최초로 버클리의 국제학대학 학장으로 추대되어, 5년간 학장 겸 한국학 센터장으로 활약하면서, 한국학의 발전과 한국 대학들과의 관계를 돈독히 하였다. 2009년 학장에서 사임한 뒤, 한국학 센터도 노라 넬슨Nora Nelson 교수에게 양보한 뒤, 현재는 전 세계의 여러 대학들을 순방하면서, 강의하고 집필하고 있다. 2008년에는 재일 동포를 역사적으로 분석한『자이니치Zainichi』를 출판하였다. 특히, 2010년부터 '한류' 현상에 대해 관심을 갖고 연구를 시작하여, 2012년부터 4년간 연속 고려대-버클리 한류 워크숍을 개최하였고, 그 연구를 바탕으로 6부작의 마지막 책인『케이팝K-Pop』을 2015년 출간하였다.


『블루 드림즈』,『한 언바운드』,『다민족 일본』 - 디아스포라 사회학


이 세 권의 공통점은 위에서 잠시 언급한 대로 디아스포라 사회학을 전개하고 있다는 점이다. 사회학이 '사회학적 상상력'을 추구하는 학문이라면, 인식론적 방법론의 기저에 개인의 전대기-사회의 역사, 개인적 문제-사회적 문제, 그리고 개인적 동정-사회학적 상상력의 세 단계에 걸친 분석적 힘이 필요하다고 하겠다(Mills 1959). 디아스포라라는 개인적 전대기와 어려움을 겪은 리 교수로서 LA 폭동 사태

와, 한국의 경제 발전의 부산물인 노동 착취, 환경 파괴, 그리고 심각한 계층화, 그리고 일본이라는 거대 자본주의 국가 내에서 벌어지는 소수 민족에 대한 차별과 소외에 대한 거시적 문제에 대해 무감각할 수 없었고, 내리 세 권의 첫 시리즈를 써 내었다. 스스로 삼부작triology이라고 불렸던 이 세 권의 책은 LA, 한국(서울), 그리고 일본(도쿄)이라는 세 나라의 대형 도시를 배경으로 저술되었다. 그리고 리 교수는 이 세 나라에서 각각 개인적, 사회학적 경험과 상상력을 키워 왔다.

『블루 드림즈』의 이론적 진보성은 재미 동포를 단일 집단으로 보지 않고, 다민족적multiethnic 그리고 초국가적transnational인 다양한 집단으로 가정한다는 것이다. 이 가정이 사실이라면, 재미 한국인이나 동양인을 말없이 고분고분 백인들이 정한 규범과 법을 잘 따르며 열심히 일하거나 공부하면서, 미국의 꿈을 실현하는 모범적인 이민자들로만 판단하는 미국의 주류 대중매체의 미디어 프레이밍이 얼마나 잘못된 것인지 극명하게 보여주게 된다. 재미 한국인의 다양한 정체성에 더하여, 『블루 드림즈』가 설득하려는 또다른 중요한 이론적 진보성은 초국가적 이민 집단이 고국과 연결된 디아스포라적 이민 생활을 영위하고 있다는 점이다. 그러므로 미국의 주류 대중매체가 표현하려는 재미 한국인이나 동양인과는 달리, 로스엔젤레스의 코리아 타운은 미국적이지만 가장 한국적인 이유가 여기에 있는 것이고, 뉴욕이 가장 유럽적인 혹은 런던적인 도시인 이유가 또 여기에 있는 것이다. 미국의 백인들이 영국이나 유럽의 문화권과 단절하지 못하듯이, 코리아타운의 한국인들도 문화적으로 한국과 단절할 수 없는 것으로, 미국의 주류 이데올로기인 인종의 '녹는 솥melting pot'이 얼마나 허구인지 잘 알 수 있는 것이다. 즉, 백인들이 유럽의 문화를 지속적으로 향유하는 것은 당연하고, 한국의 이민자들이 한국 문화를 지속적으로 소비하는 것은 미국적이 아니라고 하는 논리 자체가 인종 차별적인 이데올로기가 되는 것이다. 그러므로 가장 성공적이라고 주장한 재미 한국인과 가장 저질스럽다고 인지되는 흑인들을 한 곳에 모아 두고, 미국의 꿈을 추구하는 것은 폭동으로 이어질 당연한 수순이었다. 한국인들이 흑인들에 대해 편견을 갖는 것은 오히려 미국의 주류 사회에서는 당연시된 것이고, 다만 이들이 LA 폭동의 희생자가 된 것을 두고 재미 한국인들이 인종 차별주의자들이라고 비평하는 것은 어불성설인 것이다.

『블루 드림즈』에서 보여준 명쾌하고 심도 깊은 한국 교민 사회의 분석은 존 리 교수와 낸시 애이블만 교수의 한국적 경험과 사회학적 상상력이 없었다면, 불가능했을 것이다. 리 교수는 『한 언바운드』에서도 통렬하게 한국의 경제 성장의 문제점과 이유를 분석한다. 겉으로 보기에 한국은 리 교수가 일본으로 건너갔던 1960년대 초나, 여름 방학 동안 방문했던 1960년대 말과 그가 다시 한국을 일 년간 방문했던 1980년대 말과는 하늘과 땅의 차이가 있었고, 그의 눈에도 분명히 한국은 일본에 이어 두 번째로 OECD 국가가 된 발전된 국가로 비추어졌을 것이다. 그러나 역사적 방법론에 바탕을 둔 리 교수의 분석은 기존 연구에서 등한시하였던 여성 노동력의 착취, 월남전이나 서독에서의 남성 노동력의 착취, 그리고 재벌과 국가 간의 유착을 통한 재벌의 노동 착취 등을 심도 있게 분석하고 있다. 그는 역사적 증거물을 하나하나 나열하면서, 한국의 경제 발전은 결국 그 구조적 모순으로 인해, 경제 발전의 산파라고 자만했던 군사 정권이 아래로부터의 혁명에 의해 무너지고, 자연 환경은 공해와 오염으로 파괴되고, 지옥 같은 교육열과 경쟁 사회 속에서 인간들은 고독과 소외, 그리고 구조적 가난으로 찌든 삶을 영위할 수밖에 없는 아무도 모방하고 싶지 않은 국가로 발전했다고 주장한다. 물론 그의 책이 1997년 환란 이후 지속적으로 발전한 한국의 경제력에 대한 예견은 없었다고는 하나, 지속적인 발전에도 불구하고, OECD 국가 중 자살률이 제일 높고, 노동 시간이 두 번째로 길며, 66세 이상 노인 인구의 가난률이 제일 높은 나라인 것은 리 교수의 예상대로다.

『다민족 일본』은 디아스포라 사회학과, 다음 절에서 논할 디아스포라 문화학의 경계선에 놓여 있는 책이다. 리 교수는 어릴 때부터 자란 일본에서 일본 국민은 단일 민족이라는 교육을 받고 자랐다. 자신을 비롯해 수많은 재일 동포가 살고 있었던 일본이 단일 민족이라는 허구를 통해 초등학생들마저 세뇌시키는 현실에 넌더리가 났던 것인데, 이번에는 하버드대학교 교수들이 일본학 수업에 일본은 단일 민족이라고 또 허구를 전파하고 있었던 것이다. 특히 하버드 에즈라 보겔 교수의 수업 시간 중에는 집중적으로 보겔 교수의 일본 사회론을 비판하였고, 일본은 단일 민족이지 않을 뿐더러, 세계 최고도 아니라고 보겔 교수의 오류를 바로잡으려고 노력하였다. 하버드에서 박사를 받고 리 교수의 목표 중의 하나는 일본이 단일 민족 국가가 아닌 다민족 국가라는 사실을 처음으로 전 세계에 밝히는 책을 쓰는 것이었고, 하버드 졸업 후 13년 만인 2001년에 드디어 출판이 되었다. 초기 계획과는 달리, 리 교수는 이 책을 쓸 때 이미 일본에는 여러 나라의 노동자들이 와서 공장에 취직하고 있는 상황이었고, 심지어 같은 일본 민족이면서도 브라질이나 남미에 이민 간 일본인의 후예라는 딱지 때문에 차별받고 있던 일본계 브라질인들도 많이 살고 있었다. 또한, 중국이나 한국에서 건너간 새로운 이민자들도 다수 존재하고 있었다. 이러한 새로운 변화를 다루면서, 또한 자신과 같이 과거에 일본으로 건너온 이민자들에 대해서도 역사적으로 분석해 보는 새로운 시도를 하였다.

새로 이민 온 외국인 노동자나 일본계 브라질인들을 통해서 '단일민족론'이 외국인들뿐만 아니라 심지어는 자신들의 민족도 차별하는 특이한 상황을 설명하였고, 카레와 같이 자신들이 좋아하는 인도 음식이 있으면서도 불구하고, 카레를 일본 음식으로 착각하고 오히려 인도의 문화나 인도인들을 차별하는 자가당착을 잘 지적하고 있다. 카레와 같이 일본의 다민족성을 음식과 여러 문화적 유산으로부터 풀어보는 새로운 시도를 통해 미국이나 유럽의 일본 전문가들이 모르는 새로운 일본에 대한 사실들을 열거하면서, 일본의 단일 민족성의 허구를 타파했던 것이 이 책의 획기적인 특색이며, 디아스포라 문화학에 처음으로 접근하는 리 교수의 학문적 변화라고 할 것이다.

## 『현대인족』, 『자이니치』, 『케이팝』 — 디아스포라 문화학

리 교수의 첫 3부작은 자신이 속했던 집단, 즉 미국, 한국, 일본에 대한 연구였다면, 『현대인족』은 그런 민족 혹은 현대 국가 집단이 '인족Peoplehood'이라는 개념을 어떻게 현대 국가와 결합시켜서 제도화시켰는가를 이론적으로 그리고 역사적으로 분석한 디아스포라 문화학의 첫 시도였다. 인류를 동질적 혹은 단일 민족적 집단으로 보지 않고, 이종족이 서로 함께 살았던 역사적 사실을 통해, 현대인족이 강조하는 민족 정통성, 민족 정체성, 민족 언어, 그리고 민족 문화가 얼마나 허구적인 사회 개념인가를 호탕하게 보여주는 이 책은, 현대인족이라는 허구적 문화 공동체를 통해 우리 인류의 역사를 왜곡하는 일련의 현대 국가의 정책과 행동에 이론적 경고문을 보낸다. 즉, 한국 민족이라는 현대의 허구적 개념을 가지고, 한반도에 살고 있는 사람들이 5천 년간 단일 민족이었고, 같은 언어를 썼고, 같은 문화를 영유해 왔다고 주장하는 것과 마찬가지로, 가령 신라나 고려 시대가 마치 지금의 한민족이 생각하는 단일 민족의 국가였다고 주장하는 오류에 대해 학문적 비판을 가차없이 가하는 것이다. 다른 민족과 마찬가지로, 한국도 여러 민족의 지리적 역사적 이동 즉, 디아스포라로 이루어진 현대인족의 국가 공동체임을 잊어서는 안 된다는 것이다.

『현대인족』의 탄생은 그러나 전쟁, 학살 등과 같은 인류의 험난한 역사적 비극을 탑재하고 있었다. 한 나라의 현대인족이 형성되는 과정에는 국민이라는 자격증을 받기 위한 여러 가지 표준화된 테스트들이 있었고, 이 테스트는 현대 국가의 인종주의와 깊이 관여되어 있었다. 이런 인종주의적 현대인족은 테스트에 떨어진 사람들을 가차없이 국가의 경계 밖으로 밀어내든가, 인종 말살 정책을 펴든가, 아니면 잔인하게 학살하였다. 독일의 나치스에 의한 유태인 학살, 터키군에 의한 아르메니아인 학살, 그리고 최근에는 유고슬라비아에서의 인종 청소, 루안다의 부족 학살 등이 현대 인류사의 끝없는 현대인족주의에 의한 인종 학살의 예이다. 그렇다고 이런 인종 학살의 희생자들이 모여 반인종적 투쟁을 조직하고 자신들의 정체성에 대해서도 논의하는 과정이 인종주의를 피할 수도 없다. 새롭게 생성되는 또다른 소수자들의 인족과 그들의 소수자 정체성도 사실 별반 큰 차이 없이 주류 인족의 인종주의적인 개념으로 발전하고 마는 사실을 리 교수가 간과하지 않기 때문이다. 이런 가해자와 피해자들 간의 정체성 논리와 인종주의-반인종주의의 싸움에서도 학살을 계속되고 있다. 그렇다면 우리 인류에게 이런 국가의 학살을 정지시킬 지적 감정적 힘은 없는 것일까? 이런 물음에 대해 리 교수는 적어도 유럽에서 시작된 계몽주의와 이성주의 그리고 소리는 적지만 아직도 그 파음이 강하게 떨리고 있는 휴머니즘에 희망을 가지고 공부하고, 가르치고, 실행에 옮겨 보자고 결론짓는다.

『현대인족』이 제시한 역사적 문화학적 방법론과 이론적 시사성이 우리에게 도움이 된다면, 한국 민족이 처했던 현대사의 학살 현장의 역사적 증좌로 남아 있는 재일 조선인·한국인(자이니치)이라는 소수자들의 인족을 이해하는 데 바로 적용해 볼 필요가 있을 것이다. 즉,

『현대인족』을 읽은 독자들은 자이니치라는 일본에 사는 소수인족을 더 이상 한국의 민족주의나 한국의 현대적 국가 인족적 시점으로 파악해서는 안 되며, 대신에 그들의 인종적, 반인종적, 민족적, 반민족적 제 현상에 대해 그들의 관점에서 올바로 파악해 볼 필요가 있음을 직시해야 할 것이다. 『자이니치』라는 책에서 리 교수는 이들 소수 인족 집단이 더 이상 단일 민족적 한국인족으로 오해되는 오류를 범해서는 안 되며, 한국인들이 자이니치를 그렇게 이해하려고 하면 할수록, 그들의 비극은 더 악화된다는 주장을 편다. 즉 다른 모든 현대인족들과 같이, 자이니치들도 스스로 조선이 싫어서 일본으로 향했다는 사실을 한국의 역사가들이나 민족학자들은 이해하여야 한다. 특히 강제 동원령이 내려지기 전까지 과연 얼마나 많은 조선인들이 일본으로 이주할 수 있었을까? 21세기 현재에도 한국인이 미국 영주권을 따려면, 높은 학력과 재력이 있어야 함은 당연하듯이, 1910년대부터 1930년대까지 일본에 도항해서 정착하려면, 조선에서도 상당한 재력의 소유자가 아니면 불가능했었다. 또한 그들은 상당수가 일본을 동경해서, 혹은 일본에서 출세하려고 도항한 것은 당연지사이다.

문제는 이들 상층 재일 조선인들이 1940년대에 대규모로 강제 연행되어 온 노동자들과 합쳐진 것은 물론이요, 이들과 같이 난리통에 일본인들로부터 학살을 당하고, 제도적으로 그리고 집단적으로 차별을 받고 살아왔다는 것이다. 그러므로 이들의 민족주의적 디아스포라nationalistic diapsora는 이러한 학살과 차별에 의해서 생성된 피해자의 인종주의, 민족주의인 것으로 『현대인족』에서 다루었던 일반적 역사 현상과 일맥상통하는 지역적 예가 된다. 기본적으로 다양한 사회 경제 그리고 정치적 배경을 갖고 있던 자이니치들은 해방 후, 일본에 남느냐 귀국하느냐의 문제도 이런 자신들의 배경의 다양성과 상당한 관련이 있다. 『자이니치』에서 리 교수는 디아스포라 문화학의 방법론을 이용하여, 주요 재일 작가들의 수필이나 소설 등을 분석하여 그들의 디아스포라적 문화사를 재구성한다. 일본에 남아야 했던 이유 자체도 그들의 작품 속에 잘 드러나 있다. 가령, 해방된 한국에 돌아갔지만 말도 안 통하고, 직장도 없어 다시 일본으로 돌아간 경우도 있으며, 해방 전 일본에서 성취한 지위가 아쉬워 일본에 그냥 눌러앉은 경우도 있다. 그러나 『자이니치』에서 핵심적으로 다루어지고 있는 주요 재일 조선인 작가들은 소위 '유배'라는 멍에를 쓰고 사는 민족적 디아포라 그룹으로서, 고향인 한반도에 가고는 싶으나 가지 못하는 유배자의 신세이다. 우선, 북한에 돌아가지 못하는 현실은 1980년 이후 더 이상 북한에 대한 허상적 유토피아관이 통하지도 않았을 뿐만 아니라, 북송 사업 자체가 중단된 상황에서 거론할 필요도 없고, 그보다 1980년 이후 군사 정권하에서의 남한에도 돌아갈 수 없는, 현실도 가로막고 있어, 고국에 돌아가는 것 자체가 어려운 상황을 일컫는다. 이것은 북한도 남한도 돌아갈 수 없는 미국이나 유럽의 소수 한국인 이민자들의 운명과 같은 것이다(한국에서는 1960년부터 연재된 최인훈의 『광장』에서 처음 보고된 남한도 북한도 돌아갈 수 없고, 제3국에서 살려고 하다가 자살하는 주인공 이명준의 삶으로 알려져 있는 민족적 디아스포라의 운명을 말한다). 결국 자이니치들이 1990년대 이후 민주화된 한국에 방문을 하더라도, 결국 한국은 극복할 수 없는 외국에 지나지 않는다. 그러나 중요한 차이점은 이들의 다양성 때문에 임진왜란 때 건너온 조선일들과는 달리, 현대인족으로 사는 자이니치들은 완전한 주류 사회에의 동화는 힘들다. 더 많은 수의 재일 동포들이 한국에 와서 한국어를 배우고, 미국에 가서 한국 유학생들과 사귀고, 그리고 아무리 귀화하고 일본 이름을 쓴다고 해도, 한국 커뮤니티에 계속적으로 참가하면서 살 수밖에 없는 현대적 혹은 초국가적 세계 체제가 그들을 지배하고 있기 때문이다. 현대인족으로서의 자이니치는 그러므로 현대 동아시아사가 낳은 영원한 유배자들이거나 다국적 혹은 초국가적 디아스포라 그룹으로 이해되어야 한다. 이런 점에서 『자이니치』는 새로운 인식론적 해석이다.

　『케이팝』은 앞에서도 잠시 언급했지만, 존 리 교수와 본 감수자가 4회에 걸쳐 준비했던 고려대-버클리 한류 워크숍의 결과이다. 리 교수는 드라마나 한국문학의 한류화 혹은 글로벌화 과정과 가능성에 대한 논문도 썼지만, 실질적으로 케이팝K-Pop이 한류의 유일한 글로벌 성공 장르로 인식하고 있다. 정치 경제와 인류의 정체성 문제에서 한국의 문화에 새롭게 도전장을 낸 리 교수는 디아스포라 문화학의 마지막 3부작으로 한국의 디아스포라 문화 현상으로서의 케이팝을 선택한 것이다. 그 이유는 간단하다. 『한 언바운드』를 집필할 당시에 그 누가 한국의 대중가요가 전 세계를 뒤흔들 것으로 상상이나 했을까? 리 교수는 이 책을 쓰게 된 이유를 프랑스 파리에서 목격한 케이팝 공연에 가서 유럽의 백인 소녀들이 한국의 대중가요에 푹 빠져 열광하는 모습을 보고서야 케이팝의 진가를 뼈저리게 느낄 수 있었고, 그 누가 한류나 케이팝을 폄하하려 해도 반박할 자신이 있다고 했다. 한류의 가공할 만한 힘은 국내외의 반·혐한류를 외치는 파렴치한 들이 제 아무리 하늘을 그들의 손바닥으로 가리려고 해도 안 되는 것과 같다. 즉, 삼성전자는 못사는 개도국의 조그마한 기업에 불과하다고 외치는 북한의 정치가들의 망언과 차이가 없는 것이다. 그러므로 케이팝은 리 교수로 하여금 한국에 대해 자신이 과거에 가졌던 이론이나 설명을 보충해야 할 뿐만 아니라, 한 권의 책으로 마무리해야 할 크나큰 학문적 과제였던 것이다.

기존의 케이팝 개설서나 언론인들이 쓴 비전문적인 오류 투성이의 책들과는 달리, 『케이팝』은 '대한민국 대중음악과 문화 기억상실증과 경제 혁신'이라는 부제에서 보듯이, 음악학이나, 문화학이 아닌 문화사회학 혹은 문화경제학적 차원에서 쓰여진 것이다. 리 교수는 한국인들이 급격한 경제 발전과 현대화 때문에 자신의 전통문화를 '잊어버리고 살고 있는 것조차' 망각하고 산다고 규정 짓는다. 이것은 중요한 문화사회학적 발견이다. 즉, 과거 한국인들이 서양이나 일본의 문화를 어설프게 혹은 촌스럽게 모방하던 단계가 지나, 어느덧 그들이 서양인들이나 일본인들처럼 서구의 발전된 문화를 자신의 문화인 것처럼 전혀 거리낌 없이 재창조해 내고 있다는 새로운 발견이기 때문이다. 이런 현상은 그러므로 한국인들이 이제 서양이나 일본의 문화 창조자들과 다름 없이 서양이나 일본인들도 소비할 수 있는 수준의 그들의 문화를 창조 혹은 재창조할 수 있다는 뜻이 되며,

한류나 케이팝의 성공이 절대 우연이나 기적이 아니라는 말이 된다. 또한 이것은 한류가 곧 사라질 것이라는 엉터리 문화비평가들의 헛된 기우가 정말로 기우에 불과하다는 것과 같다. 다시 말해 한강의 기적은 기적일 뿐이며, 곧 경제 발전은 끝나고 한국이 다시 가난하게 될 것이라는 생뚱맞은 억설과도 같다.

우리의 대중음악의 역사를 더듬으면서, 리 교수는 대중음악의 장르적, 예술적, 유흥적, 그리고 기술적 혁신innovation에 주목한다. 특히 여기서 리 교수의 관심을 끄는 것은 해외의 혁신을 여과 없이 받아들일 수 있었던 한국의 문화적 기억 상실을 중요한 사회적·조직적 조건으로 손꼽는다. 서태지의 춤과 음악적 혁신은 주류 유행가 시장에 구애받지 않던 그의 언더적 활동 영역이 서양의 랩 음악 혁신을 여과 없이 받아들일 수 있었던 것으로 분석한다. 특히 SM엔터테인먼트의 이수만 회장의 미국에서의 경험이 서양에서 개발된 뮤직비디오를 한국적으로 변환시키면서 드디어 전 세계를 정복하는 뮤직비디오로 승화시키는 과정도 놀랄 정도의 자세함과 실증적 자료를 가지고 분석한다(이 부분은 Lie and Oh 2014도 참조). 이러한 분석은 흔히 문화 혼종론이나 글로벌 문화론에서 다루는 편협한 한류의 이해와는 확연히 다른 차원에서의 설명이다.

# 결어

이제 한국의 독자들이 존 리 교수의 책을 한 권 한 권씩 정독해 가면서, 우리가 젊었을 때 그의 학생으로서 느꼈던 전율과 흥분을 되새겨 볼 차례이다. 그가 평생을 거쳐 연구한 미국, 한국, 일본, 그리고 이 세계는 아직도 건재하고 있다. 리 교수가 현대인족은 인종 학살을 필요로 하는 세계를 만들었다고 하였던 것처럼, 최근 전 세계는 IS라는 새로운 힘을 가진 적(마치 영화 <스타 워즈>의 다스 베이더처럼)과 전면전을 치루고 있고, 미국을 위주로 하는 백인인족의 국가들은 이들을 지구에서 아니면 적어도 중동에서 몰아내려고 하고 있다. 한국은 아직도 민족 국가를 이루지 못한 채 동족 간에 이념과 체제를 담보로 전쟁과 같은 상황을 이어가고 있고, 일본은 제2차 세계대전 당시 인종 학살을 기도했던 중국이나 한국에 대해 완전한 사과나 용서를 구하지 않은 상태에서, 다시 재군비를 꾀하고 있다. 이제 이런 상황을 경험하면서 공부하는 새로운 젊은 세대들이 세계와, 미국, 한국, 그리고 일본에 대해서 자신들의 경험을 바탕으로 사회과학적인 스토리텔링을 준비해야 할 때가 왔다. 세계와, 미국, 한국, 그리고 일본을 동시에 강타하고 있는 한류 즉 한국의 대중문화도 아직 건재하고 그 영향력을 더 키우고 있으니, 당연히 앞으로 새로운 젊은 세대가 직접 경험하면서 느낀 한류에 대해서도 새로운 이론을 정립해야 할 필요가 있을 것이다.

세계와 자신이 태어난 나라, 자신이 이동하면서 살아 본 나라들에 대해 글을 쓰는 작업이 존 리 교수가 꿈꾸던 디아스포라 문화학이며, 새로운 사회학적 인식론과 방법론이 아닐까 생각하면서, 언젠가 국내의 사회학과에서 존 리 교수의 책들이 강의될 수 있는 꿈을 꾸어 본다.

2019년 1월 오사카

오인규

---

## 참고문헌

馬場宏二, 「富裕化と金融資本」, 東京: ミネルヴァ書房, 1986.

C. Wright Mills, *The Sociological Imagination*, New York: Oxford University Press, 1959.

Hiroji Baba, "Revolution and Counterrevolution in Marxian Economics", *Monthly Review* 41(2), 1989.

Ingyu Oh, "Comparing State Economic Ideologies and Business Ethics in East Asia", *Korea Observer* 45(3), 2014.

Ingyu Oh and Youngran Koh, "The State as a Regulator of Business Ethics in Edo Japan : the Tokugawa Authority Structure and Private Interests", *Asia Pacific Business Review* DOI: 10.1080/13602381.2015.1129774, 2016.

John Lie, "Reactionary Marxism : The End of Ideology in Japan?" *Monthly Review* 38(11), 1987a.

_____, "The Discriminated Fingers : The Korean Minority in Japan", *Monthly Review* 38(8), 1987b.

_____, *Visualizing the Invisible Hand : From Market to Mode of Exchange*, Ph.D. Dissertation, Dept. of Sociology, Harvard University, 1988.

_____, "The Uno Schol : The Highest Stage of Marxism?" *Monthly Review* 41(2), 1989.

_____, "The Concept of Mode of Exchange", *American Sociological Review* 57(4), 1992.

감수자 해설

_____, "Sociology of Contemporary Japan", *Current Sociology* 44(1), 1996.

_____, "The State as Pimp : Prostitution and the Patriarchal State in Japan in the 1940s", *The Sociological Quarterly* 38(2), 1997.

_____, "The Concept of Mode of Exchange : An Auto-Critique", *Korea Observer* 45(3), 2014.

John Lie and Ingyu Oh, "SMEntertainment and Soo Man Lee" In Fu Lai Tony Yu and Ho don Yan eds., *Handbook in East AsianEntrepreneurship*, London : Routledge, 2014.

Roberto Mangabeira Unger, *False Necessity : Anti-Necessitarian Social Theory in the Service of Radical Democracy*, Cambridge : Cambridge University Press, 1987.

# 역자 후기

김혜진

『다민족 일본』이 어떤 이야기를 다룬 책인가는 제목만 봐도 짐작하기 어렵지 않다. 그 제목대로 책은 일본에 사는 여러 민족을 이야기를 알려주는데, 그렇다고 해서 단순 통계를 나열한다는 의미는 아니다. 이 책은 일본 역사는 물론 일본 단일 민족 사상이나 '일본인성'을 다룬 학문 연구를 폭넓게 들여다보고, 거기에 문화 사회 현상과 직접 면담, 저자 개인 경험 등을 더해 일본이 단일 민족이라는 사상이 언제 어떻게 자리를 잡았고 그것이 얼마나 당연한 사실 또는 상식 같은 형태로 확고하게 널리 퍼졌는지 설명한다.

그렇게 일본 사회의 민족 현실을 영어로 설명하고 분석하면서, 이 책은 일본어 문서, 면담 자료를 다수 인용했다. 따라서 한국어로 옮길 때 중역重譯에 따른 오역 위험이 있어, 온라인 등에서 참고자료 일본어 원문을 확인할 수 있으면 확인하고 번역했다. 한국어판에서 'Koeran'의 대응어로 사용한 '한민족'은, 한반도 출신 사람들을 말하는데, 더 나중에 작업한 『자이니치』를 참고하여 '한국·조선인'이라는 대응어도(자신이 택한 남북한 국적 구분에 따른다는 뜻이다) 썼다. 영어 원문에서 일본어를 음역하고 이탤릭체로 표기한 사례가 많아, 한국어에는 일본어 원문을 함께 적는 방식으로 표현했다.

『다민족 일본』은 다루는 내용이 대중문화든 민족 정체성이든 문헌과 실제 사례를 제시하는데, 이 설명을 읽어 나가는 과정에서 일본인들이 자신과 타인을 보는 방식, 민족과 국가를 보는 방식, 문명과 문화를 보는 방식을 깊은 차원에서 알게 되고, 일본이 '이런 식으로' 다민족인 나라임을 새삼 깨닫는다. 사실 단일성과 동질성, 그러니까 같은 민족, 같은 피, 같은 문화를 대단한 가치로 보고 강조하는 태도는 한국에서도 거의 비슷하다.

그런데 이렇게 같음을 다름보다 높이 사는 사고방식을 의문 없이 받아들이면, 개인은 자기도 모르는 사이에 차별과 억압을 실행하는 수단으로 동원되거나 그러한 차별과 억압에 가담하기 쉬워진다. 일본인답다, 한국인답다, '우리'는 '같은 민족'이다 등, 일상에서도 아무렇지 않게 불쑥 나오는 발언들이 과연 어떤 의미인가를 생각해 보는 일은 그래서 중요하다. 그런 의미에서 이 책은 사회학 전공자가 진지한 학문 연구로 읽을 수도 있겠지만, 일반 독자가 자기 문화나 국가, 민족 개념이 얼마나 자의성을 띨 수 있는지 성찰하는 출발점으로 읽을 수도 있겠다. 다문화라는 말이 심심찮게 들리고, 거기에 난민 문제까지 더해진 최근 한국 사회에서, 그런 성찰은 해야 할 가치도 있고 필요도 있어 보인다.

# 찾아보기